［改訂復刻版］
沈黙の螺旋理論
世論形成過程の社会心理学

E. ノエル＝ノイマン 著
池田謙一・安野智子 訳

Elisabeth Noelle-Neumann

北大路書房

DIE SCHWEIGESPIRALE

by Elisabeth Noelle-Neumann

First edition published 1980 by Piper, Muenchen/Zuerich

Copyright © since 2001 by Langen Müller in der F. A.
Herbig Verlagsbuchhandlung GmbH, München

Japanese translation published by arrangement with
F. A. Herbig Verlagsbuchhandlung GmbH through The
English Agency (Japan) Ltd.

復刊の現代的意義——訳者前書きに代えて

　よく知られているのに姿が見えない。言及されることも多いのに具体的な概念的感触がうまくとらえられていない。この15年ほど「沈黙の螺旋理論」は、そんな幻の姿をしていた。その幻に血を通わせるべく、このたびノエル＝ノイマンのその名の主著が日本語で復刊の運びとなった。これを喜びたい。

(1)

　沈黙の螺旋の理論としてのおもしろみは、人々が自分の周囲の他者とのコミュニケーションの中で感じる、排除への恐れ、つまり孤立への恐怖というミクロな過程が、大きな渦となってダイナミックに社会全体のマクロな変化を引き起こす、という点にある。「世論」という言葉で人が通常思い浮かべるのは、内閣支持や政策争点に対する人々の賛否の比率やその変化であろうが、そうした比率が生み出され、変化していく社会的なメカニズムに普遍的に迫ろうとした点に、この理論の魅力の源泉がある。

　有権者は、たとえば、現在の首相や政府が何らかの争点事態への対応に失敗したとき、単に頭の中だけで判断して支持をとり下げる、というだけの、ごく私的な行動をとるのではない。彼らは社会的動物であり、他者の意見の変化をにらみつつ、自らが多数派である、少数派である、世間の意見の流れに乗っている、取り残された、といった感覚の微妙な痛みや優越感の中で、支持をし続ける／とりやめるといった方向性の感覚を会得するのであり、それによって生じる個々人の選択がさらに社会的に響鳴していく。ここに社会の変化が螺旋となって生じるカギがある。この過程を、本書の中でノエル＝ノイマンは角度をさまざまに変えながら、示してみせる。それは、本書最終章で世論（よろん）の潜在機能、と呼んだものに対応している。

　一方、世論の顕在機能はもっと合理的な過程である。つまり、ハバーマスが強調した市民的公共性を反映するような意見形成過程のダイナミックスに近い。市

民は社会的政治的争点を十分に広く議論し、考え抜くまで達しうるのか。それがここでの問題である。だが、多くの賢者に憂慮されながらも、この公共的な討論過程が世論形成に不可欠であることは、近年の熟議民主主義研究の発展や討論型世論調査（前文注１）の実践的進展からも、今更ながらに明らかである。

しかし、顕在機能だけで世論は完結しない。ハバーマス的な意見形成過程のみで、社会が統合的に十分機能していくとは考えられない、というのが本書の主張である。意見が相互に微妙に食い違う市民たちをあたかも「社会という一つの皮膚」（social skin）の中に留め得ているのは、潜在機能が支えているからである。そもそも公共的で合理的な討論のみで、鋭く対立する党派がやすやすと一つに収まってまとまるのは難しいのではないか。そうした洞察が、この本には込められている。

(2)

沈黙の螺旋理論の「現代的意義」を考えるときに重要なポイントは、孤立への恐怖を感情的な恐怖感だけで解釈しないことである。孤立の「恐怖」感情を引き起こすまでの同調圧力は、閉じた孤立系の中に限られるのではないか、との指摘は早くから存在する（Price & Allen, 1990; Salmon & Kline, 1985; Scheufele & Moy, 2000）。さらに、広く普及したインターネット上では対面状況より孤立の恐怖は起きにくくなる、という実験による実証研究も存在する（Ho & McLeod, 2008）。そして、私たちが21世紀になって経験しているのは、情報や人々の流動の閉鎖性ではなくて、開放へ開放へとつながる圧力である。もちろん開放性が高いから孤立の恐怖が起きにくくなる、というのではないが（大衆社会の「孤独な群衆」がヒトラーに飲み込まれたことを想起されよ）、大衆社会とは異なる形で開放性の高くなった現代的状況、つまりマスの開放性からソーシャルの開放性へと進んだ状況が、孤立の恐怖の前提となる世論の動向の察知にも変化をもたらしているという点に、注目したいのである。

これらのことを踏まえると、人々の心の中で生じている過程として、現代的な意味で大いに注目に値するのは、社会のマクロな動き（世論の動向）を「察知」

するような「センサー」の議論であろう。またそのセンサーの感知力の持つ認知的な歪みについてもしかり、である。センサーの感知力は、恐怖といった動機を発動させるのに留まらず、社会に起きている変化が何を意味するかについて合理的に認知的な反応を促し、世論の進展先を予想しながらそれを情報的な手がかりとして自らの判断を変えていく引き金ともなる。たとえばプライスら（Price et al., 2006）が2000年アメリカ大統領選に合わせて行った実験研究は、ランダムサンプリングされた対象者の間で民主・共和党両候補の税制改革案についてオンラインで政治的議論をさせるものだった。そこで明らかになったのは、周囲の意見の方向によって議論参加者の発言が左右されるだけに留まらず、参加者はその発言に自らコミットし、その判断を元に自分の発言を練り上げていく、という認知的な過程だった。

したがって、沈黙の螺旋を恐怖につながる感情的な過程とのみ結びつけることには異論がある。そしてすばらしいことに、いま述べた「センサー」もノエル゠ノイマンは「準統計器官」と名付けて、著書の中で何度も指摘しているのである。このあたりの洞察力には汲めども尽きせぬものが本の中に隠されている（前文注2）。

(3)

世論を感知するセンサーに関連して、ノエル゠ノイマンは世論の2つの源泉として、人が直観で感じられる意見風土と、マスメディアが伝える意見風土が存在し、後者が前者に対して「歪み」をもたらす可能性を指摘している。

ところが、この世論の源泉の二重構造が21世紀に入り大きく変わった。つまり、インターネットの登場が、多様な情報媒体として機能することを通じて、20世紀に人々に情報を送り届けてきたメディアの構造を崩しているのである。だが他方で指摘できるのは、インターネットはマスメディアと同様の制度信頼に基づいたメディアにはなりきれていないという点であろう。つまり、これがいまの社会だと俯瞰し、意味づけを与える存在だと一般に頼られているような、情報解釈の代理人としての地位をインターネットは獲得できていない（池田, 2013）。これ

は微妙な事態である。

　現在起きている事態は、人々がマスメディアの情報に部分的に依存しつつも、インターネット上を流れる社会の中の数多の「きら星」のような個人の発信力や批判力を別種の情報的な手がかりとして注目し、それらがもたらすマスメディア情報のチェックと別解釈とを通じて、インターネットがマスメディアの監視役として、修正役として、代替メディア役として、役割を果たしつつあることを理解し、重用し始めている、という事態である。マスメディアの方でも、態勢の整った自前の取材網のみならず、インターネットを通じて届く無数の声にも選択的ないし、ある意味で恣意的に耳を傾け、それらを情報源としても利用するとともに、インターネットの声を恐れもする、という事態でもある。奇妙な依存構造が存在している。

　インターネットは同時に受信と発信のメディアであるため、「世論が耳に届く」メディアの多様化と「世論を耳に届ける」メディアの多様化をともにもたらした。それが二重の意見風土の構造を揺るがす事態となっている。この変化はノエル=ノイマンの二重の意見風土の議論を踏まえた上で、より考究されるべきである。

　換言すれば、「沈黙の螺旋」は現代の新しい事態の中でいかに機能するのか、このことが新しい課題として私たちの眼前にある、ということである。人々は自らの置かれた情報環境の違い、つまりマスメディア、インターネット、対人的情報環境のそれぞれにおける個人ごとの接触パターンの差異によって、それぞれに異なる声を聞き、違うところへ発信し、そして互いに交わらないのか。インターネットの微分化された小世界の中で沈黙の螺旋は縮小した「つむじ」のようになって、何かを変えたり破壊する力を失うのか。あるいは小さなつむじは合流して大衆社会のような巨大な渦潮のようになるのか。

(4)

　ここで、インターネットの普及が「沈黙の螺旋」過程に及ぼす影響をもう少し考えてみたい。

復刊の現代的意義　v

　上述の通り、インターネットの普及は、マスメディアのフィルター抜きであらゆる意見を可視的にした。検索による選択的接触も容易であり、現実社会で少数派に属する人々も「仲間」を見つけやすい。このことは、沈黙の螺旋過程に最後まで抵抗するハードコア層にとって有利に働くであろう。ハードコア層が世論の変化に抵抗する力の一つが、少なくとも身近な人々とは意見を共有しているという感覚だからである（安野, 2006）。

　インターネットのこうした特性は、社会の多様性維持にプラスに作用する可能性がある一方で、世論を感知する「準統計的能力」の感覚を鈍らせ、意見分布の誤認知を招く恐れもある。極端な意見の持ち主であっても、オンライングループで似たような意見に接していると、世論を推測する際にも合意性を過大に見積もるようになるという（Wojcieszak, 2008）。自分と同じ意見が他者にも共有されているという感覚は、政治参加や議論への参加を促進する上で重要な役割を果たすが、自分と同じ意見だけに選択的に接触する人が増えれば、世論のタコツボ化が生じてしまうことになる。

　もっとも、インターネット利用は、日頃接する機会のない人々や集団の情報にダイレクトに接する機会も増大させた。今日、私たちは、世界中のメディア報道にリアルタイムで接することができる。同じニュースが異なるメディアでどのように報道されているのか、比較することも容易である。ツイッターやSNS、ブログなどを通じて、要人を含む外国人の生の声を読むこともできる。その結果、政治関心や情報リテラシーの高い人は、関心の低い人とは異なった情報源から世論を感知する可能性もあるだろう。たとえばヘイズとガーディーノ（Hayes & Guardino, 2011）は、イラク戦争時のアメリカにおいて、戦争反対の立場を取っていたのは、民主党支持あるいは中立の有権者の中でも、教育程度が高く、（アメリカ国内の世論だけではなく）海外エリート層の言論に接していた人であったことを指摘している。インターネットが、こうした海外の世論やマスメディアに乗らない意見への接触を容易にしたことは間違いないであろう。インターネットが「パブリック（公）」を露骨に重層化してしまったと言うべきかもしれない。

少数派やハードコア層との関わりで、「孤立への恐怖」の意味についても、考察すべき点は深まっている。

　沈黙の螺旋仮説の前提となる「孤立への恐怖」もまた、「準統計的能力」と並んでしばしば批判の対象となってきたことは、「訳者解題」にもあるとおりである。ノエル＝ノイマン自身が本書の中で述べているように、孤立を恐れて発言を控えてしまうという説明は、過度に情緒的で非合理的な印象を与えるのであろう。「世論とは、合理的で知識のある市民の、熟慮された意見であるべきだ」という民主主義の理想に従えば、孤立への恐怖がネガティブな意味を帯びてしまうのも不思議ではない。

　しかし、人が他者とのつながりを求めるということ、他者からの排斥を恐れるということは、社会心理学の分野では常識と言ってもいいほど共有されてきた。孤立がいかに心身の健康を損なうか、つながりへの欲求が進化的な起源をもつものかという知見はすでに多く積み重ねられている（例として Cacioppo & Patrick, 2008）。流されるままに多数派に迎合するようにとらえてしまうと確かに非合理的だが、コンフリクトを起こしそうな発言を公に控えること自体は、社会的動物としてむしろ合理的とさえ言えるだろう。近年、世論研究・政治心理学の分野でも、会話相手と立場が異なるときにはコンフリクトを避けようとする動機が働くこと、それが政治参加を抑制してしまう可能性すらあることが報告されている（Mutz, 2006）。異なる立場について知り議論を深めることは民主主義社会において非常に重要であるが、孤立への恐怖を否定するよりも、それを所与のものとみなした上で、多様な意見に接することができるようにするにはどうしたらいいかを考えるべきであろう。

　社会関係資本（social capital）研究の文脈では、民主主義がうまく機能するために市民同士のつながりが重要であるということが指摘されている。沈黙の螺旋を社会関係資本の観点から検討した近年の研究（Dalisay, Hmielowski, & Kushin, 2012）では、隣人との助け合いなどの社会関係資本に恵まれた人は、自分の意見の合意性を高く見積もり、その結果意見表明の意図が積極的になるという知見が

得られている。こうした関連が広範な争点で、また複数の文化圏で見られるかどうかは今後の研究を待たねばならないが、人間が公的なアクションを起こすためには、またそれによって民主主義が健全に機能するためには、何らかの社会的なつながりが必要であるという蓋然性は高いだろう。社会的に孤立した個人は不安を抱え、むしろマスメディアなどの影響を受けやすくなってしまうことは、本書にも書かれているとおりである。

　こうした観点に立てば、現代の日本において、社会的なつながりが希薄化している可能性には注意を払う必要がある。本当に希薄化しているのかどうかは議論の余地があるが（たとえばインターネットが作り出した新たなつながりもあるはずである）、少なくとも家族、地域社会、終身雇用の企業といった、かつての包摂システムは、大きな変容を遂げている。こうした変化が世論過程にどのような影響をもたらすか、ノエル＝ノイマンが健在であったなら、どのような洞察をしたことであろうか。

(6)

　本書の現代的意義を論じるにあたって、最後に、マクロな視点から見ると何を「世論」と呼ぶか、世論調査の集計結果をそう呼ぼう、という「暫定的合意」が崩れてきていることに注目しておこう。「世論」と「輿論」を分ける議論（佐藤, 2008）に与することはできないが（「輿論」だけに耳を傾ければよい、というのはノエル＝ノイマンの議論とは相反する）、しかし、世論とはある争点や支持に関する意見の多数派なのか、動向なのか、誰の声なのか、どの深さで言うのか、どんな拡がりで生じているのか、調査で受け身に回答したものの集計が世論なのか、能動的に発信されたものだけを世論と呼ぶのか、洞察すべき時期に達していることは明らかである。日々変化する世論調査の結果、内閣支持率や政党支持率など同じ調査対象について大きく異なる各紙の調査結果、近視眼的な「緊急世論調査」の代表性への疑義、ニコニコ動画のネット世論調査の持つ発信力、鋭く反応するネットの住人の偏り、いったい誰の意見を、いつの調査を、どんな設問の形を、信頼するべきか。インターネットが支えることによって少数派の声が圧殺

されずに届きやすくなる一方で、声の大きな唱道者の意見はソーシャルメディアを通じて雪崩を打って通りやすくなっているのか、またそれを感情的なだけだと切り捨てる根深い議論は適切か、そして世論は以前にも増して可視化されて見えやすくなったのだろうか、あるいはむしろ何が世論か見えにくくなったのだろうか。これらのことを「勘」で言うのではなく、データとしてどう根拠を得ていくのか。課題は尽きず、それらがみなノエル=ノイマンの発想に関わっていることを噛みしめていただきつつ、本文を読み進んでいただけたらと思う。

(7)

さて、ノエル=ノイマンご自身には、1996年秋、日本世論調査協会のご招待で来日されたときに、池田は一度だけお会いしている。そのときですら、すでに80歳近かったのであるが、快活で気配りに長けた人であることに少なからず驚いた。沈黙の螺旋の本は決して軽い本ではなく、哲学的な内容も含んだ「重み」のある本だったからである。

(来日時のノエル=ノイマンと池田　1996年11月8日)

彼女と話をしていると、戦前の1930年代に来日、二十歳前後の乙女の頃に一人で当時の日本列島を一周したと言うので、二度驚かされた。その過激なまでの好奇心が彼女の研究心の核にあることは想像に難くない。

さらに輪をかけて驚かされることも起きた。第一版の出版時に若気の至りの「訳者解題」で沈黙の螺旋について筆者なりの解釈をし、批判的解説となった小

論文を付けて出版したことも、彼女はご存じであった。そればかりか、この小論をドイツ語訳して検討しておられたのだった。汗顔の至りである。訳する過程の中できちんと議論しながら、先にお伝えしておくべきだった。しかし、彼女はたいへんに楽しそうに筆者の議論に対してご自身の反応を述べられ、さまざまに意見交換をすることができた。これではファンになるな、という方が無理である。

彼女はその後、2010年の3月末にご逝去された。93歳であった。ご高齢であるのは知っていたが、毎年のカラフルなクリスマスカードは欠かさずいただいていたから、まさか、である。

このカードは、アレンスバッハ世論調査研究所が年末近くに実施している質問「来年を迎えるにあたって、あなたは希望で迎えますか、恐れを感じて迎えますか」への回答から、ドイツ人が将来に向かう感覚をグラフにしたもので、1949年からの継続データが描かれている。前年の2009年は、翌年を希望で迎える年は青いツバメ、恐れの増大は茶系のガンで回答率が表されていた。そして、青いツバメで迎える年はドイツの経済成長が実現し、よくないときには成長が鈍る、ということを彼女は早くから指摘していた。ちなみに2010年はツバメで迎えられていた。このようにかわいいシンボルで表される fortune telling のカードはいつも楽しみであった。

だからあの3月の末に、突然に訃報をいただこうとは夢想だにしていなかった。彼女が主導していたアレンスバッハ世論調査研究所からの電子メールは、しかし彼女の死を告げていた。

Date: Fri, 26 Mar 2010 15:46:36 +0100
Subject: Elisabeth Noelle-Neumann

ここに謹んでお伝え申し上げます。エリザベス・ノエル＝ノイマン博士は2010年3月25日、長期の療養の後、93歳で逝去いたしました。葬儀は3月31日午後3時より、アレンスバッハ市で執り行われます。

この機会に、皆様にこのドイツの地でお目にかかることがかなうならば大変に幸甚に存じますが、なにぶん急なことにつき、お体をお運びになれる方

が多いとは考えておりません。どうかお心の中で、彼女の在りし日の姿を思い浮かべ、あの快活でオリジナルな発想に満ち、私たちの心の中にあるアイディアをいつも発展させる方であったことを思い起こしていただけますよう、深くお願い申し上げます。

Thomas Petersen 拝

長い闘病の末のことだったとはつゆ知らず、強いショックを受けるとともに、年末のクリスマスカードにはそれを感じさせない彼女の気配りがあったのだと、感じないわけにはいかなかった。

このメールの宛先には、彼女の幅広い交流が分かるような名前がずらりと並んでいた。ドイツ語圏は別として、日本は伊藤陽一教授（前慶応大学・現国際教養大学）と池田のみであったが、アメリカではGSS（総合社会調査）のリーダーのトム・スミスや、『パーソナル・インフルエンス』(1955)の著者の一人で歴史上の人物ですらあるエリフ・カッツに宛てられており、南アメリカではラティノ・バロメータのマルタ・ラゴス、ヨーロッパでは統計学のハンス・ゼターバーグや内容分析のホリー・セメツコ、さらにアメリカに渡った気鋭の弟子のディートラム・ショーフェレらの名前も見てとれるものだった。彼女のプレゼンスの大きさの反映でもあった。逆に言えば、沈黙の螺旋は知的で豊かな文脈の中で育まれたものだったのである。

(8)

最後に、『沈黙の螺旋理論』は、1988年にブレーン出版から池田の単独訳で第1版を、また第2版については安野（現中央大学）に追加部分の訳を依頼するという形の共訳で1997年に同社から出版した。その後、（出版社の倒産で）絶版になったまま各方面にご迷惑をおかけしていたが、このほど北大路書房から多大のご支援をいただき、複雑な手続きを終了し、改めて再販できることとなった。同書房の奥野浩之氏には厚くお礼を申し上げたい。なお，今回の再版にあたり，第25章の英詩の訳について，兼武道子准教授（中央大学）から貴重なアドバイス

をいただいた。記して謝意を申し上げる次第である。

　今回の再販で，世論の社会科学的研究を含めて、多大な影響を及ぼしたこの研究が、日本の読者にも手近に置いていただけるようになった。この機会を喜びたい。

池田謙一・安野智子

◆前文注
(1)　討論型世論調査とは、deliberation poll の訳語。無作為抽出された市民の「代表」に一堂に会して討論してもらい、その帰結を検討するものである。日本での大規模な実践は2012年夏、原子力発電を含むエネルギー環境の長期的発展に関して行われた。
(2)　本書末尾の「訳者解題」の議論も参照されたい。

[復刊の現代的意義　文献]

Cacioppo, J. T. & Patrick, W.（2008）. *Loneliness: Human nature and the need for social connection*. W. W. Norton.（ジョン・T・カシオポ&ウィリアム・パトリック，柴田裕之（訳）（2010）．孤独の科学：人はなぜ寂しくなるのか　河出書房新社）

Dalisay, F., Hmielowski, J. D., & Kushin, M. J.（2012）. Social capital and the spiral of silence. *International Journal of Public Opinion Research*, **24**, 325-345.

Hayes, D., & Guardino, M.（2011）. The Influence of Foreign Voices on U.S. Public Opinion. *American Journal of Political Science*, **55**, 830-850.

Ho, S. S., & McLeod, D. M.（2008）. Social-psychological influences on opinion expression in face-to-face and computer-mediated communication. *Communication Research*, **35**, 190-207.

池田謙一（2013）．社会のイメージの心理学　第2版　サイエンス社

Mutz, D. C.（2006）. *Hearing the Other Side: Deliberative versus Participatory Democracy*. Cambridge University Press.

Price, V., & Allen, S.（1990）. Opinion spirals, silent & otherwise: Applying small-group research to public opinion phenomenon. *Communication Research*, **17**, 369-392.

Price, V., Nir, L., & Cappella, J. N.（2006）. *Communication Theory*, **16**, 47-74.

Salmon, C. T., & Kline, F. G.（1985）. The spiral of silence ten years later: A examination and evaluation. In K. R. Sanders, L. L. Kaid, & D. Nimmo（Eds.）, *Political Communication Yearbook, 1984*. Carbondale: Southern Ill. University Press, pp.3-30.

佐藤卓巳（2008）．輿論と世論：日本的民意の系譜学　新潮選書

Scheufele, D. A., & Moy, P.（2000）. Twenty-five years of the spiral of silence: A conceptual review and empirical outlook. *International Journal of Public Opinion Research*, **12**, 3-28.

Wojcieszak, M.（2008）. False consensus goes online: Impact of ideologically homogeneous groups on false consensus. *Public Opinion Quarterly*, **72**, 781-791.

安野智子（2006）．重層的な世論形成過程：メディア・ネットワーク・公共性　東京大学出版会

日本語版第二版への序

　ドイツで1980年に出版された『沈黙の螺旋』初版は、1965年の西ドイツ総選挙の説明に始まり、第24章「民の声は神の声」で結ばれていた。1988年に出版された日本語版初版はこれと全く同じものであったが、今回の日本語版第二版には、この15年間の私たちの研究成果と新たな発見を含む3つの章が加えられている。それはまるで、世論過程に関心を持つ多くの同僚研究者と学生——中でもドイツ、アメリカ、また日本では慶応、東京、東海の各大学の研究者が乗り込んだ長い航海さながらであった。

　この努力に力を尽くしてくれた3人の教授、伊藤陽一、池田謙一、時野谷浩の各氏には特に感謝の意を表したい。1986年、慶応大学で「マスメディアの社会的役割と影響」と題されたセミナーを開催し、日本での沈黙の螺旋理論に関する研究の口火を切ってくれたのは伊藤教授であった。その3年後には、Keio Communication Review誌第10号で、彼はこの分野における学問的議論の場を提供して下さった。彼はまた何度かに及ぶドイツ訪問の際に世論研究者と積極的な意見交換を行い、日本語・英語・ドイツ語の概念を比較分析した結果を一連の論文にまとめておられる(Ito, 1990, 1993a, 1993b, 1993c)。さらに彼は、政府、マスメディア、大衆の権力を三つの極とする三極モデルを提示した(Ito, 1993c, 1994a)。アメリカやドイツの研究がしばしばマスメディアを無視し、世論過程に影響を及ぼさないかのように考えているのに対し、このモデルではそれを十分考慮している。

　東海大学の時野谷浩教授は、日本・韓国・中国で沈黙の螺旋がどの程度適用できるのか、実証的に明らかにしようと1984年以来忍耐強く取り組んでいる。彼は私の沈黙の螺旋理論の最初の発表（1972年）に基づき、論争中の様々な政治的・社会的争点に対する人々の反応を検証した。歴史観、子育て、贈収賄、天皇崇拝、改憲などの争点はその例である。その結果、日本人は韓国人や中国人よりも論争中の争点で議論する傾向が低いことが見出されたが、彼はこうした差異に落胆す

ることなく、意見表明の意図の多様な水準という点から分析を修正している。

　Keio Communication Review誌に1989年、1996年と２度にわたって発表された彼の論文では、同調反応と文化的差異の興味深い説明が見られる。1996年の知見を議論するにあたり、彼は「日本における沈黙の螺旋理論の妥当性と理論的適用可能性を証明し、明確にした」と結論づけている。

　1988年、『沈黙の螺旋』日本語版の最初の翻訳者として私が感謝する池田謙一氏は、第二版にあたる本書でも、博士課程の学生である安野智子氏とともに翻訳を行い、監修をつとめて下さった。彼はまた幸運にも、1986年日本総選挙において沈黙の螺旋概念の実証的知見を既に得ている（Ikeda, 1989b）。翻訳に対して、彼自身の研究及び教育活動の両面から時間を割いたという点で、研究者として最大の協力をしてくれた池田謙一助教授には特に感謝申し上げたい。

＊＊＊

　新たに付け加えられた３章のうち、最後を飾るのは「世論の顕在機能・潜在機能：まとめにかえて」と題された章である。この章が取り上げているのは、日本にはあるいは存在さえしないかもしれない、日本人にはおそらく理解しがたい問題である。アメリカのコミュニケーション研究者であるW.フィリップス・デーヴィソンは、1968年版『社会科学国際百科辞典』に掲載された論文「世論」を次のように始めている。「『世論』について、一般的に受け入れられている定義はない」（本書62ページ）。このような不確実性はどうして生じたのであろうか。ギリシャ・ローマ時代の昔にまで遡る研究の結果、「世論」という用語は古代から使われていたことが明らかになった。例えば、"publicam opinionem"という用語は、紀元前50年にキケロがアッティカに宛てた書簡の中にも見られるのである（本書257ページ）。

　研究の過程で多くの同義語が見つかった。「慣習の法」は古代から言及されており、「不成文法（lois parlantes）」はルイ13世と枢機卿リシュリューの時代に用いられていた。ジョン・ロックは彼が発見した法を「意見・風潮・慣習の法」と呼

んだ（本書78ページ）。その長い歴史を通じて、世論概念は常に「社会統制」「同調圧力」といった語で表される社会統合の道具として、社会心理学的な感覚で理解されてきたのである。

　しかしながら18世紀ヨーロッパの啓蒙時代には、「世論」の語は意味的な変化を遂げた。その時代から後、世論という概念は主に、「批判的合理性によって政治参加するような、信頼できる、知識を持った市民の意見」という意味で用いられるようになった (Spier, 1950, 本書108ページ；Beniger, 1992, 本書256ページ)。しかし同時に社会統制という世論の元来の意味も残り、W. フィリップス・デーヴィソンが1968年の論文の冒頭に記したような状況に至ったのである。

　過去２世紀の間、「世論」の事実上の意味について大きな混乱が生じたのはこうした状況によるものであった。こうして20世紀には多くの社会科学者が「世論」という語の使用を完全に止めることを求めるまでになったのである (Moscovici, 1991)。

　実証的調査と歴史的研究に基づき、本書では冒頭から「社会統制」という世論概念の古い本来の意味を再構築し、保持することを試みた。こうした試みはしかし、啓蒙時代以降の新しい世論概念の意味が説得力をもつものであったために、大きな批判を受けた。新しい概念は、おそらく無意識的な反民主主義的感情の反映として、知識ある市民が「世論」という大義名分の下に政治的影響を行使することを可能にしており、従って適切で正当なものと彼らは信じていたのである。

　この文脈に沿って、本書の最終章「世論の顕在・潜在機能」では概念を明確にすることを心がけた。ここで用いたような「顕在」「潜在」の用語は、ロバート・K・マートンがその古典的著作『社会理論と社会構造』(Merton [1949, 1957] 1968)で初めて導入したものである。マートンは顕在機能と潜在機能の概念を、ホピ・インディアンが干ばつのときに踊る雨乞いの踊りを例にとって説明している。この雨乞いの踊りの顕在的な機能、つまりホピ・インディアンが意識し意図していると言われる機能は、雨を降らせてくれるよう神に懇願することである。一方、皆で踊ることの潜在的な機能、つまり踊り手が意図も意識もしていない機能は、干

ばつによって生命が危険にさらされている非常時に民族の団結を固める点にある。

　私が多くの議論から学んだように、「顕在と潜在」というような対語は、風邪が潜伏期を経て発病したり、はじめ潜んでいた敵意が表面化するように、同じものがその意味を置き換えるような奇妙な傾向がある。当然のことながら、私の解釈とマートンの用語との違いは、顕在的でも潜在的でも風邪は風邪であり、また顕在的な敵意と潜在的な敵意のどちらも敵意の一形態であるという点である。しかし、雨乞いの踊りの顕在的・潜在的機能に関しては、私たちは神に雨乞いをするという儀式を論じる一方で、危機に瀕した際の民族の団結を論じている。つまり本質的に、異なる二つの現象を論じていることになる。

　世論の顕在機能と潜在機能についても同じことが当てはまる。これら二つは本質的に異なる現象なのである（Noelle-Neumann, 1995）。今日の西側民主主義的な考え方では、世論の顕在的な機能とは統治に関連したものである。それは批判的で知識のある、有能かつ信頼しうる市民が、合理的推論によって政治参加することを含意している。全体主義者の発言には、顕在的機能としての世論はみられない。世論の潜在的機能は社会統制、つまり個人にも政府にもかかる同調への圧力である。この圧力は意図も意識もされていないものだが、ちょうどホピ族の雨乞いの踊りのように、社会の団結を促進するためには必要なものである。潜在的な機能としての世論は、哲学者デヴィッド・ヒュームが1732年に記したように、自由社会にも圧制社会にも広く見られるものである。

　「世論」という語の意味について、少なくとも科学的用法としては統一的な理解を得るために、明らかに西欧の学者はもう一度努力する必要がある（Noelle-Neumann, 1988）。その必要性は、20世紀前半の「世論」の「古典的」著作家である2人のドイツ人、フェルディナント・テンニースおよびヴィルヘルム・バウアーの文章を読めば明らかである。彼らは「世論」の語を近代の顕在的な意味でも、また別の例では社会統制という古来の潜在的な意味でも用いている。その結果、彼らの文章はしばしば混乱しているのである。

　もちろん、日本では「世論」という語を明確にする必要はないのかもしれない。日本では「世論」に西欧諸国のような大きな意味はなかったようだからである。

しかし本書にも書いたように、私は日本におけるこの言葉の意味の古い歴史に直面しなくてはならなかった。伊藤教授は「民意」という語に言及し、"the public will"という訳語をあてている。おそらくはこれが日本語で、「世論」という西欧の概念にあたるものなのであろう（本書62-65ページ）。いずれにせよ多くの証拠は、ヨーロッパやアメリカで啓蒙時代以降にみられたような意味的な変化が日本語の用語では起きなかったことを示しているようである。それでも本書の統一性を保つため、世論の顕在・潜在機能に関するこの章は、ドイツ、アメリカ、中国、スペイン、ロシアの各国版で、同じ形をとっている。

同様に、世論の潜在的・無意識的な機能を理解する鍵となる、「公衆の目」(Burke, 1791), coram publico、「意見風土」といった社会心理的概念もまた、東アジア文化では西欧よりも理解しやすいものかもしれない。この仮説(assumption)は伊藤陽一教授の研究によって支持されている。東アジア諸国の異なる3つの文化で、「意見風土」の概念に特定の語があてられていることがあきらかになったのである。日本の「空気」、韓国の"kong ki"、中国の"qi feng"がそれである。伊藤教授によれば、これらの語は「空気(air)」「雰囲気(atmosphere)」「意見風土(climate of opinion)」を意味するものであり、集団的な社会圧力、服従の要求からきているものであるという。これは沈黙の螺旋理論の中核部分である「意見風土」概念にちょうど対応している。この点において、辻村・中野・山本の先行研究のモデルに基づいた伊藤教授の3極フィールド構造(tripolar field construction)は大変興味深い。フィールドは政府、マスメディア、民衆という3つの極から構成されているのである。もしフィールドの中の2極、例えば政府とメディア、あるいはメディアと民衆とが連合するようなことがあれば、第三の極は対抗しなくてはならなくなるのである(Ito, 1993c, pp, 74, 75)。

異なる起源を持つ文化間では科学的コミュニケーションが難しいかもしれないが、その一方で比較の観点によって互いに理解が進むものである。もう一つ例を挙げておきたい。新しく加えられた第26章には、「孤立の脅威の検証」という節がある（本書235-237ページ）。この節では、論争中の争点に関する意見風土を測定するための質問項目を私たちがアレンスバッハでいかにして考案したかというこ

とが描かれている。1989年、シカゴ大学で客員教授をしたときに、私は学生たちに新しく考案した質問項目を見せた。その質問ははじめ原発問題に関する以下のようなものであった。「原発問題に関する大きな会議での最近の出来事です。主な演説者には賛成派と反対派の２人がいましたが一方は聴衆にヤジを飛ばされました。どちらがヤジを飛ばされたと思いますか、原発推進派でしょうか、反対派でしょうか？」ドイツの回答者のうち72％は推進派がヤジを飛ばされたという意見だった。反対派と答えたのは11％であり、わからないと答えたのは17％に過ぎなかった。私たちはこの新しく考案された質問を「ヤジテスト」と呼んでいる。質問形式が国際的に通用するということは世論研究上重要だったので、私の講義を受講していたシカゴ大学の学生たちと議論することにした。私は日本の洗練された社会的相互作用のあり方を思いだし、この新しいテストが日本文化に適用可能かどうか疑問を持った。そこで私のクラスにいた日本人学生ミナト・ヒロアキに、このヤジテストが日本でうまく行くと思うかどうか尋ねた。彼は日本ではこのテストはうまく行かないと言い、次のように表現を替えた。「近所の集まりで原発の話題が出ました。一人が原発容認意見を言い、もう一人が反対意見を唱えました。その後、二人のうち一人がこのことで陰口をたたかれたようですが、それはどちらの方だったと思いますか。」

　沈黙の螺旋理論は人々を原子化された個人であるかのように扱い、重要な準拠集団を無視しているという批判がしばしばなされている。おそらくこの理論の書き方がそうした批判を招くのだろう。しかし私は本書の執筆にあたり、準拠集団が世論過程において重要でないなどとは全く考えていなかった。この点について初版で言及しなかったのは、準拠集団の重要性は社会心理学では自明のことだという前提があったためである。結局のところ1940年代以降、特にアメリカでは、グループ・ダイナミックスほど重視されてきた分野はない。私の主要な目的は、西欧文化で事実上無視されてきた社会統制の複雑な側面と法廷とさらし台の社会心理学的感覚における公衆(publicness)の重要性を記述することにあるのである。

　準拠集団が十分考慮されていないという批判が高まったので、私はマインツ大学の学生と協力して一次集団の研究を始めた。新しく付け加えられた章では、ザ

ビーネ・ホーリッキ（本書236ページ）およびアンジェリカ・アルブレヒト（本書236ページ）の修士論文などの研究成果が紹介されている。

　また同時に、私たちは公衆の前で逸脱した個人に向けられる同調への圧力と孤立の恐怖との間に興味深い差異があり、その成員が迷い出さないように集団がとるメカニズムが全く異なることを発見した。集団が逸脱者を集団に戻し同調行動をとらせるために長期間にわたって説得しようとすることは実験的にも確かめられている。そうした試みが失敗したときに初めて、逸脱者は集団から排除され、「集団はその境界線を引き直す」のである（Holicki, 1984）。

　ミナト・ヒロアキとの議論は、日本文化が集団内、特に近所との友好関係を重視していることを示している。しかし一般的な意味でも沈黙の螺旋は原子化された個人を前提としているわけではない。事実はその逆である。この理論では、他者が何を考えているのか、何が多数派になりそうなのかといったことに、個人が日々いかに注意を割いているかということを記述しているのである。

＊＊＊

　読者は本書がなぜ次々と書き足され、その不完全性を露呈しているのか、不思議に思うかもしれない。その理由は基礎的研究は応用研究と異なり、特定の目的だけに向けられるものではないということである。それはむしろ進歩する途中の過程であり、研究者自身それがどこに行こうとしているのか見通すことはできないのである。

　その間1991年に出版された本の中で、カリフォルニア大学サンタバーバラ校の社会心理学者であるトーマス・J・シェフは私たちが事実上研究の旅を始めているのだと記している。

　特に言及こそしていないが、1980年『沈黙の螺旋』初版の中心的な関心であったのはルソーからの引用であった。「社会が全力で成員の身体と財産を守る社会的統合の形態を発見すること、そしてその社会では各人が全ての他者と結びつきながら、しかも自分以外の誰にも従わず、以前と同じくらいに自由であり続けられ

ること、これが根本的な問題である」(Rousseau, 1953, 14-15；本書99ページ)。

　初版のサブタイトル「世論－私たちの社会的皮膚」とは、人間の二重の天性、その個人的側面と社会的側面に言及したものであった。人々は自分の個人としての側面は意識しているが、西欧社会では社会的な面はほとんど、あるいは完全に無視されている。調査結果 (Allensbach Archives, Survey 5035 (May1990)) によれば、ドイツ人の大多数は「他の人が自分をどう思うかなど気にしない」と答えている。これほどの自己欺瞞があるだろうか。

　「人間の社会的天性－それで何を意味しているのか？」アメリカの著名なコミュニケーション研究者であるパーシー・タンネンバウムは1996年春、バークリーに滞在していた私にこう尋ねた。読者は第21章の「視覚信号言語を解読する」でもタンネンバウムの名を目にするであろう。ヨーロッパ、あるいは欧米社会では、人間の社会的天性は目をそむけられてきた。信用に値する合理的な個人という私たちの（欧米社会の）理想は、人間の社会的天性とそれに基づく世論機能を客観的に分析することを妨げてきたのである。人間はいつも自分を取りまく状況を観察し、どのような言明や行動様式が孤立してしまうのか、何を言わねばならないのか、あるいは言ってもよいのか——つまり何が「政治的に正しい」のか、何が流行で何が流行遅れなのかを見極める。イギリスの有名なサミュエル・ペピスは1660年の日記にこう書いている。「私の長いコートは短いものに替えよう（長いコートは今や時代遅れのようだ）」(Pepys [October 7, 1660] 1970, pp. 260)。

　それほどまでに人間の社会的天性を抑圧していたために、現在ではこの特性を認識する新しい研究法が考案されている。第26章「世論理論に向けて」に登場するオランダの心理学者フローレンス・ファン・ズーレンは、人々に自分の社会的天性を意識させるための自主実験法を1970年に考案した。この自主実験では公の場における行動のルールが故意に破られ、あるいは日本語で言う「支配的な空気」が意識的に呼び覚まされ、研究者は自分が当惑していること、自分の行動が他者をも当惑させていることに気づくのである。もっとも日本人なら人間の社会的天性をよく意識しているであろうから、あるいはこうした自主実験は必要ないかもしれない。

世論の特質と機能を明らかにする試みを続けるうちに、次第に科学の歴史を全く新しい方向からたどる必要を感じはじめた。私たちは次にあげるような科学者達の足跡をたどった。アーヴィング・ゴフマン、ジョージ・ハーバート・ミード、ゲオルク・ジンメル、社会学者のガブリエル・タルドとその偉大な好敵手エミール・デュルケーム、チャールズ・クーリー、頬の紅潮が人間の社会的天性の目に見える兆候だということを認識していたチャールズ・ダーウィン、身振りを人間の社会的天性の表出とした民族心理学者ヴィルヘルム・ヴントなど。中でもヴントは、首を振ったり頷いたりといった身振りが文化によって反対の意味を持つことに魅せられたのだった。

　そして今や、道筋の対極に、私たちはトーマス・J・シェフが未来につながる道を開くのを見いだしたのである。

　シェフの議論の焦点は人間の二重の天性－個人的天性と社会的天性であった。彼は人間の社会的天性に関する私たちの観点を拡張し、デュルケーム、ミード、ゴフマンの著作の中で、この社会的天性が処罰として、個人に服従を強いる厳しい社会統制という面からのみ論じられている現実を嘆いた。

　シェフは人間の個人的天性と社会的天性が葛藤するこのモデルを否定し、個人とそれをとりまく環境との関連を記述するために「社会的絆」の概念を用いた。シェフによれば、社会的絆とは、個人にとって最も尊ぶべきものであり、いかなる犠牲を払っても獲得し保持したがるものであるという。彼はその対極に恥と自尊心の２つがあると述べている。恥の感覚は個人が自分の社会的絆から脅威を受けているということを示している。これに対し、自尊心は、社会的絆が完全かつ良い状態に保たれているというしるしなのである。

　シェフが行ったような文化間の比較は、今後の研究を進めていく上で非常に重要であろう。このモデルを用いて、彼は西欧文化が個人的な価値のみを重視し、個人にとって制約のない領域を創り出そうとしていることを示した。東アジアではこれと反対に、個人に制約を課し、人間の社会的天性に重きを置いている。理想的な社会とは、個人的天性と社会的天性が等しく認識される社会である、とシェフは論じている。

世論の圧力や同調圧力が時期だけでなく文化によっても異なる、という仮定はアレクシス・ド・トクヴィルが『アメリカの民主政治』で既に述べている。トクヴィルはその中で、アメリカ人はヨーロッパ人に比べ、世論の圧力を受けやすい、と論じていた。

　現在、国際的な世論過程研究を進める上での視点が出され始めている。スタンリー・ミルグラムの比較文化研究(1961)に見られるように、あらゆる文化で個人は孤立への恐怖を経験し、同調圧力に反応するのである。それは異なる文化の異なる兵器庫から出てくる、どんな個々人も逃れることのできないものだと思われる。それはどんな場面でも生ずる。ある意見が正しく他の意見は間違っているというような道徳的側面においても、あるものは趣味が良くあるものは悪いといったような美的側面においても、それに加えて、当惑という現象に密接に関わるエチケットとマナーに関連した場合でも。さらに、機転がきくとかきかないとかいった他者への同情と配慮に関する場合にも生じる。何が賢明で何が愚かであるといった知的な領域でもそうだろう。ラ・フォンテーヌの寓話を読むとフランスでは、道徳的レベルで世論過程が生じるのは、知的レベル、美的価値、配慮や機転の価値などが問題になる場合よりも少ないような印象を受ける。「私は嘲笑に耐えることを学ばなくてはならない」とルソーが述べたのは、農夫の服装で馬鹿にされることを意味していたのだった。ドイツでは逆に、道徳的価値が世論過程を左右する。

　これまでの議論で述べてきたのは、世界中の社会について議論を本格的に始める前になされるべき研究がいかに多いかということであった。世界の多様な文化が相互理解と尊敬を深めるために学ばれるのであれば、こうした研究は社会心理学やコミュニケーション研究が言及すべき不朽の課題といえるであろう。

ドイツ、アレンスバッハにて
1996年　夏　　　　　　　　　　　　　　　　　　　　　　E. N. N.

[日本語版第二版への序 参考文献]

Ikeda, Ken'ichi. 1989a. "Spiral of Silence' Hypothesis and Voting Intention : A Test in the 1986 Japanese National Election," *KEIO Communication Review* 10,pp. 51-62.

Ikeda, Ken'ichi. 1989b. "Socio-Cultural Backgrounds of Japanese Interpersonal Communication Style," *Civilizations,* 39(1), pp.101-127.

Ito, Youichi. 1990. "Mass Communication Theories from a Japanese Perspective," *Media, Culture, and Society,* Vol. 12(4), pp. 423-464.

Ito, Youichi. 1993a. "Mass Communication Theories in Japan and the United States, In: William B. Gudykunst(Ed.): *Communication in Japan and the United State.* Albany, New York: State University Press, pp. 249-287.

Ito, Youichi. 1993b. "New Directions in Communication Research from a Japanese Perspective, In: Philip Gaunt(Ed.): *Beyond Agendas: New Directions in Communication Research.* Westport: Greenwood Press.

Ito, You ichi. 1993c. "The Future of Political Communication Research: A Japanese Perspective, *Journal of Communication,* 43, pp. 69-79.

Ito, Youichi. 1994a. "An Application of the Tri-Polar Kuuki Model to the Withdrawal of the United Nations Peace Cooperation Bill in Japan," Manuscript from the IAMCR Congress, Seoul, July 3-8, 1994.

Ito, Youichi. 1944b. "Influences of the Masses and the Mass Media on Government Decision Making Amendment of the Consumption Tax Law," Manuscript from the ICA Conference, Sydney, July 11-15, 1994.

Milgram, Stanley, 1961. "Nationality and Conformity,"*Scientific American* 205, pp. 45-51.

Nakano, O. 1977. "Shimbun to yoron [Newspapers and Public Opinion] ," In: M. Inaba and N. Arai(Eds.): *Shimbungaku.* Tokyo: Nihon Hyoron-sha, pp. 262-271.

Noelle-Neumann, Elisabeth. 1995. "Public Opinion an Rationality," In: Theodore Glasser and Charles Salmon(Eds.): *Public Opinion and the Communication of Consent.* New York: Guilford, pp. 33-54.

Noelle- Neumann, Elisabeth, 1988. "Toward a Theory of Public Opinion," In: Hubert J. O'Gorman(Ed.): *Surveying Social life. Papers in Honor of Herbert H. Hyman.* Middletown, Connecticut: Wesleyan University Press, pp. 289-300.

Pepys, Samuel. [1660] . *The Diary of Samuel Pepys.* Reprinted from the original edition. (Eds.) R. Latham and W. Matthews, 11 Volumes.

London: Bell, 1970-1983. Here vol. 1. p. 260(October 7, 1660).

Scheff, Thomas J. 1990. *Microsociology. Discourse, Emotion, and Social Structure,* Chicago: University of Chicago Press.

Tokinoya, Hiroshi. 1989. "Testing the Spiral of Science Theory in East Asia, "*KEIO Communication Review* 10, pp. 35-49.

Tokinoya, Hiroshi. 1996. "A Study on the Spiral of Silence Theory in Japan. "*KEIO Communication Review* 18, pp. 33-46.

Tsujimura, A. 1976. "Yoron to seiji rikigaku [Public Opinion and Political Dynamics] , "In: Nihonjin Kenkyu Kai(Ed.): *Nihonjin kenkyu,* No. 4,: *Yoron towa nanika.* Tokyo: Shiseido, pp. 173-238.

Yamamoto, S. 1977. *"Kuuki"no kenkyu* [A Study of *"Kuuki"*] . Tokyo: Bungei Shunju-sha.

アメリカ版への序

　シカゴ大学のインターナショナル・ハウスで，ジャン・カルロ・メノッティ作のバレエが披露されることになった．私の英会話の指南役で英文学の大学院生クリス・ミラーがそう教えてくれた．彼女はこのバレエを演出するばかりか，コーラスの一員として歌い，踊るというのだった．もちろん私は見に行った．
　それは1980年の春のことだった．私はこのシカゴ大学で二度目の政治学の客員教授をしていたが，その時のバレエをここで思いだしたのは他でもない．世論についての洞察をバレエから得るなどふつうは期待できないものだが，あのバレエにはまさにそれがあったからである．それだけではない．学生新聞のシカゴ・マルーンのバレエ評は，涙が目に浮かぶほどだと激賞したものだったが，私もまさに同じ思いをしたからである．私がここで何を言いたいかは，このバレエの筋書きを話して分かってもらう以外にあるまい．
　場所はおそらくイタリアの小さな町のことである．実直な市民たちと伯爵夫妻が住んでいた．その町外れの丘の上には城があり，奇妙な観念にとりつかれた変わり者の男が暮らしていた．彼はいつでも市民の驚きの種だった．いや，もっと正確を期すなら，彼はある面では驚きの種だったが，ある面では悩みの種でもあったというべきだろう．それゆえ町の人々は彼と距離を保つようにしていた．
　ある日曜日のことである．この男が伝説の一角獣ユニコーンを鎖で引いて町に現れた．町の人々は彼の周囲でただただ首を振るばかりだった．しかし，ややあって伯爵夫妻もユニコーンを伴って登場すると，それはみんながユニコーンを手にいれるべき合図となった．
　また別の日曜日，変わり者の男は突然，蛇の頭髪をした恐怖の化け物ゴルゴンを伴って現れた．市民たちがユニコーンはどうしたのだと尋ねると，男は，ユニコーンには飽きたから，味付けしてグリルすることに決めたと答えた．みんなは

一様にショックを受けた．しかし，伯爵夫妻がゴルゴンを連れて再度現れると，ショックの驚きは羨望に変わり，ゴルゴンはたちまち大流行になってしまった．

　さらに別の日曜日，例の男は人面獅身竜尾の悪魔マンティコアを伴って現れ，ゴルゴンは殺してしまったと語った．町の住民ははじめ憤慨したものの，またしてもいつも通りにことが運んだ．伯爵夫妻は秘密裡にゴルゴンを処分し，住民もそれをまねたのである．たちまちマンティコアがはやった．

　時は過ぎ，奇妙な男は姿を見せなくなった．町の人々はマンティコアも殺されたのだと確信した．そこで，この犯罪に決着をつけるべく委員会を結成し，男の城に向かった．だが入城したとたん，その場の光景が彼らを立ちすくませてしまった．三匹の怪物，ユニコーン，ゴルゴン，マンティコアとともに城の男が瀕死の状態にあるのを見いだしたからである．

　実は，知勇に優れたユニコーンは彼の若き日の夢を現し，相反するもの一切を呑込むゴルゴンは壮年の夢を，冷酷に自らを貫くマンティコアは老年の夢を象徴していたのである．町の人々は彼の怪物を流行として取り入れたその瞬間に，彼の着想を捨てていたのである．町の人々にとっては怪物は単なる気まぐれの流行だった．しかし城の男にとっては，怪物たちは自らの人生のエッセンスを表現したものに違いなかった．

　ジャン・カルロ・メノッティはこのバレエに『ユニコーン，ゴルゴン，マンティコア，もしくは詩人の三つの日曜日』と題したが，私はさらに『世論』とも名づけえただろうことを説明してみたい．

　観客は全て城の男である詩人の側に立つ．シカゴ・マルーンの劇評家すらそうして泣いた．人間は，強くたくましく，独立独歩で，しかも想像力豊かであるべきだという理想を，詩人は象徴していたのである．また，伯爵夫妻の立場もよく分かるだろう．自身は理想家ではないが，行く先々で最先端に立ちたがり，うわっつらの流行の仕掛人になる人々である．一方，我々が最も軽蔑してはばからないのは，大多数につき従う人々である．彼らはみんなと違ったことをする人を違っているというだけでからかうが，しだいにその新しいファッションを吸収し，最後に我らこそは真の権威なりと気取る人々である．

これは，一つのものの見方である．それは城の男や，一匹狼，芸の道を極めた人，学の道を突き進んだ人から見た見え方である．

では一転して，伯爵夫妻や町の人から見るとどう見えるだろうか．ここで私が強調したいのは，詩人の味方ばかりするのは我々人間の社会的天性（社会性）を否定することになる，という点である．我々は往々にして，人間が自分の社会を一つにまとめていく努力の大きさに思いが及ばない．豊かな歴史的・文化的な伝統を共有し，また法に護られた制度を保持しながら，社会としての決定を下し，行動し続けたいのなら，またこれらの伝統や制度を守り続けたいのなら，我々には絶えず社会的適応の努力が必要であり，「同調」すら必要となるにもかかわらず，我々はそうしなくとも何も失われないかのように振舞っているのではないだろうか．

同調を強いる我々の内なる社会的天性を，我々自身が認めたがらない証拠は多数ある．

かつてジョン・ロックは，意見の法，評判の法，風潮の法について論じたことがある．これらは全て同じ法の別称であり，いかなる神の法や国家の法よりも人々の気遣いを受ける法である．この法は，それを破れば直ちに自分のまわりの尊敬や同情を失い，傷つき苦しむほどのものである．しかしこれまで長い間，そうした法が社会の存続になぜ不可欠かを探ろうとする動きはなかった．そうはせずに，流行や風潮に結びついたものは何でも否定的に受け取ってきたに過ぎない．流行の追随者だ，ばかげた風潮だ，気まぐれな流行だという言葉がいつもつきまとった．ユニコーンやゴルゴン，マンティコアを連れ歩くのは，単に流行に遅れをとらないがための行動でしかなかった．

我々は自らの社会的天性に気づかないかのように振舞っているのである．同調行動や流行，風潮にみられる模倣の問題は，フランスの社会学者ガブリエル・タルドが取り上げて以来学問の対象とはなったが，それはほとんど学習への動機づけに基づく行動として説明されてきたにとどまる．より効率的に正答を発見するための経験の授受だと説明されてきたのである．確かにそうした動機づけはしばしば模倣を促進するだろう．しかしそれより一層強い模倣の動機は，孤立したく

ない，逸脱者にはなりたくないという動機ではないだろうか．18世紀末のフランスで誰も教会を弁護しなくなった事情を説明して，トックビルは「人々は過ちを犯すよりも孤立を恐れた」と書いた．人々が孤立を恐れて沈黙に陥る「沈黙の螺旋」現象に関するトックビルの記述は，植物学者のそれのように正確だった．孤立の恐怖を感ずることなく公然と表明できる公的意見，つまり世論が，自分の意見に反するなら，したがって一般の好みについての合意や道徳的に正しいと目される意見が自分の意見に反するなら，人々は沈黙する．しかも「何かおかしい」とはっきりと感ずるときでさえそうなるという，彼が観察から導き出した命題は，今日では証明可能である．

　メノッティのバレエの話題に戻るが，伯爵夫妻がいなければ詩人の着想は決して広く受け入れられなかっただろうことを思うと，私は彼らの味方もしたくなる．夫妻はいわば取り持ち役で，社会が必要とするオピニオン・リーダーであった．今ではジャーナリストがしばしばその役割をになっている．

　では大多数につき従う町の人々についてはどうだろうか．我々は彼らの気持ちや夢について何か知りえたであろうか．彼らの内面について何か知りえたであろうか．

　彼らは他者の面前で孤立して苦しむことを厭う．かつてロックが指摘したように，まわりの他者の是認を失えば，それに無関心でいられる者は千人に一人もいない．誰もユニコーンを伴って歩かなくなれば，誰があえて連れて歩こうと感ずるだろうか．一匹狼やあの城の男に似た人間だけからなる社会を想像してみるとよい．孤立する恐怖を感じない，あるいは人間の社会的天性を欠いたそのような社会は，ありていにいって不可能である．確かに我々は人間の社会的天性に共感を覚えたりしないかもしれない．しかしそれへの理解を怠るのは，大多数と共に歩む人々を不当にも見下すことになるのではなかろうか．

　上演の翌日，多かれ少なかれこのように，私はバレエを学生に解釈してみせたのだった．

　このような世論現象に関する幾多の発想，洞察，そして議論の機会をどれほどシカゴ滞在中の同僚や学生，友人との会話に負っているか，ここで一言の内に言

い尽くすことは不可能である．バレエの話はほんの一例に過ぎない．私の議論に対する学生の反論も大変有用だった．たとえば，公的意見と私的意見，すなわち公の場で表明する意見と私的に感じたり話したりする意見との区別に私が十分注意を払っていない，という指摘は有用であった．ここには文化的な差異もあるだろう．異なる文化の下では，優勢な公的意見つまり世論と個人的な確信との間の葛藤を解決する手段は違う．ある文化では二枚舌を使うことにあまり抵抗を感じないかもしれない．そうした文化の下では公的な意見と私的な意見との関連を社会調査の網でうまくすくい上げるという方法論的に困難な問題が生ずる．一方ドイツ人は，内側と外側，つまり公的に表明した意見と私的な意見とを互いに一致させようとする強い傾向を持っているように思われる．それゆえ，ドイツ人は私的な態度と公的な態度をうわっつらだけで調整することに慣れていないので，しばしば大変な努力を払って自分自身を納得させる苦労を味わうことになる．

　人間の社会的天性を軽蔑することなく，どれだけそれを受容できるかにも，おそらく文化差がある．たとえば日本人は，自分の周囲の意見について語ることを自分の弱点だとは感じない．だが我々のアレンスバッハ世論調査研究所の調査によれば，大半のドイツ人は長い間「私はよその人が何を言おうと気にしたりしない」といい続けている．しかしながらこれらの差異にもかかわらず，全体的な視野からみれば，世論の役割が時と場所を越えて類似している事実の方が，はるかにその差異よりもウェイトが大きいといわねばなるまい．

　メノッティのバレエを演出し，歌い，踊ったクリス・ミラーは今ではカリフォルニア州クレアモントのポモナ大学で英文学の助教授になっている．彼女は本書全体の英文訳の編集にたずさわってくれた．ユタ州ブリガムヤング大学のゴードン・ホワイティング教授（コミュニケーション研究）は，西ドイツ・マインツ大学新聞研究所に客員教授として訪れ，私の同僚でいた間，翻訳の草稿を準備してくださった．またその作業はアレンスバッハ研究所の英米部長ヴォルフガング・コシュニク，同部のマリー・ジィヴィンスキー，マリア・マルツァールが手伝ってくれた．またシカゴ大学のミハリー・チクセントミハイ教授（行動科学）は，

xxx

その英語と同様に堪能なドイツ語の力をもって翻訳原稿を子細にチェックし，編集し，最終的には私と共同で完成版を作成する労をとって下さった．自らの研究に極めて多忙でありながら，翻訳の成功にこれほどの力を貸して下さった同僚，友人の諸氏に私は感謝の言葉もない．

　シカゴにて，1983年春　　　　　　　　　　エリザベート・ノエル-ノイマン

沈黙の螺旋理論 [改訂復刻版]
世論形成過程の社会心理学

目　次

復刊の現代的意義 ——————————————— i
　　——訳者前書きに代えて

日本語版第二版への序 —————————————— xiii

アメリカ版への序 ——————————————— xxv

1．沈黙の仮説 ————————————————— 1

2．調査を駆使した仮説のテスト ————————— 10

3．孤立への恐怖という動機 —————————— 40

4．世論とは何か ——————————————— 62

5．意見の法 ————————————————— 77
　　——ジョン・ロック

6．政府は世論によって支えられる ——————— 83
　　——デビッド・ヒュームとジェームズ・マディソン

7．「世論」という言葉の創始者 ————————— 90
　　——ジャン‐ジャック・ルソー

8. 世論の専制 ―――――――――――――――― 100
　　――アレクシス・ド・トックビル

9. 「社会統制」概念が形成され，「世論」概念は一掃された ― 107

10. オオカミたちが遠ぼえで合唱する ―――――――― 111

11. アフリカ・大洋州諸部族の世論 ――――――――― 117

12. バスティーユの襲撃 ――――――――――――― 125
　　――世論と群衆心理学

13. 流行も世論である ――――――――――――――― 133

14. さらし台 ―――――――――――――――――― 139

15. 法と世論 ―――――――――――――――――― 144

16. 世論は社会の統合を果たす ―――――――――― 155

17. 前衛，異端，アウトサイダー ――――――――― 161
　　――世論を変える

18. 世論伝播の乗り物としてのステレオタイプ ――― 166
　　――ウォルター・リップマン

19. 世論が争点を選択する────────177
    ──ニクラス・ルーマン

20. 公衆の注目を左右するジャーナリストの特権─181

21. 世論には二つの源泉がある────────185
    ──その一つがマスメディアである

22. 二重の意見風土────────────195

23. 分節化機能──────────────199
    ──メディアに乗らない意見の持ち主は事実上沈黙させられる

24. 民の声は天の声────────────204

25. 新たなる知見─────────────215

26. 世論の理論をめざして──────────231

27. 世論の潜在機能・顕在機能：まとめにかえて─253

資料　世論に関する文献研究：テクスト分析へのガイド──268

結びにかえて謝意を──────────────270

第二版の結びとして	272
原注	275
訳注	277
訳者解題	281
引用文献	300
本書との関連文献	301
参考文献	308
人名索引	325
事項索引	327

1. 沈黙の仮説

　1965年の連邦議会選挙の開票時，ドイツ第二のテレビ・ネットワーク ZDF は新しい趣向を編み出した．首都ボンのベートーベン・ホールでパーティ仕立ての選挙番組を放送したのである．オーケストラが入り，ダンス・レビューが行なわれ，ゲストが席に連なった．会場は人いきれがするほどだった．会場右手の前方，ステージのすぐ下には小さな台と黒板がしつらえられた．ドイツには調査専門機関としてアレンスバッハ研究所とエムニドが競合しているが，パーティでは，この二機関から公証人が二日前に受け取った手紙が手はず通り開封された．そして手紙に記載された選挙結果の最終予想が両機関の責任者自身によって会場の黒板上に書き出されることとなった．

　椅子のきしる音や飲み食いの喧騒の中で，アレンスバッハの責任者の私は次のように書いた．「キリスト教民主同盟／キリスト教社会同盟（CDU／CSU）49.5％，ドイツ社会民主党（SPD）38.5％……」．その瞬間，背後の何百人の叫びが聞こえ，それが雷のような怒号にまで膨れ上がった．だが私は何も聞こえないかのように，最後まで続けた．「自由民主党（FDP）8.0％，諸派4.0％」（原注＊）（訳注１）．ショックのあまり騒然とした会場の中から週刊誌ツァイトの出版者ゲルト・ブセリウスが私に向かって叫んだ．「エリザベート，もうあなたの弁護はできません」．

　私のアレンスバッハ研究所は，選挙は大接戦だと言って何ヵ月もの間，人々を故意に欺いてきたのだろうか．選挙のわずか二日前，ツァイト誌上に私へのインタビュー記事が掲載されたが，その見出しは「SPDが勝っても全く驚きはしないだろう」というものだった（Leonhardt, 1965）．ベートーベン・ホールの夜，遅くなって，公式発表が黒板上のアレンスバッハの最終予想通りにますます近づいてきてから，CDUの政治家はくすくす笑いながらこう言った．「もちろん私だ

図1　1965年の選挙年のなぞ

投票意図は何ヵ月も変わらず，CDU／CSU と SPD がデッドヒートを演じていることを示していた．しかしそれと同時に，CDU／CSU が勝つという予想が有権者の間に広がっていった．それはどうしてそうなったのだろうか．ともかく最後に，この予想された勝者の方向への勝ち馬効果が現れたことに注目したい．

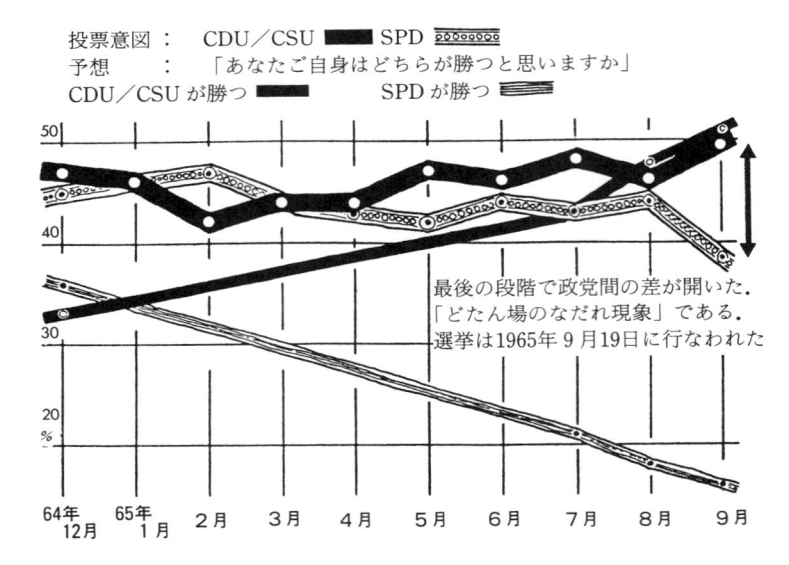

```
投票意図　：　CDU／CSU ■■■　SPD ▨▨▨
予想　　　：　「あなたご自身はどちらが勝つと思いますか」
　　　　　　CDU／CSU が勝つ ■■■　　SPD が勝つ ▨▨▨
```

最後の段階で政党間の差が開いた．「どたん場のなだれ現象」である．
選挙は1965年9月19日に行なわれた

出典　Allensbach Archives, surveys 1095, 1097, 1098, 2000, 2001, 2002, 2003, 2004, 2005, 2006
（注）なお図 1〜5，11〜17，22 で CDU／CSU はキリスト教民主同盟を，また SPD は社会民主党，FDP は自由民主党（リベラル派）を指す．

って，ずっと実際の状況がうちに有利なことは知っていましたよ．でもそれを洩らすほど私は洗練されてなくはありませんからね」．ツァイト誌が正しく引用したように，アレンスバッハの私自身も「恋愛と戦争では手段を選ばない」，と言っていた．しかし，実際にはその言葉は編集者のところで二週間も据え置かれたままだった．インタビューのあった 9 月初めには本当にデッドヒートに見えていたのであり，私が CDU に加担して「手段を選ばず」うその結果を発表したことを暗黙の内に意味していたのではなかった．

　ベートーベン・ホールに集まった人々が見せられた予測調査の結果は，投票三

日前にアレンスバッハで判明したものだった．その結果には我々も驚いたが，すぐ公表することはできなかった．もし公表すれば，CDU 側に有利となるような勝ち馬効果を引き起こして選挙結果を動かそうという，大がかりなたくらみにも見えただろうからである．

　実はこの現象は，何世紀も前から気づかれ，名づけられてもいたが，まだ十分には理解されていない，世論の力（power of public opinion）のなせるわざだった．この力によって，何十万もの人，いや実際には何百万もの人が「どたん場のなだれ現象」（last minutes swing）に加わったのである．最後の瞬間に人々は群をなして移動し，CDU を対等なライバルの地位から，公式結果で 8％以上のリードを奪わせるまでに引き上げたのである（図 1）．

■**我々の知識の及ばないことが調査データには隠されている**

　1965 年当時は気づかなかったが，当時から我々の調査データにはこうしたドラマティックな投票意図変化のカギが隠されていた．ニューヨーク・コロンビア大学の教授 W・フィリップ・デービソン（コミュニケーション研究・ジャーナリズム研究）は，社会科学国際百科事典（1968）の『世論』の項に次のように記しているほどである．「それにもかかわらず，世論の内的構造に関する知識はまだまだ限られたものでしかなく，我々の知識の及ばないことが調査データにはかくされている」（Davison, 1968, 192）．1965 年の我々の状況はまさにそれだった．我々は理解できる以上の事実を測定していたのである．確かに，1964 年 12 月から翌年 9 月の選挙のほとんどその日まで，投票意図を抱く人の数の点からみれば，二大政党はデッドヒートを演じていた．そしてこの数字は雑誌シュテルンに定期的に発表されていた．が，他方では安定してしかも完全に独立した動きを見せる別のデータがあった．それは次の質問への回答である．すなわち「もちろん前もってどちらが勝つかは誰にも分かりませんが，あなたご自身はどちらが勝つと思いますか」．12 月の時点では，CDU が勝つと考える人の割合と SPD のそれはほとんど拮抗しており，ほんの僅か SPD の方が優っていた．が，それ以降この予想は変化し始め，CDU 勝利を予想する数字が安定して増大し，一方で SPD の数

図2　1965年の現象は1972年にも再び繰り返された

投票意図を尋ねればほとんど一定で，CDU／CSU と SPD はデッドヒートを演じ続けていたが，意見風土が変化し，CDU／CSU が勝つという予想は減少，SPD が勝つという予想が増大した．そしてついに，この増大した予想の方向に再度勝ち馬効果が生じたのである．

投票意図：　　CDU／CSU ■■■　　SPD ◉◉◉
予想　：　　「あなたご自身はどちらが勝つと思いますか」
　CDU／CSU が勝つ ■■■　　　SPD が勝つ ══

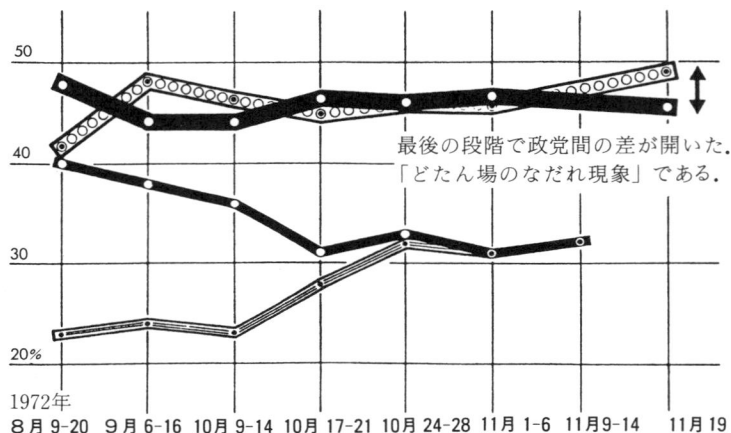

最後の段階で政党間の差が開いた．
「どたん場のなだれ現象」である．

1972年
8月9-20　9月6-16　10月9-14　10月17-21　10月24-28　11月1-6　11月9-14　11月19

出典　Allensbach Archives, surveys 2084, 2085, 2086／I, 2086／II, 2087／I, 2087／II, 2088

字は減っていったのである．1965年7月にはこの質問に関する限り，CDU がはるかにリードし，8月にはほとんど50％が CDU の勝利を予想した．だから投票意図の測定と勝利政党の予想とは，別の惑星の軌道に乗ったかのような印象すら与ていえた．

そして遂に最後の段階で，有権者は勝ち馬に飛び乗ったのである．有権者の3〜4％がまるで時の流れに乗ったかのように，「勝利者」の期待の方向にさらわれ，投票意図までも変えたのである．

■ **どんな研究・調査もナゾから始まる**

我々は狐につままれたようだった．投票意図は長期にわたって不動でありなが

ら，勝者の予想がどうしてこんなに変化したのだろうか．我々はそれを知るために，1972年になって特別の設問を用意し，調査の中に組み入れた．

　この年の連邦選挙は突然実施が決まり，キャンペーン期間はたった数週間だった．我々の目的からすれば必ずしも十分とは言えない選挙ではあったが，仮説はこの年の7月東京で開催された国際心理学会で，既に発表されていた（Noelle-Neumann, 1973）．

　折よくこの年のキャンペーンは1965年と同様の展開をした．投票意図を尋ねれば二大政党はデッドヒートであった．他方，勝利政党はSPDだという予想が一度の例外を除き毎週増大し，投票意図とは全く独立した様相を呈した．そしてまさに投票直前になって，再び「どたん場のなだれ現象」が生じた．人々は予想される勝ち馬に飛び乗ったのである．今回の勝ち馬はSPDの方だったが（図2）．

■誰が声を上げ，誰が沈黙を守るかによって，意見風土が変わる

　60年代末から70年代初頭にかけての学生紛争の間に，私の仮説は心に浮かんだ．それはたぶんある女子学生のおかげである．ある日の朝，彼女を教室の外で見かけたとき，私はそのジャケットにCDUの応援バッジが付いているのを見逃さなかった．

　「あなたがCDUの支持者だとは知らなかったわ」というと，彼女は「そうではないんですけど，このバッジを付けるとどんな感じがするか，やってみただけなんです」と答えた．

　昼ごろ再び彼女を見かけると，バッジははずされていた．どうしたのかと尋ねると，「恐くて，取ってしまいました」という答えが返ってきた．

　西ドイツの新東方政策（訳注2）の最初の頃よくあった大騒動を念頭におけば，このことは理解できるだろう．SPD支持者とCDU支持者は数の上では等しかったかもしれない．しかし，そのエネルギー，熱中度，そして自らの信念を進んで表明し，目だたせようとする積極性の点では非常に違っていた．SPDの大小の応援バッジだけが公衆の目に触れ，それゆえ両党の相対的強度が誤って印象

づけられただろうことは疑いなかった．これをめぐって独得の動きが展開した．新東方政策の正しさを信ずる人は，最後はみんなに信じてもらえるものと考え，自分の見解をオープンに表明し，また自信をもって自説を弁護した．これに対し，反対者は取り残されたように感じ，公（おおやけ）の場から身を引き，黙ってしまった．

まさにこの抑制作用が，口やかましく支持される意見を現にそうである以上に優位に見せ，他方の意見を弱く見せたのである．ある状況でそうなれば，別の状況にもそれは飛火し，そこでも一方は自分の意見を声高に表明し，他方は自分の意見をおなかの中に押しこめて沈黙を保つようになる．そして，雄弁は沈黙を生み，沈黙は雄弁を生むという螺旋状の自己増幅プロセスの中で，ついには一方の意見だけが公的場面で支配的となり，他方の支持者は沈黙して公の場からは見えなくなってしまうのである．

この考えは初め，単なる仮説だった．それはあの1965年の夏の顚末を説明する仮説だった．この夏，来独したイギリス女王とエアハルト首相との間のいくつかの公式行事が公衆の注目を集めるに従って，政府への支持はピークに達することになった．この時，人気者のエアハルトは首相としての最初の議会選挙キャンペーンを準備中だった．女王は美しい夏の気候の中，国内各地を訪れたが，彼女が首相から何度も歓待を受ける様子はその都度テレビ映像に流され続けた．この時点でCDUとSPDへの支持率はほぼ等しく二分されていたが，国政を握るCDUへの愛着感を公言するのは心地の良いものであり，容易におおっぴらに言えるものだった．だから，この意見の風土を反映して，議会選挙でCDUの勝利を予想する人々は急激に増大したのである（図1）．

■最後の瞬間に勝ち馬に乗った人

1965年にも1972年にもこの意見の風土は，投票意図を一気に吹き飛ばすほどの力は持っていなかった．実際，両年ともそれとは逆のことが起こっていた．いずれの場合にも，意見風土は投票直前になるまで意図には影響しなかった．投票意図は嵐の中の風見鶏のような敏感さを示さず，かなりの安定性を保つものである

1. 沈黙の仮説

という説と，これは一貫している．かつてオーストリア生まれのアメリカ人で社会心理学者のポール・ラザスフェルドは投票行動について，意見の安定性の階層があると述べたが，その中で投票意図はもっとも堅固で，新しい経験や観察，意見，情報を得ても非常に緩やかにしか変化しないものであると論じていたからである (Lazarsfeld et al., 1948, xxxvi-xxxvii)．それにもかかわらず，我々の研究では，最後の段階で意見風土の効果が意図にまで及んだのである．二回とも意見風土の圧力方向になだれ現象が生じた．それは3～4％の投票者が移動するというかなりの変化だった．ラザスフェルトは既に (1968, 107-9)，1940年のアメリカ大統領選挙でこの「勝ち馬効果」に気づいていた．

勝ち馬効果は通常，誰もが勝者の側にいたいと思い，勝者に属したいと願うことによるものだと説明される．だが，本当にいつもそうだろうか．いや，たいていの人はそんなみえを張ったりはしない．エリートとは違って，大多数の人は勝ったからといって役職に就いたり，勢力を拡大したりすることはない．我々がここで扱っているのはもっと控え目な現象ではなかろうか．つまり，わが身の孤立を回避したいという，我々皆が明白に有している願望を扱っているのである．しばらくの間，CDUのバッジをつけてみた学生の例のように，誰しも孤立したくはないのである．誰しもアパートの階段ですれ違った隣人にそっぽを向かれたり，同僚に隣の席を立たれるほど孤立したくはないのである．

まわりの人が自分と暖かく意見を分ちあっているのではなく，自分を避けようとしていることに気づかせる何百ものシグナルを，我々はようやく観察し始めたらしい．

1972年の選挙前後に調査を繰り返した結果，次のことが判明した．「自分には知人がほとんどいない」人，つまり他者から相対的に孤立した人が投票のなだれ現象に最も加わりやすい人であり，相対的に自分に自信がなく政治に関心の低い人も最後に投票意図を変える傾向のあることがわかったのである．自信のない彼らは自分が勝者の側にいると感じたり，勝ち馬に乗って騒いでいるなどと考えることはまずない．むしろ勝ち馬に乗り移るのは，「群れになって遁走する」と表現する方がふさわしい．

それは，何も彼らだけでなく，全ての人間に多かれ少なかれ当てはまるのではないだろうか．他人が自分からそっぽを向くと思えばだれしも大変傷ついて，馬の手綱を引き締めるのと同様の容易さで，多数者の手綱にたやすく左右されてしまうのではないだろうか．

　私には，こうした孤立への恐怖こそが沈黙の螺旋を始動させる力であるように思われる．孤立しないで一団になって走るのは気持ちのいいものだろう．が，皆と同意見を公然と表明してこの一団の内に加われないのであれば，第二の選択として，皆に許容してもらうために少なくとも沈黙を守るという道もある．トマス・ホッブスは1650年に出版された『自然法及び政治的法要綱』の中で，沈黙の意味について次のように記している（1969，特に69ページ）．「沈黙は同意の印と解釈できる．同意しないときにノーと言うのは簡単だからである」．簡単にノーが言えるといった点ではホッブスは明らかに間違っていたが，沈黙を同意と解釈できると論じたのは正しかった．このことが人を沈黙へと引き寄せるのである．

■沈黙の螺旋現象を陽のもとに晒す

　沈黙の螺旋仮説のようなプロセスの現実性，すなわち妥当性をチェックするには二つの方法がある．第一は，過去の思想をふりかえることである．このような現象が本当にありうるのだとしたら，またそれがイデオロギーや社会運動の盛衰を引き起こす，現実に存在するプロセスだとしたら，何世紀も前から多くの人が気づき，指摘してきたに違いない．このような現象が哲学者や法学者，歴史家として人間と世界を論じた感受性豊かで自省的な人々の目に触れず，そのペンの力を逃れてきたとは思えないからである．過去の偉大な思想家の著作を探索し始めたとき，1856年に出版したフランス革命史の中で，アレクシス・ド・トックビルがまさにこの沈黙の螺旋の動態を描いているのを発見して私は勇気づけられた．トックビルは，18世紀中葉のフランスでの教会の没落を詳述し，宗教に対する侮蔑の風潮が広範に広がり，フランス人の心情に支配的な熱情にまでなっていく様子を描いた．彼の見解では，その大きな原因の一つは教会の沈黙であった．「教

会の教義を維持し続けた人はその忠誠ゆえに取り残されることを恐れ，過ちを犯すより孤立におののき，多数派と同じ意見だと明言した．このため，実際には国の中のほんの一部の意見が……全体の意思のごとくみなされるようになり，それゆえに，この誤った見かけを作り出すのに荷担した同調者たちに対してすら，この意見が抵抗しがたいものに思われるようになったのである」（注1）．

　過去を振り返ってみれば，至るところに同様の印象的な見聞や見解を見いだすことができる．それは，ジャン-ジャック・ルソー，デビッド・ヒューム，ジョン・ロック，マルティン・ルター，マキャベリ，ジョン・フスらの著作にある．さらには古典古代の著作の中にさえ発見できるのである．もっともそれは決して主題ではなく，しばしば欄外の傍注の中に見いだされるものではあった．だから私の文献探索はまるで子供のウサギ狩り遊びのように僅かな手掛りから居所を突き止めるようなものだったが，沈黙の螺旋現象の現実性はだんだん堅固なものとなったのである．

　さて，妥当性のチェックの第二の方法は，調査データからそれを探ることである．実際に沈黙の螺旋のような現象が存在するのなら，それは社会調査で測定できなくてはなるまい．少なくとも現代ではそれが可能でなくてはならない．代表性サンプル（訳注3）に基づく社会調査の歴史は50年以上にもなるのだから，この種の社会心理現象がデータを通じた観察の目から逃れることがあってはなるまい．そこで次章は，沈黙の螺旋現象を明るみに出すべく我々が開発したいくつかの道具の紹介に当てることとしよう．

2．調査を駆使した仮説のテスト

　いま用いた「我々が開発した道具」という言葉からは，小さな機械であれ電波望遠鏡のような巨大技術であれ，なにか目に見える装置のような印象を受けるかもしれない．しかし，調査票を用いたインタビューでいくつもの質問をぶつける行為も，たとえそれがゲームのように見えたとしても，実はそれは測定のための「道具」の使用なのである．そうした質問に対する住民の代表性サンプルの反応が，沈黙の螺旋過程等の根底にある動機や行動様式を明るみに出すのである．

　我々の沈黙の螺旋仮説は次の点を仮定している．つまり人々は自分の社会環境をよく観察しており，まわりの人々の意見に敏感で，また意見の趨勢の変化を感じ取ることができ，さらにどの意見が支持を増やしつつあり，またどの意見が支配的になりつつあるかを記憶にとどめることができるという仮定である．その正しさを我々は質問調査によって証明できるだろうか．

■「どうして私に分かりましょう」
　1971年1月，沈黙の螺旋現象に関する質問群がアレンスバッハ研究所の実施する調査に盛り込まれ始めた．最初に考案されたのは次の三問から成っていた．

　まず東ドイツ（DDR）についてお尋ねします．わが西ドイツが東ドイツを第二のドイツ国家として承認すべきか，承認すべきでないか，決断を迫られることになるとしたら，あなたはどちらを選びますか．
　次に，あなたご自身の意見は別としてお答えください．西ドイツの大半の国民は東ドイツ承認に賛成でしょうか，それとも反対でしょうか．
　では，一年後にはどうなると思いますか．今より，東ドイツ承認派が増えるでしょうか，それとも反対派が増えるでしょうか．

表1　意見風土の環境の観察

大半の人は，当の争点のどちらの側の立場に大多数の意見があるか，すすんで見解を表明する．1971年から1979年にかけて行なった1,000人または2,000人の有権者の代表性サンプルに基づく調査で，我々はおよそ50回にわたってこの点について質問した．表1はその例である．参考のため，第1番目の質問形式は，「次に，あなたご自身の意見は別としてお答えください．西ドイツの大半の人々は東ドイツ承認に賛成でしょうか，それとも反対でしょうか」というものだった．その他の質問も同様の形式であった．

争点	見解を述べることのできた回答者の率
東ドイツの承認（1971年1月）	86
麻薬やLSDの蔓延防止対策の実行（1971年1月）	95
大気・水質保全のための厳しい立法措置（1971年3月）	75
人工妊娠中絶の許可（1972年4月）	83
死刑に対する賛否（1972年6月）	90
フランツ・ヨーゼフ・シュトラウス（社会民主党左派）の政治的影響力の増大（1972年10,11月）	80
ハンガー・ストライキ中の囚人の強制栄養補給に対する賛否（1975年2月）	84
ドイツ共産党員の判事任官の容認（1976年4月）	82
CDUはよく好かれているか（1976年8月）	62
SPDはよく好かれているか（1976年8月）	65
新原子力発電所建設に対する賛否（1977年9月）	85
非喫煙者の面前での喫煙者の喫煙に対する賛否（1979年3月）	88
全55項目それぞれに対する回答可能率の平均値	82

出典　Allensbach Archives, surveys 2068, 2069, 2081, 2083, 2087, 3011, 3028, 3032／II, 3032／I, 3047, 3065

「次に，あなたご自身の意見は別としてお答えください．西ドイツの大半の国民は東ドイツ承認に賛成でしょうか，それとも反対でしょうか」——「では，一年後にはどうなると思いますか」．こうした質問に対して，大半の人が「どうして私に他人の考えや将来のことまで分かるでしょう．私は予言者ではないんですよ」と答えたとしても無理からぬことかもしれない．しかし，実際にはそんな答えにはぶつからない．まったく自然に，16歳以上の代表性サンプルの80〜90％の人々が自分のまわりの人がどういう意見を持っているかを推定してみせたのである（表1）．

表2 意見風土の表明としての将来の予想

将来の意見分布状態について尋ねても人々はすすんで回答する（1971年1月）．ここでは東ドイツの承認について尋ねた．質問文は次の通りである．「一年のうちに，人々の意見はどう変化すると思いますか．東ドイツの承認問題に関して承認派が増大しているでしょうか，反対派が増大しているでしょうか」．

	16歳以上の回答（％）
東ドイツ承認派が増大する	45
反対派が増大する	16
分からない	39
	100
	N = 1979

出典　Allensbach Archives, survey 2068

　一年後の世論の状態については「わからない」という回答が多くなる傾向があったものの，決して回答者全員が尋ねられてぽかんとしていたのではなかった．1971年1月には，一年後の東ドイツ承認に関する意見の分布について5分の3の人が回答を寄せた．45％の人が承認派増大を予想し，16％だけが減少を予想したのである（表2）．これらは1965年の選挙を思い起こさせる．あの時投票意図に関しては競馬レースのような接戦状態が何ヵ月も続いたのだから「あなたは誰が勝つと思いますか」と尋ねれば，「どうして私にわかるでしょう」と答えるのがもっとも穏当な回答であった．それにもかかわらず，ほとんどの人はそうは反応しなかったのである．勝利政党の予想は時とともに明確になっていき，しばらく投票意図には結びつかなかったものの，最後の段階では後者も変化したのである．これを新東方政策に関する世論に当てはめれば，最終的に東ドイツを承認する方向に沈黙の螺旋が働くと予想されよう．

■意見風土を知覚する新しい能力の発見

　この予備的な分析をさらに進め，それが沈黙の螺旋仮説の検証にどれだけ貢献するか検討してみよう．この予備的質問群の後にも，我々は何度も同様の質問を調査に加えてみた．結果は，1965年の時と同じく，多数派意見，少数派意見に関する何かを感じ取る明白な能力，賛成や反対の頻度分布を見ぬく能力，そしてこ

表3　近い将来の意見風土の予想

どちらの陣営が強くなり，どちらが弱くなるか，大半の人は争点のただ中にあるどちらの陣営が力をつけるか，あえて答えようとする．1971年から1979年にかけて行なった1,000人または2,000人の有権者の代表性サンプルに基づく調査では，およそ25回にわたってこの点に関する質問を行なった．六つの例を挙げるが，質問は全て次の形式をとった．「次のことに関して，これから一年後の意見の状態はどうなっていると思いますか．今よりも……について賛成派が増えているでしょうか，あるいは反対派が増えているでしょうか」．

争点	一年後の意見分布状態の変化について，評価を下すことのできた率
東ドイツの承認（1971年1月）	61
「達成型社会」*に対する賛否（1972年8月）	68
未婚者の同棲問題に対する賛否（1973年2月）	79
フランツ・ヨーゼフ・シュトラウスの政治的影響力の増大（1977年3，4月）	87
死刑に対する賛否（1977年7，8月）	87
新原子力発電所建設に対する賛否（1979年3月）	81
全27項目それぞれに対する回答可能率の平均値	75

出典　Allensbach Archives, surveys 2068, 2084, 2090, 3013, 3046, 3065
＊（訳注）個人の努力や競争による業績を重んじ，それを達成しようとする動機づけが支配的な社会を指す．心理学者マクレランドの用語に由来する．

れらを世論調査で公表された数値とは独立に感じ取る準統計的能力が一貫して確認されたのである（表3）．

　1976年の選挙の際には，意見の強度認知に関して1965年に尋ねた「どの政党が勝つか」という設問と，1971年から始めた「大半の人はどう考えるか」という設問への回答を体系的に比較することを考えた．これらへの回答は類似の結果を示したが，後者のように「大半の人は政党『X』が好きだと思いますか，そう思いませんか」と尋ねる方が敏感な尺度であり，より適切な尺度であることが分かった．前者と類似の変化を示しながらも，後者の方が政党の強さの評価がより大きく変動するからである（図3）．

　このように回答者の政治的意見風土に関する判断は驚くべき変動を示したが，その尺度自体は現実を正確に反映したものだっただろうか．1974年の12月にはそ

図3 どちらの党が勝つか

「どちらの党が勝つか」という質問は，有権者調査で意見風土を測定するために長い間用いられてきた．が，意見風土のいま一つの指標である「大半の人はCDU／CSUが好きだと思いますか」という質問は，それより敏感な尺度であり，より適切な尺度であることが判明した．

指標1 ： 次の議会選挙ではCDU／CSUが勝つだろう ■
指標2 ： CDU／CSUが好きな人が多数派である ▭

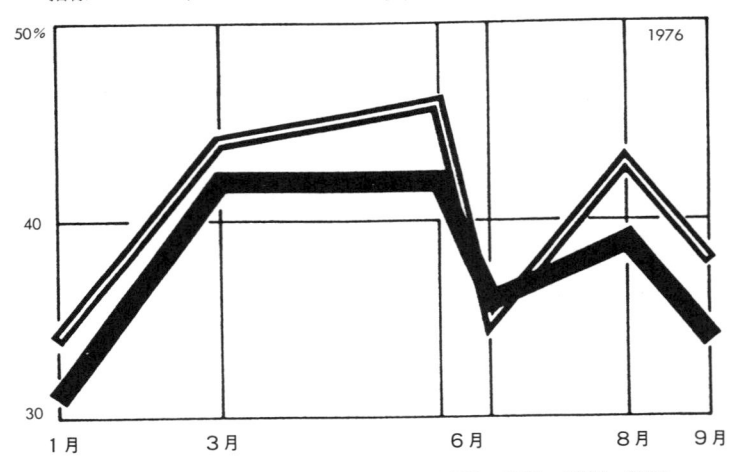

出典　Allensbach Archives, surveys 3023, 3025, 3031, 3032, 3035

図4　政党支持の小さな変化は，意見風土の上ではより大きな変化として認知される

投票意図 ： CDU／CSUへの投票意図 ■
意見風土の知覚 ： 「大半の人はCDU／CSUが好きだと思う」 ▦

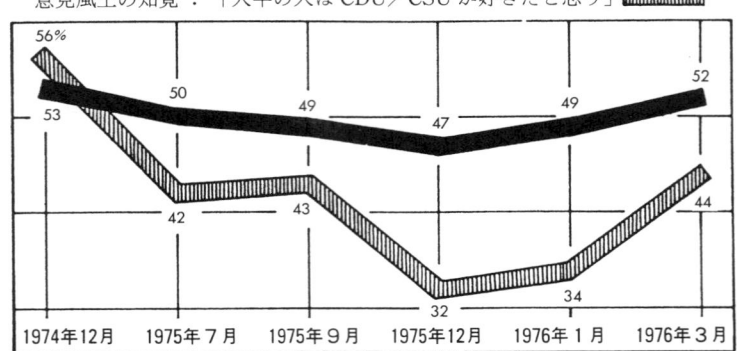

出典　Allensbach Archives, surveys 3010, 3019, 3022, 3023, 3025

2. 調査を駆使した仮説のテスト　15

図5　可視的となった意見風土の変化

伝統的な投票意図に関する質問は，投票意図にどれだけ不安定さが潜んでいるかを示すことができない．例として SPD に関する1974年から76年のデータを示す．

　　投票意図：SPD への投票意図　▬▬▬
　　意見風土の認知：「大半の人は SPD が好きだと思う」▦▦▦

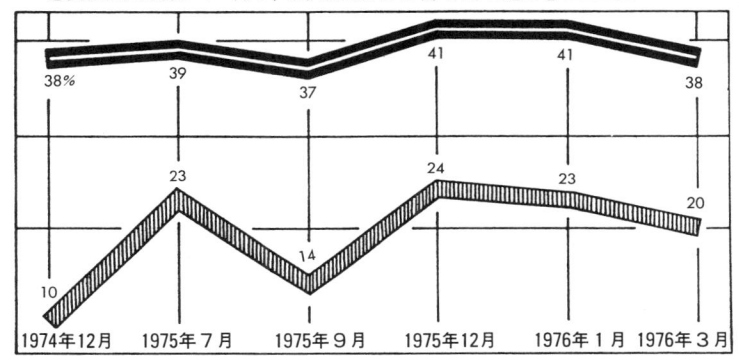

	1974年12月	1975年7月	1975年9月	1975年12月	1976年1月	1976年3月
投票意図	38%	39	37	41	41	38
意見風土	10	23	14	24	23	20

出典　Allensbach Archives, surveys 3010, 3017, 3019, 3022, 3023, 3025

図6　ラインラント・プファルツ州における政治的突風

　　投票意図：CDU への投票意図　▬▬▬
　　意見風土の認知：「ラインラント・プファルツ州の大半の人は
　　　　　　　　　　CDU が好きだと思う」▭▭▭

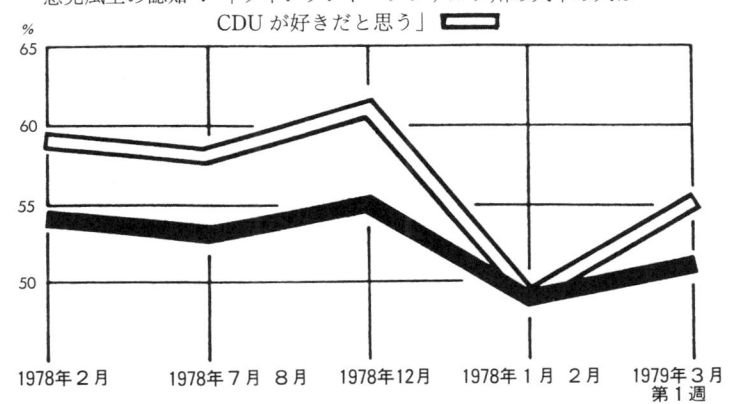

	1978年2月	1978年7月8月	1978年12月	1978年1月2月	1979年3月第1週
投票意図	約54	約53	約55	約49	約51
意見風土	約59	約58	約61	約50	約55

出典　Allensbach Archives, surveys 3014, 3141, 3153／I, 3156, 3158

れを体系的にチェックする作業が開始された．まず，ラザスフェルトの言う（意見の）階層性ルールの予測通り，投票意図は若干の変動を持続的に示しながらも15ヵ月の間ほとんど変化しなかった．CDU への投票意図の最大値と最小値との

図7　イギリスでも，意見風土を認知する準統計的能力が見いだされた

質問「もしあす下院の選挙があったとしたら，あなたはどの党*を支持しますか」「あなたが感じていることは別として，イギリスの大半の人は保守党について，共感が持て，好ましいと感じていると思いますか．それともそうは思いませんか」．

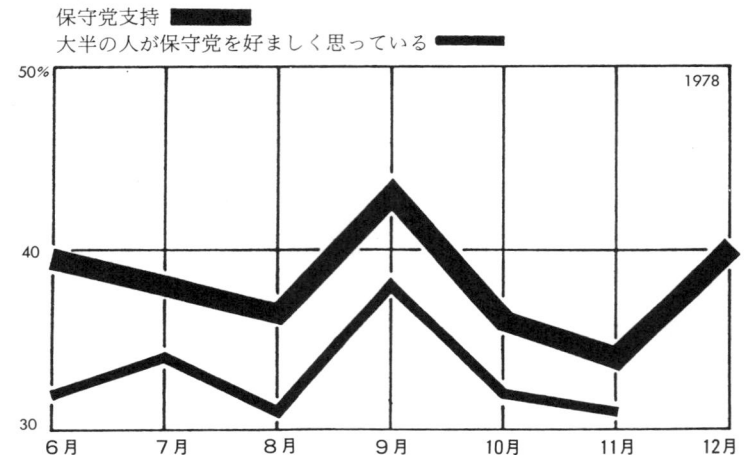

　　保守党支持　■■■■■■
　　大半の人が保守党を好ましく思っている　■■■■■■

出典　Gallup Political index

*（訳注）「どの党」としたのは，イギリスでは下院の 2 大政党である保守党，労働党の外に，得票率の上では自由党もかなりの比率を占めるからである（1979年で14％，83年は25％）．ただし小選挙区制を採用しているために，議席数では 2 大政党制が実現している．

差は 6 ％を越えることはなかった．SPD ではその値は 4 ％以下だった．しかし同じ期間，意見風土の認知には大きな変動が起きており，最大値と最小値の差は24％にも達した．しかしそれは気まぐれな変化ではなかった．この変化は，時折り生じた有権者の実際の投票意図のわずかな変化が引き起こしたものであることが図 4，5 より読み取れる（訳注 4）．では，この投票意図の小さな上下がどうして認知され，全体として意見風土の認知の数字に反映されたのだろうか．我々は研究を継続した．西ドイツ国内のニーダーザクセン州やラインラント・プファルツ州でも同様の傾向を見て取ることができた（図 6）．また，イギリスのギャラップ調査社がイギリス人の政治的風土の認知能力を調査したところ，西ドイツにおけるほど強固なものではないが，イギリス人も認知能力を持っているように

図8　意見と意見の風土
どうして人々は全体として*意見支持の増減を知ることができるのだろうか
意見に関する質問　　　：「私は死刑制度に賛成である」■
意見風土に関する質問：「大半の人々は死刑制度に賛成である」□

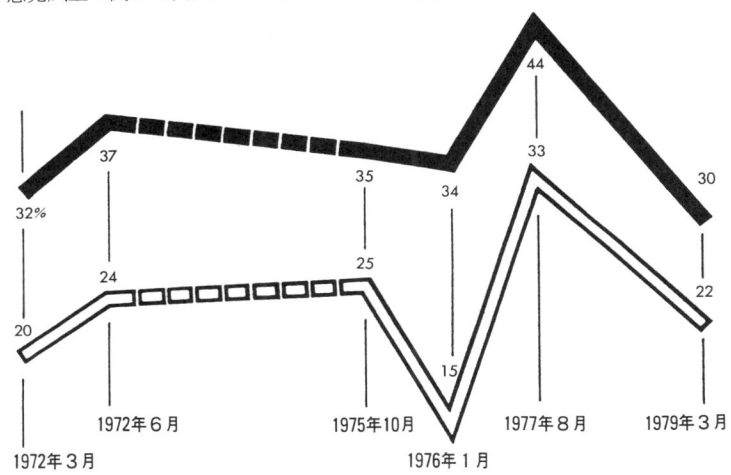

（グラフ：縦軸は％、横軸は調査時期）

意見（■）：1972年3月 32%、1972年6月 37、1975年10月 35、1976年1月 34、1977年8月 44、1979年3月 30

意見風土（□）：1972年3月 20、1972年6月 24、1975年10月 25、1976年1月 15、1977年8月 33、1979年3月 22

出典　Allensbach Archives, surveys 2069, 2083, 3020, 3023, 3046, 3065
＊（訳注）「全体として」というのは，世論調査を行なって全体の集計を算出してみると（これをアグリゲート・データという），その数字の分布が全体として意見風土の変化をよく反映している，という意味である．個々人全てが意見風土の変化を感知している，という意味ではないことに注意が必要である．ノエル＝ノイマン女史は常にこうした全体の意見分布を問題にする．そこには社会に関する一種の擬人化が感じられなくもない（訳注13をも参照されたい）．

思われることが判明した（図7）．

　意見風土の認知能力は，どれだけ多数の争点に関わる意見風土をカバーできるだろうか．結論を言ってしまえば，人々は何百もの争点について継続的に観察し続けていると仮定しなければなるまい．たとえば1971年3月から1979年にかけて6回収集した死刑に対する争点態度とその争点に関する意見風土認知を比較しても（他の調査業務のために1973，1974年のデータはないが），実際の意見分布の変化が意見風土の認知に確かに反映されていることが確認された（図8，9）．

　時にはこの認知自体が歪むこともあるが，全体としては大変うまく反映されるので，逆に歪みの事例の一つ一つが興味深いものとなる．そうした歪みの事例で

図9 死刑制度反対者の増減についても準統計的な認知能力が発揮される

意見に関する質問 ： 「私は死刑制度に反対である」 ■■■
意見風土に関する質問： 「大半の人々は死刑制度に反対である」 ▭

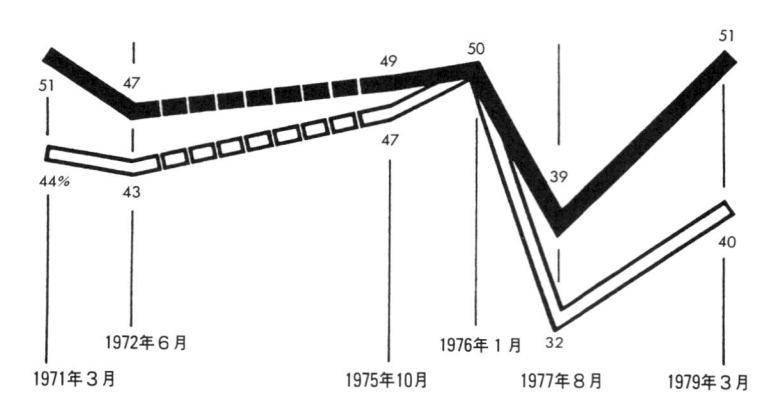

出典 Allensbach Archives, surveys 2069, 2083, 3020, 3023, 3046, 3065

は，意見風土のシグナルの認知が何らかの形で妨げられたに違いないからである．このシグナルについては我々はほとんど知らないので，歪みの説明は容易ではない（この点に関しては22章も参照されたい）．

■列車テスト

容易でないことは承知の上で，勝利政党予想の変化が投票意図の形成に遙かに先行した，あの1965年の歪みを説明してみたい．沈黙の螺旋仮説に従えば，これは，意見風土のシグナルが可視的な場で，当の対立争点に関する立場ごとに自分の意見を公然と表明したりおおっぴらに自分の立場が分かるよう振舞う積極性が，違うからだと説明できる．しかし，この説明は次の二点において調査データの支持があって初めて妥当なものとなる．その第一点は，人々が当の争点における各党派の相対的な強さを直観的に把握していることである．これを支持する証拠は前節で提示した．第二点は，以下で検討すべき点であるが，当の争点における各党派の見かけの強弱によって，人々が自分の行動を本当に調整するのかどうか，という点である．

この点を確かめるため，1972年1月，アレンスバッハの調査では初めて特別の質問項目を加えた．それはドイツでも他のどんな国でもおそらく尋ねられたことのない質問で，主婦に子育てを尋ねる文脈で用いられた．面接時に，二人の主婦の会話のスケッチが提示される．質問はこうである．「二人の母親がいたずらっ子のおしりをたたくべきかどうか議論しています．母親Aの意見と母親Bの意見のどちらにあなたは賛成ですか」（図10）．

母親Aは「基本的には子供の体罰はいけないことだわ．たたかなくても子供は育てられるものよ」と言っている．主婦の代表性サンプルの40%がこの意見に賛成した．一方母親Bは，「子供の体罰は子育ての一部だと思うわ．子供に有害なことは決してなかったわ」と言っている．この意見には47%の母親が賛成し，残りの13%は「どちらともいえない」と答えた．

これに続く質問がもっとも肝心な質問である．まず，「あなたは列車に乗って5時間の旅をしていると想像して下さい．あなたのコンパートメントにはある女性が乗っていてこんな意見を持っていたと考えて下さい……」と状況を設定する．ここで質問は二手にわかれる．前問で体罰反対派だった主婦には列車の女性は体罰賛成派だと言い，逆に体罰賛成派の主婦には体罰反対派の女性と同席したと仮定してもらう．つまり，いずれの場合も自分とは反対意見の人と同席したことになる．そして全員に，「彼女と話してその意見をもっと知りたいと思いますか．その必要はないと思いますか」と尋ねた．

この「列車テスト」は他のさまざまな問題についても繰り返し応用された．それは，ある場合にはCDUとSPDの意見に関する会話であり，またある時には，南アフリカの人種差別問題，未婚者の同棲問題，原発問題，外国人労働者問題，人工妊娠中絶問題，不法麻薬所持の危険性の問題や政治的急進派の公務員就職承認の問題であった．

ここでチェックすべきは，立場によって自分の意見や信念を弁護する積極性がどれだけ違うかという点であった．自分の立場を積極的に表明する人ほど，他人に対してより大きなインパクトをふるうであろうし，それゆえより大きな影響力を持ち，賛同者を増やす可能性があるからである．個々の事例でこうした現象を

図10 子育て問題に関して自分の意見を公然と表明するか，沈黙を守るか，テストを行なった

この絵はインタビューで，二つの立場があることを示すために用いられた

母親A：基本的には子供の体罰はいけないことだわ．たたかなくても子供は育てられるものよ．

母親B：子供の体罰は子育ての一部だと思うわ．子供に有害なことは決してなかったわ．

図11　意見風土の変化は社会の各層全てにおいて感知されている
　　　それは風土が公的なものであることのしるしである
例：意見「西ドイツは東ドイツを承認するべきである」
1968年9月から70年9月／71年1月にかけてのデータを示す
　　風土変化前：1968年9月　■
　　風土変化後：70年9月／71年1月　□

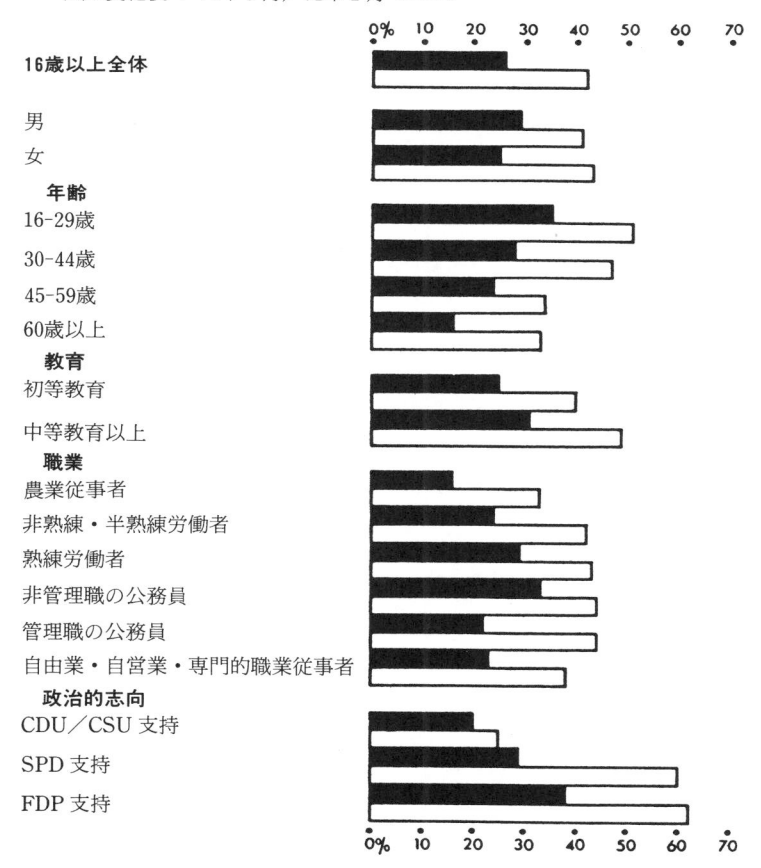

16歳以上全体

男
女
　年齢
16-29歳
30-44歳
45-59歳
60歳以上
　教育
初等教育
中等教育以上
　職業
農業従事者
非熟練・半熟練労働者
熟練労働者
非管理職の公務員
管理職の公務員
自由業・自営業・専門的職業従事者
　政治的志向
CDU／CSU 支持
SPD 支持
FDP 支持

出典　Allensbach Archives, surveys 2044, 2065／2068／A

測定するのは比較的容易かもしれないが，それを科学的に測定するためには，反復して測定が可能で，追試可能な測度が用いられなくてはならない。またそれは，どんな研究者の主観的判断からも独立した測定法でなくてはならない。この

測定可能という条件を満たしつつ，さらに現実の世界にうまく対応していなくてはならない．そうした諸条件は，たとえば，面接質問調査では満たされうるものである．調査はどの相手に対しても画一的に行なわれ，予め定まった言葉と文章で，予め定まった質問順で面接が進行する．しかもそれは何百人もの面接者が500人，1,000人，あるいは2,000人の代表性サンプルに対して行なうものであり，たった一人の面接者が調査結果に決定的な悪影響を及ぼすことはありえない．しかしながら，この種の調査がどれだけ通常の生活や経験，あるいは現実感覚から隔たっていることか．

■公的場面あるいは公的状況の仮想設定

　ここでの目的に沿い，しかも科学的要請を満たす質問を作り出すためには，まずインタビューの中で公的場面をうまく設定し，回答者が公的な状況下で，ある特定の立場を公然と支持する潜在的な傾向を検討できなくてはならない．人々は明らかに，ある立場の強さ，弱さを判断するのに家族との会話だけに頼っているのではない．だから，家庭内の会話を越えた，より一般的な公的場面における行動がシミュレートできなくてはならない．ほとんど知人のいない孤独な人でさえ「どたん場のなだれ現象」にみるように，なんとか意見風土変化のシグナルを受信できることが知られている．また，何らかの政党，人物，見解に対する賛成反対の意見変化が生じると，その変化は，社会のさまざまな集団や年齢層，職業層の人々に，ほとんど全く同時に感知されるように思われる（図11〜13）．このことは，変化のシグナルが公然としたもので，衆人の目に届くものでなくては不可能だろう．我々の家庭内での行動，友人のいる一次集団での行動は，公的場面における行動と違うかもしれないし，同じかもしれないが，それは沈黙の螺旋仮説にとってはあまり重要なことではない（訳注5）．このことは，回答者が発言するか，沈黙するかを尋ねる状況の設定をしようとしたとき，すぐに判明した．我々は次のような状況想定も試してみた．「あなたは多くの人と一緒にどこかに招かれています．中にはあなたの知らない人もいます．ここで，ある論争の種に話題が及んだと想像してください」．調査ではある具体的な争点を論争の内容に

取り上げた．我々がここで知りたかったのは，この想定状況下での会話に回答者が加わろうとしたか，それとも加わろうとしなかったか，という点であった．だが，この質問では期待通りの反応は得られなかった．状況設定が十分に公的にならず，回答者の反応はホストや同席者の存在によって大きく影響されていたからである．だからこの質問を廃して，列車テストが考案されたのだった．列車では，街のまん中にいるのと同じような公的場面を作り出せる．そこは，回答者が名前も態度も知らないどんな人でも出入り可能な場である．またそれと同時に，列車の中は自分自身を晒け出すことがほとんどないので，その気になれば内気な人でも会話に参加可能な場面となる．列車テストはそれゆえ，望ましい条件を備えているようにみえるが，それを路上の通行人，雑貨店の客，あるいは事件の野次馬であるような，本物の公的状況における自然な行動の指標として用いることができるだろうか．面接調査は，まわりに家族はいても他人はいないプライベートな状況で行なわれる．この状況の下で公的場面での自然な反応を探ることは可能だろうか．あるいは，単に設定した状況を想像してもらうだけでは，不十分だろうか．

■第二点は検証された——勝利の自信に満ちた者は声を大にし，敗北を予期する者は沈黙しがちになる

　1972年から1974年にかけて何度か「列車テスト」を繰り返してみるうちに，質問した争点上の立場に応じて，回答者が発言したがるか沈黙したがるかが測定可能なことが明らかになってきた．特に1972年の選挙年はそうしたテストにまさにうってつけの条件が揃っていた．ノーベル平和賞を授賞したブラント首相に対する熱狂は頂点を迎えていたが，その一方で彼の東方政策についての意見は鋭く対立していた．しかしどちらの立場が公的場面で強いか，言い方を替えればブラントを支持するか否かを感じ取るのに，**特別感受性の鋭い認知能力は必要ではなかった**．「わが国の大半の人は東ドイツとの条約締結に賛成だと思いますか，それとも反対だと思いますか」と尋ねると（1972年5月），「大半の人は賛成だ」という回答は51％，これに対し，「大半の人は反対だ」という回答は8％だった．

図12 意見風土の変化は全ての層に到達する
例： ブラント首相の政策に対する同意
1973年5月／6月から74年1月にかけてのデータを示す

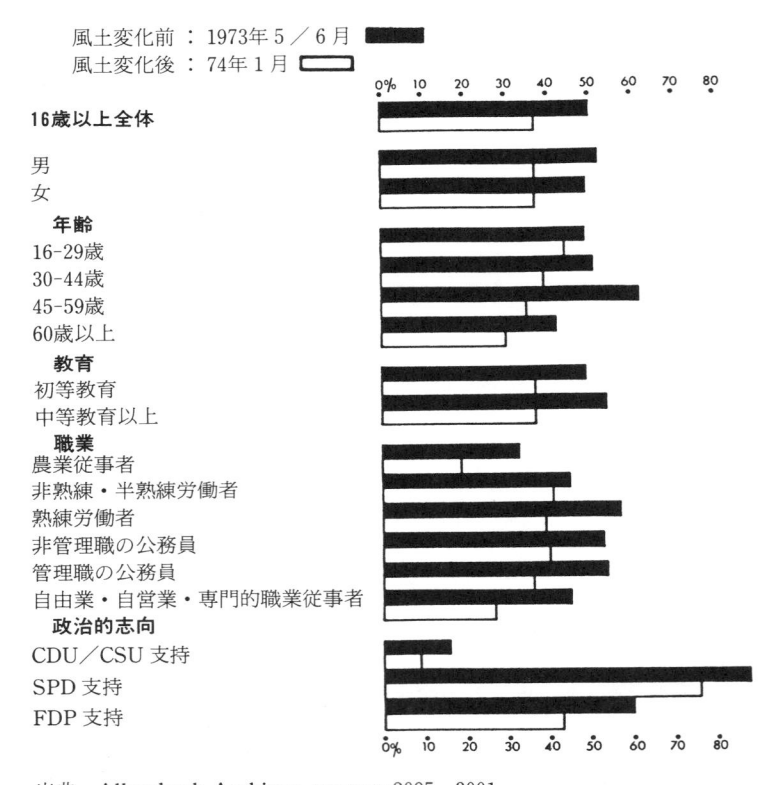

風土変化前： 1973年5／6月 ■
風土変化後： 74年1月 □

16歳以上全体

男
女
　年齢
16-29歳
30-44歳
45-59歳
60歳以上
　教育
初等教育
中等教育以上
　職業
農業従事者
非熟練・半熟練労働者
熟練労働者
非管理職の公務員
管理職の公務員
自由業・自営業・専門的職業従事者
　政治的志向
CDU／CSU 支持
SPD 支持
FDP 支持

出典　Allensbach Archives, surveys 2095, 3001

「半々だろう」という回答は27%,「回答は不可能」と答えを避けた人は14%だった.

　既に選挙キャンペーン中だった同年10月の調査でも「列車テスト」を入れてみた.「あなたは列車に乗って5時間の旅をしていると想像して下さい. あなたのコンパートメントには他の乗客が乗っていて, ブラント首相に対して大変好意的／非好意的に話しだしたと考えてください……」(調査対象者の半数には「好意的に」と読み上げ, 残りの半数には「非好意的に」と読み上げた). こう設定

2. 調査を駆使した仮説のテスト 25

図13　意見風土の変化はどこへも浸透する
例： 死刑制度賛成論
1975－6年の秋／冬から77年夏にかけてのデータである

　　　　風土変化前 ： 1975－6年の秋／冬　■
　　　　風土変化後 ： 77年夏　□

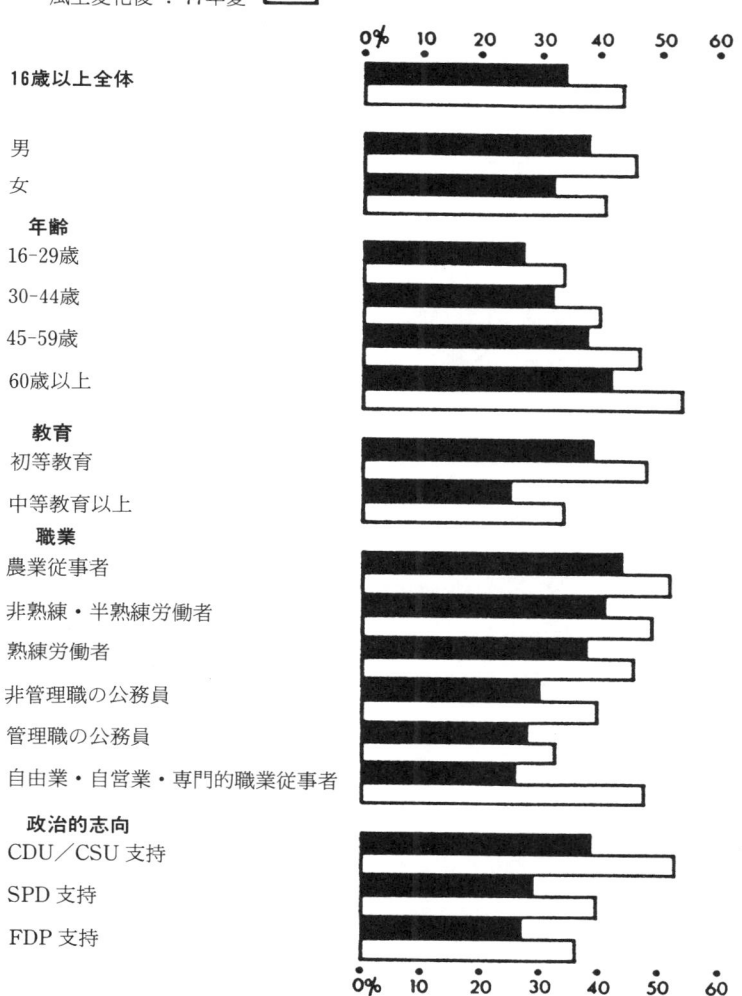

16歳以上全体

男
女

年齢
16-29歳
30-44歳
45-59歳
60歳以上

教育
初等教育
中等教育以上

職業
農業従事者
非熟練・半熟練労働者
熟練労働者
非管理職の公務員
管理職の公務員
自由業・自営業・専門的職業従事者

政治的志向
CDU／CSU 支持
SPD 支持
FDP 支持

出典　Allensbach Archives, surveys 3020／3023, 3046

表4　列車テスト

「最小限の公的状況」で，人々が発言したがるか，沈黙を守ろうとするかをテストした．話題はブラント首相についてで，調査は1972年10月に行なわれた．

	多数派意見 ブラント支持（%）	少数派意見 ブラント不支持（%）
列車の同乗者とブラントについてすすんで言葉を交わす	50	35
それをするには値しないと思う	42	56
どちらともいえない	8	9
	100 N=1011	100 N=502

Source： Allensbach Archieves, surveys 2086／I+II

した上で，全員に「この人と話してその意見をもっと知りたいと思いますか．その必要はないと思いますか」と尋ねた．ブラント支持者の50%はその会話に加わると答えたが，ブラント支持者の半数しかいない非支持者ではその率は35%に過ぎなかった．また，「話す必要はない」という答えはブラント支持者で42%だったが，非支持者では56%にも達した（表4）．したがって，ブラント支持者は非支持者よりも数の上でも相当上回るが，それ以上に自分たちの意見を伝えたいという気持ちが優っていて，彼らの立場の強さを倍加させていたのである．

■胸に付けたキャンペーンバッジも一つの立場表明である

この仮説に関連して肝要なのは，言葉の広い意味で「声を大にする」とか「沈黙する」ことが何を意味するかを理解しておくことである．例えば，キャンペーンバッジをつけたり，車にステッカーを貼るのも，「声を大にする」一つの方法である．強い信念を持っていてもそうしなければ「沈黙している」のと全く同じだからである．党派性の強さで知られた新聞を人目につくように持ち歩くのも「声を大にしている」ことになる．同じ持ち歩くのでも，党派性の弱い新聞に隠して持ったり，ブリーフケースの中にしまうのであれば，それは「沈黙」に等しい（もちろん，いつも隠そうとするのではなく，無意識に隠されてしまうのであるが）．またビラをまいたりポスターを掲げたりするのも，敵方のポスターを破

損したり破り捨てたりステッカーを貼った車をパンクさせるのも,「声を大にする」一つの方法である.1960年代に遡れば男がロングヘアにしたことが,また今日の東欧ではジーンズをはくことが,「声を大にする」一つの方法なのである.

列車テストをしなくとも,1972年の選挙年には一方が活発で「声」を出すと,必ずしも数の上では少数派でない(おそらくもっと多かった)他方が沈黙を守った,という十分な証拠がある.アメリカのアグニュー元副大統領がかつて「声なき大多数」(訳注6)についてこぼした言葉が有名になったのは,それが多くの人々にとって現実的な響きを持っていたがゆえであろう.1972年の現象もまさにそうした現象であった.もっともそれには名称がなかったから,十分に国民が意識していたとは思えないが.

この年12月の連邦選挙後の調査では,二つの党の支持者はほとんど同数でありながら,認知の面からみればその強さにどれだけ違いが出るかが明瞭に示された.「選挙では各党がポスターやキャンペーンバッジ,車のステッカーを作りましたね.あなたの印象では,どちらの党のものが多いと思いましたか」と我々は尋ねた.

結果は,「SPDの方が多い」53%,「CDUの方が多い」が9%だった.

また,異なる観点から同じ問題をチェックするためにさらに次のように尋ねた.「選挙を戦い抜くには,支持者をキャンペーンに動員して戦力化できるかどうかが重要です.先日の選挙キャンペーンでは,どちらの党の支持者の方が申し分なくキャンペーンに参加したと思いますか.あなたの印象を聞かせてください」.「SPDの支持者である」という回答は44%,「CDUの支持者である」は,8%だった.これらの結果は1972年秋の時点では,CDU支持者はキャンペーンバッジやステッカーの中に仲間を求めても無駄に終っただろうことを示している.CDU支持のポスターやステッカーは沈黙した.同党支持の仲間の手掛りを求めた人にとって,それは本当に孤立してしまったと感じる状況だったに違いない.沈黙の螺旋のプロセスがその時以上に強く展開したことはあるまい.

こうした切れ切れの証拠は,意見風土を解明しようと集めたものだが,当初はむしろ曖昧な印象を作り出した.というのも,キャンペーンバッジをつけたり,

表5 社会各層の人間が，特定争点に関する話題にどれだけ加わりやすいかを検討する

	加わりたい* (%)	加わりたくない (%)	どちらともいえない (%)	N
16歳以上全体	36	51	13	9966
男	45	45	10	4631
女	29	56	15	5335
教育				
初等教育（教育年数8,9年）	32	54	14	7517
中等教育以上（教育年数10年以上）	50	42	8	2435
年齢				
16-29歳	42	47	11	2584
30-44歳	39	50	11	2830
45-59歳	35	52	13	2268
60歳以上	27	56	17	2264
職業				
農業従事者	19	63	18	621
非熟練・半熟練労働者	28	54	18	2289
熟練労働者	37	51	12	2430
非管理職の公務員	41	49	10	2628
管理職の公務員	47	44	9	1051
自由業・自営業・専門的職業従事者	40	49	11	927
月収（手取り額）				
800DM 未満**	26	56	18	1448
800-999DM	32	53	15	1875
1000-1249DM	35	52	13	2789
1250-1299DM	42	48	10	2979
2000DM 以上	48	43	9	866
居住地域				
郡部	32	52	16	1836
小都市	37	52	11	3164
中都市	36	51	13	1797
大都市	38	49	13	3160
政治的志向				
CDU／CSU 支持	34	55	11	3041
SPD 支持	43	47	10	4162
FDP 支持	48	44	8	538

* 次のことがらに関して，列車のコンパートメントで議論に加わりたいとした人の率である：西ドイツにおける社会主義運動の拡大問題，ドイツ共産党の

非合法化問題，ブラント首相問題，未婚者の同棲問題（出典　Allensbach Archives, surveys 2084, 2085, 2086／I＋II, 2089, 2090-1972／1973）
　＊＊1983年の時点では1ドルは2.50DM（マルク）（1996年6月時点で1マルクは70.8円）

ステッカーを貼るのは単に趣味の問題ではなかろうか．ある種の人々はそうする傾向があるが他の人はそうはしないだろう．保守的な人ほど意見を表に出したがらず，支持をおおっぴらにしないのはもっともではなかろうか．「列車テスト」との関連でいえば，旅の間話好きの人もいれば嫌いな人もいるではないか．列車テストは沈黙の螺旋プロセスが存在する証拠とみなすことが本当に可能だろうか．

■同じ支持者の中に声を大にする層がある

　我々の調査結果からは，争点や意見が何であれ，ある人々は声を大にしやすく，ある人々は沈黙しやすい傾向を持つことが分かっている．これは全ての社会階層に当てはまる．公的場面で意見の分かれる話題に加わりやすいのは，女性よりも男性，年長者よりも若い人々，そして低い社会階層に属するよりも高い階層に属する人々である（表5）．公的場面における党派的意見の可視性という点から考えれば，この事実が一定の影響力を持つことは明らかである．たとえば，当の党派が若い人や学歴の高い人を多く引きつけたとすれば，それはゆくゆくは一般に受け入れられる可能性の大きいことを示す．もちろん，これは話の一面に過ぎない．さらに「声を大にする」第二の影響要因があるからである．それは，時流や時代精神に対するあなたの評価，あるいはモダンで穏当な人々のムードがあなた自身の意見と一致するかどうか，一言で言えば，より「ましな人々」があなたと同じ側にいるかどうか，という要因である（表6）．

■時代精神に乗っていると感じれば舌が滑らかになる

　1972年秋，ヴィリー・ブラントの支持者は年齢，性や教育程度に関わらず，非支持者に比べ，公的場面でブラントの話に加わりやすい傾向があった（表7）．列車テストは適切なことが分かった．これを使えば，ある争点においてどちらの側が声を大にし，どちらの側が沈黙するか明らかにできることが判明した．たと

表6 社会的意見風土および自分の意見の自信度の指標としての，「会話への参加意思」を社会の各層別に検討する

1972年から78年にかけての時系列比較により，「すすんで会話を交わす」人々が一般に増大していることが分かる．それは特にCDU支持者に顕著である．

	列車の同乗者と争点についてすすんで会話を交わす		
	1972/73(%)	1975/76(%)	1977/78(%)
16歳以上全体	36	37	44
男	45	43	52
女	29	32	37
年齢			
16-29歳	42	41	51
30-44歳	39	41	49
45-59歳	35	35	42
60歳以上	27	30	33
教育			
初等教育（教育年数8,9年）	32	34	39
中等教育以上			
（教育年数10年以上）	50	46	53
職業			
農業従事者	19	30	29
非熟練・半熟練労働者	28	29	35
熟練労働者	37	37	44
非管理職の公務員	41	41	48
管理職の公務員	47	46	54
自由業・自営業・			
専門的職業従事者	40	40	47
居住地域			
郡部	32	37	41
小都市	37	36	46
中都市	36	38	45
大都市	38	37	44
政治的志向			
CDU/CSU支持	34	38	44
SPD支持	43	40	47
FDP支持	48	38	49

出典　1972/73：Allensbach Archives, surveys 2084, 2085, 2086/I+II, 2089, 2090（1972.8～1973.2）　列車のコンパートメントで次のことに関して議論に加わりたいとした人の率である：　西ドイツにおける社会主義運動の拡大問題，ドイツ共産党の非合法化問題，ブラント首相問題，未婚者の同棲問題．面接者総数は9,966である．
1975/76：Allensbach Archives, surveys 3011, 3012, 3013, 3020, 3031,

3033／I, 3035, 3037（1975.2～1976.12） 列車のコンパートメントで次のことに関して議論に加わりたいとした人の率である： ハンガー・ストライキ中の囚人の強制栄養補給に対する賛否，死刑に対する賛否，フランツ・ヨーゼフ・シュトラウス（社会民主党左派）の政治的影響力の増大，スペインの政治体制に対する賛否，SPDへの好意，CDU／CSUへの好意，非喫煙者の面前での喫煙者の喫煙に対する賛否，未婚者の同棲問題．面接者総数は14,504である．

1977／78： Allensbach Archives, surveys 3046, 3047, 3048, 3049, 3060（1977.8～1978.10） 列車のコンパートメントで次のことに関して議論に加わりたいとした人の率である： 死刑に対する賛否，新原子力発電所建設に対する賛否，テロリストの死刑に対する賛否，テロリストへの共鳴，ソ連と東欧抜きのヨーロッパ連合体の賛否．面接者総数は10,133である．

えば1974年の調査では，列車の中で54％のSPD支持者が同党の話に加わりたがったが，CDU支持者では同党の話題に加わりたがったのは44％に過ぎなかった．1974年に連邦首相が交代すると新首相ヘルムート・シュミットの支持者の47％が彼の話題を持ち出したがったが，非支持者ではそれは28％に過ぎなかった．さらにハンガー・ストライキの囚人への強制的栄養補給問題に関する質問では（1975年），補給賛成者は46％が自分の意見を話したがったが，反対の人ではそれは33％だけだった（注2）．

■意見の変化は研究に役立つ

さて，ドイツで政治的潮流の転換（Tendenzwende）と呼ばれた政治的態度の転回期（訳注7）のデータを論ずるところまできた．これまでの論述では，なぜ左派の支持者や政治リーダーが相対的に議論に加わりやすいかを明らかにしてこなかった．それは，政治風土が彼らに有利だったからかもしれないし，単に左派の支持者が相対的に議論好きだけだからかもしれない．

後者の可能性を打ち消すデータは存在する．政治的転回期に当たる1974年から76年の間，SPD支持者は自党に関する議論に加わらなくなっていったのである．74年には54％が加わりたがったが，76年には48％になった．この点は，SPD支持者が列車テストで突如として過敏になったことでさらに明らかとなる．旅の道連れがSPDについて好意的に話すかどうかに過敏に反応するようになったのである．74年の時点ではSPD支持者は相手の立場にほとんど影響されず，同党が

表7 支配的意見の支持者はどの社会階層においても，少数意見の支持者より自分の意見をすすんで表明したがる

	列車の同乗者とすすんで会話を交わす	
	支配的意見： ブラント支持（%）	少数意見： ブラント不支持（%）
16歳以上全体	49	35
男	57	44
女	42	27
年齢		
16-29歳	53	43
30-44歳	47	37
45-59歳	55	30
60歳以上	42	34
教育		
初等教育（教育年数8, 9年）	45	29
中等教育以上（教育年数10年以上）	61	51
職業		
農業従事者	39	13
非熟練・半熟練労働者	40	24
熟練労働者	45	30
非管理職の公務員	57	43
管理職の公務員	62	47
自由業・自営業・ 専門的職業従事者	62	49
居住地域		
郡部	55	28
小都市	46	42
中都市	48	40
大都市	54	36
政治的志向		
CDU／CSU 支持	46	36
SPD 支持	52	35

出典　Allensbach Archives, surveys 2086／I＋II（1972.10のデータ）．ブラント支持者の実数は1,011名，非支持者の実数は500名である．

ほめられれば56%が会話に加わり，批判されても52%が加わった．しかし76年には，同じ支持者との会話には60%が加わるが，反対者とは32%に減少した．一方，CDU支持者では事態は全く逆に進行した．74年には話の相手が同党に好意的か否かで会話の意欲が全く違い，彼らが会話の状況にかなり敏感なことを示し

ていたが，76年には相手の意見には影響されなくなっていたのである（Noelle-Neumann, 1977a, 特に152ページ）.

1972,3年の経験から，我々は列車テストの質問形式を単純にして，道連れの賛成反対によって条件設定を変えないようにした．そのころまでの知見で，この状況設定が回答者の発言と沈黙とに影響しないことが分かっていたからである．しかし，1975年から76年になってこの単純化が時期尚早であったことが判明した．既に述べたように，沈黙の螺旋が実際に動き始め，ある党派が公の目にとまる可視的な意見を独占し，他方が全く沈黙した時，つまり発言と沈黙の傾向が安定した時は，相手の意見に関わらず，人々は発言か沈黙かの方針を変えない．しかしそうした安定的でない時期，つまり，公然たる論争や未決着の議論の存在，あるいは粉糾の種が表面化するおそれのある場合では，人々は列車内の会話の様子に大変敏感であり，したがって従来の質問形式の方が研究上有意義であることが分かったのである．

■左派が意見風土に同調しにくいという論点に反駁する

左派の支持者が議論に加わりやすいという仮定は，何十年も注目されてきた勝ち馬効果に似たある現象を丁寧に分析することによって，再度論破できる．

選挙民の一部に，選挙前から予想される勝者へ投票先を変える傾向が見られる一方で，選挙後には「実は私は勝者の方に投票した」と回答する人が実際の勝者の得票率より多くなる傾向があるが，私が分析したいのはこの現象である．勝ち馬効果と全く同様，この現象は自分も勝者の側に立ちたいという気持ちの現われであり，それが対立政党に投票したことを選択的に「忘れさせたのだ」と解釈できる．

それがどれだけあったかチェックするために，我々はアレンスバッハの連邦選挙調査のデータベースを1949年にまで遡り，時代を追って検討した．その結果，選挙後実際の得票率以上に勝利政党に投票したと回答者が答える単純な法則性は毎回見いだすことができなかった．多くの場合，確定得票率と調査回答から得られた率はうまく一致した（図14，15）．だが1965年にはなぜか，敗けたSPDに

図14 意見風土測定の1手法

黒丸が網掛け部分より上に出ている場合は，前回の選挙において実際に得られた得票率よりも「前回は当該政党に投票した」と主張する人が多い場合である．逆に下に出ている場合は，当該政党に投票したと主張する人の割合が実際の得票率よりも下回っている場合である．

▬ 9回の連邦選挙の各々においてCDU／CSUが獲得した得票率
● 前回の連邦選挙においてCDU／CSUに投票したと主張した人の率

図の解説：理論的には黒丸が，網掛け部分の最上部に位置していなくてはならない．その上に位置した場合はCDU／CSUへの投票の過大申告であり，下に位置した場合はこの党に投票したことについて口をつぐむ傾向のある場合である．

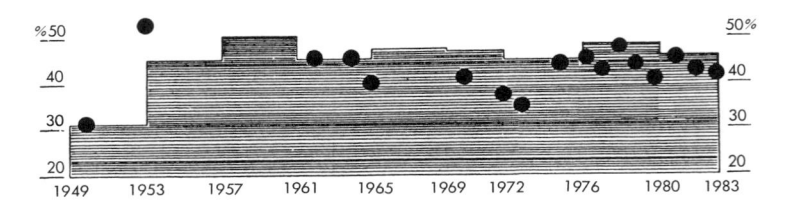

出典 公式の得票率については，ドイツ連邦統計年鑑による．調査結果は，Allensbach Archives, surveys 031（1950.5），066（1953.9），1070（1962.9），1090（1964.5），2008（1965.11），2065（1970.9），2088（1972.11），2090（1973.2），3007（1974.7），3037（1976.12），3051（1977.12），3062（1978.11），3076（1979.12），3080（1980.3），4003（1981.12），4019（1982.12），4025（1983.2）によるデータを使用．

も勝ったCDUにも「投票した」と回答する人が少なかった．また1969年と1972年には，SPDに投票したと答えた人が，実際の得票率よりもかなり大きかった．しかし1972年に関して，同一人物に時間をおいて繰り返し調査する，いわゆるパネル調査の結果を検討すると，二つの目立つ知見が得られた．その第一は，選挙直後に答えた政党と別の政党に投票したと後日になって回答したケースでは，回答の変化の方向は必ずしも勝利政党（SPD）の方向ではなかった．そうではなくて，当の回答者の持つ社会的カテゴリー内の多数派の方向に寄っていたのである（訳注8）．例えば，若い人ではSPDの方向に寄り，年長の人ではCDUの方向に寄っていた．また，労働者ではSPDの方に寄ったが，自営業従事者ではCDUの方向に寄っていたのである．このことは，自分のまわりの社会環境からの孤立を回避したいという気持ちの方が，勝者の側に立ちたいという気持ちより

図15　意見風土を測定する1手法
1960年代から1970年代にかけて，ほとんど一貫してSPDの確定得票率よりも「前回SPDに投票した」という回答が多く出ている

- ▬ 9回の連邦選挙の各々においてSPDが獲得した確定得票率
- ○ 前回の連邦選挙においてSPDに投票したと主張した人の率

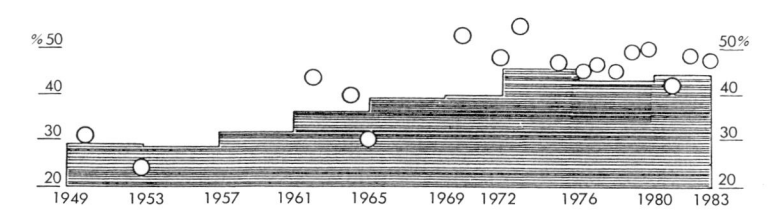

出典　公式の得票率については，ドイツ連邦統計年鑑による．調査結果は，Allensbach Archives, surveys 031（1950.5），066（1953.9），1070（1962.9），1090（1964.5），2008（1965.11），2065（1970.9），2088（1972.11），2090（1973.2），3007（1974.7），3037（1976.12），3051（1977.12），3062（1978.11），3076（1979.12），3080（1980.3），4003（1981.12），4019（1982.12），4025（1983.2）によるデータを使用．

優っていたことを示唆している．1972年には大半の社会集団は概してSPDに好意的であったから，選挙後になされた調査では全体としてSPDの方に大きく偏った結果になっている．

■意見の圧力を測定する新しい手続き

連邦選挙後何回か行なわれた調査で得られた第二の顕著な知見は，前回選挙の投票政党を尋ねると，一定してSPDという回答が高く出る傾向があったわけではなく，またCDUという回答が一定してかなり低く出たというわけでもないという点である．双方とも意見風土の微妙な変化に応じて揺れ動いたように思われる．1972年から73年にかけての時期には，前回SPDに投票したという人が過大に出，CDUと答える人が過小に出た．その後SPDやCDUに投票したことを思い出したかのように，調査結果はしだいに実際の得票率に近づいた．この間の経緯は図16に抜粋して示す通りである．しかし，この数字は76年の確定得票率に近

図16 意見風土の指標としての投票政党の過大申告・過小申告

この図は，1973年から1976年の間，SPDへ投票したと主張する人の率が確定投票率よりも上回っていることを示している．SPDの確定得票率49%は ═══ で示されている．また同期間，CDU／CSUへ投票したと主張する人の割合が確定投票率よりも下回っていることも見て取れる．CDU／CSUの確定得票率45%は ─── で示されている．この傾向は，CDU／CSU支持者はそれを表明するのに勇気が必要だったことを示している．

CDU／CSU　　に投票したと回答した有権者は●●●で示した
SPD　　　　に投票したと回答した有権者は○○○で示した

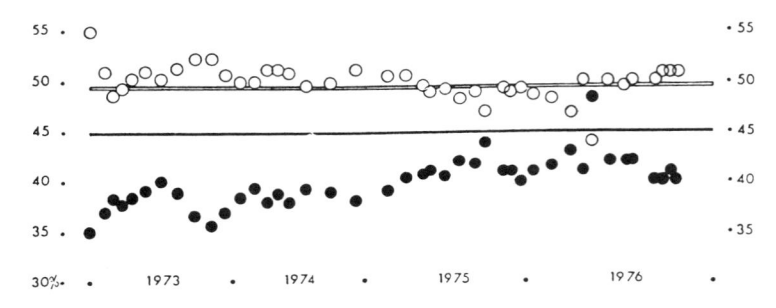

出典　Allensbach Archives, surveys 2089-3004, 3006, 3008-3010, 3012-3023, 3025-3035

い値になった後も変化し続け，投票日が近づくにつれて再びCDU支持者の過小傾向が表れた（図17）．

　現在アレンスバッハ研究所では，前回の連邦選挙の際に二大政党のどちらへ投票したかを経常的に尋ね，投票先の過大回答，過小回答を集計することによって，その時々の政治的争点の成極化の程度や鋭さの程度を算出している．こうした歪みの持つ意味については後に再び議論することにして，とりあえずここでは政治傾向の転回期に当たる1974年から76年の漸次的変化からいくつかの解釈を取り出し，そうすることによって発言や沈黙への傾向性が必ずしも左派右派の政治的傾向とは関連していないことを示したかったのである（訳注9）．

　1972年以来，一方の側への投票が過大に出，他方の側への投票が過小に出ることは「声を大にする」回答と「沈黙を守る」回答という形で解釈可能になった．人々を沈黙させたり，声高にさせる意見圧力の変化の測定手続きがたやすく利用

図17 選挙年における意見圧力の増大
1976年の選挙年に前回選挙で投票した政党をどれだけ歪めて申告しているか

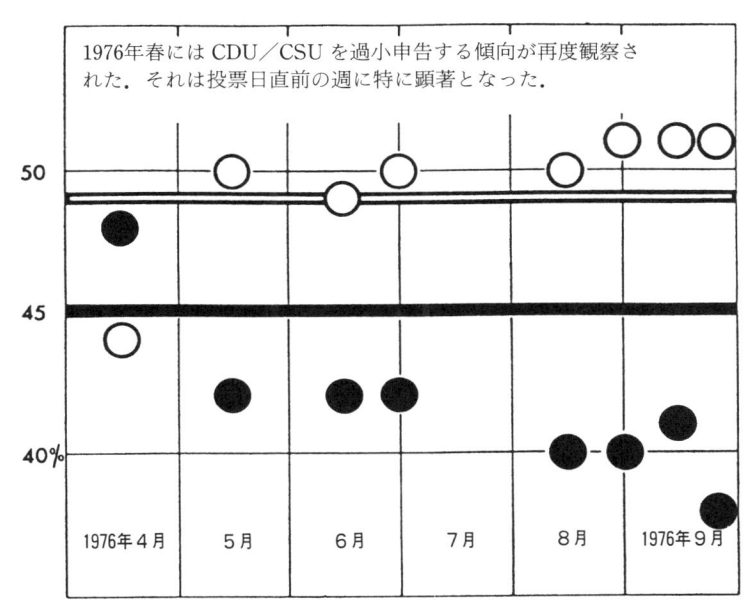

1976年春にはCDU／CSUを過小申告する傾向が再度観察された。それは投票日直前の週に特に顕著となった。

図の解説： この図は1972年の投票年に，確定得票率よりもSPDとCDU／CSUの二大政党のいずれかに投票したと，どれだけ過大または過小申告しているかを示している．SPDの確定得票率49％は═══で示されている．CDU／CSUの確定得票率45％は▬▬▬で示されている．この傾向は，CDU／CSU支持者はそれを表明するのに勇気が必要だったことを示している．CDU／CSUに投票したと回答した有権者は●●●で，SPDと回答した有権者は○○○で示した．
出典　Allensbach Archives, surveys 3028-3035

できるようになったのである．

■自分の立場を公然と表明できますか──関連質問群

この数年間，我々は新しい質問や新しい道具を開発し続けている．1975年には特定政党の支持の公言しやすさを測定するよう意図された質問群を調査に組み入れた．それはこう始まる．「さて，あなた自身の立場に最も近い政党についてお尋ねすることにいたします．誰かが，あなたの支持政党を何らかの形で応援してほしいと依頼してきたと想像して下さい．たとえば，この調査リストに挙げるよ

うなことがらを依頼してきたと考えて下さい（訳注10）。あなたは支持する政党のために，このうちのどれならしてあげたいとお考えですか。いくつ答えて下さっても結構です」。回答のリストには11の選択肢が記載された。公然とは何も活動したくないが，何らかの形で支持を表明したい人が選べるような選択肢として，公然活動が不要な献金などの選択肢も用意した。その他の選択肢は次の通りである。

キャンペーン用の応援バッジをつけて歩く
自分の車にステッカーを貼る
見知らぬ人の家を一軒一軒回って，党の政策を説く
自分の家の前や窓に，党のポスターやマークを貼る
公の場に出かけて党のマークを掲示する
路上で議論に加わり，党を弁護する
党大会に出席する
重要と思えば，党の会合で立ち上がって意見を述べる
敵の政党の会合で自党の見解を弁護する
キャンペーン用印刷物の配布を手伝う

　分析目的から言って，この回答から得られる単純で重要な測度は「私は支持政党のためにこのうちのどれもしないだろう」という回答である。それは10グラムと30グラムの差が判別できない家庭の計量計と違って，18グラムと21グラムが判別できる郵便用のハカリのようなもので，微妙で小さな変化を感知し測定するのに有用である。

　自分の支持政党をどれだけ公然と支持したがるかを測定しようと狙ったこの質問は，敏感で精度の高い尺度であることが判明した。支持者の離反が生ずるときにも容易にそれが感知可能である。たとえばラインラント・プファルツの州選挙のように，政党のリーダー間の論争は，自ら勝利を放棄する役割を担うことが判明した。論争前（1978年12月），支持政党の応援について尋ねられたとき，「どれ

もしたくない」と答えた人はCDU支持者の39％だったが，選挙直前には48％になった．一方，対抗するSPDの支持者では，同じ不活発な支持者は1978年12月から翌年の２月／３月の時点間で30％のままだった（Noelle-Neumann, 1979, 10）．このように，各党派の心理的な強さは相対的に変化したが，ここでも投票意図は統計的には有意といえないほどしか変化しなかった．それにもかかわらず，前者の変化がCDUを敗北の淵に立たせたのである．

　この例は，社会調査というものがいかに不可視なものを可視の状態に変えようとするかを例示している．もちろん，キャンペーンバッジをつけたり車にステッカーを貼ったりしているかどうかを直接尋ねてもよい．測定のテクニックの点からいえば，この直接的な方法は回答者の行動の意図というあやしげな意見表明に頼らず，事実を直接確定するという利点がある．しかし，実際にキャンペーンバッジをつけたりステッカーを貼る層はその大部分がハードコア（固い核）とでもいうべき活動層であり，より周辺的な支持者より党の盛衰に対する反応ははるかに鈍く，ここにこの方法の不利な点がある．ハードコアの鈍い反応だけをデータとして用いれば，統計的に意味のあるデータを引き出すことは難しく，意見風土の効果は観察できなくなるのである．

　このようにして，左派的な心情の持ち主が議論に加わりやすく自分の見解を表明しやすいかどうかをチェックするため，我々はもう一問考案したわけである．また本章では，人間には意見風土を感知する素晴らしい能力があると推測でき，また公衆の注目を浴びるには何をすべきか理解している層もあれば，意見風土の圧力を受けるがままに沈黙させられてしまう層が存在することも分かった．だが，こうした行動の下にどんな動機が隠されているか，どうしたら知ることができるだろうか．沈黙の螺旋仮説が主張するように，社会的な孤立化がそれを説明するのだろうか．次章ではこの点に注目する．

3. 孤立への恐怖という動機

　1950年代初頭のアメリカで，社会心理学者のソロモン・アッシュは（Asch, 1951, 1952）ある実験を50回以上も繰り返し行なった．その実験の被験者に課せられた課題は，図18の右側に見るような三つの線分のどれが左側の基準線と等しいかを判断させるものであった．3本のうち1本は必ず基準線と同じ長さで実験は行なわれたから，一見課題はやさしく見えた．正しい答えは明らかであり，実際全ての被験者が簡単に正答できる課題だった．1回の実験には8人から10人が参加し，基準線および比較すべき3本の線は被験者全員が見えるところに掲げられ，左側の被験者から順に基準線と等しい組合せはどの線分か，自分の判断を声に出して言うよう指示された．この手続きは，1回の実験あたり12回繰り返された．

　さてその最初の2回が終わり，全被験者が同じ線分を正しく答えた後で，突然状況は変化する．実は真の被験者である一人を除けば他の「被験者」たちは実験のアシスタントだったのである．そして3回目の回答時からアシスタントたちは正しい線分が短か過ぎると，揃って回答したのである．真の被験者は最後に回答するように座らされていたから，彼は自分の感覚と矛盾する全員一致の判断の圧力のもとで回答を迫られ，そこでどう行動するかを吟味されたのである．彼は動揺しただろうか．自分自身の判断といかに矛盾するものでも，彼は多数派意見に賛同しただろうか．あるいはしっかりとしてぐらつかなかっただろうか．

■アッシュの実験は，自分を信頼する人がいかにまれかを明らかにした

　何度か実験を繰り返した結果，真の被験者の10人中2人だけが自分自身の感覚に断固として固執することがわかった．残りの8人のうち2人は，10回の判断のうち1度か2度だけ誤った多数派の判断に同意した．しかし残りの6人はより頻

図18　アッシュの線分判断実験：孤立への恐怖からくる同調傾向のテスト
実験の被験者は次の質問を受ける：「右側の3本の線分の内，左側の基準線に等しいのはどの線分ですか」

　　　　基準線　　　　　　　　比較線

出典　Solomon E. Asch "Group Forces in the Modification and Distortion of Judgments." *Social Psychology*, New York, Prentice-Hall, 1952, p.452.

繁に同意したのである．このことは，自分の真の利害には関連せず，またその結果がほとんど無害な課題であっても，それが明らかに誤りだと分かっていながら多くの人が多数派意見に加わることを示している．トックビルのいったように「過ちよりも孤立を恐れ，多数派と同じ意見だと公言した」という現象がまさに起きているのである．(注3)

　ここで，列車テスト的な質問まで含めた面接調査手法をアッシュの研究法と対比させてみると，アッシュの方法が全く違った魅力を持ち，全く異なった説得力を有していることが分かる．アッシュはいわゆる「実験室内での実験」の伝統のもとで業績を積んできた人である．彼は，実験結果に影響しそうなことがらはどんなささいなことでもその細部まで条件統制するように実験を組むことができた．椅子の並び方はどうあるべきか，実験中のアシスタントはどう振舞うべきか，比較すべき線分の長さの差は視覚的にどれほど明白でなくてはならないか，などの全ての要因を統制したのである．だから「実験室」におけるテストの設定は他に解釈の余地のない明確な状況を作り出し，しかもそれは全ての被験者に対して全く同一であった．これに対し，面接調査というのはもっと「泥にまみれた」研究の道具である．それにはさまざまな邪魔が入り，雑多な不純物が混じるものである．どれだけの回答者が本当に質問を理解したか，どれだけの面接担当者が正しい順番で，また予め定まった言い回しで調査票を読み上げなかったか，どれだけの面接員が勝手に調査票を「改善」し，気ままに質問内容を変えてしま

ったか，さらに質問の意味がよく分からない回答者に対し勝手な説明を加えてしまったか，などを我々が確かめる余地はない．また，「あなたは列車に乗って5時間の旅をしていると想像して下さい．あなたのコンパートメントには他の乗客がいて，次の意見を持っていたと考えてください……」などと質問したときに，ごく普通の人間がそうした状況をイメージするのにどれだけ負担を感じるだろうか．通常のインタビューには，そうした状況を想像するだけの刺激は十分含まれていない可能性もある．しかも，どう質問が読み上げられ，どう答えが書き留められ，また，たまたま感受性が強く，よく話してくれる回答者に当たったかどうかにも結果は左右される．こうした全ての未知の要因が調査結果に曖昧さを持ち込むことになる．これに対して，アッシュのような実験室実験では「まさに狙った通りの状況」が作り出される．ここでは，実験に参加した全ての被験者が現実の経験に近似した影響力のもとにおかれるよう，条件が整えられているのである．みんなが自分とは違う線分を回答した時，自分がまるで愚者のように感ずるなど，まさに現実そのものではないか．

■模倣の二つの動機——学習と孤立への恐怖

いみじくもトックビルは「彼らは過ちよりも孤立を恐れた」と書いた．同じフランス人の社会学者ガブリエル・タルドは同世紀の末に人間の模倣能力と模倣癖の研究に多大の努力を割き，人間には表向きは他者と一致したい欲求があると論じた（Tarde, 1969, 318）．それからというもの今日に至るまで，模倣現象は社会科学的研究の対象であり続けている．例えば1968年に出版された『社会科学百科事典』には，模倣に関する詳細な論文が掲載されている（Bandura, 1968）．だがそこでは模倣は，非難されて孤立する恐怖から生ずるとは説明されておらず，学習の一形態だとされている．人間は他者の行動を観察し，どのような行動が可能かを学び，機会にさえ恵まれれば自分でもそう行動してみようとする，それが模倣だと論じられている．それを考えると，我々が問題としている孤立の恐怖を説明するのはもっと込み入った作業になる．もし，他者の行為や発言を誰かが繰り返したとき，それを模倣と呼ぶなら，この種の模倣はバンデューラの説明とは

違った理由，つまり孤立への恐怖によって起きるものかもしれないのである．もちろんバンデューラのいうように，模倣は行動に関する知識のストックを追加したい動機に基づくものかもしれないし，多数であることが判断の正しさを意味する民主社会ではそれは特に当てはまるのかもしれない（訳注11）．

　だが，まさにそうした解釈の曖昧さを取り除いたところにアッシュの実験の美しさがある．この実験の被験者は多数派の回答した線分が実は正しくないことを目撃するのである．だから被験者が多数派に加わるとき，それは疑いもなく自分の知識や行動のレパートリーを追加したいからではなく，まさに自分自身を孤立させたくないからなのである．

　「同調主義者」や「取り巻き連中」など不快な響きのある名称からすぐに推測されるように，ここでみられる模倣性向は「自律的な個人」の理想には反するものである．「他人様」を模倣者呼ばわりしても，自分はそう呼ばれたくないのが，多くの人が感じる模倣のイメージであろう．

　こうなると，アッシュの実験はなにもアメリカ人の同調傾向を明らかにしたのではなく，むしろ人類に共通の同調性を見いだしたのではないかという疑念も浮かんでくる．実際，スタンリー・ミルグラム（1961）はヨーロッパの二つの国でいくぶん形式を変えてアッシュ実験の追試を行ない，このことをチェックした．彼は，非常に個人主義の強いフランス人と，団結心が強く集団としての凝集性も高いノルウェー人を被験者にした（注4），（訳注12）．この変形版の実験では，被験者は多数派の誤答を目撃するというよりは聞かされるのであるが，それだけでも孤立したという印象を作り出すのには十分であった．たいていのヨーロッパ人，つまりノルウェー人の80％，フランス人の60％は，多数派の意見に頻繁に，あるいはほとんど全回同調したのである．さらにこの実験にはいくつかのバリエーションがつけ加えられた．たとえば複数のサクラの中で正答する者の数によって，真の被験者が多数派意見から離れ，正答する率に影響するかどうか，などが検討された．

　そうしたこまごまとしたことにはここで立ち入る必要はあるまい．アッシュの当初の実験だけでも我々の研究目的には役立つ．我々は，ごく普通の人が持つ孤

立への恐怖が沈黙の螺旋を始動させると想定していたが，アッシュの実験はこの恐怖が実際相当のものであることを示したからである．

そしてまた，孤立への恐怖は社会調査に基づくいくつかの知見をも十分に説明するだろう．人間が大いに孤立を恐れると仮定してのみ，人々が全体として（collectively）（訳注13），どの意見が増えつつありどの意見が減りつつあるかを正確かつ高い信頼性をもって言明できるかを，また社会調査に頼らなくともそれが可能な離れ技を持っているかを，説明する．人間は大変効率的に自分の注意を使い分けているのである．社会環境の監視に払われる努力は，自分の仲間の好意を失い，拒絶され，軽蔑され孤立してしまうリスクを考えれば十分に安いものである．

■我々は人間の社会的天性を否定しようというのだろうか

したがってここで重要なことは，人間が集団の判断に向ける注意力を調査データの上で可視的なものとし，また理論的にも理解可能なものとすることである．これまでの模倣現象の研究は，実質的には学習意欲だけをその動機だとみなしてきたように思われる．それは，人間の社会的天性を否定するか，少なくともそれを認識し損ない，不当にも「同調」というラベルを張り付けてその名誉を傷つける一般的な傾向性に根を持っている．しかし我々の社会的天性は確かに，仲間と仲たがいして孤立することを恐れさせ，仲間に尊敬され，好かれるように仕向けてきた．それこそが，我々がうまく社会的に生活していくのに大きく貢献してきたのである．

もちろん，心理的な葛藤は避けられるものではない．我々が意識の上では合理的で独立心の強い考え方を褒め，人に頼らないで到達した判断の揺るぎなさを褒めるということはある．

たとえば，精神分析学者のエーリッヒ・フロムは現代人の意識的衝動と無意識的衝動が葛藤している領域を体系的に網羅した結果，それは，意識した性欲と無意識の性欲との間にかつてフロイトが見いだした葛藤と同じほど広範な広がりを持っている，と指摘した．そうした現代の葛藤からフロムが指摘するのは次の点

である（Fromm, 1980, 26）．

自由だという意識	―	意識されない不自由さ
意識された誠実性	―	意識されない欺瞞
意識された個性	―	意識されない付和雷同性
意識された権力保有感覚	―	意識されない無力感
意識された信念	―	意識されないシニシズムと信念の欠如

　自由や，誠実性や個人主義は全て，我々自身が感じる価値の表明として意識の上で受容されている．しかし沈黙の螺旋現象が本物だとすれば，我々が人間行動に仮定すべき行動様式は，そうした意識の上で受容された価値とはうまく対応しない．だから面接調査で直接的に動機を尋ねれば，意識的な回答として孤立の恐怖が表明されるとは期待できない．しかし，声を大にするか，沈黙を守るかをテストするために公的な場面を設定できるのと同様，面接調査の中で孤立への脅威のある状況を設定することもでき，また回答者がその設定に対し，無意識的に振舞うことも含めて沈黙の螺旋仮説から予想されるように振舞うかどうかを観察することは可能である．

■**孤立への脅威状況を設定するフィールド実験**
　以下で検討する研究手続きは，専門的には「フィールド実験」と呼ばれるものである．ここで「フィールド」とは「実験室」と対比させる意味あいで用いられる．被験者は自分がふだんいる自然な状況，すなわちフィールドにいる．未知の実験室の中に引きずり込まれるのではない．面接調査員が自宅を訪問し，日常のできごとと多少は違うが，それでも通常慣れ親しんでいる会話に近い形で質問を受けることになる．
　我々がこうまでして，問題だらけで当てにならず，弱い条件設定しかできず，状況をうまくコントロールしにくい面接調査という手法にこだわるのは，「フィールド」の語に含意されるような条件設定の自然さという利点を生かしたいから

であり，また実験の被験者としてひんぱんに用いられる学生，軍人や入院患者のような既知の集団の反応ではなくて，国民の代表性サンプルの反応を観察できるという利点を生かしたいからである．また実験室的方法を用いないのは、その利点，すなわち結果に影響を及ぼしうるさまざまな条件を計画的に変化させ，入念にコントロールする，その利点が同時に欠点でもあるからである．実験室の場面では、いま研究対象としている行動に決定的な影響を及ぼした現実のいくつかの側面がおそらく意図しないまま捨象されてしまっているからである．

■非喫煙者の前でタバコを吸う──脅威状況テスト

　我々がフィールド調査で社会的な孤立の危険を検討しようとしたのは1976年が最初だった．それは「非喫煙者の前でタバコを吸う」という話題に関する質問だった（Noelle-Neumann, 1977a，特に154-155）．この話題が適切だと考えたのは，喫煙に関する世論がまだ形成期にあり，二つの立場の強さがバランス状態に近いと思われたからである．面接調査ではある二人の会話を読み上げ，どちらの意見に賛成かを選択させた．

　「非喫煙者の前ではタバコを差し控えるべきです．吸うのは無分別というものです．彼らにとってタバコの煙を吸いこむのは実に不快なものです」という意見には，44％の人が賛成した．これに対し，次の意見に賛成した人も全く同率だった．「非喫煙者がそこにいるというだけで喫煙者がタバコを控えるとは期待できないでしょう．いずれにしても非喫煙者がたいして嫌がることではないですよ」．この問題について声を大にするか，沈黙を守るかを尋ねたところ，喫煙批判派の45％，喫煙擁護派の43％が列車の中の会話にすすんで加わるだろうと回答したのである（注5）．

　次に我々は，社会的孤立の危険をはらんだ状況設定を含む質問に移った．列車テストの形で2,000人の代表性サンプルに尋ねたその核心部分は，次の通りである．

1）　いま紹介したように、非喫煙者の面前での喫煙に関する二つの意見を提示

し，回答者の個人的意見を尋ねる．

2)　「大半の人」はこの問題をどう考えているか評価させるため，次のように尋ねる．「では，あなたご自身の意見は別として，大半の人はこの問題をどう考えていると思いますか．わが国の大半は非喫煙者の前でタバコは控えるべきだという意見でしょうか，それとも吸いたければ吸ったままでもよいという意見でしょうか」（全体の結果は，「大半は控えるべきだという意見だと思う」が31%であったのに対し，「大半は吸い続けてもよいという意見だ」が28%，「意見分布は半々だろう」という回答が31%，10%が「わからない」だった）．

3)　次に発言するか沈黙するかのテストを行なった．「列車に5時間乗ると想像して下さい．同じコンパートメントに乗った人が話しかけてきて，『非喫煙者の面前でのタバコは控えるべきだ』と言い出したとします．あなたはこの会話に加わりたいと思いますか，それともそれには値しないと思いますか」（調査員は次に面接した調査対象者に対しては，同乗者の意見が「非喫煙者がいるからといってタバコを控えるように要求できない」という意見だったとして尋ねた．したがって同乗者の意見の設定は二通りあった）．

4)　調査対象者自身が喫煙者か非喫煙者かを確認した．

　さらに，社会的孤立の脅威を実験的に検討するために，2,000人の代表性サンプルは1,000人ずつの代表性サンプルに分割された．そして実験群，すなわち社会的孤立の脅威の状況設定を受ける群では，列車テストの前に二人の会話のスケッチ（図19）を見せられる．その一人が「たばこを吸う人は全く無分別だと思います．健康の害になる自分の煙をまわりの人に無理やり吸い込ませているのですから」というのに対し，相手は「ウーン，私は……」と答えはじめるのである．この質問は心理的な診断にしばしば用いられる文章完成法を応用して作成したもので，質問の導入部では「二人の人がいて話をしています．ご覧のように上の人（A）が何か言っています．それをお読み下さい．下の人（B）はこれに対し，何か言いかけたところで止まっていますが，あなたはこの人が続けてどう答えたと思いますか」．こうした文章完成テストは，非喫煙者の面前でたばこを吸う人

図19 脅威状況テスト

下に示すような絵を用いた文章完成法テストで，喫煙者が強い反対意見に出会って脅威を感ずる状況をシミュレートしたものである．回答者はBが言いかけた文章を完成させなければならないので，この状況はより強烈に感じられる．ここに含まれる反対意見の脅威が，回答者自身の意見を公然と主張するか否かに影響するかどうか測定した．

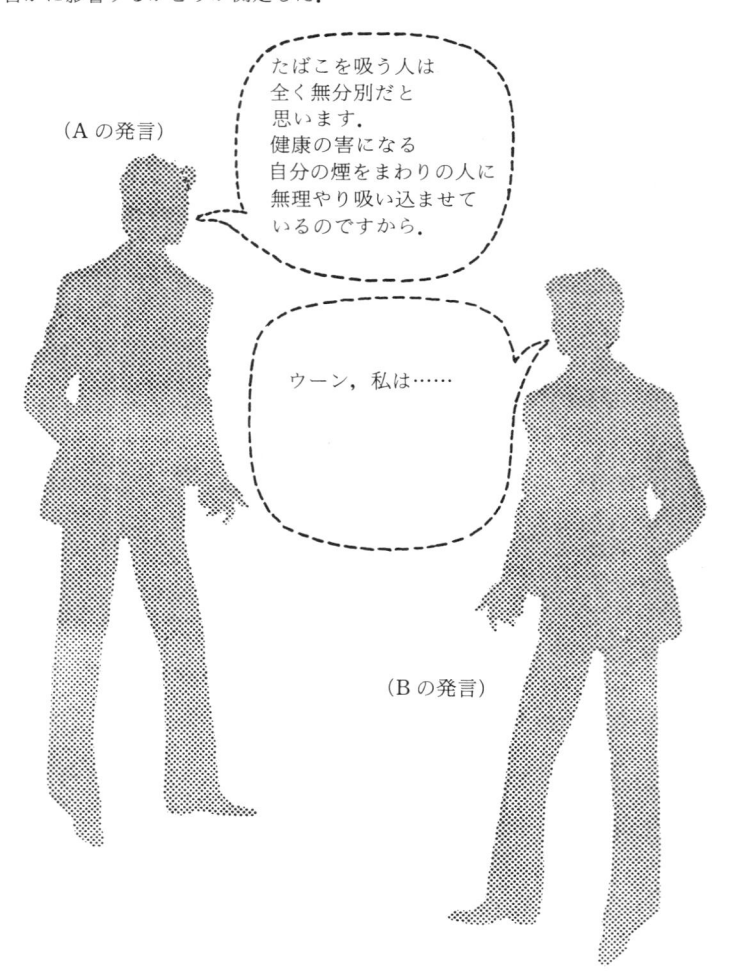

(Aの発言)

たばこを吸う人は全く無分別だと思います．健康の害になる自分の煙をまわりの人に無理やり吸い込ませているのですから．

ウーン，私は……

(Bの発言)

表 8 沈黙の仮説の列車テスト : 孤立の危険を感ずれば沈黙する

意見風土が敵対的な状況を面接調査で作り出す．脅威状況テストの後で列車テストを行なうと，喫煙者は自己弁護のために立ち上がりにくくなる．

	非喫煙者の前でも喫煙の権利の擁護を訴える喫煙者の率	
	社会的孤立の危険が明白でない場合（%）	社会的孤立の危険が明白な場合（%）
「非喫煙者の前での喫煙」に関する会話に加わりたいか		
はい	49	40
いいえ	41	45
どちらともいえない	10	15
	100	100
	N = 225	253

出典　Allensbach Archives, survey 3037（1976.12）

表 9 沈黙の仮説の列車テスト : 社会的支持の存在は非喫煙者の口をなめらかにする

	非喫煙者が，非喫煙者の面前ではたばこを控えるべきだと，喫煙者に要求する率	
	攻撃的な同意見者からの社会的支持なし（%）	攻撃的な同意見者の社会的支持あり（%）
「非喫煙者の前での喫煙」に関する会話に加わりたいか		
はい	37	48
いいえ	51	37
どちらともいえない	12	15
	100	100
	N = 330	297

出典　Allensbach Archives, survey 3037（1976.12）

に小言を言うのを小耳にはさむなどという状況設定にありがちな，刺激の弱い状況設定を強化できる質問法だと思われる．しかもそれが，ごく普通の回答者にもあまりに多くを要求はせず，また面接調査の限界を越えてもいないことは，88％の人がこの文章を完成できたことからも伺えよう．

　この文章完成法テストを受けなかった残りの1,000人のサンプルは，コントロール群である．彼らは，文章完成法による社会的孤立の脅威の操作以外は実験群と同じ質問を受けた．実験のロジックに従えば，実験群とコントロール群の結果に見いだされる差は全てこのテストの有無に帰することができる．それ以外の点では両群は同じだからである．

　結果は予想通りだった．スケッチを見て言葉で脅かされた後では，喫煙擁護派の喫煙者は，列車テストで会話に加わろうとしにくかった（表8）．

　喫煙者は孤立の脅威が二重になった時，特に怖気づいた．喫煙反対者に答える文章完成テストを受けた上，さらに列車のコンパートメント内で「非喫煙者の前では喫煙を控えるべきだ」という同乗者に出くわす場合である．この条件では，喫煙者の23％のみが同乗者との会話に加わると答えた（表10下）．

　調査は沈黙の螺旋のもう一つの側面を明らかにした．非喫煙者は一般に喫煙者ほど自信のある意見を持っておらず，そのため自説に固執する傾向は小さい．しかし，文章完成法を提示された群では，自説が孤立したものではないことが判明したので，目だって会話に加わろうとする傾向が上昇した（表9）．脅威状況テストでいつも自説を主張する層を除けば，非喫煙者は，列車テストの同乗者が同意見を高らかに言い放った時に最も口がなめらかになりやすかったのである．この条件下で会話に加わるのは，喫煙者では23％に過ぎないのに対し（表10下），非喫煙者では56％に達していた．沈黙の螺旋が進行すると，非喫煙者の面前での喫煙は恥知らずだという意見が支配的となり，非喫煙者の前であろうと喫煙を許容されるべきだという反対意見を喫煙者が公然と支持することはできなくなるのである．ここで明らかに見られるのは，累積的効果である．自分のまわりの環境が敵意を含んだ反応をするにつれて，だんだん意見を口にする気力が失われるのである．かなり強い自説を持った喫煙者もこの脅威に対して直接的な反応は避け

表10 自信満々の喫煙者における沈黙の仮説の列車テスト

列車テストで同意見の同乗者がいれば，直前の脅威状況テストで脅かされていたとしても，喫煙者は会話に加わりたがる．

	非喫煙者の前でも喫煙の権利の擁護を訴える喫煙者の率	
	社会的孤立の危険が明白でない場合（％）	社会的孤立の危険が明白な場合（％）
「非喫煙者がそこにいるからといって，たばこを吸わないよう他人に期待することはできないでしょう」という喫煙賛成派の同乗者に出会った時，「非喫煙者の前での喫煙」に関する会話に加わりたいか．		
はい	55	54
いいえ	33	30
どちらともいえない	12	16
	100	100
	N＝119	135

会話状況が敵対的な場合，喫煙者も脅威を感ずる．特に直前に脅威状況テストを受けた場合にそうなる．

「非喫煙者の面前でのたばこは差し控えるべきだ」と同乗者が喫煙者を攻撃した時，「非喫煙者の前での喫煙」に関する会話に加わりたいか．		
はい	41	23
いいえ	51	63
どちらともいえない	8	14
	100	100
	N＝106	118

出典 Allensbach Archives, survey 3037（1976.12）

表11 自信不足の喫煙者：女性喫煙者に対する沈黙仮説の列車テスト
二重の脅威を受けると，大半の女性喫煙者は沈黙してしまう．

	非喫煙者の前でも喫煙できると主張する女性喫煙者の率	
	社会的孤立の危険が明白でない場合（％）	社会的孤立の危険が明白な場合（％）
「非喫煙者の面前でのたばこは差し控えるべきだ」と同乗者が喫煙者を攻撃した時，「非喫煙者の前での喫煙」に関する会話に加わりたいか．		
はい	4	10
いいえ	54	74
どちらともいえない	4	16
	100	100
	N=48	49

出典 Allensbach Archives, survey 3037（1976.12）

るのである．一方，脅威状況テスト直後に，列車テストで自分と同意見の同乗者を得た場合には，脅威状況テストを忘れ，非喫煙者の前でも喫煙して差し支えないと考えやすくなる．この場合，54％が列車内の会話に加わりたがり，脅威テストを受けない場合には55％だった（表10上）．

しかし，もし脅威状況テスト後の列車テストでも，同乗者が非喫煙者の面前の喫煙は反対だと強く非難するようだと，喫煙者は沈黙しがちであった（表10下，表11），（訳注14）．

■面接状況に現実を再現する

脅威状況テストは沈黙の螺旋プロセスのベールを剥しただけでなく，さらに別の面で新しい知見を提供した．それは，多くの人が旺盛な想像力で設定された状況を擬似体験できるので，面接の中で現実の行動が再現可能になる，という推測

を支持した点である．だから，実物の列車のある実験室で，研究者が旅姿に身をやつして列車に乗り込み，彼を旅行者と信じて疑わない被験者に対し，声を高めるか沈黙するかどうか実験してみるような，そうした条件を揃えて研究を行なう必要はないのである．もちろん我々も，面接に適切な質問群の作成に失敗を繰り返してはじめて適切な質問を作成し得たのだが．

　その例を挙げよう．一歩研究を進めるために我々は，ある種の意見は強く非難され蔑まれるので，その意見を持つこと自体が自分を孤立させることがあると想定し，それをデータの上で明らかにしたい，と考えた．そのため，1976年のアレンスバッハのいくつかの調査では，社会的孤立状態を一コマの絵の形で描いたものを用意して質問してみた．この絵では，テーブルの片方に気心のあった何人かがかたまって座り，その反対側にはたった一人が座っている様子が描かれている．そして，この一人とかたまった人々との間で何事か議論のやり取りを伺わせる吹き出しがついている．質問は，この孤立者がどんな意見の持ち主かを尋ねるものであった．たとえば，この人は何を弁護しているのであろうか．ドイツ共産党員の判事任官許可に賛成しているのだろうか，反対しているのだろうか，といったものである（訳注15）．

　その質問文はこうだった．「ドイツ共産党員の判事任官問題に戻ります．この問題について何人かが話している絵がここにあります．一方の意見は判事任官に賛成で，他方は反対です．左側に一人で座っている人はどちらの意見だと思いますか．共産党員判事任官に賛成でしょうか，反対でしょうか」（図20，21）．

■うまくいかなかったテスト

　このテストは家庭用の計量ハカリのようにおおざっぱで測定の道具としては望ましいものではなかった．「わからない」という回答が33％もあり，その数字自体，この質問が人々の想像力を越えていた可能性を示唆していた．それに，孤立した人が絵の上で何を言ったかは少数意見，多数意見とは何の関係も持たなかったようである．直接共産党員を許容すべきかどうかを尋ねると，大多数が「駄目だ」とハッキリしており（1976年4月の時点で反対は60％，賛成は18％），また

図20 孤立テスト
ある意見が人を孤立させるかどうかチェックするために考え出されたテスト．
質問文：左側に一人で座っている人はどちらの意見だと思いますか

図21 孤立テスト
その第2版：テーブルに座る代わりにみんなが立っている．このテストはしばしば誤解された．孤立者が社会的に上に立つ人と受け止められたのである．

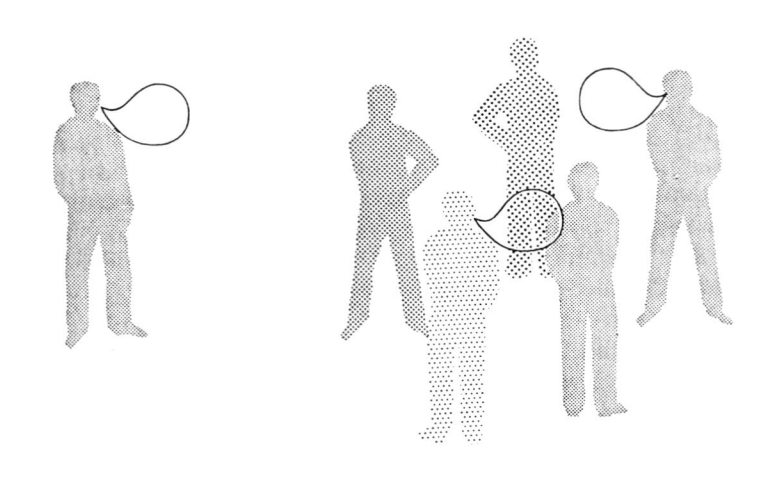

どちらが多数派意見でどちらが人を孤立させるかをはっきり知っていた（大半の人は共産党員判事に反対だろうと答えた人は80%いたのに対し，誰も反対しないだろうと答えたのは2%のみだった）．しかし，絵の中の孤立者がどちらの意見かに関しては，判事任官賛成者だろうという人（33%）と反対者だろうという人（34%）とに分かれてしまった（表12上）．大多数の人がその時の国民の意見分布状態を正しく推定したことからすれば，孤立者の意見は共産党員判事許容論だと推定されるはずだった．もし評判の悪い意見は孤立を導くことを人々が意識しており，かつまたテーブルの端の人が孤立しているとみなしたなら，その人が許容論者だとみなされてしかるべきだったが，そうならなかったのは，同じテーブルに座って意見を交わすこと自体が親密のしるしであり，この状況が十分に公的な場面だとは受け取られなかったからではなかろうか．テーブルの端に座った人も他の人々と同じグループに属するとみられ，孤立しているとは受け取られなかったのではなかろうか．

　そこで我々は，図21に見るような第二の絵を作ってみた．それは座るのではなく，立ち話の絵であり，いくぶん有用な結果が得られた．無回答者は21%だけで，残りのかなりの部分（全体の46%）が一番左の人は孤立した少数派の意見の持ち主だろう，と推測した．つまり，共産党員判事賛成派だと推測した．しかしそうだとしても，33%は逆の意見であった（表12上）．またこのテストでは，自分自身共産党員判事容認派で，自分の立場が孤立する可能性を認める人が増大した．絵の中の孤立者が自分と同意見だと答えた人が65%いたのである（表12下）．しかし，このテストも不十分なことが明らかである．意見の賛成反対がハッキリしている話題であるにしては，結果が十分明確ではないからである．たとえば，この問題より立場が両極化していない争点について同じ絵を使って質問したところ，全く予期しない誤解が生じた．それは「次期首相に誰を期待しますか」という質問で，回答者の意見分布は（1976年4月）44%がヘルムート・シュミット，35%がヘルムート・コールだった．ところがその双方の意見の持ち主が共に，孤立しているはずの人の意見が味方の意見だと答えたのである．

　このため，この種のテストの応用は今のところあきらめている（後で再びこの

表12 ドイツ共産党員の判事任官問題 : 社会的孤立のテスト

ある意見を支持することが社会的に孤立する危険を冒すことをどれだけ人々は意識しているだろうか。質問はこうだった。「ドイツ共産党員の判事任官問題に戻ります。……ここにこの問題について何人かが話している絵があります。一方の意見は判事任官に賛成で、他方は反対です。左側に一人で立っている人はどちらの意見だと思いますか（質問は、次の回答者には「一人で座っている」という形で尋ねた）。共産党員判事任官に賛成でしょうか、反対でしょうか」。

	提示した絵	
一般サンプル	座っている人々(%)	立っている人々(%)
一人でいる人は共産党員判事任官に		
賛成である	33	46
反対である	34	33
どちらともいえない	33	21
	100	100
	N＝466	516

共産党員判事に賛成だという少数派意見の持ち主は一般サンプルより、この意見を持つことが人を孤立させることに気がついている

共産党員判事任官の容認派──少数派意見

一人でいる人は共産党員判事任官に		
賛成である	45	65
反対である	29	21
どちらともいえない	26	14
	100	100
N＝	83	79

出典　Allensbach Archives, survey 3028（1976.4）

種のテストを、別の診断的な意味において論じたい、22章参照）。だが、我々は目標自体を破棄したわけではなかった。どんな意見の持ち主が孤立するかを人々が知っているか否かチェックする方法を依然として探していたのである。沈黙の螺旋が作動するためには、もちろん、そうした知識が無意識の中に潜んでいるだけでよい。かつてフロムは、人は自らを自由で解放された個人だと感じ、同時に自分の内なる社会的天性を意識する努力を怠る傾向がある、と指摘した（そ

してフロムはこの社会的天性を指して非難がましく「マス・マン」と名づけたが，それは適当ではない）．その指摘は，我々が追求している社会的天性を調査の回答者に意識させ，意見として回答させる手助けにはほとんどならないが，面接社会調査はその弱点にもかかわらず，どの意見が社会的孤立を招きやすいか人々が知っているという，明確な証拠を示す手法を有していると考えて論を進めねばなるまい．明確な証拠を得るためには，それを質問する文を研ぎ済まさなくてはならないのであり，どんな鈍感な人でも，はっきりと孤立の危険を感じ取れる状況を設定しなければならない．

■タイアをパンクさせられたかのは誰か

　1976年の連邦選挙の直前（9月），アレンスバッハの調査は次のタイプの二問を組み込んだ．その一つは，「パンクさせられた車の絵がここにあります．そのリアウィンドーの右側にはある政党のステッカーが貼ってありますが，それがどの党のものかよく読めません．どの党のステッカーを貼った車がいたずらによって最もパンクさせられやすいと思いますか．推測で結構ですからお答え下さい」というものだった（表13）．ほぼ半数に当たる45％の人が無回答だったが，結果は明白だった．連邦議会の三政党のうち，21％がCDU，9％がSPD，1％がFDPと分布したのである．表13から，CDU支持者が最も危険を感じていることが分かるだろう．FDP支持者は自分たちはあまり危険でなく，CDU支持者の方が危険であると感じている．また，SPD支持者は自分たちが危険にさらされているとはあまり思っていない．そう思っていれば，他党支持者より自党の方に危険を感ずるだろうが，そうはならなかったのである．

　さて第二番目の質問は，一問目より優っていた．それは，人の所有物を傷つける一問目の行動より許容度の高い行動を扱っており，回答拒否が少なく，何が評判よく何が評判悪いかを示す，より現実的な指標を生み出すものであり，世間からの拒絶の徴候をよくとらえるものだった．少なくとも，SPDとFDPの支持者にとって自分が拒絶されていないと感じているかどうか，より自由に表明しうるものだった．

表13 意見風土測定テストの発展版

1976年 9 月

	全サンプル (%)	CDU 支持者 (%)	SPD 支持者 (%)	FDP 支持者 (%)
CDUのものだ	21	28	12	21
SPDのものだ	9	7	11	13
FDP（リベラル派）のものだ	1	2	X	4
国家民主党のものだ*	11	10	12	10
共産党のものだ	16	14	22	15
わからない	45	42	46	43
	103	103	103	106
	N＝556	263	238	45

どの意見が人を孤立させるか。質問はこうだった。「ここにパンクさせられた車の絵があります。そのリアウィンドーの右側にはある政党のステッカーが貼ってありますが，それがどの党のものかよく読めません。どの党のステッカーを貼った車がいたずらによって最もパンクさせられやすいと思いますか。推測で結構ですからお答え下さい」。

出典　Allensbach Archives, survey 2189
　（表中の X は0.5%以下であることを表す）
　＊（訳者注）ドイツ国家民主党はネオ・ナチズム政党である

3. 孤立への恐怖という動機　59

　その質問は具体的にはこうである.「次にもう一例お話しますから,あなたの意見を聞かせて下さい. ある人が慣れない街をドライブしていて駐車スペースが見つからない状況を想像して下さい. 彼はとうとう車から降りて通行人に尋ねました.『どこに駐車スペースがあるか教えていただけませんか』. 通行人は『君,ほかの人に聞きたまえ』と応えて行ってしまいました. 実は,このドライバーが着ていたジャケットにはある政党のバッジが付いていました. あなたの意見では,このバッジはどの政党のものだと思いますか. 推測で結構ですからお答え下さい」(表14).

　SPD支持者の25％, FDP支持者の28％が, それはCDUのものだと答え, その値はSPDだという回答の二倍以上になった. 一方, CDU支持者は明らかに自分たちの不人気に二の足を踏んでいるように思われた（表14). 既に述べたように,前回の選挙でCDUに投票したというのを否定したがる傾向はしばらくの間増えも減りもしていなかったが, その月 (1976年9月) には再び最大に達していたのである.

　しかしそれでも, CDU支持者のおかれた心理状況は4年前の1972年連邦選挙の時ほどは悪くはなかった. このことは世間から孤立する脅威を象徴させた質問から読み取れる. その質問は1972,6年のそれぞれの選挙後の調査に組み入れられた.「選挙キャンペーン中, 例によってポスターが破かれたり, いたずら書きされたりしましたね. あなたが見た中ではどの党のポスターが最もやられていましたか」. 1972年にはCDUだという回答が多かった. 31％の人がCDUのものだったと答えたのに対し, SPDはたった7％だった. ところが,1976年にもCDUがもっとも言及されはしたものの, その率は23％に下がっていたのである（表15).

　こうしたタイアのパンクやポスターの汚破損, 見知らぬ人への不親切などの質問によって,自分の意見と意見風土が対立するときには, 居心地の悪さを感じたり, 危険すら感ずることがわかった. 孤立を避けようとするのは, つまらない些細な反応ではない. そうではない. それは, 本当に危険で実存的な問題への反応なのである. 社会は目まぐるしく変わる諸争点に, 素早い順応を要求する. 社会

表14 意見風土測定のための試験的質問 : どの意見が社会的孤立を招くか

質問「次にもう一例お話しますから,あなたの意見を聞かせて下さい.ある人が慣れない街をドライブしていて駐車スペースが見つからない状況を想像して下さい.彼はとうとう車から降りて通行人に尋ねました.『どこに駐車スペースがあるか教えていただけませんか』.通行人は『君,ほかの人に聞きたまえ』と応えて行ってしまいました.実は,このドライバーが着ていたジャケットにはある政党のバッジが付いていました.あなたの意見では,このバッジはどの政党のものだと思いますか.推測で結構ですからお答え下さい」.

	全サンプル (%)	1976年9月		
		CDU 支持者 (%)	SPD 支持者 (%)	FDP 支持者 (%)
CDU のものだ	23	21	25	28
SPD のものだ	14	19	12	8
FDP (リベラル派) のものだ	2	4	1	X
国家民主党のものだ	8	7	10	7
共産党のものだ	21	21	21	21
わからない	35	34	35	40
	103	106	104	104
	N=546	223	264	50

出典 Allensbach Archives, survey 2189

表15 ポスターの汚損・破損 : 象徴的な孤立の脅威

質問「選挙キャンペーン中,例によってポスターが破かれたり,いたずら書きされたりしましたね.あなたが見た中ではどの党のポスターが最もやられていましたか」.*

	選挙後の調査	
	1972 (%)	1976 (%)
CDU のポスター	31	23
SPD のポスター	7	12
FDP (リベラル派) のポスター	1	2
全て同じ程度	27	22
わからない	35	41
	101	100
	N=912	990

出典 Allensbach Archives, surveys 2129, 2191

* 1972年の場合には多少質問文が違っていた.「どの党のポスターが他の党のものより汚破損されていましたか」と尋ねた.

の統合を維持する十分な意見の一致を確保するため,素早い順応が必要なのである.ドイツの法学者ルドルフ・フォン・イェーリング(1883,242;cf.325)はかつて『法の目的』という著書の中で,多数派意見から外れる人々への非難の中には,「誤った論理的推論に基づく結論,計算問題におけるミス,あるいは不出来の芸術に対する非難などが持っている合理性の要素」が含まれていないことに気がついていた.「それは,当の社会自体が受ける利害の損傷に対する意識的,または無意識的な実利的反応として,すなわち公共的安全保障の確保を目的として表明されるものなのである」.

4. 世論とは何か

　世論に関するシンポジウムの午前の部を終えて会場を出るとき，「どうも世論というのは何か，まだよくわかりませんね」と一人の参加者が言った．あれは1961年にバーデン＝バーデンで開催されたメディア研究者とマスコミ関係者のシンポジウムで聞いた言葉だった．この人だけが「世論とは何か」で悩んでいたわけではない．実に長い間，哲学者，法学者，歴史家，政治学者，ジャーナリズム研究者が明確な世論の定義を求めて，それこそ髪をふり乱してきたのである．

■50もの定義
　今もあのときから何も進歩していない．逆に，世論概念はますますばらばらに解体してしまって，実用的な目的にはほとんど役立たなくなってしまっている．1960年代半ばにプリンストン大学教授であったハーウッド・チャイルズは（1965, 14-26），世論の定義を収集するという，労多くして功の少ない仕事を企図した．彼が多くの文献から収集しえた定義は約50もあった．
　一方，50年代から60年代にかけて，世論概念を放棄しようという要求が強まった．世論概念は，さまざまな思想の歴史博物館に陳列すべき虚構の概念だと言われた．歴史的関心の対象にのみ値するものだとも言われた．そう言われても世論概念が葬り去られはしなかったことは，注目に値する．「この概念は単に死を拒絶しているだけだ」とはドイツのエミール・ドビファット教授（ジャーナリズム論）の言葉である（1962, 108）．また1962年には，ユルゲン・ハバーマスがマールブルク大学の就任論文『公共性の構造転換——社会的公共性の一類型』で，「世論」の「世」にあたる「公共的」（public）という言葉は「口語として執着して使われるばかりではない．多方面の学者，なかんずく法学者，政治学者，社会学者もそうした『公共性』や『世論』などの伝統的カテゴリーに代わる，より

明確な用語を使えないでいる」と論評した (1962, 13).

コロンビア大学教授フィリップ・デービソンは,『国際社会科学百科事典』に寄稿した「世論」という論文の冒頭をこう始めている.「『世論』なる概念について諸賢の一致する定義はない. しかしながら, この語はますます頻繁に使われているため, これを定義しようという努力はフラストレーションを引き起こし,『世論とは何かの事物 (some thing) の名称ではなくて, 多くの何ものか (somethings) に与えられた分類である』とまで言われている」(Davison, 1968, 特に188). ここで彼はチャイルズの約50の定義を引用している.

同じような当惑はドイツの歴史家ヘルマン・オンケンの著作にも見られる. 彼は1914年に書いた.「[世論概念]を把握し定義しようと望む者は誰でも直ちに自分はプロテウスと戦っているのだということに気づくだろう. プロテウスは同時に1,000もの姿で, 眼に見える姿であれ, 亡霊の姿であれ, またときに無力な姿であれ, ときに驚くほどの能力をもった姿であれ, 数え切れないほどに変容して現れ, 常に捕えたと思った瞬間に我々の指の間をすり抜けて逃れてしまう存在である. ……浮遊してとめどもないものは, 厳密な定式の形で理解することはできない. ……しかし結局のところ, 誰も尋ねられれば世論概念が何を意味するかは正確に知っている」(Oncken, 1914, 特に224-225, 236).

オンケンほどの聡明で概念的能力に長じた学者が「結局のところ, ……誰もが知っている」などと言い逃れをして, 科学的方法の前提条件となる「厳密な定式化」による定義の探索を控えているのは注目に値しよう.

■世論の形成・伝播過程としての沈黙の螺旋

1970年代初頭のことである. 投票意図が変化しないまま勝利政党の予想だけが増大した1965年の連邦選挙の謎の解明に挑む途上で, 私は沈黙の螺旋仮説を発展させていた. あの時私は, あの複雑怪奇な「世論」概念を論じることができるかどうか自問し続けていた. オンケンが,「数限りなく変容し永遠に我々の指からすり抜けてしまうもの」(1914, 225) と書いた, 世論について考えていたのである. 沈黙の螺旋過程は世論が姿を現す一つの形態ではないだろうか. この過程は

新しく若い世論が発展し，あるいはそれによって古い世論が意味変容して伝播する過程ではなかろうか．そうだとすれば「沈黙の螺旋とは，それによって何か定義できないもの（something indefinable）が伝播する過程である」などと言わないためにも，さらに世論を定義する努力を続行すべきではないだろうか．そう自問し続けたのである．

実は，この世論という語の「世（public）」の方にも「論（opinion）」の方にも学問上の論争が渦巻いている．

■ドイツ語の「意見」（Meinung）と英語の「意見」（opinion）は違う

ドイツ語で「意見」に当たる語は Meinung であるが，その意味の出自を辿るとプラトンの『国家』にまで遡ることができる．ペイライエウスという港町の祭りの時に，ソクラテスは伝統的なドイツ語 Meinung とほぼ同じ意味の「意見」に考え至るのである．

> さて，意見とは知識よりも不明確な概念だが無知よりも明確な概念だと君は考えるのだね，と私（ソクラテス）は言った．
> まさにその通り，と彼は答えた．
> それでは意見とはこの二つの間にあるものだろうか．
> そうです．
> それでは意見とはこの二つの中間的なものだと考えてよいということになる．
> その通りです．　　　　　　　　（Plato, 1900, 165-166），（第5巻20節）

意見は中間に位置する．プラトンがそう書いたように意見は全く価値のない概念ではない．しかし多くの人は，意見概念を知識や信念，確信ではないものだ，と単に否定による区別をしたに過ぎなかった．カント（1893, 498）は意見を「主観的に見ても客観的に見ても不十分な判断だ」と考えた．

これに対し，イギリス人やフランス人は「意見」をもっと複雑なものとみなしている．彼らはこの概念の価値については論じなかったが，概念的には国民全

体またはその一部の統一された合意を指すものだと考えた．イギリスの社会思想家デビッド・ヒュームは1739年の著作の中で，意見を「共通意見（common opinion）」と呼んでいる．英語やフランス語でいう「意見」の背後には同意や意見の「共有感覚（a sense of the common）」が潜んでいるのである．

■合意は目に見えなくてはならない

沈黙の螺旋について学んだ文脈から見れば，意見概念の価値に関心を寄せるドイツ語のそれより，フランス語や英語の考え方の方が実り豊かであると思われる．人は自分の環境の合意状態を観察し，それを自分自身の行動と比較対照するのである．ここで比較されるのは必ずしも意見の合意ばかりではない．意見に伴っている行動，例えばバッジを付けたり付けなかったり，公共の乗り物の中で老人に席を譲ったり譲らなかったりという行動も比較対象となる．沈黙の螺旋プロセスにとっては，自分の意見によって孤立したか，自分の行動によって孤立したかは些細な問題である．こう考えると，我々が求める意見の定義は「許容可能とみなされる何か」と同義だと理解されなくてはなるまい．それによって英語やフランス語に見られる合意や同意の要素が暗示されていなくてはならない．

■「公的な（public）」という形容詞の三つの意味

さて「公的な」という概念の解釈は「意見」概念の解釈と少なくとも同程度の重要性を持っている．そして多くの学者がこの概念について論じてきた．ハバーマスが指摘したように，「『公的な（public）』とか『公共性（the public）』という用法の存在は，この概念にはさまざまの競合する意味が含まれていることを示している」（1962，13）．第一に，法的概念としての"public"概念がある．それはpublicの語源的な意味で公開性を強調する概念である．それはラテン語のprivareに見られる「私的な領域」から区別される概念で，個人の領域から区別される，あるいはその領域とは別の何物かを指す概念である．それは公的な場所（a public place），公道（a public path），公開裁判（a public trial）というように「誰に対しても開かれた」という意味を含んでいる．第二の意味は，公権

（public rights）や警察力（public force）という概念の中に見いだすことができる．この用法は国家へのなんらかの関与を表現するものであり，ジャーナリストの「公的な責任」などの表現に見られる公共の利害（public interests）の観念と連合している．このことは，我々全員の利害に関連する，つまり全体の福利に関連する争点や問題がここでの対象であることを意味する．国家はこの原則に基づいて強制力を合法的に行使するのである．個々人は強制力行使の可能性を国家の諸機関に委ねており，国家に独占的な強制力行使の権限がある．第三に，「世論（public opinion）」の語に含まれる"public"の意味的内包は上の二つと関連してはいるが，いくぶん異なる内容を持っているに違いない．イェーリングやフォン・ホルツェンドルフのような法学者は，立法者や政府や裁判所の手を煩わすことなく，世論が一人一人の人間に対し規則や規範，道徳的ルールを広める驚くべき力を持っていることに感嘆している．1898年にアメリカの社会学者エドワード・ロスは世論をほめて「それは安上がりだ」といっているほどである（1969, 95）．このように「世論（public opinion）」を「意見による統治（ruling opinion）」と同等視するのは，世論の定義に多く共通して見られる．それは世論に伴う何かが，自らの意思に反してまでも人を行動させる条件を作り出す点に言及しているのである（訳注16）．

■社会的皮膚（social skin）

いま述べた"public"の第三の意味は社会心理的な意味を含んでいる．人は自分が考えたり感じたりする内的な世界にだけ住んでいるのではない．彼の生活は外側にも向かっているのであり，他者のみならず全体としての社会にも向かっているのである．フェルディナンド・テンニースの有名なゲマインシャフトとゲゼルシャフトの区別を思い浮かべれば，ある種の条件下では，個人は宗教の共有等を通じて育まれた親密さや信頼感によって保護されているが，高度の文明社会では，個人は社会からの要求により一層直接接触することになる（Tönnies, 1922, 69, 80）．では何が人々に社会へと「接触させ」，またまわりの社会へ注目を向けるよう持続的に要求するのだろうか．筆者の論点にしたがえば，それこそが孤立

への恐怖であり，尊敬を失ったり，評判を落とすことへの恐怖なのである．またそれは合意への欲求でもある．これが人をして，環境動向に注意の焦点を向けさせるのであり，その結果「公の目」を意識させるものなのである．ごく普通の人であれば，自分が公の目の見えるところから隠されているのか，見えるところに曝されているのか，いつでも分かっている．そして通常それに応じた行動を行なう．確かに「公の目」の意識に影響される度合は，人によって大きく違うようだが，人間というものがこの匿名の法廷に不安げに注目していることは事実である．そしてこの法廷が徹底して評判と不評，尊敬と軽蔑とを裁き分けるのである．

　自信を持った独立独歩の人間という理想像に引かれて，学者たちは仲間の意見を恐れる孤立した人間の存在にはほとんど気づいてこなかった．そうはせずに，彼らはしばしば無味乾燥な学問的な課題として，この"public"概念に含まれる他のさまざまな意味的な広がりを探求してきたのである．彼らは，世論の内容を検討しはした．そしてそれは，「公事」に関連した争点から成るものと考えた．次いで，誰の意見が世論を構成するのかも検討した．そして世論を構成するのは，社会の中で公的な問題について責任を持って自らの意見をいつでも表明できる立場にあり，それによって被治者の目から統治者を批判・統制できる人々の意見であると考えた．また，世論の形態についても検討した．そしてそれは，公然と表明され，したがって誰でも知ることができる，公開された意見（opinions made public），なかんずくマスメディアによって公開された意見であると考えた．これらのことから明らかなように，世論に関する20世紀の多様な定義の中で，"public"の社会心理的な側面だけが特に看過されてきたのである．しかし，これこそが人間の感受性の高い社会的な皮膚，つまり彼らの社会的天性を通じて感じ取られる「世論（public opinion）」の属性としての"public"の意味ではないだろうか．

■自分自身孤立することなく公然と表明できる意見

　今までの各章では，世論のプロセスと関連が深く，しかも調査によってデータ

の収集が可能な諸要素を同定しようと試みてきた．つまり（1）世論が強まったり弱まったりするのを実感できる人間の能力，（2）この実感に対して発言したり沈黙したりする反応，（3）大半の人を他人の意見に積極的に留意させる孤立への恐怖，を同定しようと試みてきた．世論の操作的定義はこれら三つの要素に関して行なって差し支えなかろう．すなわち世論とは，論争的な争点に関して自分自身が孤立することなく公然と表明できる意見である（訳注17）．この定義をとりあえず導きの糸として，さらに研究を進めることとしよう．

　もちろんこの世論解釈は補足される必要がある．というのも，この解釈は新しく形成された意見が承認されつつある場合であれ，既存の意見が覆されるときであれ，いずれにせよ複数の意見が互いに張り合っている状況にしか適用されないからである．テンニースは1922年に出版した『世論批判』という本の中で，世論は社会集団のさまざまな状態，すなわち固体状，液状，ガス状の状態の中に存在すると論じた（1922, 137-38）．このアナロジーを用いるならば，沈黙の螺旋は社会が液状状態のときにのみ出現すると言えよう．たとえば，一方の立場が政治的急進派に対する原則として「過激主義者訓令」という基準を持ち出し，彼らを公務員の職に就けないよう主張し，他方の立場がそれを職業従事の権利を妨害する「職業禁止」政策だと言えば，それぞれの立場はそれ自身の言葉で語っているのであり，どちらの語が大多数の人に使われているか観察することによって，沈黙の螺旋の動きが追跡できよう（訳注18）．ところが，意見や行動の様式が固体化してしまった場合には，つまりそれらが伝統化・慣習化してしまった場合には，そこにはもはや論争の要素は見いだせない．論争の要素は孤立の可能性が生ずる前提条件だが，それは堅固に確定した世論や伝統，道徳がぐらついた後になって初めて生ずるものだからである．19世紀後半にフランツ・フォン・ホルツェンドルフ（1879-80, 74）は「検閲官の任務を帯びている」世論を論じ，フォン・イェーリングがそれを「全て道徳的なものの女主人である」（Ihering, 1883, 340）と規定して世論概念からあらゆる知的な痕跡を取り除いたのは，この固体状の世論を念頭においてのことである．イェーリングが「（少数派意見への反応は）利害の損傷に対する意識的，または無意識的な実利的反応として，すなわち

公共的安全保障の確保を目的として表明される反応」であると語ったときに意味されていたのもまさにこの世論であった（Ihering, 1883, 242）．そこで，世論の定義をさらに続けて完結させねばなるまい．固体状になった伝統，道徳，なかんずく規範の領域では，世論という意見や行動は，孤立したくなければ口に出して表明したり，行動として採用したりしなければならない，と．既存の秩序は，一方で人間の孤立への恐怖と受容されたいという欲求によって護られ，他方では，我々が確立された意見や行動に従うべきだという法廷判決ほどの重みを持つ強い公衆の欲求によって護られるのである（訳注19）．

■是認・否認を行なう世論

適切な世論の定義を行なうに当たっては，世論とは政治的重要事に関する意見であるという，何百もの著作で提示されてきた定義を無視することができるだろうか．我々の定義では，世論が確固とした立場を守るのであれ変えようとするのであれ，その内容は問わない．我々は公に観察しうる立場や行動に対する是認や否認，すなわち個々の人が注目する社会的な是認や否認全般について論じているからである．沈黙の螺旋は価値の秩序が変化する中での，社会的に可視的な是認・否認に対する反応なのである．また，誰の意見を重く見るかについても制限は設けるべきではない，と我々は考える．この観点から見れば，世論とは，ハバーマスが「政治的に機能する公衆」（1962, 117）と呼ぶ，自分を天与の批判者，才能ある批判者だとみなす人々だけのものではない．誰もがこれに関与しているのである．

■過去への探求──マキャベリとシェークスピア

沈黙の螺旋から世論概念が発展したという十分な根拠があるかどうかを見いだすために，「世論」の語が初めて出現した200年前の18世紀フランスに遡っても差し支えあるまい．1782年に初版の出た著名な小説『危険な関係』で作家ラクロは，日常用語として何気なく世評（l'opinion publique）という言葉を使っている．ラクロの一節は世慣れた婦人と若い貴婦人との間の手紙のやり取りについて

のものである。年長の婦人は評判の悪い男と交際することを戒めて言う。「あなたは彼が改心できると信じています。結構です。仮にそんな奇跡が本当に起きたとしましょう。でも世評は悪いままではないでしょうか。そう考えるだけで彼との仲を再考するのに十分ではないでしょうか」(Choderlos de Laclos, 1926, 1：89)。

ここでは世論(public opinion)というものが政治からかけ離れた、また政治的判断に特に優れた人の手からも離れたところで、判断の法廷として活性化していることを見いだせる。手紙の主は、公衆の意思(public will)とでもいうる、匿名で曖昧にしか言い表すことのできない集団が、その意見を通じて、若い貴婦人にふさわしい立居振舞いをするよう仕向けさせるほどの影響を及ぼすことを当然とみなしている。

我々はさらに、「世論」という表現の出現前にまで遡ることができる。そこで我々は、やはり判断を下す匿名の法廷に遭遇する。それは「世論」とは違う名称を与えられているが、ほとんどそれと同一の葛藤を生じさせるのである。シェークスピアがヘンリー四世とその息子、将来のヘンリー五世とのやり取りを描いたところに、それは見いだされる。悪い仲間と一緒にいるところが余りにもしばしば世間の目にとまると、王は息子を叱責する。もっと世の評判(opinion)を考慮してしかるべきであり、世評こそもっとも重要なものだ、自分も世評によって王座に就いたのだ、と王は言い聞かせる。「わしを王位にまで盛り上げたあの衆望(opinion)」と表現するのである(Henry IV 第Ⅰ部 第3幕、中野好夫訳)。この16世紀末葉の舞台でシェークスピアがかくもきっぱりと"opinion"という語を使いえたのであれば、これよりやや長い表現である"public opinion"という表現がイギリスの隣国フランスで創り出されたとしても不思議はない。英語の"opinion"という表現は明らかに「公的さ(publicness)」の意味的要素をも十分に備えていたからである。つまり、"public"なる付加語を全く必要としないほど十分に、評判の善し悪しを生み出す判断の法廷という意味的内容を備えた語だったのである。

支配者、あるいは端的には将来の王が自分のまわりの意見、すなわち一般公衆

の意見に留意しなければならないという考え方は，シェークスピアにとってまったく奇妙でも新奇なものでもなかったに違いない．彼の世紀は既にマキャベリの『君主論』(1514年刊) を知っていた．そしてこの『君主論』の中には，支配者たる者がいかにすればもっとも適切に公衆 (public) を扱いうるかを論じた重要な節がいくつかあった．マキャベリは言う．人は多くの場合，手に触れて判断するよりも目でみて判断する．君主を見るのは誰でもできるが，直に「触れる」のはほんのわずかな人に限られている．誰もが外見だけを「見る」ことができるから，全てはこの外見による．見る人の目から見て，強くて有徳に見えるかどうかはこの外見によるのである．「俗衆はいつも表面的なことに惑わされる」．「だから，君主が [慈悲深く，忠実で，愛想がよく，誠実で敬虔であるなど] 望ましい性質をことごとく備える必要はない．ただ備えているように見せることが絶対に必要である」．マキャベリが言うには，「君主たるもの，決して人の憎悪と侮辱を受けないよう努めなくてはならない．被支配者が確かに自分の君主に満足するよう，労を惜しまず努めなくてはならないのである」(Machiavelli, 1950, 64-66, 56, 67 ; Rusciano, 発表年不詳, 35, 40, 33, 25, 37)．

ヘンリー四世の叱責の根底にあった考え方に類似した思考は，マキャベリの『リヴィウス論』にも見受けられる．「つき合っている仲間を見るほど人の性質をよくあらわす指標はない．だから当然，尊敬すべき仲間とつき合っている人はよい評判をとる．そうした仲間と性質や癖がある程度類似していないなどということはありえないからだ」(Machiavelli, 1971／1950, 509-11 ; Rusciano, 発表年不詳, 64)．

この議論は16世紀の前半のものだが，ここでも我々は今日と比べて，よい評判のもつ意味について，あるいは世論という批判的な法廷に対して，人々の感受性が弱い時代に迷い込んだという印象はほとんどない．

我々はマキャベリとシェークスピアから新しい洞察すら得ることができる．それは，世論と呼ばれる判断の法廷は，単に評判を恐れる小物を震え上がらせるだけではなく，君主や貴族，支配者も同様にその言明に従わせる点である．マキャベリは，著書を捧げた君主に対し，支配するためにはその対象たる臣民の性質に

ついてくまなく知るよう戒めている（Machiavelli, 1971, 257）。臣民の力は，君主が彼らの要求に鈍感ならばその政府を拒絶し，覆すことができるところにあるからである（Rusciano，発表年不詳，49）。

■公的（public）次元の発見——モンテーニュ

　マインツ大学では，人間に対する調査票ではなく文献に対する調査票を作成し，体系的に過去の文献に当たる作業を始めた．この調査票には，当該の文献が世論やそれに関連した概念を含んでいるかどうか，孤立への恐怖に言及しているかどうか，個人と社会，あるいは支配的な意見と逸脱した意見との間の対立を描いているかどうか，などの質問が含まれていた．我々は，さまざまな文献，聖書，神話，おとぎ話から哲学書，エッセー，詩に至るまでくまなく，まるで農地を鋤で耕すかのように丁寧に掘り起こした．

　大学院生のクルト・ブラーツは，世論に関する著作がいくつかあるウィリアム・バウアー（1920）の論文の中に，マキャベリが世論概念をイタリア語で使用していたという主旨の記述を見いだした．しかしそれがどこからの引用かは明示されていなかったので，もとの使用例を見いだすことはできなかった．判明したのは，マキャベリの著作の英訳版では「世論」という表現を用いているが，原著の『政略論』ではそうした語は，opinione universale(I, 58), commune opinione (II, 10), pubblica voce (III, 34)などの表現になっていたという事実であった．

　だから，世論という語の意味を確定するためには，まずそれがどんな観察に基づき，どんな文脈で，どんな使われ方をしたか，正確に探し当てる必要がある．植物の自生地を研究するとその植物のことがよりよくわかるように，世論という語の意味を探り当てるためには，その概念が最初どのように用いられたか，どんな文脈で，どんな言及がされているのかを考慮する必要がある．

　その通りであった．ミカエル・ラフェルは修士論文『世論概念の創始者——ミシェル・ド・モンテーニュ』の中に我々の知見の要旨を記載している．マキャベリの『政略論』が出てから約70年後の1588年版の『随想録』に，モンテーニュが二度，集合名詞で世論（l'opinion publique）という言葉を用いていることがわか

ったのである．自作に古代の著作からの膨大な引用をちりばめることを説明して，モンテーニュは「私がこの借り物の装飾をまとって現れるのは，まさに世論を考えてのことなのです」(Montaigne, 1962, 1033) と述べている．第二回目に「世論」という語を使ったのは，慣習や道徳をいかにして変えうるかという問いを投げかけた文脈においてである．男色は危険な情念だとプラトンは考えた，とモンテーニュは論ずる．彼はこれを追放するために（その『法律論』の中で），世論によって男色はとがめられるべきだと，忠告している．そして，詩人が詩の中でこの悪徳を呪い，これに対する世論を作り出すべきだと迫った．こうして形成される批判的な意見は，まだ実際には大多数の意見には反するかもしれないが，支配的な意見だといわれれば，奴隷に対しても自由人に対しても，婦人に対しても，子供に対しても，市民全体にとっても等しく正当と感じられる意見になるだろう，とプラトンは述べた（同書，115）．

プラトンの思考の道筋から，われわれは当初，目立つ人々，人気のある詩人や芸術家といった人が主導することによってのみ世論が変わりうるのだと結論づけた．他の人はそれに追随するのである．彼らの声は強いので，新しい意見がさも多数派意見，少なくともいずれ多数派になる意見であるかのように見える．しかしプラトンは，ひとたび社会のスポークスマンというべき人—ここでは芸術家—によって支持された意見は，奴隷や自由人，婦人や子ども，そして市民全体にまで広がっていくことにも言及しているのである．

従ってプラトンは習慣や価値，道徳が，真に一般的な認識に基づいたものであり，逸脱すれば孤立の恐怖を感じないわけにはいかないとすれば，その効果は小さなエリート集団にのみ限定されたものではないことを知っていたのである．限界があるとすれば時間と場所のみである．こうした限度の中で，習慣や価値，道徳は普遍的な妥当性を持ち，全ての人に当てはまるのである．

プラトンからのこの引用がモンテーニュ (1533-1592) に強い印象を与えたのには理由がある．彼は世論の力を三度までも経験したのであった．その第一は，彼自身の家庭に関わるものである．彼の時代は，中世を通じて堅固だった自治システムが変わり始めた時期だった．新しく形成された富裕層の非貴族市民は，貴族

と同等の権利を獲得しようと抗争していた．その争いは，衣装に関する規約やステータス・シンボル，つまり地位に応じてどんな毛皮が着用でき，どんな宝石を帯びることができ，またどんな衣装をまとえるかに関する点で猛烈さを極めていた．それは，公的で，世間的に可視的な生活条件の闘争だったのである．モンテーニュの家族はこの争いの渦中にあった．彼の父の生家はワインと染料で富を成し，シャトー・モンテーニュを1477年に入手し，彼の父は「ド・モンテーニュ」という貴族の称号を苗字に加えていた．新しい行動様式や地位や立場を象徴するシンボルに対するモンテーニュの多感性は，家庭で学んだものだったに違いない．

これにまして重要なのは，信仰や信条が変わるという体験である．1517年にルターの95箇条の意見書の掲示によって始まったカトリックとプロテスタントの間の宗教闘争，フランスで宗教戦争の形をとった闘争（1562-1598）がそれである．フランスのどこにいても戦争が逃れられない．故郷の町で，自身がその最高法院の法官でもあるボルドーはとくに落ちつきがなく，うち続く衝突の場になってしまったと，モンテーニュはこぼした．社会情勢と各党派の強さを注意深く観察し，自分の行動をそれに合わせて調整しなければならない状況だった．あげくの果てに悪名高いセント＝バーソロミューの大虐殺で，パリではユグノー派が3,000人から4,000人殺害された（1572年8月23日）．そしてフランス全土ではさらに12,000人が虐殺されてしまった．

モンテーニュが38歳の誕生日（1571年2月28日）を期して公的な生活から退くことを促したのは，こうした社会条件に違いない．彼がシャトー・モンテーニュの塔の書斎の戸口上に掲げた銘には，残りの日々をここで平安と孤独の内に暮らしたいと記してあった．かの有名な『随想録』はここで執筆されたのである．しかし結局のところ，彼は1581年にボルドーの市長となって公的活動を再開し，ヨーロッパをまたにかけてさまざまな外交使命を帯びて旅することになった．それゆえに，彼は公的な生活と私的な生活との対比や，異なる国では異なる信念があり，それぞれの国で拘束力があるとみなされるものがみな違うことにも気がついていた．彼は言う「山によって区切られた範囲の中でのみ真実で，その山を越えてしまうと，もう偽りになる真実とはいかなる真実であろうか」(Montaigne, 1580,

563).「山が『真実』に限界を設けることができるのなら，意見というものにはある社会的な側面があるはずであり，その中でのみ通用する厳しい境界線を持っているに違いない」(Raffel, 1984, 203).「だから，モンテーニュは支配的な意見とは特定の時と所とに結びついたものであると見た．つまり支配的意見とは，一時的にしか正当性を持たない社会的現実として観察されるものだと考えたのである．それは，代替するもののない意見，拘束力のある意見として自ら現れる限りにおいて正当性を持つ．……したがって現在自分のまわりにある意見や習慣といった事例や観念の外に，我々は真実や理性の基準を何ら持たないのである」(Raffel, 1984).

生活の中で，本質的に公的な局面と本質的に私的な局面の生活を交互に繰り返すことによって，モンテーニュは「公的な次元」と「外部者の孤独」，個人が公衆の前に出るやいなや裁れる法廷の発見者となったのである．彼は自分の生活を意識して截然と二分した．「賢い人は，世間の圧力から自分の心を内面に隠さなくてはならない．そして内面では全ての事象に同じだけの自由な目と自由な判断力を保つようにしなければならない．しかし外向きの事柄に関しては，慣習として受容された流儀作法を完全に守らなければならない」(Montaigne, 1580／1908, 129).

モンテーニュにとって公的な圏内とは，個性とは対立するコンセンサス（合意）によって支配された圏内である．「我々の習慣的行為については誰も個性を云々しない」のである (Raffel 1984)．彼は，この新しい要素についてさまざまな新しい概念を発明した．われわれの知る限り，公衆という語（le public）を造出しただけでなく，世論（l'opinion publique）という新しい概念をも生みだした．ただし，これらの語はあるいはキケロ (1980, 344) やスペインの司教と異教徒のプリスキリアン (1889, 92)．ソールズベリ公ジョンの著作 (1963, 39, 130) で目にしていたのかもしれない．さらに彼は通説 (l'opinion commune)，公衆の賛同 (l'approbation publique) (ibid., 1013)，（価値や行動の判断の）公的準拠枠 (reference publique) 等の概念についても論じている (Montaigne, ibid., 174, 1013, 9).

しかしなぜ，この世論 (opinion publique) 概念はモンテーニュが用いて以来，ルソーの出現まで1世紀半以上もの間定着しなかったのだろうか．ラフェルによ

れば「モンテーニュの友人エスティエンヌ・ド・パスキエが知人に当てた手紙の中に，おそらくそれをたぐる糸を見いだすことができよう」．パスキエはモンテーニュがしばしばまれな言葉を勝手に使うと愚痴ている．「私が間違っていなければ，モンテーニュはその言葉を流行らせることはできまい」(ibid., 1984; Frame, 1965)．

ジョン・ロックもデビッド・ヒュームもジャン-ジャック・ルソーもモンテーニュを読んだ．しかし彼がもてはやされる思想家になりえたのは，フランス革命に先立つ10年前の18世紀後半になって初めてであったことに注目すべきだろう．

これまでの研究を通じて，我々は16世紀に初めて世論概念が出現したことを見いだした．そうした著作の中に見られる世論，一般の意見(general opinion)，公衆の是認（public approbation），公的作法（public propriety）の概念的内容は全て，我々の調査研究で親しんだ既知の事実に対応している．まるで面接調査と文献調査の探求が一致して合流するかの感がある．このため，世論の理解の深化をめざして歴史に残る証言を探る努力がさらに勇気づけられるのである．

5．意見の法
　——ジョン・ロック

　1671年に出版された『人間知性論』の中で，ジョン・ロックはロンドンの自宅において5，6人の友人と定期的に会合していたことを記している（Locke, 1894, 1：9）．そこでの議論は大変魅力に富んだものだったが，何度繰り返しても解決には一歩も近づかないことばかりだった．ある時メンバーたちは，問題へのアプローチが間違っていた，別のアプローチをとればさらに前進可能ではないかと考えるに至った．それがもっともらしく思われたので，新しいアプローチではどんな議論の筋道がたどれるか，ちょっとしたメモを次の会合までに作るよう，ロックに依頼した．ロックはそれに応じてたくさんのメモを作成し，そこからこの本が生まれたのである．

　1670年頃のロンドンは，すばらしい都市だったに違いない．議会でも，新聞の編集室でも，そのころ流行し始めたコーヒーハウスでも（訳注20），また私的なサークルでも，どこでも議論や討論の輪が広がっていた．だから，30代後半のロックが紙片に書き留めた著述，彼の言葉を借りれば首尾一貫性に欠け，また博識者を念頭におかない著述が，初夏の朝まだきのような新鮮さに満ちているのである．

　だが出版後，ロックは嘆いた．「人間の頭の中身をかつらと同じように流行や風潮で判断し，しかも既存の学説以外に正しいものを許容できない人々から，新奇のそしりを受けるのはうとましき問責です．真実は，最初にそれが現れたときに多数派を勝ち取ることはまずありません．新しい意見はいつも疑われ，ふつう反対されます．それが既に一般化された通説ではないというだけの理由でそうなります．しかし，金鉱から新しく掘り出されてきたばかりでも金は金であるのと同様，真実は，新しくともやはり真実なのです」（1894, 1：4）．

　ロックはいう．我々は，三種の法を区別すべきだ．まず神の法，ついで市民の

法である．そして第三番目は美徳と悪徳の法，つまり意見や評判の法である．ロックの言葉では，この第三番目の法は風潮の法とも呼ばれる．

ロックはこの第三の法を解説していう．「それを正しく理解するためには，政治への人間のかかわり方を考慮しなければならない．公衆として，人々は仲間の市民に対し，国法の規律以上に自分の力を行使することを差し控えているが，それでも一緒に生活し，共に会話を交わす人々の行為のよしあしを判断したり，是認したり否認したりする力は保留している．このことを考慮しなければならない」(1894, 1：476)（注6）．

■評判と風潮──時と場所の基準

どこでも「美徳」や「悪徳」と呼ばれる評価基準は，この是認や嫌悪，賞賛や非難を指している．これらは隠された暗黙の合意に基づいて，さまざまな社会で，……また世界中で確固として存在するものである．その土地の判断，格言，風潮によって，ある行為は信用されたり不名誉なものとなる．……自分の仲間の意見や風潮に逆らえば，それに対する非難や嫌悪という罰を誰も避けることはできない．……自分の親しい仲間に嫌われ続け，非難され続けることに耐えられるほど，不屈で平然としていられる人は千人に一人もいないだろう．自分の社交の範囲の中でいつも恥辱を浴び，悪評を買い続けることに甘んじうる人は，奇妙で尋常でない体質の持ち主であるに違いあるまい．孤独は，多くの人が求め，またそれに甘んじることができるものである．しかし，少しでも人間としての思慮分別があるなら，誰しも自分の近しい人や会話の相手から嫌われ続け，悪く言われることに耐えられるものではない．それは人間の忍耐力を遙かに越えるほどの重荷である（Locke, 1894, 1：476, 479）．

これは完璧な表現である．人間は孤立への恐怖を通して，世論という法廷に対して，従順たることを強いられるのである．だが，ロックのこの表現は彼に幸いをもたらしはしなかった．彼は敵対者によって悩まされ，この本の第三版では文章をよりぎこちないものに変えることにしたのである（1：476-7, n. I）．

彼は，善と悪とを破壊的なまでに相対化したと非難された．彼は神の法から生み出されたものをごく普通の人間の合意の問題にまで変じてしまったと指弾された．道徳的な問題を風潮の問題にまで貶めたと論難された．一私人が決して有することのない権威というものが法の構成要素たることは誰もが知っているというのに，彼だけは理解していないようにすら見られた．たしかに法には権威が伴う．つまり，法の遵守を強制するのは権威と権力である．しかし，ロックは次のように書いている．

　会話の相手の意見や習慣に自分を合わせるよう強く動機づけるものが賞賛や不名誉ではないと考える人は，人類の歴史や人間の天性についてほとんど洞察を欠いているといってもいいように思われる．それが唯一のものとまではいわずとも，人間を主として支配するものの大部分は，この賞賛や不名誉の考慮という風潮の法である．自分に対する仲間の評判を保つために人間はそれを考慮するのである．それは神の法や，治安判事の法とはほとんど関わりのないものである．
　神の法の違反に伴う罰は，ある人はそれを否定するであろうし，大部分の人はほとんど真剣にそれを省みることはないだろう．そして省みる人の多くも，自分は法を破りはしたが，後々和解できるだろうと自らを慰め，そして自分の心の平安を守ろうとする．
　また国家の法による罰については，人は秘かにその罰を回避することを願っている．
　だが，自分の仲間の意見や風潮に反した時に沸き起こる非難や嫌悪の情の罰からは，誰も逃れることはできないし，またそれにすすんで身を任せようとはしないのである（1：476-77；傍点ノエル-ノイマン）．

　ロックは三つのレベルで論じる．神の法に関しては，ある行動が義務となるか罪となるかを語ることができる．市民の法に関しては，合法的か犯罪を構成するかを語ることができる．そして意見と評判の法に関しては，美徳と悪徳とを語る

ことができるのである．これらの異なる基準は必ずしも同じ判断を帰結しはしない．彼は決闘の例を挙げる．「ある男に挑戦状をたたきつけ，戦いを挑むことを決闘という．これは神の法からみれば罪となるが，風潮の法からみれば，国によっては勇気と美徳に見なされよう．またある政府の法からみれば死刑に値するものとなろう」（1：481-82）．

　20世紀の我々の社会科学的な研究法は，ロックの観察眼に非常に近い方法で人々の意見環境認知の研究を可能にした．ロックはさまざまな表現で人間の社会的な天性を表現した．「人間には意見を調整して合意を達成したがる普遍的な傾向があり，……また何よりも他人の意見を信じる傾向がある．……人間はスペインではカトリック教徒であり，トルコではイスラム教徒であり，日本ではわけのわからぬ異教徒であることを心得ている……」．言い方を変えれば，我々が意見と呼んでいるものは，我々に属するのではなく，単に他人の意見を反映するものに過ぎないのである（2：367-68）．

　ロックはこの「意見の法」を論ずるに当ってその内容にはなんの制約も設けていないが，彼にとって重要なのは意見の持つ評価的な要素である．つまり，意見に伴っていつも表出される賞賛や非難が重い意味を持つのである．そしてこうした意見が断固として維持しようとする合意の要素を，彼は「秘密かつ暗黙の同意」と特徴づけている（1：476）．そこに何がしかミステリアスなものが潜んでいることは，20世紀の調査によっても確かめられることとなった．

　ロックの記述でもう一つ我々の注意を引くことがある．それは，意見を扱うということは「その意見の発生する場所」の基準（模範）を扱うことに他ならないという主張である（1：477）．人々が重んずる意見の集積体，つまり合意は，特定の時と場所に限定された存在なのである．したがって，十分に遠い場所へ移動すれば，自分とまわりの意見との関わり方も異なってくる．また，時間とともにまわりの意見が変わると期待することもできる．意見というのはそうした束の間のものである．

　ロックは「世論」の語こそ用いなかったが，彼の著作の中にそれは二つの形で入り込んでいる．第一に，それは合意に関する思考の中に見られる．すなわち，

合意が間接的に社会の統一の問題，したがって公共的問題としてのみ解釈される点である．第二に「場」というものの強調の中に世論概念が入り込んでいる．それによって，意見というものが公的場面のものであることが意味されている．フランスで発展した「公共的意見（世論）」概念と比較すれば，ロックの「意見や評判の法」の概念（1：475-76）は，より過酷で情け容赦のない概念だが，彼が意味したのもまさにそうした強い意味であった．

　ロックが「法」という表現を用いるとき，彼はそれを軽薄に，無頓着にたまたま用いているのではない．また自然科学者のいう自然の法と同じ意味で用いているのでもない．彼が意味したのは法律的な意味における法であり，彼の平易な表現に従えば，ある行為が法と関わりを持つとは，その行為自体に内在しなかった報酬や罰が行為後に伴うことを意味する（1：476）．彼がこの法につけた「意見や評判の法」という名称も示唆的である．彼の意見概念がほとんど評判という言葉に包み込まれてしまうことに気づかれるからである．この二つの概念はほとんど同義に用いられている（注7）．

　この論題を考察するとき，ロックは常に「風潮」という言葉を口にする（1894，1：476，478ページ以下）．その文章の言い回しははじめはばかげた反響を巻き起こしたが，それは，彼の思想の先進性を明確に示すものだった．人々はかつらを判断するのと同じように意見を判断すると彼はいう．意見というものがいかに表面的でうつろいやすいものか，またそれが時と場所に制約されたものかを彼は指摘したのである．しかしまた，彼は意見概念を「風潮」という言葉で強く特徴づけることによって，それが支配するときはいかに強制的な力を持つかを示してみせた．だから彼は，この言葉を論旨の誤解を避ける鍵概念として明確に用いているのである．また，彼が「意見や評判の法」という表現で用いる意見の語は，政治的な知恵の源泉だとみなしてはならない．意見というものの知的な価値はそのように確定したものではなく，それを評価する基準はまた別のところに存するからである．

　ロックはさらに，「評判」概念についても力説した．人間が社会環境，あるいは多数者や他者に完全に依存して生きていることを示す社会心理的な概念を力説

したのである．新しい意見はそれがただ単に新しく，風潮になっていないというだけで，信用されず，軽視されるから，ロック自身も古典の中の権威を捜し求め，世の評判と戦おうとした．彼はキケロの一節から「世界の中で高潔，威厳，名誉，賞賛に値することほど良いものはない」と引用した後で，こう補う．「キケロはこれら全てが実は同じ概念の別称だと知っていた」と（1：478）．

　同じ概念．それは何だろうか？

　我々の理解では，それは公衆が個人に授ける是認のしるしである．

6．政府は世論によって支えられる
——デビッド・ヒュームとジェームズ・マディソン

　ジョン・ロックの没後7年たった1711年，ヒュームが誕生した．彼は1739年から40年にかけて初版の出た『人性論』でロックの思想を取り上げ，それを国家の理論に仕立て上げた．彼によれば，人間は国家を形成した時から，暴力の行使は放棄するかもしれないが，それは他人に対する是認・否認の能力までをも引き渡すことまでは意味していない．しかも人間には他人の意見に留意し，まわりの意見に従う自然の傾向があるのだから，是認・否認を示す意見こそが国事の進行に極めて重要である．私人の意見でも類似の意見が一つに収斂すれば，その力は合意を生み出す．これが全ての政府を現実に支える力となる．「意見に基礎をおいてのみ政府は成り立つ」という原則によってヒュームは議論を進めるのである（Hume, 1963, 29），（注8）．

　哲学者の目で人間の行ないを考察するものにとって，少数者が多数者をかくもたやすく支配していることほど驚嘆に値することはないように思われる．また人間が自らの心情や情熱を支配者のそれに委ねてしまう暗黙の服従も驚くべきものではないだろうか．この驚異的な現実がどんな手だてによっているかを検討してみると，……意見によって支持される以外，支配者は何も支持の基盤を持たないことが発見されるだろう．それゆえ政府というものの土台は，意見にのみ基づいているのである．それはもっとも自由で評判の高い政府にも当てはまるのと同様，もっとも専制的かつ軍事的な政府にも当てはまる（同書，傍点ノエル-ノイマン）．

　ヒュームとともに，意見概念に関心を寄せる我々の視点は，個人への意見の圧力から，政府に向かう圧力へと移行する．それはまさにマキャベリが君主に対し

て披露した観点に対応している．ロックは，意見や評判の法に日々つき従うごくふつうの人に関心を向けていた．隣人に軽蔑の目で見られると，千人に一人も冷静でいられないほど否認の恐怖を感じるふつうの人々に関心があった．ロックは『人間知性論』の中でこのような人間の知性一般を研究した．一方，ヒュームは政府に関心を向けた．彼の領分は裁判の場であり，外交の場であり，政治の場であった．だが彼自身もまた，否認された人を脅かす意見や評判の法の罰を恐れ，用心のために，最初の著作の『人性論』は匿名で出版した．しかし満ち足りた生活をあこがれた彼は，罰よりは報酬に対して敏感だった．意見の法に従えば，是認され，認められた人を報酬が待ち受けているからである．

■名声にあこがれる──世論の陽当たりのよい部分

　ヒュームは世論を論じた章の題名を『名声へのあこがれについて』と掲げた（1896，316-24）．美，徳，富，権力という客観的にも恵まれた条件がいかに人間にプライドを持たせるか，また貧困や隷属がいかにプライドを抑圧するかを述べた後，彼はいう．「しかしこうしたプライドや屈辱感を引き起こす根本の原因に加えて，他人の意見という二次的な原因がある．それはもとの原因と同等の影響力を我々の感情に対して及ぼす．我々が受ける評判，令名や名望は大変重きを置かれるが，それらこそプライドのいま一つの原因である．他人の意見や感情によって支えられなければ，美や徳や富はほとんど影響をふるうことができない．……大変な判断力と知性のある人物で（さえ），……友人や日頃の仲間の判断や心的傾向に反してまで自分のそれを貫くことは難しいのである」(316)．

　満ち足りた生活へのあこがれに取りつかれたヒュームは（彼の書くものには富と権力への強い好みが現れている），ものごとは，現代社会学でいう準拠集団からのよい評判（good opinion）に特に依存しているかのように記している．だから彼の理論は，（準拠集団よりも広い範囲を指す）公共性概念にはあまり依存しておらず，また「その場」での是認・否認にも重きをおいていない．しかしそれでも彼は，人がまわりの社会環境と敵対しないように配慮しようとすれば，さまざまな影響が生じることに気づいていた．「同一国家に属する人間の気性や思考

傾向にみられる大きな斉一性の原因はこの原則に帰すべきだろう」と述べているからである（同書）。彼は人間の環境に対するこうした感受性を明白によしとし，それを何らかの弱点とみなすことはなかった（彼の『道徳原理研究』を見よ）。「他者からの評判の良さ，名望，令名を望むことは，全く非難するにあたらない．それは徳目や力量，非凡さ，寛大さ，高貴な心性から切り離せないもののように思われる．つまらないことにまで人の気に入るよう心を配ることもまた，社会によって期待され，要求されるものである．だから，ある人が自宅で家族と共に時を過ごす場合よりも，人前できどった服装をし，気持ちの良い会話を心がけるようにしているのを目撃したとしても，誰も驚いたりはしないだろう」（Hume, 1962, 265-66）．

ヒュームが，社会によって拒絶されたり，公衆の非難という罰に苦しむ人の前に長く立ち止まらなかったことは明らかである．そのかわり彼はもっと陽の当たる側面に関心を持った．それと同時に，声望へのあこがれの許容範囲を広げすぎないように腐心した．「では，正当にも欠陥や不完全さの現れだとみなされる虚栄心を，どう位置づけることが可能だろうか．それは主として，我々の優越感や名誉や才芸を過度に誇示することから成ると思われる．そうしたあからさまでしつこいまでの賞賛や賛美の要求は，他人にとっては無礼ともいうべきものである」(266)．ヒュームには，この考察が主として上流の社交界に当てはまるものであることがはっきりと意識されていた．彼はこうも言った．「社交上の地位の適切な処遇は，……他人にとってすぐに同意可能な資質によってランクづけすることで決められよう」（同書）．

確かにヒュームは，ロックの規定した，ある所与の「場所」に限定された個人と公衆の関係のあり方に沿った論理を展開してはいる．しかし，明らかに全く異なった光のもとでこの関係のありようを見ているのである．彼の公衆観は，ギリシャ人にとっては当り前だったとハバーマスが指摘したものに近い（Habermas, 1962, 15）．「存在するもの全ては，公共性の光の下で輝いて浮かび上がる．そしてそれは誰の目にも見えるものとなる．市民の会話の中で，全ては論じられ，形を取り始める．平等な市民が会話を続けると，その中で最も優れた者が

目立ち，存在をかち取り，不死の名望を獲得する．……このようにして，都市国家は名誉獲得の公開の舞台を提供したのである．市民相互は対等の立場で会話を交わしながら，しかも互いに自分が抜きんでようとする．……アリストテレスがカタログ化した諸徳目は，公共的場面で一つ一つその真実性を現し，その場で公衆の認知を得るのである」(Habermas, 1962, 15-16)．

公共的場面とは偉業認知の闘技場だというヒュームの高潔な姿勢は，しかし，彼と同時代あるいは後世，世論を論じた18世紀の著作家たちには共有されなかった．それでも「政府は意見にのみ基づいて成り立つ」とするヒュームの基本原則は，アメリカ合衆国の建国者たちの教理となった．いまや我々は政治的な領域での意見の重みというものが分かるところにいるが，それと同時に再びロック的な視点を通して，個人の役割の重要性を見ておかなくてはなるまい．

■人間は臆病で用心深い

ジェームズ・マディソンは彼の著『ザ・フェデラリスト』の中で，「全ての政府は意見に依拠している」という根本原則の持つ意味を慎重に検討した．彼の主張はアメリカ民主主義の形成に大きな力を発揮し，またその礎石ともなったが，この礎石を築くはずの人間の天性はいかに弱く脆いものだろう．マディソンは1788年に言う．「もし全ての政府が意見（opinion）に依拠していることが真実だとすれば，個々人の意見の強度，およびその意見が彼の行為に実際上もちうる影響力は，彼が自分と同じ意見を共有すると想定する人数に依存することになる．人間の理性は，人間自身と同じように，独りにしておかれると臆病で用心深いものである．しかし，仲間の数が増えれば増えるほど，確信と自信とを獲得するからだ」(Madison, 1961, 340；Draper, 1982)．

マディソンは人間の天性に肉薄し，その評価を政治理論へと応用した．20世紀の後半になってそうした理論への回帰が生ずるが，今度は世論調査という手法が，この，しつこいまでに何度も観察される現象の説明に我々を駆り立てるのである．

■名声ではなく，脅威が沈黙の螺旋を始動させる

　個人と公衆についてのヒュームの見解と，ロックやマディソンのそれとを比較すると，我々が既に勝ち馬効果を検討して得た知見と類似の区別に突き当る．「勝ち馬に乗りたい」というのが一方の解釈であり，「ひとりで孤立したくない」というのがもう一方の解釈であった．公的場面は自分が目立つ舞台だとの見方が一方の解釈を引きつけ，他方は，公的場面を自分が面目を失う脅威の場だとみなす．ではなぜ我々は，勝利の栄冠をかち取る場としてより，脅威として，あるいは我々を脅す公の法廷として，沈黙の螺旋に関心を持たねばならないのだろうか．またそれと世論との関連に関心を持たねばならないのだろうか．それは，脅威だけが，つまり自分が孤立したくないという恐怖だけが，マディソンが感情をこめて記述したのと同様の，そして我々が列車テスト等に見いだした徴候的な沈黙（symptomatic silence）という，世論形成に強く影響する沈黙をも説明するからである．

■大変動の時代には，公的場面の脅威を感じ取る感覚が鋭くなる

　公衆の脅威に鋭い感覚を示したロックやマディソンの直観的な才能は，彼らそれぞれが経験した革命によって研ぎ澄まされたものではないだろうか．すさまじい変動の時代には，自分が孤立しないよう立居振舞に注意することが，何よりも必要だった．安定した秩序の下では，大半の人は通常の礼節のルールを破らない限り，世論と衝突することはない．沈黙の螺旋の渦の中に巻き込まれてしまうことさえない．何を行ない何を行なうべきでないか，何を言い，何を言うべきでないかはあまりにも明白なので，同調への圧力は大気の圧力のようなものとなる．我々はその圧力に全く気がつかないのである．しかし革命前夜や革命の渦中には，新しい感受性が生まれる．意見は政府を支えなくなり，遂に政府は崩壊してしまう．個々の人間は，何が賞賛されるべきで何が非難されるべきか確信を持つことができず，悩み苦しみ，新しい基準を求めてさまようことになる．そうした興奮の時代に新しい感受性を授った人間は，世論の作動のあり方を理解し，それを適切に記述する言葉を比較的容易に見いだすことができる．

■グランビルが「意見風土」概念を創出した

　平穏な時代に，罰や報酬で満ち満ちた意見や評判の法という概念が生み出されるとは予想しにくい．だからイギリスの哲学者ジョセフ・グランビルが，独断主義の空虚さに関する論文の中で「意見風土」（単数・複数）という強力な言葉に思い当ったのは，平和な時代ならとてもありえないことであったろう．しかも彼は，その語を明白に強調しているのは次に見る通りである．「それゆえ，自分の安易な理解も最初は教化されたものだと，ついぞ考えたことのない彼ら独断主義者は，自分の『真理』が疑う余地のないものだと確信し，それが比較的受け入れられやすいものだと自信を持っている．一方，さまざまな意見風土を身をもって体験したより大きな人物は，より結論を急がず，また断言を避けるのである」(Glanville, 1661, 226-7)．

　「意見風土」という表現は疑いもなく現代的な表現で，我々の時代の産物だと思いがちである．そうした思い込みは，我々がグランビルと同じように，不安定な社会条件や確信をなくした信念に自らの感性を調整している点に帰属できるかもしれない．そうした変動要因なくして，「風土」概念が我々の関心を引くこともあるまい．だがこの時代経験という制約から抜け出しても，風土概念の適切さは十分評価できよう．風土は人間を完全に外界から隔てて囲んでいる．人間がそれから逃げ出すことは不可能である．同時に風土は我々の内側にもあって，我々の安寧感覚に対してきわめて強い影響力をふるっている．沈黙の螺旋は，意見風土の変化に対する反応なのである．「世論」概念よりも「意見風土」概念の方が，意見分布や相反する諸傾向の相対的強度という着想をより鮮明に理解させるものであるかもしれない．また「風土」という言葉は，時と場所という，ある意味で社会心理学者クルト・レビンの「場」の概念に近いイメージを思い起こさせる．さらに「風土」は，「公共性」感覚をも内包する意味を帯びた語である．

　大変動の時代には，公的意見，すなわち世論の性質を明らかにする洞察や事実を吟味する価値がある．それは我々の時代にも当てはまる．

■デカルトは直観的に沈黙の螺旋を理解していた

　イギリスのグランビルが敬服していたデカルトは，全く異なるフランスという環境のもとにいた．グランビルのイギリスは意見の衝突に苦しめられていたが，デカルトのフランスは，社会的階層や諸価値が脅かされることのない，安定した時代のさ中にあった（訳注21）．革命の時代には公的状況は脅威と感じられるが，秩序の時代には自らを際だたせる領域として経験されるはずだという，我々の推論の的確さをデカルトの思考は例証している．デカルトは，新しい世論を育むプロセスとして沈黙の螺旋現象を理解していた．彼自身，自分の名声をどのように高めるべきかを知っていたからである．1640年に彼は『省察——第一哲学についての』を「もっとも賢明で名声の高い聖なるパリ神学部の学部長ならび博士各位」に献本しているが，その添え状の中で彼は，献呈の相手が公衆から高い尊敬を勝ち得ていることを考慮すれば，彼らが自分の思想の「公的証明」を与えることができるし，またそうしてほしいと頼んでいる．この依頼は，彼が言うには「知性と学識を持つ全ての人々があなたがたの判断にたやすく同意するだろう」ことを願ってのものなのである．また，「そうしたあなたがたの権威は，日頃学識者や思慮分別の持ち主よりも横柄な無神論者に，己れの矛盾から逃れようとさせるものであり，また，思慮深いあなたがた諸賢が証明として受け容れられたのを知って，無理解だと思われたくないがために，本書の推論や論拠を弁護しようとさえさせるものかもしれません」（Descartes, 1964／1931, 1：136）.

7.「世論」という言葉の創始者
　　——ジャン-ジャック・ルソー

　ジャン-ジャック・ルソーに「世論（l'opinion publique）」という言葉を初めて使わせたのは、どのような状況だったのだろうか．
　1744年，30代はじめのルソーはベニス駐在のフランス大使館秘書として働いていた．この年は興奮に満ちた年だった．オーストリア継承戦争に参戦したフランスは，女帝マリア・テレサに対して宣戦布告していた．この年の5月2日に，ルソーはフランスの外務大臣アメロットに宛てた手紙の中で，ベニスの貴族シュバリエ・エリッツォに対してあまりに率直に「世論」は既に貴君をオーストリア側の同情者と見ていますぞ，と警告を発したことを弁解している（Rousseau, 1964a, 1184）．さらに彼は，見かけ上，自分の言動が何かまずい事件を引き起こした様子はなく，また将来的にもこの失敗の責任を負うようにはならないだろうと付言した．ここでルソーが使った「世論」の言葉は，後にラクロが『危険な関係』の中で，洗練された女性が若い婦人に向かって自分の評判に気を使わなさすぎると叱る時の用法と同じである．ここでは世論は，不承認の断を下されまいと自衛すべき法廷だとみなされているのである．
　世論概念を，19世紀から使われだした世論の用法，すなわち政府に関連した政治的判断だと解釈する人にとっては，ルソーの用法は支持しがたいものに思われるかもしれない．だからルソーの著作の中に世論に関連した着想を捜し求めた歴史家や政治学者は，それに何の魅力も見いだせずとも不思議はない．
　だが，「世論」なる言葉を創り出した男が世論現象に深い感情を抱いていたであろうことは容易に想像される．その期待は裏切られない．1750年から，世論の強さへの関心はルソーの著作の中に満ち満ちている．しかし，彼は何ら世論に対して組織的な接近を行なわなかったので，その世論観を一貫して展望するには特別のテクニックが必要である．マインツ大学でジャーナリズムを専攻した修士課

程の大学院生クリスティーヌ・ガーバー (1975) が，その最初の体系的な検討を行なった．彼女は，ルソーの六つの主著にいわば網を掛け，「意見」，「公衆」，「公共化 (publicity)」，「世論」の語が用いられている全ての節を抜き出したのである．それは内容分析という手法を用いたもので，ルソーの著作のうち，社会批判の業績 (1750-55)，『新エロイーズ』，『社会契約論』，『エミール』，『告白』，そして『ダランベールへの手紙』(1758) から目的の節を抜き出したものである．その中には，「世論」という言葉が16回使われており，"public" 以外の形容詞や名詞を伴った「意見」の語が約100回使われ，「公衆」や「公共化」の語が106回使われていた．そしてそれらは世論という文脈以外では，公的事象との関連で最も頻繁に使われていた．なお，このトピックに関するフランスで最初の研究はコレット・ガノショー (1977-78) の博士論文であった．

■公的であることは，全ての人に可視的であることを意味する

この研究の要点は，ルソーがものごとが公になること，すなわち公共化（訳注22）の持つ脅威的な側面に非常に敏感であったことを明らかにした点にある．社会のアウトサイダーとして，この点に関する彼の経験は人並以上であった．「私は自分の眼前で，泥棒，嘘つき，中傷者と認識され，公然とそう宣告されることに，おぞましい恐怖の念ばかりを感じた」(Rousseau, 1968, 1：122)．「こうした全てのことは，誰か得体の知れない者に唆されて興奮した群衆が，私に対して次第に怒りをかき立て，私を白昼公然と辱め，田舎や街道上でそれをするだけでなく，町の通りのまん中でさえ行なうことを遮りはしなかった」(2：398)．

「白昼」「街道上だけではなく」ということ，つまりまる見えで，公衆に対して無防備に自らを晒すということが，この不幸をさらに悪化させるのである．ルソーがしばしば「公衆の敬意 (public respect)」という連語を用いていることを考えれば，彼がいかにマキャベリやロック，ヒュームの伝統のもとで，「世論」を「世評」と関連させて用いているかが明らかになる．しかもルソーはそれを比較にならないほど頻繁に論じているのである．彼はアンビバレントな気持ちに引き裂かれていた．社会から見れば，世論は讃えるべきもののように思われる．それ

は社会的な一体感を育むからである．一方，世論が個々人をして伝統や道徳に自己調整させるものである限りは，それは保守的な強制力であり，道徳を堕落から守る力である．その価値は知的な機能というより，倫理的な強制力に存するのである．

■伝統や道徳の守護者としての世論

　自然状態で未開の人が一緒に暮らしていた遙かな昔には，社会生活は今よりよく統制されていたと，ルソーは信じていた．したがって彼は，世論のより安定した形態，すなわち慣習や伝統こそは，社会が護るべきもっとも重要な資源だと考えていた．それらの中には，ある国民の本質的な資質が集約されているのである．ルソーによれば，国家がそれに則って建設される三つの法がある．それは公法であり，刑法であり，民法である．そして彼は続けて説明する「この三つの法に加えて，第四の法がある．それは全ての法の中でもっとも重要だが，大理石やブロンズにではなく，市民の心の中に刻まれている．そしてそれこそが国家の真の憲法を形成する．それは日に日に新たな強さを獲得し，時代遅れの法や消滅した法を復活させたり，それにとって代わったりする．そして，その創出の精神に基づいて人々を保護するのである．さらにそれは見えないところで権威の力の代わりに，慣習の力を発揮する．私がここで言っているのは，風習，道徳，慣習，なかんずく世論のことである．当代の政治理論家には気づかれていないが，この法には他の全ての法の成否がかかっている」(Rousseau, 1953, 58)．

　イギリス市民革命の世紀の中ごろ，ジョン・ロックは相対性を強調した．意見や評判の法が要求するもの，つまり何が是認，否認を得るかは，その時の「その場」の態度に依存していると考えた．これに対して18世紀中葉のフランス王室の権勢と光輝の強烈な印象に圧倒されたルソーにとっては，王室の不変性が優勢であるように思われた．しかるに第四の法は，全ての市民の心に刻まれ，そしてそれによってのみ堕落や腐敗から彼らを保護するに過ぎない．『社会契約論』の中で，ルソーはかつて存在したことのない職務，すなわちある特別の法廷を担当する監察官の職務を発明したが，それはひとえに公衆の倫理性の守護者としての世

論を強化したいがためだった．クリスティーヌ・ガーバーがルソーの著作の中に見いだすことができた唯一の世論の定義はこの文脈の中に出てくる．すなわち「世論は，監察官が執行する一種の法である．それは統治者の統治と同じように特定のケースにのみ適用される」(Rousseau, 1953, 140)．ルソーはさらに監察官がどんな機能を果たすのかを説明する．「監察は，意見 (opinion) の腐敗を防ぎ，賢明な適用によってその正しさを保持する．意見が不確定で定まらなければ，確定の作業までも遂行することによって，道徳や習わしを保持するのである」(141)．

ルソーによれば，倫理的基準の上に成り立つ暗黙の同意が社会形成の基礎となる．社会的に安定した倫理上の合意が，ルソーのいう「公衆 (public)」を形成する．「（個別的人格に対し）この公共的人格 (public personality) は通常公共体 (body public) と呼ばれ，その成員はこれを国家と呼ぶ」(Rousseau, 1964d／1957, 424)．したがって論理的には，党派を形成することは望ましいことではなくなる．一つの社会には一つの集団的な土台があるだけであり，それは個々の人間の利己主義によってのみ脅かされるものなのである．この確信が，公人 (public) に対立するものとしての私人 (private) へのルソーの敵意のルーツを明るみに出す．その敏感な敵意の最も強烈な20世紀的表現はネオ・マルクス主義に見いだされる．

ルソーは，監察官が意見に影響を及ぼすあり方については大変慎重だった．「ときには……それ（意見）が不確定で定まらなければ，確定の作業までも遂行することによって」(1953, 141) と述べている．彼は監察官の職務をこうした「特殊ケース」を念頭において説明する．監察官は国民の集合的信念 (collective convictions) の中で最良のものを強化する．彼は最良の信念を表明し，公表し，今日的な言い回しを用いれば「意識させる」のである．一方，監察官がいわば独行してしまい，実際には何の合意もないのに同意が成立したなどと宣言するや否や，彼の言葉は何の効果も持たなくなってしまう．監察官は何の応答も得られず，無視されるようになる (140)．これが，監察官が意見表明の道具としての機能を持つということの意味である．彼は単なる意見の代弁者なのである．20

世紀のルソー主義者たちよりも，ルソー自身どんなに注意深くこうした世論の作動を構成だてたかを考えるとよい．ルソーによれば強制力は一切行使してはならないのである．行使できるのは，監察によって基本的な倫理原則を強調することだけである．ルソーが考えるように，監察官はこうした限界を統治者と共有する．統治者もまた，（合意の存在なしには）権力の手だてを持たず，法を発令することができないからである．ルソーはいう「立法権は人民に属し，かつ人民にのみ属することを我々は見てきた」(60)．しかし，法を発するイニシアティブは統治者の側にある．この職責を果たすために，彼は意見風土を見渡すことができる申し分のない見晴らしの場を必要とするのである．それは「偉大なる立法者が秘かに関心を寄せる」ことがらである (58)．この意見風土観測の仕事は，監察官の活動によって助けられる．統治者は国民のどの意見（conviction）が立法化可能なまでに活性化されているかを判断しなくてはならないからである．法というものは，国家の実際の礎を成す社会の多数者の意向という合意があって初めて確たる基礎を得る．「建築家が大きな建築物を立てる前に，その重量に地面が耐えられるかどうかをよく観察し探ってみるのと全く同じように，賢明な立法者は，それ自体で望ましい法を作成することから始めるのではなく，まずその法が対象とする人民が法の重みを支えうるかどうかを検討するのである」(46)．

ルソーは世論と「一般意志」（それ自身は私的で自己中心的な「全体意志」とは区別される）との関連を綿密に特定化しはしなかった．「一般意志の表明手段が法であるのとまさに同じように，監察は人民の判断を宣言する手段である」(140)．一般意志はおそらく世論が固体化したものとしてイメージできるだろう．そしてこの一般意志は，それから形成される法の中でさらに固く固体化されるものである．「法というものは，一般意志を決議したもの以外のなにものでもない」(98)．かつてデビッド・ヒュームは諸原理に関する著述の中で，世論の立法権を次のように断言した．「政府は意見にのみ基づいてうちたてられる」(Hume, 1963, 29)．ルソーも同じように断定する．「意見は世界の女王であり，諸王の力に屈することはない．諸王こそ女王の第一の奴隷である」(Rousseau, 1967／1960, 73-74)．

ダランベールに宛てた手紙の中で，ルソーはもっと具体的にフランスの監察官の職務を誰が遂行できるか論じている．「立法権は国民に，また国民にのみ属することができる」といったルソーを急進的な人民主権思想の持ち主だとみなす人にとっては驚きであろうが，彼は監察官の職責を果たすのは，名誉に関わる問題を裁く元帥法廷が最適だと提案する（Rousseau, 1962b, 176），（訳注23）．そしてルソーはその職務に最大の威光を付与する．彼にとっては，「公衆の尊敬」を集めていればこそ国民に影響を及ぼすことができるのである．この尊敬に反することはいかなることも許されない．反すれば公衆の尊敬は急激に失われてしまう．彼は統治者もまた，監察官，あるいは元帥の名誉法廷に従うことを要求する．統治者が何か世論に関連した判断を表明するとき，すなわち公的な是認否認の判断を表明するときはいつでも，それが要求されるのである．ここではルソーは世論を倫理的な権威とみなしている．ドイツのノーベル賞授賞者のハインリッヒ・ベールが，次のように述べたとき，心に去来したのは，おそらくそれと同様の思想であり，また同様の職務であったろう．彼は現今の西ドイツ世論の惨めな状況を指して，監察官の職務があるべき人の手にない，と言ったのである．

ことの善悪について国民が集合的に共有する意見があるという発想に動かされて，ルソーは「市民宗教」（Rousseau, 1953, 142）を考え出した．その存在が社会的に認められたのは20世紀になってからだったが．というのも，あの世に判断の基準がある宗教の信仰者が減って初めて「市民宗教」が広まる条件が整うからである．ここからある程度想像されるように，「市民宗教」という語は，それに公然と対立すれば自分自身を孤立させる原則の束を指している．すなわち世論の生成物を指している．

■社会の守護者であり，しかも個人の敵対者たる世論

ルソーが看破したように，世論が公衆の倫理性（public morality）の守護者として果たす役割がどれだけ恵みをもたらすものであろうとも，それが個人に対して及ぼす影響力は災難であり，災いであり続ける．孤立への恐怖からであれ，また「田舎や街道上でするだけではなく，町の通りのまん中でさえ」手痛い非難

に晒されないためであれ，個々人が世論を道徳倫理の守護者として重んずれば重んずるほど，ルソーは何も反対すべきものをその中に見いださないのだった．彼自身それに苦しんだことを記憶しているにも関わらず，である．「誰でも道徳や習わしを裁くものは，名誉を裁いているのである．そして名誉を裁くものは（人々の）意見を自身の法とみなすのである」(1953, 140).

そうした災いをもたらす影響は，人々が有名になりたいという欲求を感ずるところから育まれる．ヒュームの論文の第11章のタイトルを引用するなら『名声へのあこがれ』から育まれることになる．あるいは少々率直で控え目に言えば，何らかの意味で社会的に重きを成したい，社会に認められたい，信望を得たい，他人とは好意的に比べられたい，という人間の欲求から育まれるのである．ルソー自身を著名にしたエッセー『人間不平等起原論』の中で彼が説明したように，人間社会の腐敗はこの欲求から始まる．彼は言う．「ついに野心の果てに，自分自身の富を増やそうという熱意が，全ての人間が互いを傷つけ合う陰惨な傾向を創り出してしまう．そしてこの熱意はといえば，純粋な欲求からというよりは自分を他者の上におきたいという欲求から出たものなのである」(Rousseau 1964b, 175)．「我々すべての心をむさぼり食う名声，名誉，特権への強烈な熱意がいかに我々の才能と勢力を支配し，互いを比較へと駆り立てるかを私は明らかにしたいと思う．またそれらがいかに人々の情念をかき立て，これを倍加させるか，さらにいかに全ての人々を互いにライバルと化し，ときには敵対させるものかを明らかにしたい」(同書, 189).

「未開の人」は，このむさぼるような衝動とは無縁である．もちろん，未開の人は自由な意志，共感能力，および自己保存感情を持つ点で動物とは区別されるが，社会に生きる我々と違って「自分自身の中で生きて行くのである．少しも仲間は必要としない」(同書, 193)．社会の形成は，この状態から始まる．ルソーは言う．人間存在の特質が変化するのは，「衆人の尊敬（public respect）に価値を認める」(Gerber, 1975, 88) ようになってからである．彼は続ける．今や我々は，人間の天性として次の点を疑えないものと認めるべきである．「社会的存在となった人間は，常に外側を向いている．彼は，自分に対する他人の見方

を感じ取ることを通じて，はじめて自分の基本的な存在感を獲得する」のだと(Rousseau, 1964b, 193).

人間は二つの存在に引き裂かれている，とルソーは言う．一方では人間は，彼自身の本性，彼自身の「純粋な欲求」として，好みや関心を持つ存在である．他方で人間は，意見のくびきのもとで自らを形作る存在である．彼は知識の獲得の例を出してその差を明らかにする．「我々は常に自然に由来する心の傾向性と，他者の意見に由来するそれとを区別しなければならない．知識の獲得には学識ある人だと尊敬されたいがための知識欲による場合と，身近なものでも疎遠なものでも，関心を引く全ての事象に対する自然な知識欲からくる情熱による場合とがある」(1964d, 429).

ルソーは世論の副産物として，強迫的な消費の例を挙げる．「あるクロースをそれが高価だからという理由で欲しくなるや否や，その心は贅沢と他人の気まぐれな意見のとりこになる．なぜなら，その欲求は確かに自分の内側から自然に生じたものではないからである」(1964d, 372).

正当性，名誉，尊敬，それらに優るものはない，とロックはキケロを引用した．そして，これらの特質は全て社会の好意的な判断を享受するという同じルーツに遡れるだろうと推測した．一方ルソーは，人間の本当の天性と意見を通じて生ずる性質との対比に関心を持ち，名誉概念を他者の尊敬よりは，自尊心から由来するものと規定しようとした．「名誉と呼ばれる言葉の中に，私は二つの区別をする．すなわち，世論の結果としての名誉と，自尊感情の結果生ずる名誉である．前者は無意味な偏見から生ずるものであり，コインの占いほども不安定なものである」(1964c, 2：84).

ここに至って我々は，もはやルソーのアンビバレントな感情を見逃すわけにはいかない．彼は世論を無意味な偏見だとはいったが，別の機会には世論が，もっとも永続的で最も価値あるもの，つまり習慣，伝統，道徳性を護る目的を持つものだともみなしているのである．ルソーがそうした矛盾の中に巻き込まれているのを見いだすのはたやすい．次のような例はしばしばである．「高潔な人間と下劣な人間の区別は公衆の関心事である」(1964b, 222-23). ルソーはスパルタ人

がかつて行なった区別の芸術的技巧に感心する．「スパルタ人の集会で，品行の疑われる男がいい提案を出したとしよう．スパルタの最高権力を握る五長官は，この男には目もくれず，全く同じ提案を徳の誉れの高い市民に行なわせた．この二人のどちらも非難されたり，褒められたりということはせずに，一方には名誉になることが，他方には非難となって表れるのである！」(1953, 141-42)．ここではルソーが公衆の尊敬を高く評価していることには疑いがない．ところが，エミールには次のような一節も見える．「全世界が我々を非難したら，我々は世に認められるよう力を尽くしたりはしないだろう．自らの幸福だけで満ち足りるからである」(1964d, 758)．

■世論との関わりにおいては，どうしても妥協が必要となる

こうした一見矛盾に見えるものの中で，ルソーは以前の誰にもまして，世論の本質を捕らえる．そしてそれはついに我々にも明らかとなる．世論の本質は社会的な合意と個人の信念との妥協にある．人間は他人の判断に依存的で，独りにされ，孤独に暮らすことを嫌うひ弱な天性を持つために，また「意見のくびき」にも強制されるために，余儀なく中道的解決を求める．『エミール』の中でルソーはそれをこう表現している．「彼女は自分の良心と世論の双方に依存しているから，彼女はその両方を共に知り，それらを調和させることを学ばなければならない．そしてこの二つが互いに反発しあっているときに限り，自分の良心を優先させることを学ばなければならない」(1964d／1957, 731／346)．言い方を替えれば，不可避なときにのみ，良心を優先させるのである．

■「私は非難とあざ笑いに耐えることを学ばなければならない」

同じ妥協でも，結果が全く異なることがありうる．ヒュームが人前で着る衣服は世論に合わせて選ぶべきだと主張したのに対し，ルソーはまさに同じことがらについて，決然と自分の個性を表明せよと述べた．自分の書いたオペレッタのフォンテーヌブロー王立劇場初演当日，ルイ15世の招待客として，舞台前部のプロセニアム・ボックスに櫛もすかず髪粉もかけないかつらをつけ，祝い事にふさわ

しからぬ衣服を身にまとい，錦織のベストもつけずに「身なりの悪い」姿でルソーは現れた．「私はいつもの姿で現れた．特別上等ないでたちでもなければ悪いみなりでもない．私の姿は素朴で無頓着ではあったが，うす汚れて汚かったわけではない．あごひげもそうではなかった．ひげは自然が与えたものであり，時と流行によってしばしば光彩を添えるものにすらなる．おそらく私をあざ笑ったり，厚顔無知だという人もいるだろうが，それが私に何か影響を及ぼすだろうか．あざ笑いや非難に値しないと思えば，私はそれらに耐えることを学ばなくてはならない」（Harig 1978による引用）．ルソー自身も理解していたように，こうした態度は妥協しなさすぎる危険を冒すことになる．『新エロイーズ』の中で彼はこう書いている．「高潔さにあこがれるあまり，世論を軽蔑するまでに至れば，かえって高潔さの対極に導かれ，礼節という神聖な法を見くびる意見を吐く恐れがある」（Rousseau, 1964c, 623）．

「社会が全力で成員の身体と財産を守る社会的統合の形態を発見すること，そしてその社会では各人が全ての他者と結びつきながら，しかも自分以外の誰にも従わず，以前と同じくらいに自由であり続けられること．これが根本的な問題である」（Rousseau, 1953, 14-15）．

8. 世論の専制
——アレクシス・ド・トックビル

　「世論」概念の彫琢者たちがこの概念に付与した意味を発見することが我々の歴史的探求だったのだとすれば，今や我々は孤立への恐怖とその帰結としての沈黙の螺旋に基づく世論概念を採用する十分な理由があると結論できよう．
　人間が孤立を恐怖する度合は，その住む社会によって異なるだろうが，いずれにせよ全ての社会に同調への圧力が存在し，孤立への恐怖感がその圧力を効果的なものとしている．かつてアッシュの同調行動の知見がアメリカ人特有のものではないかと疑われたことに鑑みて，スタンリー・ミルグラム (1961) は実験をヨーロッパでも行ない，それによって，アメリカ人よりノルウェー人の同調性がやや高く，フランス人ではやや低いものの，どこでも同調圧力が存在していることを見いだしたのである．
　実際，20世紀初頭，『有閑階級の理論』(1970，初版1899) でソーンスタイン・ヴェブレンがアメリカ人の地位追求行動として描いた顕示的消費は，ルソーがかつて非難した強迫的消費という習慣と全く同類の行動であった．ルソーの反対語対を用いれば，世論の同調圧力と個人のひ弱な天性という二つの妥協の結果，アメリカでは世論の側が有利となり，個人はそれに服従しなければならないようになっている．それが顕示的消費をも生み出すことになる．ルソーと同国人のトックビルは，こうした妥協のあり方をアメリカ旅行記『アメリカの民主政治』(1948，初版1835-40) の中で記述・説明している．
　私の知る限り，トックビルこそが沈黙の螺旋の作動を洞察力豊かに観察した最初の人であった．彼は革命前にフランスの教会が凋落していった例を取り上げ，世論と関連づけながら，発言と沈黙の持つ意味の重大さを機会あるごとに示唆した (1948，1：263)．また彼の世論観察法は今日我々が用いる経験的な観察法に非常によく似ており，しかも今日の我々と同じように，孤立への恐怖と沈黙への

傾向を彼はその核心においてとらえているのである．トックビルは世論に関する本を書いたのでもなく，著書の一章に世論にちなんだタイトルをつけたのでもない．しかし彼のアメリカ旅行記には，世論の影響に関する記述，評価，説明，分析が満ち満ちている．このことは彼が世論を純粋にアメリカ的現象だとみなしていたことを意味するものではない．彼は世論の普遍的な特質を見ていたのであり，それがヨーロッパで及ぼす影響力のあり方も見抜いていた．ただ，そうした世論の特質はアメリカの方でより進行した形態をなしており，今後ヨーロッパで果たしうる役割を既に引き受けているのだ，と考えたのである．彼にとっては，アメリカの世論は人間を同調へとかりたてる強烈な圧力，重荷，強制力であり，ルソーの言葉を借りれば，社会の中の各人が屈服せざるをえないほどのくびきなのである．

貴族政治では，しばしば人間はそれ自身の強さや偉大さを有している．彼は自分の意見が自国人の多数と一致しないと知れば，互いに支持し慰めあえる仲間のサークルに引きこもることができる．しかし民主主義社会ではそれは当てはまらない．そこでは公衆の好意が我々の吸う空気と同じように欠くべからざるものとなっている．多数意見に反して生きるのは，いわば生きていないのと同義である．多数者は非同意者を強制するのに，何ら法律を必要としない．ただ公衆の面前で彼らを非難するだけで十分である．それだけで孤立感と無力感が襲い，彼らを絶望の淵に追いやるのである（1948，2：261）．

　私はアメリカにおけるほど，精神的独立性に乏しく，真の言論の自由がない国を知らない（1：263）．

　ヨーロッパの立憲国家ではどんな政治的，宗教的理論も自由に説くことができる．……というのも，不屈の精神を持って真実を語ろうとする者を保護しないほど，ヨーロッパの国は単一の権力によって制圧されてはいないからである．不幸にして独裁政治下にあったとしても，国民がしばしば彼の味方となる．自由な国なら必要とあれば王権の庇護を受けることもできる．ある国では貴族勢力が支持してくれるし，別の国では民主的勢力が支持してくれる．しかしア

メリカのような体制の民主主義下では，支配権は一つに握られ，一つしか勢力はなく，強さと成功の源もそれに発するのみである．それを越えるものは何もない（1：263）．

トックビルに言わせればこのたった一つの勢力が，世論なのである．ではそれはいかにして，かくも強い勢力を有するようになったのか．

■世論の強さの秘密は平等にある

『アメリカの民主政治』の導入部分でトックビルは次のように記している．「アメリカ滞在中に接したさまざまな新奇なことがらの中で，何よりも強烈に私を印象づけたのは，普遍的な平等状態であった．この根本的な事実が社会全体の進展に巨大な影響力を及ぼしていることは，容易に発見できた．それは世論に独得の方向づけを与え，法律に独得の傾向を与えるのである」(1948, 1：3)．

こうした飽くことを知らぬ平等追求の原因を求めようとしながら，トックビルは世界の発展の様態に注目する（Tischer, 1979, 18）．

11世紀から半世紀ごとにフランスで何が起こったかを検討すると，その各時期の終わりごとに，社会の状態に二重の革命が生じたことが明らかである．つまり貴族層の社会的地位は低下の方向へ，平民層のそれは上へと社会階層が移動しているのである．各半世紀ごとに両者はますます接近し，いずれ両者あいまみえるときがくると思われる．これはフランスに特異な現象ではない．キリスト教世界のどこを見ても同じ革命が生じている．……社会的な平等の進展は，したがって神の摂理の現れである．その特徴の全てを平等主義は備えている．それは普遍的であり，持続性を持ち，人間の余計な介入をつねに免れるばかりか，どんな人間，どんなできごともその進歩に寄与するからである．……ここに公表する本書は，筆者自身が感じた一種の宗教的な畏敬の念の下に執筆されたものである．それは，何世紀もの間いかなる障害をも排除して進んできたあの抵抗しがたい革命，そしていまなお自身のもたらした廃墟の中を前進しつつ

ある，あの革命を視野に入れることによって書かれたものである．
　神の意志の明らかなしるしを我々が見いだせるよう，神自らが語りかけられる必要はないのである（Tocqueville, 1948, 1：6-7）．

トックビルはなぜ平等な社会状態が世論の地位を支配的なものまでにしたかを説明している．

社会の諸階級が不平等で，そこに住まう人間の状態が互いに異なっていた時代には，優れた知性や学識を持った，開明された人々がいる一方で，大多数は無知と偏見の中に沈んでいた．このような貴族政治期の人間は，自分より上の人間，あるいは上の階級の人間を模範として自分の意見を自然に形成するようになっていた．彼らは大衆は不可謬だという思想には嫌悪感をあらわにした．が，平等の時代には全く反対のことが起こる．市民が平等という共通のレベルに近づくほど，また類似した状態に近づくほど，各人は暗黙の内に，ある特定人物，ある特定階層に信をおきはしなくなる．しかしそれと同時に，多数派への信仰が増大し，多数者の意見は以前にもまして，世界の女王となる．……平等の時代には人間は互いに信をおかなくなる．互いに似ているという理由で．しかしまさにその（多数者の）類似性こそが公衆の判断にほとんど無限の信頼を与えることになるのである．というのも，人間はおしなべて同じ判断能力を与えられているのだから，その数が多ければ多いほどそれが真実である度合は高くなるはずだからである（Tocqueville, 1948, 2：9-10）．

このように，トックビルは世論を数の上での多数派意見だとみなした．
　トックビルは，誰もが抵抗しえない神の意志の発現について語っているのだ，と主張した．しかし彼は，そうした社会に生きる人間の運命に深い同情の念を禁じえない．彼はその精神的な影響を考えて深いペシミズムに陥り，ついには反抗心を燃やす．人間の運命について彼は言う．

民主主義社会の住人が，周りの人間一人一人と自分とを比較するとき，自分がその誰とも平等であることに彼は誇りを感じるであろう．しかし周囲の人々を一つの全体として見渡し，自分をこれと対比させるや否や，ただちに自分の矮小さに圧倒されることになる．仲間の市民一人一人から彼を自立させた平等そのものが，彼をたった一人で何も保護するものがないままに，多数者の影響力に晒すのである（1948，2：10）．

　社会的平等性が満たされるとき，世論が各個人の心に巨大な重みとなってのしかかるのは必然である．世論は各人をとり囲み，支配し，抑圧する．それは政治諸法の問題というよりも社会の成立ちそのものに由来するものである．人間が互いに類似すればするほど，各人は自分が他者全体に対してますます弱いものだと感ずるようになる．自分が他人を大きく上回るものは何もない，自分を目立たせるようなものは何もないという思いに攻めたてられて自己不信に陥ってしまう．自分の強さに不信を感ずるだけではない．自分の正しさに対しても疑いを抱くようになる．そして，多くの同国人におまえが間違っているのだと断言されれば，まずほとんど自分が悪いのだと認めそうになる（1948，2：261）．

　トックビルは世論の圧力が個人ばかりではなく，政府に対してもいかに影響を及ぼすか論じている．その一例として彼は選挙期間中のアメリカ大統領の行動を挙げている．期間中，大統領はもはや国家のために国を支配するのではなく，自分の再選のために支配するのである（Tischer, 1979, 56）．「彼はその［世論の］好みを借用し，その敵意もまねる．そしてその願望を先回りして見抜き，その不平に機先を制し，その無益な熱情に屈服するのである」（Tocquville, 1948, 1：138）．

　トックビルは，社会の平等が望ましい効果を持つことも認める．権威というものが王座を降りたのだから，平等は人間の心を解放し，新しい思想の芽生えを可能にする．しかし一方で，人間が自分では全く考えようとしなくなる可能性をも芽吹かせる．「それ［公衆］は説得して自分の信念を信じさせようとはしない．

そうではなくて，一種のとてつもない多数者の圧力によって信念を押しつけ，各人の思考の中に浸透させるのである．アメリカでは，多数者が既成の意見を個々人に供給する役割をになっている．それによって人々は自分の意見を形成する必要性を軽減されるのである」(1948, 2：10).

民主主義を掲げる人々がかつては「個々人の心のエネルギーを……阻み，妨害した」諸権力をいかに克服したか，トックビルは悲しげに回想する．しかし今や「ある法体制の下では［トックビルは数の上での多数派の支配を意味している］，民主政治が心の自由を奪おうとするだろう．……悪は単に姿を変えただけなのだ．人間は一人一人が自立した行動様式を見いだそうとしなかったのである．彼らは単に……隷属状態の新しい外観を発明しようとしただけなのだ」(1948, 2：11).

トックビルは続けて言う．「何度も繰り返して書かざるを得ないのだが，ここに，思想の自由をあがめ，専制君主ばかりか専制政治をも憎む人々が沈思黙考すべき問題がある．私自身，権力のくびき（多数者の力）が額に重くのしかかると感ずるようなとき，私を抑圧しているのが誰かを知りたいとは思わない．それでいながらその抑圧のくびきの下をすり抜けたい気持ちがする．なぜならそのくびきは名もない何百万人もの手から私に向かって差し出されたものだからである」(1948, 2：58).

トックビルが初めて論じた多数者の専制の問題は，約50年後ジェームズ・ブライスが，世論に関するアメリカの古典的著作『民主国家としてのアメリカ』(1888-89)の第4部で (2：337-44) 論ずることになる．この第4部は今では最終的に『世論』という明確なタイトルがつけられている．しかし世論というものは，真っ向から学問的理性を駆使して検討された場合，何かしら決してうまく取り扱えない側面を持っている．そして世論を直接扱った著作が全てこれをうまく扱いえていないのだとすれば，そこには何か本当に個人の理性に反するものがあるに違いない．このことは，20世紀初頭のドイツの権威ある著作，たとえばヴィルヘルム・バウアーの『世論とその歴史的基礎』(1914)やフェルディナンド・テンニースの『世論批判』(1922)についても当てはまろう．

ブライスの著書の発表後50年経ってフランシス・G・ウィルソンは（1939, 426），この名高い著書を指して「ブライスが世論に対してシステマティックな接近法をとっているとは誰も言えない」と皮肉った．実際，ブライスが世論に割いた100余ページは，根本的な視点の異なる世論解釈が流入し，さらに部分的には大変興味深いブライス自身の世論観察が加わったものである．その中には，後に「声なき多数派」と呼ばれる現象を初めて「多数派の宿命論的諦観」（Bryce, 1888-89, 2：237-364, 特に327-36）という言葉で指摘した箇所もあるが，それは同時に彼がシステマティックではなかったことの例証でもある．

9.「社会統制」概念が形成され，「世論」概念は一掃された

　1950年にスパイアーが提示した世論の定義を通じて，20世紀の世論観の検討を始めよう．彼は言う．「世論の歴史的展望を行なうにあたって，世論概念を次のように理解しておこう．世論とは，国家的関心事について自由かつ公然と表明された意見である．それを表明するのは，政府の外にあって，自らの意見が政府の施策，人事，組織を決定する，あるいはそれらに影響する権利を有すると考える人々である」(Spier, 1950, 376)．

■**学者やジャーナリスト向けの世論概念**
　どうしてスパイアーの「世論」は，何世紀もの間培われてきた概念とあまりにも違った意味を持つようになったのだろうか．彼の定義の中で「公然と表明された意見で，政府に対して影響力を持つ」という部分に関しては承認できよう．しかし定義の他の部分はこれまでにない要素を持っている．「国家的な重要事に関する意見」だけ，あるいは「その判断が顧慮されるに値し，影響を持ちうる人物の意見」についてだけが世論とみなされるのである．これは世論概念の根本的な狭小化であり，また同時に質的な変容をも意味している．もはや我々はソクラテスがそう考えたような知識と無知との間の中間的な概念からは離れてしまう．今や，政府より優れているとまではいわないまでも同等の判断を下すことができると強調する，政府の政治に影響するほどの自意識的な意見の力を扱うことになるのである．

　なぜこのように世論概念は変質してしまったのだろうか．世論概念はいつ，世評という意味を失ってしまったのか．こう自問してみると，私は最初，どこかに財布を落としてそれを探しに戻らなければならないような気持ちがしたものである．それは1960年代の初めの頃だった．ちょうどそのころ，私は勝利政党予想の

時系列変化と，投票意図のそれとの間のずれを発見し，その差を説明できないでいる頃だった．この二つの疑問が互いに関連していることに気がつくのは，それから7年も経ってからだった．

「政府は意見（opinion）の上に成り立つ」というデビッド・ヒュームの命題，国家の中でルソーが世論に対して与えた際だった地位，アメリカにおける世論の圧倒的な強さ，これら全ては権力獲得をめざす者たちに世論の代表者は自分だとポーズをとらせるものだったに違いない．しかし19世紀中頃までのさまざまな労作の中では，世論はまるで主のいない玉座のように思われた．ところがそこへ，世論を体系的に扱う大著が次々に現れ，玉座を占めうる，すなわち国家に最も益する世論とは何かを論じ始めた．また，世論の代弁者を標榜して，哲学者，学識者，著作家，ジャーナリストの諸勢力がしかるべき発言の場を求めはじめた．このころのジェレミー・ベンサムの世論論（[1838-43] 1962, 41-46）やジェームズ・ブライスの著作（1888-89, 2：237-364『世論』）の中には，まだ社会心理学的な鋭い指摘を多く見いだすことができるが，これらはそうした指摘を世論が果たすべき役割やその性質，あるいは世論の代弁者に関する規範的な要請と混同して論じている．だがこの混同さえ，スパイアー（1950）はじめ，ヴィルヘルム・ヘニス（1957a），ユルゲン・ハバーマス（1962）らによる後世の世論概念ほどの変質は受けていないといわねばなるまい．スパイアーらにとって世論概念は，批判的な政治的判断と等しいものとなっていたからである．

■歩道の雪かき行為に向けられた世論

世論概念変質の転回点は，おそらく19世紀最後の数年間に生じた．1896年から1898年にかけて，エドワード・A・ロスが『アメリカ社会学雑誌』に一連の論文を発表した．それは1901年には本になったが，まさにこの時から世論概念は同調圧力という古来の意味を放棄し，政府を批判し統制する法廷という部分的な意味だけを帯びるようになったと思われる（Ross, 1969；Noelle, 1966）．

もっとも，古来の意味のいくぶんかは残った．一例を挙げれば，社会心理学者のフロイド・H・オルポート（1937, 13）が後日その名をよく知られる『季刊

世論』誌第一巻の巻頭言に「世論の科学をめざして」を書いたとき，彼は世論概念の働き方の例として，歩道の雪かき行為を挙げた（近隣で自宅前の雪かきをしない家が一軒でもあれば，その不行為に対して非難の世論が巻き起こるのである）．そして彼はその本質をこう指摘した．「世論という名のもとに研究されるべき現象は，本質的にはさまざまな行動の実行例である．……（こうした行動の実行例は）同じ状況であれば他人も同じように振舞うことを意識しながらしばしば遂行されるものである」．しかし，現代の学者，特にヨーロッパの学者は，こうした見解に好奇心をそそられるというよりは，いらいらしてしまう．

■社会という集団から死者として抜け落ちるまで

では，ロスの論文の中の何が，世紀の変わり目に世論概念を変質させてしまうほどの深甚な影響をもたらしたのであろうか．ロスの口ぶりがロックに似ているのがまず印象に残るが，それでいながらロックへの言及がないのは全く驚きですらある．その文を引用してみよう．

> 社会的に汚名を着せられても，粗野で生気にあふれた人間ならそれを無視するかもしれない．教養人なら，隣人のあびせる嘲笑を避けて他の時代や別の仲間の意見の中に逃げ場を求めるかもしれない．しかし大半の人間にとっては周囲の人の非難と賞賛はまさに彼の生活の支配者である．……現代のアメリカ人の力を奪い取ったのは，怒れる公衆が何をしでかすかという恐怖感によるというよりは，むしろ単に，敵意に満ちた意見の殺到に動ぜずにいられず，自分の周囲の人々の道義心や感情を逆なでしてまで人生をいつまでも堪え忍べないことによるのである．……犯罪者や精神のヒーローだけが，他人が自分をどう見ているか意に介さないのである（Ross, 1969, 90, 105, 104）．

この文はロスの著作の中で『世論』と題された章に見られるものである．しかし彼にとっては，世論は，『社会統制』という彼自ら創造し，自著のタイトルにまで掲げた現象に従属するものだった．社会統制は人間社会のさまざまな側面で

作動している．それははっきりと可視的で制度化されたものかもしれない．法律，宗教，国の祝日，あるいは子育ての習慣のように．しかし社会統制はまた，世論の形でも効力を持つ．世論は制度化されてはいないけれどもある種の制裁力を持っているからである．リチャード・T・ラピーアは（1954, 218-248）これより半世紀以上も後に，そうした制裁力を三つに分類した．それは身体的制裁，経済的制裁，そして最も重要な心理的制裁である．心理的制裁は，おそらく，人々が制裁者への挨拶を止めたときに始まり，ロス自身の言葉にいうように「社会という集団から死者として抜け落ちる」ときにようやく終るものなのである（1969, 92）．そして，ロスは世論を通じた社会統制に特別の関心を寄せる．それは法律と比べて「柔軟」で「安価」な心理的制裁だからである（1969, 95）．

　彼の鮮やかな論述は大成功を博し，「社会統制」概念は定着した．この表現は新しい概念が持つ全ての魅力を備えており，かつてロックが意見や評判の法と呼んだ内容に満たされていた．この後，多くの社会学者が社会統制の問題を取り上げたが，今となっては誰も世論概念と社会統制概念とを等置しようとはしなかった．社会的合意を尊重するように個人をも政府をも強制する二面的な統合力というかつての世論概念の内包は，かくして消え去ることになった．今や個人に対して働く影響力は社会統制と呼ばれるようになった．また政府に対して働く影響力が世論と呼ばれ，知的構成概念として規範的な特徴を有すると規定された．しかし，この二つの影響力の間の関連づけは葬りさられてしまったのである．

10. オオカミたちが遠ぼえで合唱する

　どうして我々の行く手にはかくも雑草が生い茂ってしまったのだろうか．なぜ我々は世論の本来の意味を求めて茂みの中に道を切り開かねばならないのだろうか．この古めかしい名前を持った現象の機能は何だったのだろうか．それは我々の「伝統ある諸概念の倉庫」から取り出した一つの「古典的概念」に過ぎないのだろうか．「あなたはこの概念を捨ててしまうわけにもいかないし，かといってそのもとの意味にこだわるわけにもいかない」．1970年にニクラス・ルーマンはその論文『世論』(1971, 9)をこう書きだした．1922年に出版されたリップマンの『世論』と同様，ルーマンの記述はこれまで誰も触れることのなかった世論の諸特徴を明るみに出した（18章以降を見よ）．しかし，両者がともに世論概念の歴史的な足跡をかえって不鮮明にしたことは否めない．ルーマンは言う．「知性の歴史を一瞥すると，理性への信頼は揺らぐ．また，世論が批判的機能を発揮し，政府を変えていく潜在力を持っているという信念も維持できはしない」(1971, 11)．しかし誰がそんな信念を植えつけたのだろうか．それはロックでもなければ，ヒュームやルソー，トックビルでもない．

　現代のどんな著作も，私を世論の古典の世界に導いてくれはしなかった．もし私が1964年の初夏，日曜の朝にベルリンで奇妙な経験をすることがなければ，私はそれらを知らないままだったろう．あの時，私は週末をベルリンで過ごし，ベルリン自由大学での社会調査法の講義の準備をしていた．秋にはマインツ大学でコミュニケーション研究の教授に就任することが決っていたので，お別れの言葉も用意していた．そうした日曜の朝，朝食もとらずにいた私の心の中に，突然本のタイトルのような何かが芽生えた．それは社会調査法とは何の関係もなく，その日に予定していた仕事とも何の関係もなかった．どんなものとも何の関係もなさそうだった．ただ私は机に駆け寄り，紙片にこう書きつけた．『世論と社会統

制』．わたしには直観的にその意味が感じ取れた．一年半後，それはマインツでの就任講義の題目にまでなった（Noelle, 1966）．

　紙片に書きつけたこの短い語句が私を世論の問題に引き戻し，その歴史的な淵源を探索させるきっかけになった．人間の社会性という敏感な天性をとらえ，社会からの是認や否認に依存している人間を考察するのが，何世紀もの間受け継がれてきた世論へのアプローチだったが，それはなぜ完璧なまでに時代遅れのものになってしまったのだろうか．そうした解釈が，現代人の自己像にうまくフィットしないのだろうか．それは，人間が成長し，解放感を味わって得た素晴らしい自意識と矛盾するものだろうか．もしそうなら，次に見るような人間社会と動物社会の比較に読者が不快感を覚えるだろうことは想像に難くない．

　あえて人間における孤立の恐怖感を研究対象とする人がいないのは目立つほどだが，動物の行動の研究では逆に，思うままに詳しく扱われてきたといってよい．ただし，動物の行動を人間に擬しているという批判を前もってかわすことが重要で，そのために動物行動学者たちはしばしば人間と動物の比較は留保すると，防戦に努めなければならなかった．エリック・ジーメンはその著『オオカミ』（1981, 43）の中で次のように記している．「人間の行動と動物の行動との比較は大変注意深く行なわれなければならない．見かけ上類似した行動パターンが全く異なる機能を果していることがありうるし，また見かけが違い，系統発生的な起源も異なる行動パターンが同じ機能を果していることもありうる．……にもかかわらず，人間と動物とを比較して観察することが新しい着想を生み出すこともある．もっともそれは厳密な観察と実験によってテストされねばならず，特に，オオカミと人間のように社会的な組成が類似している種族を研究する場合にはなおさらである」．

　いずれにせよ，ほとんど無意識的に我々が用いる日常言語の中に「（オオカミが）一群になって遠吠えする」などの表現があっても，我々は苦もなく理解できる．「犬たちの遠吠え」という表現も同様である．「遠吠えの合唱」という表現は犬にもオオカミにもごく普通に当てはまる表現である．チンパンジーもしばしば遠吠えの合唱をする（Alverdes, 1925, 108； Lawick-Goodall, 1971；

Neumann, 1981)．

■行動を共にするムード

　エリック・ジーメンによれば，オオカミは主として狩猟前夜に遠吠えしたり，朝の活動の先触れとして早朝に遠吠えするのだという．「オオカミにとっては仲間のオオカミの遠吠えはそれをまねる強力な刺激となっている．……しかしいつでも遠吠えに和するわけではない．たとえば，最初に吠え出したのが地位の低いオオカミなら，高い地位のオオカミの場合よりも弱い刺激にしかならない」(Zimen, 1981, 71)．また追放されたり，締め出されたり，虐げられているオオカミが遠吠えに加わることはない．こうした状態のオオカミと地位の低いオオカミの例はともに，いかに孤立せずに仲間として許されることが重要かを示している．そうして許容される集団を，アメリカのオオカミ研究家アドルフ・ミュリー(1944)は「友好的な寄り合い（the friendly get-together）」と呼んだが，このような仲間に容れられることが遠吠えのコーラスへの参加資格を意味しているのである．最後に，追放の身にはエサを持ち去られるという具体的な不利益があることも付け加えておくべきだろう（Zimen, 1981, 243）．

　遠吠えの機能は何だろうか．ジーメンはいう．「『内部の者』だけに遠吠えへの参加を限定することは，この儀式が群れの団結を強めることを示唆している．オオカミたちはいわば，お互いの友好的で協力的な感情を確認しあうのである．また遠吠えのタイミングから分かるのは，それがその後に続く活動を時間的・目的的に調整する要を満たしていることであろう．それによって，眠りから覚めたばかりのオオカミたちはただちに協同して活動を行なうムードになるのである」（同書, 75）．

■群れとしての行動

　テュール・フォン・ユクスキュルの報告によれば，動物行動学で名高いコンラート・ローレンツも動物が足並みを揃えて行動するため時間調整をすることに気がついていた．コクマルガラスが群れの行動を統制する際，聴覚的な信号を用い

ることから気づいたものである．

　コクマルガラスの群れは昼間はエサを探しに野原へ出かけ，夕暮には眠るために森へ帰るが，鳴き声を用いて各個体が同じ道筋を飛ぶ了解をとりつけるのである．朝でも夜でも，飛ぶ道筋について意見がまとまらないときには，しばらくの間行きつ戻りつしながら群れ飛んでいるのを観察することができる．ここで，もし『デャック』という鳴き声の大きさが『デョック』という鳴き声のそれを上回れば，群れは森の方向に飛ぶことになる．逆であれば野原の方へ飛ぶことになる．この現象は全ての鳥が同音の鳴き声だけを出すまで続けられ，その結果として，群れは全体で森の中へ向かったり，野原に出たりするのである．だから，エサを探しにいく場合でも，ねぐらに帰る場合でも，群れはいつでも合意して行動を起こす体制にある．共通のムード，あるいは共通の感情のような何かがそこにある．それゆえコクマルガラスの群れは，投票に基づく共和国なのである（Uexkül, 1963-64, 174）.

　ローレンツはその著『攻撃』の中で，魚群の行動を論じた章に『無名の群れ』というタイトルをつけた（Lorenz, 1966, 139-49）.

　ことばのもっとも広い意味での「社会」の原初的な形態は，無名の群れである．その典型例は大洋に住む魚の大群であろう．この群れの中には何の構造もなく，リーダーと追随者という区別もない．それはただ単に，同じ要素の巨大な集合である．もちろん，これらの要素は互いに影響しあい，群れを構成する各個体間には大変単純なある種の「コミュニケーション」が成立している．群れの中のある個体が危険を感知して逃げ出すと，その恐怖を感知した他の全個体に同じ恐怖感が波及するのである．……社会学者が社会的感応と呼ぶ，こうした，純粋に量的で，ある意味では民主的な行動は，群れを構成する個体が多くなり，その群衆心理が強くなるほど，群れとしての断固たる決断を鈍らせるものである．いずれにせよ何らかの理由で，たった一つの個体がある方向へ向

10. オオカミたちが遠ぼえで合唱する

かって泳ぎ出すことは，群れを離れ，仲間のいないところに行くことを意味する．その時この魚は，自分を群れへと連れ戻そうとする刺激の影響を全面的に受けることになる（同書，144-145）．

独りになること，群れと接触を失うことは，この個体の生命が突然危険に晒されることを意味するだろう．それゆえに，群れとしての行動は完璧に機能するのである．それは群れとしての生存ばかりでなく，個々の個体の生存にとっても有利となる．

個体が孤立を恐れないときはどうなるだろうか．ローレンツはエーリッヒ・フォン・ホルストが行なったコイ科のハエという魚に関する実験を引用している．

ホルストは普通のハエを手術して前脳を取り除いた．ハエの前脳は群れとしての全反応を司る場所である．正常な個体と同様，前脳のないハエも，ものを見，食べ，泳ぐことができるが，群れを離れ，他の個体が一緒でなくともそれを意に介さない点が異なる．それは正常の個体の持つ慎重さを欠いているのである．正常な個体は，ある方向に泳いでいこうとしても，泳ぎ出してすぐ仲間の個体の行動を見，ついてくる仲間があるかどうかでその後の行動を決めるものである．……ところが前脳のないハエは，もし何かのエサを見つけたり，あるいは何らかの理由があって特定の方向に泳ごうとしたときには，断固としてその方向に泳ぎ始める．そして群れ全体もその後を追うことになる．

ローレンツは言う．「前脳がないがために，その個体はまさに独裁者となったのである」（Lorenz, 1966, 146）．

現代の脳研究者は，人間の脳にも自分と外界との関わりを監視するある領野が存在すると主張している（Pribram, 1979）．それは別の言い方をすれば，匿名のグループから攻撃されやすい領野があるということを意味するだろう．人間関係論の専門家ホルスト・E・リヒター（1976, 34）も「我々は自ら思うより，……弱味を持った存在なのだ」と言っている．それは，まわりの社会環境が我々を

どう判断し，我々をどう処遇しようとしているかに対し，我々自身たいへん影響されやすいものであることを意味している．では，人間はこの社会的な天性を，邪魔もの扱いして隠そうとしなければならないのだろうか．

人間の社会的天性を指して，「人間自身と同じように，人間の理性は孤立すると臆病で用心深い．そして自身が結びつく人の数が増大すればするほどしっかりし，自信を取り戻すのだ」とジェームズ・マディソンは言った（Madison, 1961, 340）．また，フランスの社会学者アルフレッド・エスピナスは1877年に出版された著書『動物社会』で，生物学者A・フォレルの研究に基づいて同様の主張をしている．「アリの勇気は，同族の数に正比例して増大する．そして仲間から離れるにつれて弱くなる．同種のアリでもたいそうな数の個体を擁する塚のアリの方が，小さなコロニーのアリよりも勇気がある．仲間のアリと一緒だと何倍も死を恐れぬ働きアリも，巣からたった20メートル離れて一匹だけになると，極端に恐怖におののき，ほんのちょっとした危険の兆候も避けたがるものである．同じことはスズメバチにもいえる」（Reiwald, 1948, 59ページに引用されたもの）．

人間社会を一つに保つ本当の力を認めることが自我の理想と両立しないからといって，世論が批判的な意見の上に成り立つというフィクションを我々は創り出すべきだろうか．

11. アフリカ・大洋州諸部族の世論

　著書『森の民』(1961) の中で，人類学者コリン・M・ターンブルはコンゴの森林地帯に住むピグミー族の生活を描いた．
　ピグミーの部落では楽しげな生活がくりひろげられる．夜は男たちが集い，みんなで大合唱する．朝は若者たちの大声が目覚しになる．狩猟の前にはしばしば踊りが始まる．部落の周りに男も女も輪を作り，狩猟の歌を歌い，一緒に手を叩き，左右と肩を並べ合い，高く飛び跳ねて，これから倒す獲物のしぐさをまねるのである．
　この牧歌的な風景の陰にはドラマティックな葛藤がある．五家族の長セフーはかつてはおおいなる尊敬を集めたが，狩猟ではいつも不運で，今は辛い思いをしている．みんなが一緒に仕事にかかっているときには，彼はしばしばその周辺にいる．狩りに際しては獲物を追い込む網（わな）をはるものだが，あるとき彼は秘密で仲間の網の手前に自分の網をはって，団結のルールを犯した．勢子(せこ)となった女子供たちは，獲物をまずセフーの網に追い込むことになってしまった．ターンブルの観察によれば，その夜は，誰もセフーには話しかけず，夜の集まりに座る場所を与えさえしなかった．彼は若者に立ち上がって席を空けるよう要求したが，若者はそれを無視した．一人の男が，セフーは人間ではない，動物だと歌って彼をけなした．セフーが気力を失って狩猟の獲物はすべて渡そうと言い出すと，それはすぐに受け容れられ，みんなが部落の中心から少し離れた彼の小屋へと押しかけた．小屋は隅から隅まで探し回られ，のぞき込まれ，食べられそうなものは全て持ち去られてしまった．火にくべて煮込んであったナベまで持って行かれてしまったのである．
　だがその夜遅くなって，遠い親類がセフーとその家族に，肉とキノコのソースで溢れるばかりのナベをもっていってやった．それよりさらに夜更には，部族の

男たちの輪の中にセフーが再び入り、もう消え入りそうなたき火を囲んで一緒に歌を歌っている光景が見受けられた。彼は再び仲間に戻ったのである（Turnbull, 1961, 94-108）。

■人間は一人で生きては行かれない

　もう一つの事件は、従姉妹とのインセストを犯したある若者の例である。彼は誰にも隠れ場所を提供されず、仲間のナイフと槍で部落の外へ突き出され、森の中へと追いやられてしまった。ターンブルは一人の発言を引用している。「あいつは森の中へ追い立てられ、そこで一人で生きていかなきゃあならない。あんなことをしたら誰もあいつを仲間にしようとはしなくなる。それであいつは死ぬだろう。森の中を一人で生き延びられはしないんだから。森があいつを殺すだろう」。そういって男は、ピグミーがよくするように、突然息が苦しくなるほど笑いころげ、手をたたいて言ったのである。「あいつは何ヵ月もそうやっていたんだ。見つけられて捕まるなんて、なんてばかなんだろう」（Turnbull, 1961, 112）。行為それ自体よりも見つかった愚かしさの方が重大だったことは明らかである。

　その夜、若者の家族が住んでいた小屋が焼かれ、大騒ぎになった。しかしその騒動と言い争いの間、ことの原因だったインセストはほとんど言及されなかった。

　翌朝、若者の相手であった娘の母親が、小屋の建て直しを熱心に手伝っている光景があった。さらに三日後の夕方、若者は部落に忍び帰り、独身者の間に再び座り込んだ。初めは誰も声をかけなかったが、小さな娘が母親から渡された食べ物を彼に届けると、事態は収拾してしまった（同書、113-14）。

■外界が持つ武器──悪意と嘲笑

　ターンブルの描いた事件は、共に部落全体を言い争いに巻き込む前に解決した。彼の言う通り、ここには判事も陪審員もおらず、法廷もない。公式手続きは何もない。決定を下す評議会もない。首長もいない。しかしそれぞれの事件は集

団の団結を損ねないように処理された．狩猟社会では，何よりも協同して働ける状態を確保しなければならない．このため，個々の成員は二つの手段でコントロールされることになる．彼らは何よりも，軽蔑されることを恐れ，そして嘲笑されることを恐れるのである．エドワード・ロスが世論は社会統制だと述べたときの表現を思い出すではないか．「それは法廷の判断よりも効力があり，隅から隅まで影響力が及び，しかも安価である」と（Ross, 1969, 95）．

■マーガレット・ミードの三つの世論

1930年代にマーガレット・ミードは論文『未開社会における世論の機制』（1937）の中で未開社会の世論過程の三つのタイプを記述した．世論が効力を持つのは，第一に誰かが法を破ったときである．第二に，法が一義的に解釈できないときである．第三に，紛争が起こったり，手続き的な問題や将来行なう行動に関する何らかの決定が必要なときである．このそれぞれにおいて，合意形成の手続きや手はずが確立されなくてはならない．そして，世論の機制こそが社会のこうした行動能力を維持するために必要となるのだ，とミードは考えた．

その第一のタイプは，ピグミーの方法に類似している（Mead, 1937, 8-9）．それは200人，あるいはせいぜい400人ほどまでの比較的小さな社会で作動する．彼女の挙げた例ではニューギニアのアラペシュ族である．この部族では決まりきったルールへの依存は最少限度であり，多くのきまりは非常に短い期間だけしか有効ではない．現れては消えて行くのである．社会はほとんどルールの体系を持たないまま存在している．ほとんど確固たる権威の座はなく，何の政治的な制度もない．法廷も司祭もまじない師も世襲の支配層もいない．

■一緒になって豚を食べてしまう

ミードは紛争解決の一例として，豚が他人の庭に不法侵入し，エサ探しに地面を掘るのを見つけた場合，アラペシュ族がどうするか記述している．

被害者は，我々が「自発的」と呼ぶようには振舞わない．かえって大変慎重である．一般的な慣習として，ともかく彼がその豚を殺してしまうことは明らかで

ある。しかし彼は，豚がまだ庭を掘り返している間，あるいは槍で殺した傷口からまだ血を流している間に，仲間や兄弟，義理の兄弟を数人呼んで相談を持ちかける。殺した豚を持ち主に送り返すべきかどうか（そうすれば少なくとも持ち主は庭の損害賠償用の豚肉を受け取ることになる），あるいは送り返さないで腹いせと損害賠償だといって食べてしまうべきだろうか，こう相談するのである。そして集められた人々が気持ちを鎮めて豚を返せと勧め，そういう雰囲気になれば，実際そうなる。しかし彼らがもっとリスクの高い選択肢を勧めるのなら，さらに上の世代の，父や叔父たちまでが相談に呼ばれる。もし彼らも豚を返すといえば，最後に最も尊敬すべき男が呼びにやられる。彼もまた返却に反対なら，豚は支持者全員で一緒になって食べることになる。全員が食べるのは，食べたために何か面倒がおきても団結し，間違いはなかったと主張し，また豚の持ち主やその周りからの恨みや黒魔術など，起こりうる不快事を共有する決意があることを示威するためである。

■ルールが曖昧になったりふらついたときは，要注意

　こうした明確なルールを欠いた条件の下で，孤立しないためにどちらの行動を採用するかは，注意深く，状況に応じて異なる判断過程を経た結果による。賛成や反対の決断を要する新しい状況がいつも生じるからである。そして決定に達すれば，当事者も仲間もそれを熱心に支持しなくてはならない。しかし一方で，そうした徒党の形成はほんの短い間だけに限られる。仲たがいはすぐに解消し，次の紛争ではまた別の徒党ができあがる。

　我々がここで世論過程を扱っているかどうかという疑いは，全くあるまい。なぜならそれに必須の条件が整っているからである。論争があり，相対立する二つの立場があり，孤立しないように気を使った振舞いがあり，勝者の側に立ったときの興奮がある。これら全てが世論過程を形成しているのである。ただ我々が「世」論を扱っているのかどうか，つまりそこにあるべき「公的さ」の要素がここでも本当に見いだせるかどうか，疑いを差し挟む余地があるかもしれない。確かにそこには現代の大衆社会論でいうところの「公的さ」の要素は欠けている。

今日では「公的」とは匿名で，機会均等で，名前も顔も考え方も知らない他者という，とらえどころのない群衆の中に自分が存在することを意味している．これに対してアラペシュは，自分の小さな部落の住民を知っている．だが，彼らも社会の一員であり，そこから隔離され，排除され，孤立してしまいたくない，と感ずる点では，公的なものへの接触を持っていると断定できよう．

■二元システム，または党派性の心理

　世論過程の第二の例として，ミードはニューギニアの首狩り族，イアトムール族について記述している（Mead, 1937, 10-12）．アラペシュと同様，イアトムールには族長もおらず，中心となる権威もないが，それでいながら決定を下し，有効な行動をとることができる．アラペシュは注意深く多数派意見を追求することで紛争を解決したが，イアトムールは違う．彼らは「二元」システムを生み出したのである．部族はある形式的な基準に従い，二つの党派に分割される．そして，どんな争いもこの二つの党派の間で解決される．それは（アラペシュよりも）やや大きな社会的単位で合意達成に必要な手続きだと，ミードは論じた（イアトムールの一部族は1,000人に達する）．部族民は，ある争点に関する主張への賛成反対で決断を下すのではない．またその主張を熟考した上で決めるのでもない．そうではなくて，自分の属する集団が一方の主張を代表するから，それを支持するのである．この集団がどんな構成になり，誰がどちらの側につくかは全く恣意的である．冬生まれはある党派に属し，夏生まれは相手の党派に属するという具合いである．墓場の北側の住人と，南側の住人という区分もありうる．またタカを食してはならない母系の部族民，対，オウムに対する禁忌を持つ部族民という区分，氏族Aの父系の血統を持つ者と氏族Bの者という区分，あるいは年齢集団の近さによる区分もある．社会はさまざまな形で二分されているがゆえに機能する．しかもあることがらに関して自分とは反対の人々がその翌日には別のことがらで味方になることもありうる．こうして彼らの社会は，世論過程を特徴づける「賛成」と「反対」という簡単な二分法を用いて常に二元的でありながら，決して二つに分割されはしないのである．

ここでは，決定は多数派の合意によって行なわれるのではない．自分の利害に最も大きな影響を受ける人が解決を求めると，形式的に対立した両集団の各メンバーがそれぞれのキャッチワードをインフォーマルに何度も繰り返し唱え，そうして決定へと進むのである．ミードは，現代社会でも同様の二元的な布置を通して多くの問題が決定に至るものだと考えた．たとえば，実質的な争点内容に関して賛成反対を唱えるのではなく，自分の党派がある立場に立っているというだけで，自派のために戦う政党集団のメンバーや利益集団，あるいは地域的な連合体がその例である．最終的な解決は，党派の強さによって決まる．こうした世論のメカニズムが我々の社会にも直接関係していることは，はしなくも現代の政治的専門用語，「(対立の) 成極化」(polarization) という語に露呈されている．それは，対立する選択肢の間で決断を迫られるときに生ずる二元的形態を指す語である．これと同様の「党派性の心理」という現代的表現は，マーガレット・ミードがイアトムールの態度を指して用いた言葉である．

■無力な個人──バリ島における形式主義

社会を維持する第三の方法として，ミードは南海のバリ島民の例を挙げる (1937, 12-14)．ここでは明らかに，非常に厳密な儀式的秩序があり，法的な技術が争いを解決する手段となっている．全ての健康な成年男子は部族の評議会に属し，年長となるほどその中での地位が上昇し，先祖伝来のルールを入念に解釈する義務を負うのである．

たとえば，評議会に提訴された次の事件を見よう．あるカップルが結婚したが，それを合法的とみなすべきなのか，インセストとみなすのかという疑義をめぐるものである．彼らは二世代の隔たりがあるけれども実の従姉弟関係にある．そして，家系上は女性の方が男性の「祖母」という関係になっている．バリ島では従姉弟関係での婚姻は禁じられているが，この事例では従姉弟関係と二世代差のどちらが判断のポイントとなっただろうか．

これをめぐって険悪な緊張感が一日の内に高まり，評議会が開催され，リーダーたちが一連の議論を検討したが，決定にはいたらなかった．誰も一方に与する

ものはなく，関係した家族のために弁ずる法律家もいなかった．どちらが支配的意見かを決する試みもなされない．しかしついに，評議会の暦の専門家が断を下す．実の従姉弟関係にあるという事実は事実である．だから婚姻はルール違反とみなすべきである，と．これを受けて，ルール違反者に対する隔離の刑が下され，両配偶者の家屋は持ち上げられて村の南領外まで運び出された．そこは罰のゾーンである．刑の執行は部族全員が手伝うことによって終了した．カップルはこうして追放され，葬儀以外の村の会合や行事には参加を許されない身となったのだった．

こうしたバリ島民の紛争解決にも，世論のメカニズムは本当に働いているのだろうか．然りである．世論と他の社会統制手段との区分は連続的なものである．エドワード・ロスが決して社会統制の手段を世論だけに限定したわけではなく，それに明白に司法的機能を付加して考えていたことも事実である．そして明文化された法や弁護証言がなくとも，バリ島民のやり方は司法体系を想起させる．だからここにはロックのいう三つの法，すなわち聖なるおきて，形式的規則，意見の法が全て収斂しており，状況によってはどれだけ注意深く振舞おうとも，どれだけ多くの支持者を集めようとも，孤立化の運命を免れることができなくなっている．

未開人の世論の研究は，現代社会では混沌となった世論を純粋な文化型において研究できる利点がある，とミードは考える．合意を形成し，それを維持する過程への個人の参加の義務の有無あるいは参加の程度によって，我々はアラペシュ，イアトムール，バリ島民の手続きを区別できよう．アラペシュでは住民はもっとも注意深く振舞うことが要請される．ルールが流動的で，今日正しいものが明日は誤りとなりうるからである．気がついてみれば自分が追い出される身になっていることもありうる．またイアトムールでも，個人は対立する党派の支持者としてまだその重要度が高い．しかしバリ島民ともなると，大半のルールは厳密になり，個人の及ぼす影響力はなくなってしまう．アラペシュの持つ強い感受性はバリ島民の徹底的な宿命性とは対照的である．後者では社会環境を監視する，ほとんど社会統計計測能力とでもいうべき準統計的能力（2章参照）は萎縮して

しまうに違いない．

■**近隣の統制**

　ミードがさらに記述しているズーニー族の世論の複合モデルは，上記三者に見られる世論の混合形態であるが，そこでは行動の是非は個々のケースごとに判断される（1937, 15-16）．いつも誰もが隣人によって監視され，その批判にさらされる．世論は持続的に負の制裁として働き続ける．それは全ての歯止めとなり，多くの行為の実行を阻止する機能を持つ．現代的な比喩を用いれば，隣人による統制が行動を制限するばかりか，別の行動を助長しさえもする．ヨーロッパでの例を挙げるなら，朝，シーツや毛布を窓の外に出して干し，わが家でも清潔さの規範を守っていると，視覚的な合図を送るのがそれである．ズーニー族と同様の世論のメカニズムが別の文化でどう形成されるかは，特定の習慣の一つ一つを見れば分かる．夜になってもカーテンを引かないのは，表を通る人が明るい部屋の中を覗けるようにするためだとか，敷地を区切る垣根は隣人との仲の悪さのシンボルであるからこれをしてはならないとか，家や職場で中のドアを締めきってはならない，などはその例である．

12. バスティーユの襲撃
—— 世論と群衆心理学

　ニューギニアやバリ島の住民の考察は，エキゾティックな旅行談としてたやすく誤解されがちである．だからミードは現代の西欧にも共通する世論過程の類似例を求めた．アメリカの読者にぴんとくるアラペシュの手続きの類例は，リンチ・モッブである（1937, 7）．アラペシュもリンチの群衆も，どちらも状況に対する人間の自発的な反応がある，と彼女は論じた．どちらも集団の合意をめざすものではないが，ともに自分たちが正しいと感ずる方向に行動し，政治的な意味を持った結末を招くからである．

　自分の庭を荒す他人の豚を警戒するアラペシュの状況と，リンチ・モッブのまっただ中におかれた人間の状況の差に，ミードが大きな違いを認めていないのは奇妙でもある．アラペシュは決して自ら自発的に「当の問題への自分自身の感情で」（同書）行動したりはしない．ミード自身が書いているように，彼らは大変慎重にことに対処する．なぜなら，彼らは社会統制に従っているからであり，影響力ある人物の支持を自分のために用心深く取り付けようとし，そうすることによって何より一緒の食事への参加を許容し，時にはそうするよう，強く主張するからである．

■群集（crowd）の中では社会環境をモニターする必要性が薄れる

　しかし，リンチに加わるときには全く反対のことが起こる．注意深さは無用である．参加者は一人一人の個人ではなくなり，他者は彼の行動を詮索して是認したり拒絶したりはしなくなる．参加者は匿名の群衆（mass）の中に完全に吸収されてしまう．こうして公衆の目が届かず，耳が聞こえないところに入り込み，そうでなければ一挙手一投足が監視される社会統制から解放されるのである．

　ミードが挙げたリンチ・モッブの例は，フォン・ウィーゼ（1955, 424）が有

形の群衆と呼ぶ自発的な群集に分類される．つまり身体的接触のある群衆，あるいは互いに視程内にいる群衆で，短期間一集団を形成し，単一の存在であるかのように振舞う群衆である．これはアラペシュの振舞いとは似ても似つかない．彼らは十分な尊敬を集めた人々の合意形成によって不法侵入の豚の問題を解決しようとするが，それに参加する各人は特定の役割を持った全く別々の個人だったからである．匿名の人々ではなかった．

　リンチ・モッブや集合行動一般に典型的な行動は，フランス革命とそのきっかけとなったバスティーユ襲撃以来科学者や教養人を引きつけてきた．19世紀と20世紀には群集心理に関する膨大な量のエッセーや書物が，この不思議な人間性の発露に焦点を当てた．不幸にして，それらは世論過程の理解を前進させたというよりは，おそらく逆に妨害した．20世紀には群衆の爆発的な行動と世論とは，あからさまに断定されはしなかったものの，少なくとも散漫に結びついているように感じられていた．ミードもそう感じていたようである．しかしそうした見方は，17世紀や18世紀の著作家たちが明確に描いてきた世論現象の社会心理学的な特徴を消し去ってしまったのである．

　では，群衆心理学の研究と世論との関連はどう考えられているのであろうか．それを考察するにあたって，バスティーユ襲撃の模様を念頭におくことは有用であろう．フランスの歴史家テーヌはこう記している．

　　各地区が中核となって動いた．パレ・ロワイヤル地区はそのうち最大のものであった．地区から地区へと計画・苦情・論争が渦巻き，それと同時に人の波が押し進んだ．それはあるいは，転がるように進んだといった方が適切かもしれない．それ自身のコトのはずみと偶然の成り行き以外に何もそれを導くものはなかった．民衆はあちこちで群集を形成し，互いに押し合いへし合していた．群集が行くことができるのは立ち入りを許可された場所に限られていた．バスティーユの廃兵院に入り込んだのも兵士の力を借りて初めて可能となったのだった．

　　群集は，バスティーユ城の壁を朝の十時から夕方の五時まで撃ち続けた．し

かし高さ40フィート，幅30フィートの壁の上の建物には，弾は気まぐれにしか届かなかった．……だが，大人が子供を甘やかすように，群衆もあまり破壊的行為をしないようにと，甘やかされていた．その最初の要求に従って，バスティーユ城の司令官は砲門から大砲を外した．そして最初にやってきた群衆の代表団を会食に招いた．司令官は，攻撃されない限り発砲しないと守備隊に誓わせ，最後の最後に第二の跳橋を守るためとなれば銃撃を許可するが，それも攻撃者に対し「守備隊の発砲を許可した」と告げてからだと述べた．手短に言ってしまえば，司令官の寛容さ，忍耐，辛抱強さは相当なもので，この時代の人道主義に満ちあふれたものだった．しかし，攻撃と抵抗という初体験の興奮，弾薬のにおい，攻撃の持つ暴力性が民衆を粗暴にした．彼らは目の前の巨大な石壁に対して身を投げ出す以外に何も打つ手がなく，その解決策も攻め方と同様幼稚なものだった．ある者は司令官の娘を捕まえたと称し，彼女を火あぶりにして司令官を降伏させようと言いだした．また他の者は，わらを収納している建物のせり出し部分に火をつけ，かえって自分自身の行く手を阻んだりもした．攻撃に参加した勇気の人エリーは「バスティーユは攻撃によって勝ちとったのではない．それは攻撃以前に降伏していただけなのだ」と語った．

　降伏は，誰にも危害が及ばないという条件で行なわれた．掩護物が万全の間，守備隊員は目前にしたかくも多数の生身の人間に対して弾丸を撃ちこもうなどとは思いもしなかった．それだけではない．周りをかくも多くの群衆が集まり，城を取り囲んでいるのを見て困惑してしまった．攻撃に加わったのは，実際にはわずか800人か900人なのだが，バスティーユの前面やそれにつながる通りはこの光景を見ようと詰めかけた野次馬であふれんばかりだったのである．ある目撃者の話では，野次馬の中には「自分の馬車をおいて見物しにきた優雅で美しい一団のご婦人」もいたという．バスティーユ城の胸壁の高さから見ると，たった120人の守備隊員を全パリ市民が攻めにきたようにも見えたであろう．だから跳橋を上げて敵を中に入れたのは，守備隊員だった．包囲される方もする方も，皆が面くらっていた．ただそれは包囲する側に特に顕著だった．彼らは勝利に酔いしれていたのである．そして中に入るや否や全てを破壊

しはじめた．後続の者は先着の者をでたらめに撃った．突如与えられた無限大の力と，人殺しのたやすさは，人間の天性には強過ぎるワインだった．突然の目まぐるしさの中で，民衆は殺気だち，熱狂的な興奮状態のさ中にすっかり巻き込まれてしまったのである．

……フランス兵の守備隊員は戦いのきまりを知っていたから，降伏時の約束を守ろうとした．しかしその背後からやってきた群衆は，自分たちが誰に衝突しているのかも確認せず，いきあたりばったりの暴力で突き進んだ．彼らは自分たちを撃ったスイス人傭兵は救ってやったのだが，それは青い制服を着た傭兵を囚人と間違えたからだった．そしてその一方で，バスティーユを開城した廃兵院を襲撃するというちぐはぐを犯した．司令官に城を爆破しないよう進言した一人はサーベルの一撃で手首を切り落とされ，二度も刺されて息絶えた．その手首はパリの一地区を救った手であるのに，通りから通りへと意気揚々と掲げられて運ばれた（Taine, 1916, 66-69）．

このようなマス・ヒステリー状態は，我々が実証的かつ歴史的な分析で定義した世論の態様とはかなり異なっている．世論とは，特定の時と場所に強く結びついた行動モデルや態度の中に存在するものであった．ものの見方が安定している環境下では，世論とは社会的孤立を回避するために公然と示すべき態度や行動を指していた．また，ものの見方が変化しつつある環境下では，あるいは新たに緊張が高まりつつある領域では，自分が孤立せずに表明できる意見や行動を指すのであった．

あの群集の暴動はそうした世論概念と何らかの関連を持っているだろうか．この問いに答えを出す単純な一つの基準がある．それは，世論事象全てに孤立への恐怖感が伴っているという事実である．孤立しないために，自分自身の心の傾向性に従って声を出したり行動する自由がなく，自分のまわりの社会環境の見方や考え方を考慮しなければならないときはいつでも，何らかの世論現象を扱っていることになる．

この点，有形の群衆，あるいは興奮した群集について疑いを差しはさむ余地は

ないだろう．バスティーユ襲撃に参加した民衆は，見物人や面白いもの見たさに群がった人々と同様，孤立を回避するためにはどう振舞うべきかを完璧に知っていた．群集の動きに賛意を表明しなければならなかったのである．もちろん，どう振舞えば孤立して自分の命が危うくなるのかも分かっていた．だから群集の行動に批判的になったり，拒んだりはしなかった．この激動のさ中において群集から少しでも逸脱する者に降りかかる孤立の脅威の先鋭さという明確な特徴は，群集のヒステリックな興奮が根本において世論の発露であることを我々に示唆している．バスティーユ襲撃でなく，現代でもこうした群衆の活動シーンをたやすくいくつも思い浮かべることができるだろう．たとえば審判の判定に抗議して叫ぶフットボール・スタディアムの群衆，あるいはファンをがっかりさせたチームに怒りをぶつける群衆を考えるとよい．あるいは事故現場を思い浮かべてもよい．外国のナンバープレートの大きなキャデラックが子供をはねたとしよう．子供が車の前に飛び出したのか，ドライバーの方が悪いのかはこの際問題にはならない．集まった群集は誰もあえてドライバーの肩を持とうなどとは思わないだろう．また警官の野蛮行為の犠牲者を追悼するデモを考えてみよう．そこでは警官の弁護は不可能である．

　どんな状況でも，ある種の是認された行動に自分自身を合わせなくてはならないが，それには状況によって難易の差がある．ことに興奮した群衆状況では，合わせなければならないのは火を見るより明らかであり，難易をとやかく言える状況を越えてしまっている．だがもちろん，群集に巻き込まれる人々を結びつけ，群集の中に引き留める要因はさまざまでありうる．それによって群衆場面をいくつかに特徴づけすることも可能である．

　活動中のモッブの強さには二つの要素がある．その一つは時代精神からくる要素であり，一つは時間とは無関係の要素である．テンニースは後者を集合体の「固定的」条件といい，前者を「流動的」状態に関連づけた．非時間的要素に基づいたモッブは，典型的には本能的反応によって刺激される．飢餓暴動や，車にひかれた子供のために立ち上がる人々，見知らぬ人や外国人を行列から締め出す人々，自分のチームや国を応援する人々の行動がそれである．それは，ナチス・

ドイツの宣伝相ゲッベルスがスタディアムを埋め尽くした大観衆に「全面戦争を欲するか」とラリーで応酬させ，彼らを動員していった手口である．

　同様の非時間的な，あるいは少なくとも特定の争点に結びつかない条件として，確固とした倫理的伝統への違反行為に対する共同体の怒りを想起してもよいだろう．これに対して流動的な諸条件，すなわち価値の変動や新しい価値の発生から生ずる群衆のデモは，特定の歴史的条件によって規定される．

　新しい思想や観念は有形の群衆に支持されることによって，その力を素早く伸張する．通常の事態のように，分散した大衆の一人一人が新しい観念を採用するには大変な時間がかかる．しかし彼らを新しい観念に好意的な有形の群衆に仕立てあげることができるなら，価値変容はかなり早まる．なぜならこうした群衆は，孤立化の危険を冒さずに，新しい観念への支持を公然と表明できることをその人々の目に明らかにするからである．こうした特定の時代にのみ生ずる群衆は，革命期に典型的な現象である．だから有形の群衆は，極度に強い世論形態であるということもできるだろう．

　有形の群衆の中の一人一人の状況は，それを形成する前の各人の状況とは全く異なっている．活動中のモッブの中にあっては，何を公然と表明できるか，あるいは表明しなければならないかを苦労して察知する必要はない．この中では孤立への恐怖という最強のバネが一時的に効かなくなっているのである．モッブ参加者は自分がこの有形の群衆の一部であるように感じ，判断の法廷を恐ることはないのである．

■傷つけられた世論は，自発的群衆を形成することがある

　モッブあるいは有形の群衆は，根強く残る規範に反対する個人や少数派とその所属集団の合意状態との間の緊張の放出として，あるいは合意状態とそれに対する本能的な反発や新しい価値体系の採用との間の緊張の放出としても生ずる場合がある．したがってこのような自発的な群衆は，世論の双方向的性質を反映する．その影響は上向きにも下向きにも働く．それは政府や公共機関の行為や方針が当該集団の合意状態を破壊した時，それらに対して上向きに働く．一方でそれ

は変化への圧力に抵抗する者へも下向きに働くのである．社会調査の専門家は変革運動の勃発を予測しようとして，統計的調査を行なってそうした緊張を測定してみた．測定のためには，人々が当面する状況をどんな状況であると理解しているのか，またどうあるべきだと感じているのか，を測定する一連の質問を用いる．この現状とあるべき姿の二つの間のギャップが一定の限度を越えると，危険な状況が迫っていることになる（注9）．

有形の群衆と対比させると，潜在的群衆と呼べるものには，特定の場所に限定されない思考と感情の共通性があり，それが有形の群衆，あるいはガイガーのいう「有効な」群衆の発生に好ましい条件をも生み出す．それはフォン・ウィーゼが次の例で「内密のコミュニティ」と呼んだものと類似している．

1926年の夏パリでは外国人への暴力ざたが頻発した．それがしばらく静穏を保った後，別の事件が発生した．外国人で満員のバスが火事現場の手前で警官に制止され，広がる可能性のある火事を避けて別の道路を通っていくよう指示された．

火事を見ていた群集は外国人も野次馬に来たのだと思い込み，すぐに彼らに襲いかかった．……警官がそれを阻止する前に投石の嵐がバスに降り注ぎ，乗客の多くがけがをした．強力にバスを守らなければ乗客の解放は不可能だった．逮捕者の中にはパリの有名な画家まで含まれおり，彼は投石に積極的に参加したと言われている．……この事件前に潜在的な群衆がいただろうか．確かにあった．外国からの影響でインフレーションになったという怒りに燃えた「内密のコミュニティ」が確かにあった．それは組織化されてはいないが，外国人を憎む人全てから成る非常に大きな群衆だった（Wiese, 1955，424）．

■**不安定な群集は世論を反映するものではない**

世論過程，すなわち価値の持続的な形成過程における情緒的群集の役割は，「組織化された集団」（McDougall, 1920-21，48ページ以下）が形成されるとともにますます明らかとなる．組織化された集団は，特定の目的に向かって長い時

間をかけて形成されていくものであり，指導的人物ないし指導的集団を持っている．これら指導者たちが有形の，または「効果的な」群衆を慎重に育てたり再生しているのである．これに対し，世論を形成するという目標のない条件下で生ずる，原始的かつ自発的で組織化されない群衆は，自発的な群集活動に加わることによって情緒的なクライマックスを感ずるためにのみ生ずるものである．そこには，感情の共有感覚，強い興奮，性急さ，万能感，うぬぼれ，不寛容さも過敏さも許されるという感覚，そして現実感覚の欠如がある．そのようなモブの参加者には，なにごとも起こりうるように思われる．なにごとも不都合な理由づけなしに信じられうる．責任なくまた辛抱せずに振舞うことが容易となる．この種の群集の目標変更を予想するのは不可能であり，それを操縦したり，導いたりすることは全く不可能だという特徴を持つ．熱狂的賛美が，がらりと「はりつけにしてしまえ」と一転することもある．

　長い間維持されてきた後者のような不安定な群集観は大変印象的なので，そのイメージが我々の心の中にしみつき，大きな群集の中での意見の形成は通常こうなされるという固定観念ができてしまった．ここでは，ものの見方が突然変化するとみなされている．こうした説明は「大衆的人間」のイメージと合致するような意見の不安定性を予想させるが，社会調査を行なって分かるのは，個々人の意見を総計してみても，意見風土に対する個々人の意見を尋ねてみても，そのような不安定性はどうしても見いだせないということである．潜在的な群衆と有形で効果的な群衆とは異なった法則に従っているのである（前者が後者の発生に有利な条件を生みだすのだとしても，である）．一方には孤立の恐怖にとりつかれた人々があり，他方にはそれのない人々がいる．有形の群衆においては，互いが何を共有しているかが感覚的に強く浸透しており，その中で何を話し，どのように振舞うべきかを確かめる必要はない．そのような緊密なまとまりの中では劇的変化さえ可能である．

13. 流行も世論である

　自分も群衆の一員であると感ずることは，どんな場合にも人を興奮させ，時にはその気持ちを鼓舞させるものである．調査手法の発達した今日，そうした興奮状態は調査によって観測可能となった．我々はオリンピックやフットボールの一大決戦の興奮の模様をとらえたり，テレビの犯罪シリーズ三部作が通りを空にしてしまうほどの熱狂を巻き起こす様子をとらえることができる．また国家的なヒーローの功績に全ての国民が注意を釘付けにされることも観測できる．もちろん選挙キャンペーンの巻き起こす興奮状態も観測可能である．

　こうした興奮状態の中に見いだされる集団への帰属感情は，系統発生的な起源を持つものだろうか．あるいはそれは，孤立への恐怖から一時的に解放された安心感と強大感に由来するものだろうか．

■個人と集合体とを結合する統計的直観　（訳注24）
　イギリスの社会心理学者ウィリアム・マクドゥーガルはその著『集合的精神』（1920-21, 30）の中で「個人の意識と集合意識（群れの意識）との関連をどう考えるべきか，明快に論じられたことはいまだかつてなかった」と論じた．一方，ジグムント・フロイトは「集合的精神」のような集合的概念は不必要な概念的構成物であり，人間と社会とを並置させることも不要だと考えた．彼にとっては，一方に個人，他方に社会を対置させるのは「自然に備わった関係を断絶させるもの」だった．いわば外側から一人一人の個人に多数者が働きかけることによって，ものごとは決まるのではない，と彼は考える．個人はそうした多数者とは何の関わり合いも持たない．そうではなくて，各人の世界は少数の大事な他者との関係から成る．そして，この他者がいわば社会における多数者の代表なのである．またこの他者との関係が個々人の感情的な志向を規定するのであり，個人と

集団全体との関連を決定するのである．したがって，フロイトにとっては「社会心理学」という科学的な専門分野でさえ作り話なのであった．

　我々は今日の社会調査手法によって，人間が統計的な技術を何も介さなくとも，社会環境における意見の頻度分布とその変化を感知できる，準統計的な感覚といっていいほどの高度に敏感な能力を持っていることに気づいている．しかもそれは，フロイト思想では説明不可能な能力である．大半の人がどう考えているかを評定できる，こうした環境認知能力に特異なのは，環境の認知がほとんど全ての社会各層で同時に変化する点である（2章図11−13を見られたい．また24章も参照されたい）．それゆえ，個々人が日々接している個人的な対人関係を越える何かがそこにあるはずである．それは，永続的に非常に多数の人間をモニターできる直観的能力であり，そしてモニターされる多数者は巧みに「公共的（公的）」と名づけられた領域にまさに存在しているのである．マクドゥーガルは明白に，公衆感情意識（awareness of public sentiment）が存在していると仮定した．公衆感情には実体はないが，公衆感情意識があるという証拠は今日ますます多く見いだされている．まさにマクドゥーガルが論じたように，公の場，すなわち公衆の中にあっては人は世論に関わる知識，すなわち公衆の意見の知識に基づいて行動するのである（1920-21, 39-40）．

　この準統計的能力は個人と集合体とを結び付ける絆であることが分かるだろう．何も神秘的な集合意識を仮定することはない．我々が仮定するのは，人，その人の意見，あるいは行動のパターンに関して社会環境の側の賛否をかぎとり，その変化や移動を知覚し，できる限り孤立の恐怖を回避しようと反応する能力を人間が持っているということだけである．マクドゥーガルは孤立の恐怖について次のように書いている．「孤立を恐れる気持ちは必ずしも意識されているとは限らないが，実は全ての人が抑圧している感情である．だがそれは，群衆の形成時には当面消滅している」（1920-21, 24）．

　19世紀と20世紀には，対立する二つの人間観が何度も繰り返し激突してきた．一方は本能的な行動を強調し，人間は群れの衝動に規定されたものだと論じた．他方は，人間は現実の諸経験に対して合理的に反応するという観点であり，より

ヒューマニスティックな理想に沿った人間観である．歴史的に見れば，イギリスの生物学者ウィルフレッド・トロッターの本能理論（1916）とマクドゥーガルの本能理論は後者の人間観に沿った行動主義にとって代わられていった．

こうした歴史的変遷は次の事実によってさらに複雑になる．それは，模倣現象という人間行動の重要で明確な特徴には，外見では区別できない二つの異なる起源，異なる動機が含まれているという事実である．その第一は，知識獲得の意図をもってなされる学習としての模倣である．他者の経験や知識から益するために，その有効性が証明された行動パターンを模倣する行動である．あるいは適切な判断や良い鑑識眼を持った議論をまねる行動である．一方，第二の模倣は他人に似ようと努力を重ねることから由来する．それは孤立への恐怖に発する模倣である．

人間の合理性を強調した人間観では，模倣を目的的な学習のストラテジーとみなした．この観点が本能理論を明らかに打ち負かしてしまったので，歴史上，孤立への恐怖に由来する模倣は無視されるようになった．

■**なぜひげをつけなくてはならないか**

正しい視点から注意してとらえるべき謎がたくさんある．だがそれらは当り前のことがらと同様，なかなか謎には見えてこない．最晩年のドゴール将軍との対話で，アンドレ・マルローは次のように述べている．「流行というものが私にはどういうものかどうしても分かりません．……ひげをつけなくてはならない時代があり，ひげを剃っていなくてはならない時代がある」（1972，101）．

知識の獲得や学習への動機づけは，ひげをつけたり剃ったりする模倣への動機づけになるであろうか．そうではない．だから，マルローにはこう答えなくてはならない．流行とは，流行り始めの頃は孤立しないで公然と見せびらかすことができるものでありながら，さらに流行すれば，今度は孤立しないために公然と見せなければならない行動のあり方である，と．また，こうして社会はその団結を守り，人間たちが妥協しやすいような保証を与えてやるのである，と．だからひげのスタイルが変わるのも，より奥深い理由なしにはありえず，その時代の人々

にさらに決定的な変化を覚悟させずにはいないことも納得されるだろう．

　その証拠に，プラトンはソクラテスとアディマントスの対話に託してこう語らせる．ソクラテスは言う．「ヘアースタイルや身につける衣装，靴など全体の外見は」その国でたしなまれている音楽同様，国家がよって立つ不文律の一部である」(国家　第4巻)．だから「音楽の新しい様式を受け入れようとするなら，それが国家全体をも危うくすることを考慮して十分に警戒しなければならない．なぜなら……国家のもっとも重要な諸法に影響せずに音楽の様式が変化したことはないからである」．気晴らしだという外見のもとに，そして人畜無害を装って，ものめずらしい音楽の様式が侵入するのである（訳注25）．アディマントスがその後をついで言う．「実際それは何もしないけれども，……しだいに入り込み，意識しないうちに，人間の振舞いや営みの中に押し入っているのです．そのあとでより強い力で契約という人間関係の分野になだれ込み，そしてその契約の分野から法や政治的な制度の中にまで大胆に侵入します．……そしてついには公的なものも，私的なものも全て覆してしまうのです」(Plato, 1900, 108))．

　流行が陽気な遊びという側面を持っているために，我々はいともたやすく，その重大さや社会統合のメカニズムとしての重要さを見過ごしがちである．ここでは，社会が手の込んだ階層組織によってその凝集性を維持するのか否か，つまり衣服，靴，髪型やひげのスタイルの可視性が地位の差異の象徴として用いられるのかどうか，あるいは逆にアメリカ社会のように，そうした差異のなさを示すために用いられるのかどうか，ということは当面問題ではない．確かに，流行の陽気な遊びの側面が社会的な階級章になることはよく知られている．それは流行が差異と名声を求めた表出行動に基づくものだからである．そしてそれは，ヒュームのいう「名声へのあこがれ」やヴェブレンのいう「有閑階級の理論」として，同調圧力現象よりも広く注目を集めてきた．しかし実は，同調圧力こそ人々に影響を及ぼすより広い一般的な現象であり，ジョン・ロックが評判や流行を意見の法と同義に用いて強調したのもそれゆえであった．

■流行に留意することは妥協能力を磨くことになる

　流行が規律として作用することへの不満は，いくつものマイナスの側面を持った表現に言い表されてきた．たとえば，「流行の気まぐれ」，「流行道楽」，「衣装持ち」，「しゃれ者」，「ハイカラ屋さん」などなど．それらは浅薄性，皮相性，一過性，サルまねに近い一種の模倣を意味している．

　消費者が新しい洋服を買ったとき，何を特に期待するかと質問され，「流行に遅れてはいけないから」と回答する消費市場分析を読むたびに，どれだけ思い悩んでそう答えただろうと考えると，いじらしい気持ちさえしてくる．我々はここに，「消費の強制」に対する嫌悪感の発露を見る思いがする．そして今時の趣味の持ち主に「遅れたいでたちのかかしさんだ」とばかにされ，拒否されないように，自分の趣味まで妥協させて流行に従う怒りが感じられるのである．しかしこの「消費の強制」の元凶は誤って判断されている．その糸を操っているのは，怒れる消費者がしばしば考えがちなように，ブティックの経営者ではない．彼らが流行の舞台作りをするのではない．流行の趨勢の舵取りをしているのではない．その店が流行っているのだとすれば，それはうまい船乗りが帆に満杯の風を受けるすべを知っているのと同じ理由による．外見として現れる洋服自体は，その時々の時勢の表出手段としてあまりに適切なのであり，個々の人間が社会に対して従順を表明するあまりにも適切な手段なのである．

　ベンディックスとリプセットの著名な論文集『階級・地位・権力』の一章に，社会科学では「流行」の語があまりに広く用いられ，「過度に一般化された語」（Barber & Lobel, 1953, 323）になってしまったと嘆く一節が見られる．某研究者は一人で，「流行」の語を絵画，建築，哲学，宗教，倫理的行動，服飾，そして物理学，生物学，社会科学などに関連させて用いているありさまだという．それだけではない．「流行」概念はさらに言語，食料，ダンス音楽，娯楽など，「実際，社会や文化の全ての要素にわたって」用いられているのである．基本的には「流行」の語のこうしたさまざまな適用は，「変わりやすい，変化に富む」という意味を表すために意図されたものである．「しかし」とこの論文は言う．「こうしたさまざまな社会的領域において，（流行と名ざされる）行動の構造と

その変化の結果として生ずる動態が全て同じものだという可能性は低いものでしかない．『流行』は……あまりにも指示対象を持ち過ぎた．それは社会的行動のあまりに異なる領域をカバーしている」（同，323-24）．

■厳格なパターン

　本当にこれらは全く異なった社会的行動のパターンなのだろうか．ものごとの背後を注意深く見抜ける人ならば，これら事象の背後の層には全てロックが意見，評判，流行の法と呼んだ不文律が存在していることを見いだすのではないだろうか．

　事実，ロックが「法」の語を正当化して用いえたほど厳格なこのパターンを，我々はどこでも見いだすことができる．それは，放縦が過ぎると胃痛を起こすといった行為それ自体に由来する報酬や罰ではない．そうではなくて，ある特定の時と場所とに限られた社会環境の側からの是認・否認による報酬と罰なのである．深く問いつめれば，「流行」の語を非常に広い範囲で用いるのは，適切にもこうした共通の特徴に注目させる利点を持つ．「流行」で名ざされた諸領域は一見互いに何の関連もないようにみえるが，そのどの領域でも人間は流行の「内」にいるか「外」にいるかの二者択一を免れない．どんな変化も見逃さないよう注意を怠るまいと心がけるか，さもなければ孤立への脅威にさらされるかの択一が待っている．孤立への恐怖は，判断の優勢・劣勢を競う場合にはいつでも存在する．だから流行は優れた統合の手段なのである．そして社会的統合を果たすこの機能だけが，かかとの高さやワイシャツのカラーの形など，一見ばかげたものがなぜ世論の内実になりうるのか，つまり「内」と「外」とを区別するしるしとなりうるのかを説明する．流行が生じている，見かけ上は何の関係もない各領域は，実は互いに関連しあっているのである．確かに，各領域の流行が並行しているかどうか検討されたことはほとんどない．しかしソクラテスにならって，音楽の趣味やヘアースタイルとの間には関連があると考え，その流行の動きが法の改廃にさえ結びつくことを見逃してはならないのではなかろうか．

14. さらし台

　刑罰の体系はさまざまな社会で，人間のひ弱な社会的天性を無情にも利用してきた．たとえばコーランが，盗みの罰に左手の切断を科し，再犯時には左足の切断や烙印を科するなど，衆人の目から隠しにくい罰はその例である．しかしそれ以上に明白なのは，いわゆる「名誉の罰」の場合である．それは自尊心に働きかける罰であり，原則として髪の毛一本たりとも傷つけるものではない．さらし台というこの種の罰の背後にどんな思考が隠れているのか，いま我々は完全に理解できる（注10）．この罰が12世紀から我々の文化の中に存在していたことが知られており（Bader-Weiss & Bader, 1935, 2），またいかなる文化，いかなる時代にも途絶えなかったという事実は，人間の天性に不変の要素が存在していることの証左である．ピグミーたちも人間が何に対して最も脆いかを知っていた．それは他者の前で，つまりみんながそのばかさ加減を見聞きできるようなところで，あざ笑われ，軽蔑されるという行為に対して脆いのである（11章参照）．

■**人間のひ弱な社会的天性に乗じた者には名誉の罰が下る**

　ジョン・ロックはキケロを引用して言う．「この世の中に高潔，威厳，名誉，そして賞賛を博するほど良いものはない」．そして，これらが全て同じものの別称だとキケロは知っていた，と付言する（Locke 1894, 1：478）．人間にとって最も大事なもの，すなわち名誉の剥奪が名誉の罰の実体である．中世にはさらし台は「人間の名誉を引きちぎる」といわれたものである（注11）．その経験はあまりにも苦痛だと思われていたため，人文主義の胎動が始まるや，18歳以下の青少年と（トルコの法と同様）70歳以上の老人をさらし台につなぐのは廃止された（Bader-Weiss & Bader, 1935, 130）．

　さらし台は，衆人の注目を最大限に集めるように工夫された，きわめて巧みな

装置である．それは市場や人通りの激しい辻に立てられる．当の犯罪者は鉄の首当てによってさらし台に固定され，最も人通りの多い，日曜や祝日，あるいは市の立つ日の朝の間などに「さらし者となり」，「公開される」．あるいは「教会のさらし台」の場合には，足首に鎖をつけて教会の扉につながれる．そして音の大きな太鼓やベルが耳をそばだたせる．さらし台自体もけばけばしい赤やオレンジの色で塗り立てられ，できるだけ人の目を引くように作られ，さらに不潔な動物の絵がかざりとして描かれている．さらし者はここにつながれた上に，自分の名前と罪状を石板に書かれ，それを首から吊さねばならない．そして前を通るやじ馬は，さらし者をあざ笑い，酷評し，汚物を投げつけるのである（ここでは，投石者は無視する．投石はこの罰の趣旨に沿わないものだからである）．彼らは匿名で，日常の社会統制のルールから離れたところに位置してさらし者に対する．犯罪者だけが衆人の中で名指しを受ける状況が出現する．

　さらしの刑は，大罪に科せられるのではない．それほどは目立たない罪に対し，それを公衆の目に存分にさらすという形をとる．それは，たとえばパンの重さをごまかすパン屋の不正，倒産詐欺，売春，そして特に名誉毀損の罪に適用される．そのポイントは，他人の名誉を盗んだ者は自分の名誉も剥奪されるという点にある（Bader-Weiss & Bader, 1935, 122）．

■ゴシップはその社会の名誉の法則を明るみに出す

　名誉毀損とゴシップの境界は流動的である．その場にいない人に対する非難をこめたゴシップが単なる意見でなくなるのはいつか，はっきりしない．が，実際そうなれば，名声は地に落ち，声望は抹殺され（注12），名誉は不名誉と化す．その人と一緒のところを見られるのはタブーとなる．『危険な関係』の中で世俗に長けた侯爵夫人が若い貴婦人に，評判の悪い男とつき合わないよう説得したのはそれゆえだった．「（それでも）世評は悪いまま変わらないのではないでしょうか．それだけで彼との関係を世の反応に合わせて変えていく十分な理由になるのではないでしょうか」（Choderlos de Laclos, 1926, 1：89）．

　誹謗中傷や名誉の喪失，あるいは追放者，負け犬，無宿者など，人間が見捨て

られ，防御を失った状態を表現する社会心理的な言語表現は実に多様である．自分にダメージとなるようなゴシップを聞いたとき，「いったい誰がそう言ったのか」と我々は必死に自分を護ろうとする．しかしゴシップは匿名である．

　かつてアメリカの文化人類学者ジョン・バード・ハビランドは，ゴシップを研究対象に取り上げた．彼はジナカンテコという部族のゴシップを観察し，記述することによって，科学的な観点からこの部族社会の名誉のルールを導き出そうとした．そして，ゴシップは不品行が明るみに出て，名誉の罰が下されるまで続くことを見いだした．ゴシップのあげくに不義行為が公的に確認されると，問題のカップルはさらし台に類似した名誉の罰を受ける．公の祭りのさ中に彼らは重労働に服さなければならないのである（Haviland, 1977, 63）．それは孤立の効き目を十分に果たす最も想像力豊かな方法であろう．というのも，重労働はそれ自身不名誉なものではないが，祝い事のさ中で明らかに二人をそこから隔離するからである．

　人間は，不名誉が目立つようにさまざまな方法を考案してきた．たとえば頭に紙の山高帽をかぶせて「見せ物」にしたり，全身にタールを塗り鳥の羽を植え付けたり，少女ならその頭を剃って村をくまなく歩かせたりしたのである．ピグミーの不運なセフーがどうなったか思い出してみてもよい．「おまえは人間じゃない．動物だ」とみんなにあざ笑われたことを．

　皇帝でさえ，非難され，公衆の軽蔑にさらされて，屈辱を受けることがある．1609年のことである．プラハに住んでいた神聖ローマ帝国皇帝ルドルフⅡ世はボヘミア議会に税収を阻まれたために，支払いを待っていた職人や輸送業者に待ちぼうけをくらわせることになった．待たされた彼らは，ついに公衆に向かって抗議を始め，それが世界で最初の新聞であるアビソ紙によってプラハ市民よりはるかに広範な公衆にまで報じられることとなった．アビソ紙によれば，1609年6月27日夕刻，皇帝が夕食をとっていると，邸宅の前面の暗がりから大きな叫び声とけたたましい笛の響きが聞こえ，職人や業者たちがまるで犬や狼や猫のように吠え立てるのが耳に入った．これに皇帝は少なからず衝撃を受けた，と報じられたのである（Schone, 1939, 後書き2-3ページ）．

さらし台に相当するものは，子供部屋や学校の教室にも見いだせよう．部屋の隅に罰として立たされるなどはその例である．市場の中に立てられた赤やオレンジの色をした不名誉のさらし台は，中世の拷問部屋に置かれた鉄の処女と同じくらい遠い過去のことのように思われるかもしれないが，それは今日もなお生き続けている．20世紀が終り近くになっても人々は新聞やテレビによってさらし者にされているではないか．1609年のアビソ紙はマスメディアの先駆をなすものであったともいえようか．

　世論について少なくとも50もの意味があり，それによってこの概念からいかなる意味をも絞り尽したかにみえる20世紀になっても，世論の原義はまだドイツの刑法典に生き続けている．その第186条と187条には次のように記されている．すなわち，名誉毀損や中傷の告発には「世論の中に，すなわち公衆の意見の中に告発者の評判を落とす」証拠が多少でもあればどんな些細な事実でも十分である．ゴシップから名誉のルールを導出できたのと同じように，今日の名誉毀損の訴訟からも名誉のルールを導くことができるのである．たとえば，1978年11月23日，ドイツのマンハイムの地方裁判所で下された判例を見よう．その概要を雑誌『新法律週報』10号（1979）504ページに見ると，「『魔女』と呼ばれたという告訴に対し，被告側はそれが些細な過失であることを理由に訴えを却下するよう申し立てている．しかるに本訴訟事件では，原告側が外国人，つまりトルコ人であること，および中近東では魔術が広範に信じられているという事実を考慮すれば，この申し立ては正当なものとは認められない．この件の当事者を保護するため，法による強い問責が当該行為に対して定められている点に鑑みれば，断固たる処罰が必要と認められる」．その判決理由を説明して，法廷は次のような論断を下した．

　中近東では，今日でも魔術が広く信じられていることは疑いえない．……わが国においても事情はほとんど変わらない．当該事件に関連した最近の調査では（1973年），西ドイツ国民の2％が『魔女』を信じており，さらに9％が魔術の存在の可能性を信じている．また専門家の推定によれば，南ドイツでは魔女

の噂を立てられた女性のいない村はほとんどない．……したがって『トルコからはるかに離れていても』同様の迷信が弱い，あるいは存在しないなどと判断を下すべき理由は何もない．原告側弁護人が正当にも指摘したように，『魔女』の疑いをかけられることは，当事者の世評を顕著に，かつ望ましからざる方向に歪める作用を持つ．なかんずくトルコからの外国人労働者である原告は，この名誉毀損に対して当法廷が断固として効果的な処置をとらなければ，身近な人から疑いを受け，しだいにいやしまれ，見捨てられ，絶え間ない敵意と迫害にさいなまれ，ついには度重なる重大な虐待や時には死に至る可能性すらあると推断されるのである．

15. 法と世論

　ノイエ・チューリヒ紙は（1978年5月6日），チューリヒ市内で起きた深夜強盗事件の裁決を解説して次のように述べている．「こうした犯罪への軽い処罰が国民感情や世論と一致するかどうか，最高裁で再審すべきであろう」．
　法や判決が世論と一致しなければならないのだろうか．世論と適合していなければならないのだろうか．世論と法の領域との関係はどのようなものであろうか．
　まず回答を迫られる問題は，ジョン・ロックのいう三つの法，すなわち神の法，市民の法，意見の法が互いに矛盾しないかどうかという点である．ロックは彼の時代と国柄を考慮して，この問題の一例に決闘の例を挙げたが，1970年代と1980年代の西ドイツでは人工妊娠中絶の問題を挙げることができるだろう．ローマ教会の枢機卿は人工妊娠中絶を殺人と呼び，それが大量に行なわれているのはアウシュビッツ強制収容所の大量殺人にも匹敵するほどだという，ある医師の発言を否認しようとはしなかった．枢機卿は，市民法が人工妊娠中絶を認めていることは確かだが，それでも私はこれを殺人と呼ぶ，と語った（フランクフルター・アルゲマイネ紙1979年9月26日，10月6日）．これはことばの用法の混乱ではなく，融和しがたい二つの意見がぶつかり合っていることを示している．枢機卿の見解には，ひどく異なる二つの観点が隠されているという以上のものがある．人工妊娠中絶に関して合い争う信念は互いに激しいものがある．生命の保護に関するキリスト教の強い信念は，まだ生まれていない生命に対しても当てはまるが，それはルソーが最初に「市民の宗教」（1962a, 327）と呼んだ強い感情的な信念とは鋭く対立する．後者では女性が自身の体を自身で決する権利や女性の解放がより大きな価値を持つのである．ここでは，自分と観点の違う知人を避けようとするほどの対立が見いだされる．

■二分された世論としての成極化現象

　自分と考えの違う人を避けることによって，人間は周囲の人間の見解を統計的にほぼ正確に感知する能力を失うことになる．アメリカの社会学でいう「意見分布の無知」(pluralistic ignorance)（訳注26）の用語は，「他人」の見解についての無知の状態を指すものであるが，それは対立する見解の成極化として知られる状態でもある．社会は二分され，世論の分裂が生ずることになる．それに特徴的なのは，相手も自分と同意見だという「鏡映認知」(looking-glass perception)に見られるように，対立する各派が自派を過大評価することにある．これを統計的に測定することも可能である．つまり，「大半の人がどう考えているか」に関する評定が両派で離れるほど，当の問題の成極化が進むとみなして測定するのである．この成極化によって対立者たちは互いに全く言葉を交わさなくなり，それによって当面する状況を誤判断する状況が生じる．表16から表19までは，1970年代にあったそうした事例である．

　これらに見られる意見分布の無知は，時には一方の側だけの無知にとどまっている．一方の側で自身を過大評価しても他派は正確に認知しているのである．この場合，過大評価の側に有利な展開となることも示唆できる．その一例として，西ドイツの東方政策に関する意見の食い違いを取り上げてみよう（表17）．東方政策賛成派が最終的には勝利者となったが，表で見るように，賛成派では70％までが「大半の人たちは自分と同じ意見だ」とかたく信じている．これに対し，反対派では意見が割れた．彼らは賛成派が多数派だとも思わないが，自分たちが多数派だとも思わない．「半々ではないか」というどっちつかずの熱のない意見が多いのである．現在の世論の状態を分析して予測を試みる際には，こうした社会環境評価の対称性または非対称性が重要な要因であることがわかる．もし対称性が強いなら，つまり成極化が進んでおり，各派とも自派が強いと認知しているのなら，対立は激化するだろう．これに対し，非対称性が強いなら，つまり一方の側に意見を言うのをためらう傾向があり，どちらの側が強いか分からないと言ったり，五分五分だろうと言うようなときには，その派の自派防衛力が弱いことを指す．表16〜19には，こうした例も含めた意見の不一致度の指標を示した．それ

表16 ブラント首相に対する意見の成極化（1971年1月）

多数派意見に関する評定が支持派と反対派の二派で大きく異なる．二つの派が互いに離れつつあるからである．もはや両派は互いに話し合うこともなく，互いの認知する意見風土は大きく異なってしまう．質問文は次の通りだった．「大半の人はブラント首相の留任を望んでいると思いますか．そうではなくて他の人が首相に就任するよう望んでいると思いますか．どちらが当てはまるでしょう」．

	ブラント支持者（％）	ブラントの反対者（％）
大半はブラント留任に賛成だ	59	6
大半は他の首相を望んでいる	17	75
どちらとも言えない	24	19
	100	100
	N＝473	290
オスグッドらによる意見の不一致度の指標 *	D＝	78.7

出典　Allensbach Archives, survey 2068

* （訳者注）Dの計算は，
$$D = \sqrt{(59-6)^2 + (17-75)^2 + (24-19)^2} = 78.7$$
となる．

表17 東ドイツとの条約締結をめぐる意見の成極化（1972年5月）

東ドイツとの条約締結をめぐる意見も賛成派と反対派の認知に大きな差があった．質問文は次の通りだった．「あなたご自身の意見は別として，西ドイツの大半の人は東ドイツとの条約締結に賛成でしょうか，反対でしょうか」．

	締結賛成派（％）	締結反対派（％）
大半は条約締結に賛成だ	70	12
大半は条約締結に反対だ	3	30
半々だ，どちらとも言えない	27	58
	100	100
	N＝1079	293
オスグッドらによる意見の不一致度の指標	D＝	71.1

出典　Allensbach Archives, survey 2082

は，オスグッド，スシ，タンネンバウムという三人のアメリカの社会心理学者によって1950年代に開発されたもので，次の公式を用いて算出される：

$$D = \sqrt{\sum_1 d_i^2}$$

ここで d_i は比較すべき2集団間の差を表す．

■ **変化への障害と，現在の趨勢に対する盲順への障害――両極端**

　ロックが三種の法と呼んだ古風な言葉を，現代社会学はより厳密な用語に呼び替えている．ロックのいう神の法は，今では倫理的理想，伝統，基本的価値などと呼ばれている．そこではこの「理想」という点に強調点があり，それと現実との間の不均衡がしばしば無視できないものとなる．また，ロックが意見の法，評判の法，あるいは流行の法と呼んだ最強の行動規定因は，社会学的な用語では習慣や社会道徳と呼ばれる．

　いま一つの法である国法は反対方向に二分されることがある．ルネ・ケーニッヒはこの現象を『社会規範体系の文脈における法』という題の小論で記述したことがある．社会道徳を守ろうとする側は，国家が法を世界観変化の障壁とするよう期待する．一方，世論や新しい社会道徳のスポークスマンは，法とその体系が時代精神と調和するよう発展していくことを要求する．そして実際，この立場から激しい議論を展開する．どんな社会にも見られる世論過程が社会統合の手段であり，社会の活力を維持する手段だとすれば，法とその体系は世論に対し，何ほども抵抗しえないはずである．しかし，こうした議論の中で，時間の要因が世論にとっても法にとっても重要だという認識もある．だから公衆が法の体系を信頼するためには，法はあまりにたやすく流行に追随すべきではない，という議論も生まれる．『我々は安心して従える指針を失ってしまったのか』という論文の中でラインホルト・ツィッペリウスはこの問いを次のように投げかけている．

　信頼できる行動規範への要求は，法の特定の相のもとでは法の安定性への要

求として現れる．……法の安定性への要求は，第一に，対人的関係における明確な規範の確立への関心を意味する．……この関心に次いで第二に，法の継続性への関心がある．この継続性が未来への指針を作りだし，それによって計画や配分が可能となる．規範体系の最大限の安定性への要求と，法の改訂における一貫性への要求が妥当であるためには，さらにもう一つの理由がある．伝統的な法は，それがうまく機能する力があるかどうか長い間テストされ，それに耐えてきたものである，という点である．これが，ラードブルッフの言うように，法はあまりにたやすく変化してはならない理由であり，単なる一時的な要求に屈して立法化されるようであってはならない理由である．そんなことをすれば個々の判例がなんの制約もなしに法と化してしまうであろう（Zippelius, 1978, 778-79）．

さて世論の側から見れば，政治争点キャンペーンの目標は，決定の瞬間まで熟考の時間を与えることではない．キャンペーンは，その目標が達成されてしまうまで，そして要求したことがらが法の拘束的な秩序に組み込まれるまで，世論の興奮状態をかき立て，それが弱まらないようにすることをめざすのである．ニクラス・ルーマンはこうしたキャンペーン過程を『世論』という論文の中で叙述している．所与の政治争点は「それが最高潮に達すると，反対派は引き延ばし戦略にかかったり，部分的賛成をしたり，時間稼ぎのために保留したりせざるをえなくなる．賛成派の方は，逆に予算に乗せたり，行政の場に滑り込ませようとする．これらを行なう時間は非常に短期間である．すぐに熱心さが薄れ，留保がつけられ，あるいはいやな経験が生ずる．……こうしたことが何も起こらなければ，こんどはそれが将来なんらかの問題が起こる兆候だと解釈される．そしてじきに当の争点は魅力を失ってしまう」（Luhmann, 1971, 19）．

この記述は疑いもなく，世論の中でも短命の流行的な動きにだけぴたりと当てはまる．それ以外の世論は，何年も，何十年も，何世紀も持続することがある．たとえばトックビルがたどった平等拡大運動は千年以上にわたったものであった．しかし大きな争点が推移するいくつかの段階は，ルーマンのモデルのような

**表18 共産党員の判事任官問題では意見の成極化は起きていない
(1976年4月)**

賛成派も反対派もともに，多数意見がどちらであるかについて同意が成立している．質問は次の通りだった．「あなたご自身の意見は別にして，西ドイツの大半の人々は共産党員の判事任官問題についてどう考えていると思いますか．賛成だと思いますか，反対だと思いますか」．

	任官賛成派 (%)	任官反対派 (%)
大半は共産党員の判事任官に賛成だ	6	1
大半は共産党員の判事任官に反対だ	79	88
どちらとも言えない	15	11
	100 N = 162	100 619
オスグッドらによる 意見の不一致度の指標	D =	11.0

出典 Allensbach Archives, survey 3028

**表19 成極化が中程度だった，心理的・経済的理由による人工妊娠中絶問題
(1979年10月)**

質問文はこうだった．「西ドイツの大半の人々は，心理的・経済的理由による人工妊娠中絶に賛成だと思いますか，それとも反対だと思いますか」．

	心理的・経済的理由による人工妊娠中絶の	
	賛成派 (%)	反対派 (%)
大半は心理的・経済的理由による 　人工妊娠中絶に		
賛成だ	48	19
反対だ	17	44
半々だ，どちらとも言えない	35	37
	100 N = 1042	100 512
オスグッドらによる 意見の不一致度の指標	D =	39.7

出典 Allensbach Archives, survey 3074

形になるのかもしれない．

　あることがらについての社会的な風潮や考え方の形で発現した世論に対し，裁判官や行政官が性急に反応する一例は，非喫煙者の面前での喫煙禁止キャンペーンに見られる．第3章で示した調査結果に見るように，この争点に対する世論は紆余曲折の変化をたどったが，1975年11月，禁止キャンペーンが行政面で条例を勝ちとった．その条例は，非喫煙者の面前では禁煙するよう勧告または要請するものであった．また1974年には，シュトゥットガルト地方裁判所が過去の判例を覆して，タクシーに乗って喫煙するのは運転手への配慮に欠けると裁定している．さらに極めつけはベルリン上級行政裁判所である．ここでは喫煙者は「法的意味において有害だ」という判決を下されたのである．その判決にコメントを加えたフライブルグの法律家ジョゼフ・カイザーは「これで苦もなく，喫煙者を治安用のカテゴリーに分類できるわけだ．つまり警察権の及ぶカテゴリーに属するというわけだ．だから喫煙すれば実質的な危険が伴うことになる．警察のとがめを受け，法定の処置を受容しなければならないからである．それが可能となるために必要な概念的先行条件は，喫煙が非喫煙者の健康に実際に害を与えるという十分な証拠の存在であるが，しかし，それこそがまさに欠けている」(Kaiser, 1975, 2237)．ここでは証拠の裏付けがないまま，法的事実が形成された．したがってこれを，世論過程として特徴づけることも可能であろう．この法律家は，非喫煙者の保護が「流行中」だと適切な表現をしている．

■法は慣習によって支持されねばならない

　逆の場合を考察してみよう．もし「優勢意見」たる世論が法規範から大きく乖離し，しかも立法部門がこの状況に対応しない場合，非常に危機的な状況が生ずることになる．この状況は，法規範が伝統的な道徳価値と一致しながら，明らかに慣習や社会道徳がその双方から乖離しつつある場合，特に出現しやすい．今日行なわれている社会調査は疑いもなく，このプロセスを加速する効果を持っている．1971年に雑誌シュテルンは，アレンスバッハの人工妊娠中絶に関する社会調査結果を公表し，16歳以上の国民の46％が人工妊娠中絶が容易になるのを希望し

ている事実を明るみに出した．そのわずか5ヵ月後，再び調査を行なってみると，同意見の率は46%から56%にはねあがっていたのである（シュテルン1971年11月4日号，260ページ）．この状況は，トックビルが単なる「外観」について語ったときに意味していたことがらに対応する．つまり「外観上」世論はある意見を支持し続けているが，かつてはそれを維持し，その背後にあった価値はとっくに崩れさってしまっているという状況である（Tocqueville, 1948, 2：262）．こうした価値の崩壊においては，それが公然と表明されない限り，外観だけがそのまま残っている．しかし，その外観の裏側が虚ろなことが突然明るみに出されるとき，外観自身も崩れさるのである．それは，今日ではしばしば世論調査を通じて生ずる．その結果，法的には許容しがたい発言が噴出する．人工妊娠中絶の例でいえば，多くの女性が「私はその経験がある」と違法行為の経験を公然と口にしたのである（Stern誌，1971年6月3日号，16-24ページ）．

　長い目で見れば，法は慣習によって支持されない限り，維持できない．行動というのは，明文化された正規の法によるよりも，孤立への恐怖やまわりからの非難への恐怖，あるいはそれらの暗黙の手掛りによって，より強く影響を受けるものである．そうした，ジョン・ロックが「意見の法」として記述したことがら，その200年後エドワード・ロスが「社会統制」として記述したことがらは，20世紀の社会科学者が実験を通じて実証している．関連実験の一つに，交通信号に関わるものがある．それは，赤信号のときに横断歩道を渡る歩行者の数を次の三つの条件下で検討したものである．その条件とは，(1)誰も悪い例にならない条件，(2)服装から見て低い階層の男が赤信号のとき横断する条件，(3)服装から見て高い階層の男がそうする条件，である．赤信号で横断する両階層の男の役割は，ともに実験助手が演じた．合計2,100人の歩行者を観察した結果，赤信号で横断する人の率は，交通違反者のいない条件では1%，低い階層の男が信号無視のモデルとなった条件では4%，高い階層のモデルの条件では14%であった（Blake & Mouton, 1954）．

■法を通じて世論を変える

　法と世論の関係では，逆の影響関係もありうる．世論を望んだ方向に誘導するために法が制定されたり，変更されることがある．アルバート・V・ダイシーは法と世論に関する古典的な著書『19世紀イギリスにおける法と世論——講義録』の中で，後年世論調査が確認した現象，つまり法の成立がその法への賛成意見の増大につながるという現象に言及している．一見するとこれは大変特殊な現象で，ダイシーが何も実証的な証拠を持たずにそう言明しているのはさらに奇妙

表20　世論と法の間の関係
例：離婚法改正　質問文は次の通りだった．「あなたは，離婚問題には倫理的な罪悪の問題がある，つまりどちらかの側に責任があるという考え方を支持しますか．それともそうした罪悪論は時代遅れだと思いますか」．

	16歳以上の全サンプル（%）
罪悪は存在する	78
罪悪論は時代遅れだ	12
わからない，意見がない	10
	100
	N=1015

質問「ここに罪悪感情を感ずるべきかどうか話し合っている人たちがいます．何を言っているか読んでみて下さい．どちらの意見にあなたは賛成ですか」．
（イラストを提示）

	16歳以上の全サンプル（%）
「離婚には罪悪感を感じなくてはならないわ．それを感じない人は，他人を傷つけたり不幸にしたりしてもかまわない人だということになるわ」．	72
「離婚に罪悪感を感じるなんていけないわ．感じてもそれは当事者を不幸にしたり困惑させたりするだけで何にもならないわ」．	18
どちらとも言えない	10
	100
	N=1016

ですらある。彼にとっては説明しにくい現象だったようだが,沈黙の螺旋現象を知る我々には説明可能である。賛成意見を言うと孤立への恐怖に直面するという心配が,法の成立によって薄らいだのだと説明できる。世論と立法化との間の微妙な関係は,このような傾向の中に見いだすことができよう。ダイシーは次のような法則を提案している。「法は意見を育み,創り出す」と (Dicey, 1962, 4; Lazarsfeld, 1957)。

法が世論を望んだ方向に創り出す可能性を認めるのは,大変なことである。そ

質問「今日,離婚はもはやどちらに責任があるかという問題ではない,という意見があります。あなたはこの意見がいい意見だと思いますか。

	16歳以上の全サンプル（%）
いい意見だと思う	24
いい意見だとは思わない	57
どちらとも言えない,分からない	19
	100
	N = 495

質問「あなたは離婚法改正についてどれほど満足されていますか」

	16歳以上の全サンプル（%）
離婚法改正(責任の所在を問わない方向への改正)について私は,	
大変満足している	7
かなり満足している	20
あまり満足していない	23
まったく満足していない	35
無回答	15
	100
	N = 2033

出典 Allensbach Archives, survey 3074

れは支配する多数者による世論操作への誘いであり，政治的要求からくる世論の利己的利用の可能性を意味するからである．しかし同時に，立法化されたからといってそれに対する賛成意見が法を維持するほど強固なものかどうかは不明である．さらに，社会の活力維持に必要な社会的統合が立法化とあまりに鋭く対立することになりはすまいか，という問題もある．

　法による規制が世論の望む以上に進むこともある．例えば，西ドイツの1975年の刑法改正や，1977年の新しい離婚法がそれである．また親権問題で子供の権利強化を図った新法は，成人における弱者保護の論理を親子関係にまで持ち込んだものであったが，17歳から23歳の若年層からさえわずかの支持しか得られなかった．次の回答にそれが見いだせる．「あなたはこの法を成立させて，親子関係でより強い権利を子供が獲得するよう，国が保証すべきだと思いますか．それともその必要はないと思いますか」．必要だと答えたのは22%で，64%は不必要だと答えたのだった（注13）．新しい離婚法は，それよりもっと多くの人々を社会道徳と法の間の葛藤におとしいれた．1979年7月のアレンスバッハ調査は，離婚は罪悪であり，離婚者はそれを自覚すべき義務があるという，大変根強い道徳観があることを見いだした．しかし新しい離婚法は，離婚は罪悪の問題ではなく，それゆえ離婚に伴って金銭的負担があってはならないという観点を持つよう要求するものであった．国民の多数はこれに従うことができない．調査で評価してもらった四つの法改正のうち，新しい離婚法の評判が最悪だった（表20），（注14）．

　ルソーが法と世論との関連を述べた一節を思い出すではないか．ルソーはこう言った．「建築家が大きな建築物を立てる前に，その重量に地面が耐えられるかどうかをよく観察し，探ってみるのと全く同じように，賢明な立法者は，それ自体で望ましい法を作成することから始めるのではなく，まずその法が対象とする人民が法の重みを支えうるかどうかを検討するのである」（1953，46）．ルソーにとって法とは，「一般意思の正真正銘の行為」（1953，98）に他ならない．デビッド・ヒュームが「……意見の上にのみ，政府は基礎をおく」といったのと同じように，ルソーは言う．「意見は世界の女王であり，諸王の力に屈することはない．諸王こそ女王の第一の奴隷である」（Rousseau, 1967／1960, 73-74）．

16. 世論は社会の統合を果たす

　前章では社会的統合の問題にわずかばかり触れ，世論が何を達成するか，世論と法の関連のあり方はいかなるものか考察してみたが，社会的統合の概念はこれほど不用意に用いられるほど明確な概念であろうか．

■**社会調査は遅れている**
　1950年，社会的統合に関する良書がアメリカで出版された．それにとって代わるほどの本はまだ出ていない．

　コントやスペンサーの時代から，社会学者は小さな社会的単位の統合によって社会全体の統合を考える傾向があった．……しかし，集団と単なる個々人の総計との差を構成するものは何か．いかなる意味において集団は一つの実体として考えうるのか．……統合自体，どのように測定が可能か．……どんな条件下で社会的統合度は増大するのか．どんな条件下で減少するのか．統合度が高いとき，あるいは低いときに何が起こるのか．社会学はまだ，この種の問題に向けて基本的な研究を積み重ねる必要がある（Landecker, 1950, 332）．

　これはウェルナー・S・ランデッカーの文章だが，彼はタルコット・パーソンズの伝統のもとで社会的統合，およびそれが人間の社会システムで果たす役割に対して関心を向けた指導的な理論家の中で，一際飛び抜けている．中でも彼は20世紀社会学の支配的学派とは対照的に，社会調査や測定の手続きの重要性を認めた．そしてさまざまな測定の基準を提示してきた．我々は社会的統合についてあまりにも無知なので，現時点では平明かつ一般的に適用可能な尺度は提案不能である，と彼は言う．ここで彼が「無知」というのは，調査によって実証的に裏

付けられた知識の不足を指している．彼は次の4種の社会的統合がありえ，それらを測定する4種の測度があるという．

1) 文化的統合 ： どの程度，社会の価値体系が一貫した行動を許容するか，あるいは成員に対して要求する矛盾——論理的矛盾ではなくて実践上の矛盾——がどの程度のものか．西欧社会における矛盾した要求の例として，彼は愛他主義価値と競争的な自己主張の矛盾を指摘した（1950，333-35）．
2) 規範的統合 ： 社会的な行動の規則と実際の成員の行動がどの程度かけ離れているか（335-36）．
3) コミュニケーション的統合 ： 社会の下位集団がどの程度それぞれに特有の無知や偏見，あるいは外集団に対する負評価によって自らを保護しているか．またどの程度互いにコミュニケーションを交わしているか（336-38）．
4) 機能的統合 ： 社会の成員が分業，役割の専門化，相互扶助によってどの程度協同しているか（338-39）．

これら4種の社会的統合の他に経験の共有による統合が考えられるが，それにはランデッカーは言及していない．たとえば野球やサッカーの世界選手権，国民の半数以上をテレビの前に釘付けにする三部作の番組，あるいは1965年の例では，西ドイツ国民にお祭り気分と国への誇りを与えたイギリス女王の西独訪遊などを挙げることができよう．さらに，統合の手段には流行があるが，それについてもランデッカーは触れていない．

■ルドルフ・スメンドの統合の原則

ランデッカーとは全く異なる社会的統合へのアプローチがルドルフ・スメンド（1928）によってなされている．彼は法学者で，1920年代の終わりから彼のいう「原則」を唱道している．

統合過程は意識的に進行するものではない．それは意図されざる法則性，換言すればヘーゲルのいう「理性の狡智」とともに進行する．このため，社会的統合は多くの場合，意識的な憲法上の規制の対象とはならず，……また理論的考

察の対象となることもまれである．……個人的統合はリーダー，支配者，君主，あるいは何らかの公権の掌握者によってもたらされるように思われる．……機能的統合は非常にさまざまな集合的様相から生ずる．それは原初的で感覚的な相互活動，相互運動の形態から……より複雑で間接的な選挙のような形態まである．この種の統合は意見や集団，党，多数派の形成を通じた政治社会の創出過程に見るように，表面的に意識されるものではないが，それと同等の重要さを持っている．……実質的統合は社会的統合を促進し，その目的を伝達する国家のさまざまな様態に関係する．たとえば政治的価値のあるシンボル，すなわち，旗，紋章，国家の首脳，政治的なセレモニー，国の祝事，……このような政治の正統化をもたらす諸要因の理論はここに位置づけられる（Smend, 1956, 299-300）．

■統合概念の変遷

　スメンドがその「統合の原則」を概観し，ランデッカーが統合に関する社会調査の必要性を説いて以来，この分野では何の進歩もない．それは偶然ではなく，**孤立の恐怖への研究がなかったという事実に対応している**．エドワード・ロスは社会統制に関する論文（再版1969）の中で，今日人々が「同調」に対して感ずるのと同じほど，19世紀には「統合」概念が軽蔑されていたことを示唆した．20世紀の社会科学者は，統合による社会の安定化過程を明示する包括的な理論を提示し，その構造と機能の解明に関心を集中する一方で，社会調査に基づく経験的研究を二流視してきた．だが調査に根ざした社会科学的な統合概念の研究は，特にエミール・デュルケームにその該博な考察を見るように，世論が統合機能を持つという仮説を証拠立ててくれるものである．

　ランデッカーの用語にも見るように，何世紀もそう理解されてきた「社会道徳の監視者」たる世論の役割と規範的統合とは堅く結びつきあっている．それは規範と実際の行動が一致し，逸脱は孤立化によって罰せられることを意味するものである．

■「時代精神」——統合の果実

　ランデッカーの「コミュニケーション的統合」概念は，トックビルを想起させる．トックビルによれば，社会がいくつかの部分に断片化されていた封建社会の終わりとともに，初めて世論が出現した．彼が論じたように，断片化が続く限り，広い範囲にわたるコミュニケーションは生じえない（そしてそれが生じて初めて世論が出現しうる）．だから，現代の西欧社会に見られる意見や人物に対する是認・否認の増減を高い精度で読み取る準統計感覚は，（コミュニケーションの発達を前提としているから）コミュニケーション的統合の標識とみなすことができよう．同様に，総選挙の前の広範な興奮状態は調査でも測定されるものだが，それはスメンドの統合概念と対応しているかもしれない．つまり選挙には決定をするという顕在的な機能の外に，潜在的に社会的統合の機能があるのではなかろうか．では，とランデッカーは問う．「統合度が高まると，その結果何が起こるだろうか」．大半の人は明らかに，統合によって安泰感に満たされる．しかし，誰もがそうではない．前衛（avant-garde）メンバーが取り残される．

　既に我々はこの論点に非常に近いところまで言及していた．ソクラテスの議論がそれである．彼は音楽の変遷を論じ，それが時代の変化を先取りすると指摘したのであった．この，時代という言葉の中に時計やカレンダーで示される時間以上の意味がどれだけこめられていることか．世論は時代感覚に満たされており，一般に時代の精神とみなされるものは偉大な統合の成果として歓迎されるのである．ゲーテは有名な一節で，統合が成功裡に進む過程には一種の沈黙の螺旋が含まれていることを明らかにした．「もし一方の党派が前面に立って群衆の感情を把握し，自派を拡張して反対派を隅に追いやり，少なくとも彼らが当面の間沈黙に身を隠すほどまでに至らせるなら，この優勢状態は時代精神と呼ぶことができるだろう．こうなればある一定の期間，時代精神は望み通りに歩を進めることができるだろう」(Goethe, 1964, 705)．

　さて，ランデッカーの言う統合の第一の測度である文化的統合が調査対象となりうるのは，価値システムが崩れ，新たに形成されつつある時期で，人々の古い要求と新しい要求が折り合いのつかないままに混在している時期ではないだろう

か．このような時期には世論は機能しなくなるのだろうか．

■危機的状況下の社会では，世論はより一層強い圧力となって働く

　この問いを解明して世論過程を説明するには，社会調査手法はまだ未熟である．しかし前節の議論とは逆に，社会が危機的状況になると同調圧力が増大する徴候もある．ここで再びトックビルによる，アメリカ民主政治の叙述や無慈悲なまでに暴政をふるっている世論についてのにぎやかな繰りごとを思い出すとよい．彼の説明によれば，アメリカがそうなったのは平等主義の信念が支配し，権威の存在を認めなくなったためだという．権威は，少なくともいつも進むべき方向を与えるものであるのに，人々はそれに頼らなくなったのである．それゆえ，彼らは多数派意見にしがみつかざるをえなくなった．またトックビルは，アメリカ社会は一つの社会に異なるいくつもの文化がとけ込んで生成した社会であるから，そこから生ずる微妙な状況もまた，世論のメカニズムの激しさを説明するのかもしれない，とも考えた．容易に想像がつくように，人種のるつぼと呼ばれる社会では文化的統合度が低いので，統合達成への要求はかえって大きなものとなる．我々の現在の状況に適用してみると，価値システムの変化が大きく，文化的統合のレベルが低いために，統合へのより一層の切迫した要求が生じるものと予想できるのである．こうした要求が存在するために，世論の支配に特有の締めつけが生じ，それが個人にとっては孤立への脅威を増大させるものとなる．だからここには，世論の働きが可視的となる条件がある．既に述べたように，大変動の時代には世論をよく観察することがより重要となるのである．

　ところで我々は既に，研究方法の未確立の領域で，世論と社会的統合との関連を反映する事象を見いだした．第3章でスタンリー・ミルグラムの研究を紹介したように，彼はアッシュの実験でアメリカ人が示した同調行動が他国民にも見られるかどうかを検討した．この目的のために，彼は社会の成り立ちが対照的な二国を選んだ．その一つはフランスで，個人主義を高く評価する国である．もう一つはノルウェーで，集団の凝集性が特に高い国である（Eckstein, 1966）．両国とも，実験の被験者は圧倒的に孤立への恐怖感を強く感じることが検証できた

が，なかでも社会的統合度の高いノルウェーの被験者の方が強い同調性を示したのであった．この結果は，トックビルが強調して止むことのなかった点を追認するものではなかろうか．平等性が強いほど，世論から感じられる圧力は強くなるのである．平等性の強い条件下では，最良の判断を行なうためには他に判断の手掛りがないので，多数派の意見を支持せざるをえなくなる．上の階層の言うことを信じればよいというルールは通用しない．現代の調査手法を用いてみると，この圧力は単に数字の上での多数派からくるというよりは，一方の側が自分たちは正しいのだと攻撃的に言明し，他方の側が孤立への恐怖を感じていることからくるようにも思われる．

　もちろん，社会的統合度と世論の圧力との間に単純な関係があると期待することはできない．ノルウェーであれほどの強い同調圧力があったのは，この社会の「平等性」に由来すると断定できるだろうか．あるいは逆に，同調圧力には何か他の原因があり，同調圧力それ自身が平等性を招来するのだろうか．狩りの成果にその生存がかかっているジャングルの部族を危険に陥れたのと同様の社会的統合への同調圧力の効果が，ミルグラムの素朴な自然的設定にもあったのだろうか．おそらく社会が接している危険性の程度，その危険が内側からきているのか外側からか，が鍵となるのではないだろうか．危険が大きいほど高い統合度が要求されるだろう．そして世論の強い反応がその統合度をより一層高めるのである．

17. 前衛，異端，アウトサイダー
── 世論を変える

　孤立の恐怖から生ずる社会心理現象としての世論は，単なる同調圧力から生ずる現象に過ぎないのだろうか．沈黙の螺旋は世論がどのように生じ，どのように成長するかを論じえても，どのように変わるかまで論じえないのだろうか．

■孤立の恐怖を恐れぬ者が世論変容の立役者となる

　本書のこれまでの論述は，孤立を恐れておびえる，用心深い人々に焦点を当ててきたが，本章では逆の方向に目を向け，孤立の恐怖を恐れない，あるいは孤立の代価を支払おうとする，より多彩な集団を検討してみよう．たとえば新しい音楽を広めたミュージシャンがいる．『牛小屋』(1917) という題で，大きな牛が家の屋根をつき破って空を望む絵を書いたシャガールのような画家もいる．またジョン・ロックは，人間というものは神の掟や国法をほとんど気にかけないが，意見の法には骨を折って従うものだと論じたが，そのような主張はもう少し時代が早ければ処刑となりかねなかっただろう．彼らは異端者であり，時代の要求に応えながらも時代を越えた要求にまで応えた人々である．彼らは世論の結束への道を拓いた人々である．また彼らの中には逸脱者もいる．アメリカ産の研究タイトルを借用すれば，彼らは『社会統制のエージェントとしてのヒーロー，悪漢，愚か者』(Klapp, 1954) であり，現代ではスターと浮浪者がこれに当たる．ただし，ここでいうアウトサイダーと大多数の同調者との関係は，アウトサイダーを傷つけ，「さらし台」に見せ物にしようとする大多数の人々の行為が，結果として価値のシステムや現行の社会習慣をかえって強調することを意味するだけだと，単純に理解されるべきではない．

　沈黙の螺旋概念でも，孤立の恐怖を感じない，あるいはそれを克服した人々が社会変容を果たす可能性を認める．「私は嘲笑と非難に耐えることを学ばねばな

らない」とルソーは書いた（Harig, 1978による引用）．集団の意見の一致度が高ければ，それは大多数のメンバーの幸福感の源泉となり，安全な避難場所となるが，一方でそれは未来に道を拓く前衛，たとえば気鋭の学者，芸術家，改革者にとってはぞっとする場所でしかないのである．1799年，フリードリッヒ・シュレーゲルはある化け物についてこう書いた．

　それは毒によって威勢を増すようだ．その透き通った皮膚は七色に輝き，その内臓は虫のようにのたくっている．それは恐怖が身に染むほど大きく，カニのようなハサミを四方八方にばちばちと開閉する．かと思うと，カエルのように跳ねまわり，次の瞬間には無数の小さな足を持って忌まわしいほどの敏捷さではいずりまわる．それが私の後を追いかけようとしたので，私は仰天して顔を背けた．しかし待てよと勇気を出し，それを力ずくで投げ飛ばした．するとそれはすぐに，ただのカエルの姿に変身した．これにも少なからず驚かされたが，もっと驚いたことに，私の背後の誰かがこういったのである．『それが世論ですよ』と……（Schlegel, 1799, 40-41）．

　他方，60年代に長髪の若者が出現したとき，大変廉直なふつうの市民が仰天したのは全く無理もないことだった．孤立を恐れないなら，誰でもそのようにものごとの秩序を覆すことができるのである．

■**夢遊病者がまわりの状況に気づかないのと同様，先駆者は公衆を気にしない**

　彼らイノベーターを分類する場合，彼らと公衆との関係に基づいた類型化が必要だろう．第一に，新しい道を切り拓く芸術家や科学者がいる．彼らは自分が理解を持って迎えられようと敵意を持って迎えられようと，ほとんどそれに関係なく自分の仕事をやってのける．一方，改革者は違う．社会の思考や行動の様式を改革しようと望むなら，彼は公衆の敵意に耐えていかねばならない．人々を改宗させるにはそれが必要である．それでいながらこの敵意に苦しめられるのが，このタイプである．次に，どんな類型から考えても改革者には別のタイプがある．

彼らは公衆の挑発それ自体を目的とする強烈な存在である．彼らにとっては少なくとも注目を集めることが大事であり，無視されるくらいなら公衆の憤激を買う方を選ぶのである．マスメディアを通じて世論が並外れた広がりを持つようになった20世紀には，そうした例はいくらでも存在する．たとえばアラブのテロリストのリーダー，ワディ・ハダを形容して，イスラエルの秘密警察はこう言った．「この男は世界から孤立することにほとんど神秘的ともいうべき満足感を得ており，それがために自分自身の法と戒律を正当なものと主張している」と（Die Welt, no.189 ［1976］：8）．また映画監督であり，俳優でもあるライナー・ヴェルナー・ファスビンダーは，自分の映画の一つについてこう語っている．「確かに私は自分の不健康と絶望感にふさわしい自覚をする権利を持つべきです．私には，公衆のまっただ中で自分自身について省みる自由が必要です」(Limmer, 1976，237）．もはや公衆の是認や非難が問題なのではない．公衆との接触による激しい刺激，個人という小さな存在から引きずり出されて，引き裂かれる激しい刺激が問題なのである．公衆との接触それ自体が麻薬的な作用を持つとすれば，何がこの強烈な作用を放つのだろうか．公衆の反応をもて遊び，社会から遂には放逐されることにでもなれば，それは危険なだけではなく，致命的でさえあるだろうに．

■苦しむか楽しむか──公的な生活の二つのあり方

　同様の例は16世紀からも容易に引くことができる．たとえば，マルティン・ルターとトーマス・ミュンツァーとの対比である．ルターは明らかに公衆との接触によって苦しんだが，公衆の断罪に自らをさらけ出す以外何の手段も見いだせなかった．彼はこの不可避な接触に敢然と立ち向かう．「誰かが私のことをただちに蔑むんだとしても……」「他の人は決して語らないだろう」「……しかし彼らが沈黙を守るからなおのこと，私が敢行しなければならないのだ」（注15)．彼は自分の訴えがまたたくまに広がるありさまに言及している．「二週間経つか経たないうちにそれはドイツ全土に広まった」．公衆との息もつけないほどのこの体験は，まるで「嵐の通過」のようであった．それは彼にとってもかつて経験したこ

とのないものだったが，記述は完璧である.「私は名誉を欲しなかった. なぜなら，前にも述べたように，私自身何が（そうした素早い広がりと呼応の）原因だったのか分からなかったし，呼応の声は私にとってはあまりにもかん高過ぎた」.

トーマス・ミュンツァーの場合は全く対照的である. しかし彼もまた，世論過程の鋭い観察者であることにはかわりなかった.「私の主張は国中を駆けめぐり，思考の中だけに留まっていようとしなかった. ……急いで新しい秩序を創り出そうとした. それは何からはじまるのか. 内面のものが外面に現れれば流行になる. まるでワイシャツを変えるように意見を変えるのが習慣になるのなら, ワイシャツを変えるのもコートを変えるのもさっと禁じてしまおう. そうすればおそらく, 外面だけの望ましくない意見の変化は起こらないで済むだろう」.

誰も新しい音楽の伝播を押さえつけられないのと同様，ミュンツァーの言葉の要所には，望ましかろうがそうでなかろうがワイシャツやコートは（内面と相通ずることによって）変わるべくして変わるものだと確信していたことが認められる. ルターとは対照的に，彼は公衆の鋭い眼差しにも苦しむことはなかった. そこに危険を看て取ったとしても，あるいは看て取ったからこそ，彼はその眼差しを愛した.「神の恐れは人間やいかなる創造物の恐れも含まない純粋な恐れに違いない……なぜなら現代は危険に満ち，日々は邪悪の連続だからである」 (Streller, 1978, 186). 時代精神を表現しえ，それに語るべき舌を与えることができ，それでいながらそこに何ら建設的な見通しを提示できないのは，公衆との関係が衝動的に過ぎる者に特徴的なのだろうか. 歴史家はミュンツァーの主張が破壊的な結末しかもたらさなかったと結論している (Duelman, 1977), (注16).

以上述べたような個人と公衆との関連の類型が，調査データによって検討されたことはない. だがこの裏付けがなければ，孤立の恐怖を感じない人々, それを克服した人々も幻のような存在に過ぎない. 今の段階で我々に判明しているのは，彼らが社会を変化へと導くこと，また彼らにとっても沈黙の螺旋は利用しがいがあるということ，だけである. 一般の人間にとっては世論が同調圧力と同義

だとすれば，彼らにとっては世論は変化のて̇こ̇であろう．

■いつ，なぜ世論の音の調べは変わるのか

　社会という空間に漂う者は，その向いている方向はともかく，その流れそのもの，つまり世論という「大きな潮の流れ」（Ross, 1969, 104）には逆らえない．この表現は，我々が自然の力を持った運命的な時代の趨勢に言及していることを明らかにする．しかし，世論の「新しい流れはどう始まるのか」という問いには，回答が用意されていない．ルーマンが世論について述べたように，我々が指摘できるのは，単に危機の引金であり，危機それ自体であり，危機の徴候だけである（Luhmann, 1971, 9）．たとえば，いつも澄んでいた流れが急に濁ったことを指摘することである．最初それは，一人一人の個人的な警世にしか過ぎない．しかし次の時点にはその声は，『沈黙の春』（Carson, 1962）という題であっても，沈黙せず出版という声をあげるようになる．あるいは再びルーマンを引くならば（1971, 17），それは究極の価値に対する脅威となり，傷害となる．ベルリンの壁ができた直後の1961年8月，アデナウアー政府に対する過激な反対世論の出現が予見不可能だったのは，「国家」の究極の価値が無視されていたからである．予期せぬ事件がその価値を明るみに出したのであった．その意味で「新奇な事件は重要である」．社会的な苦痛やその擬似物にも同様の働きがある．ルーマンに言わせれば「財政的損失，予算削減，地位の喪失など，特に数字に現れ，しかも他と比較可能なことがら」（Luhmann, 1971, 17）も同様，我々に指摘できる事象の内に入る．

　しかしいかなる危機も，いかなる脅威も，60年代，70年代の世論において，なぜウーマンリブの問題があれほど差し迫った問題となったかは説明できない．

　いったい，いつまたなぜ，世論の諧調は変化するのだろうか．

18. 世論伝播の乗り物としての ステレオタイプ――ウォルター・リップマン

　20世紀になってからかなり経ち，世論という言葉の原義が全て失われた頃，共にタイトルを『世論』と掲げた労作が二冊世に出た．一冊は，これまでもしばしば引用したルーマンの論文（1971）であり，もう一冊は1922年出版のウォルター・リップマンの著書である．両者は共に世論の動態に関する未知の部分を明るみに出すとともに，世論とジャーナリズムとの関係について注目を喚起した．

　リップマンの著作には先駆者がいない．しかも彼の著は『世論』という題こそ掲げていたが，内容的に世論に直接関わることは驚くほどわずかしか扱っていなかった．実際，彼の世論の定義は同書の中でも大変説得力の弱い一節となってしまっている．「人間の頭の中に浮かぶ心象，つまり自分，他者，その欲求，そして目標や対人関係についての心象が，彼の世論（public opinion）なのです．そしてまた，多くの人がそれに基づいて行動する心象，あるいは個々人が集団の名のもとにそれに基づいて行動する心象が，大文字の『世論』（Public Opinion）です」（Lippmann, 1965, 18）．この本を読了して傍らにおき「ああ，まだ世論とは何かが分からない」という気もしてこようというものだ．

■内幕暴露もの

　この『世論』が異例なのは，初版からおよそ50年近くを経てアメリカでペーパーバックとして再版され（1965），ほぼ同時にドイツ語でもペーパーバック版が出た（1964）ことである（訳注27）．何がこの本の並外れた点だろうか．この本は淡々としていながら，実は一種の内幕暴露ものだからである．それは人間がものごとをそう見たがる自然の思考傾向に真っ向から反する内容を有しているからであり，初版から何十年経た今でさえ新しく，しかも未だ知的思考の潮流に組み込みきれない思想を蔵しているからである．その思想のポイントは，科学者が間

断ない努力によって現実を客観的に見抜くために観察し，思考し，判断する分別と寛容さを持つように，現代人が，マスメディアに助けられながらも自ら知識を積み重ね，それによって自分の行動を律する判断を形成している，と自らを合理化して自己欺瞞している，その仮面を剝いだ点にある．そして，人がいかに自分の考えを育み，いかに伝達されたメッセージからものごとをつかみとり，いかにそれを処理して伝達するかについて，現代人の幻想と対比させながら，全く異なる姿を提示している点にある．リップマンは，社会心理学やコミュニケーションの調査・実験研究が何十年も経って一つ一つ立証した現象をさらりと記述しているのである．コミュニケーションの機能に関する彼の着想の中でその後，実験室やフィールドでの丹念な研究によって繰り返し実証化されなかったものはないほどである．

■嵐のように全てを吹き飛ばす

　もっとも私が本書で沈黙の螺旋と関連づけて論じている世論概念については，リップマンは何も考えていなかった．彼は，合意形成時の同調圧力の役割や，人間が孤立を恐れ，周囲の環境をこわごわ観察していることについては何も言及していない．しかし第一次世界大戦の巨大な影響下にあって，彼は世論概念の要となるもの，すなわち意見や思考が情動的な加重のある「ステレオタイプ」として結晶化することを指摘したことに注目しなくてはならない（1965, 85-88, 66）．自分自身ジャーナリストとして，彼は慣れ親しんだ新聞印刷用語からこのステレオタイプの語を借用した．この語は，新聞では何度も望むだけ記事を印刷できるよう，ステレオタイプ，すなわち鉛の活字版を作ることに由来している．世論過程は，この活字版のように型が決まり，何度も再生産できるステレオタイプによって増幅される，と彼は論じた．ステレオタイプは会話の中で迅速に伝播し，すぐさま負の，またある場合には正の観念連合を伝達する．それは認知をガイドする．それは通常，負の意味を帯びたなんらかの要素に注目させ，選択的認知に導く（注17）．またそれは，国家的リーダー候補の失墜をも引き起こすものかもしれない．たとえば，ジョージ・ロムニー知事はかつて大統領候補として，自分が

ベトナム戦争に関するいくつかの声明を容認したことを「洗脳された」と言ったことがあるが，この言葉はその後「あまりにも簡単に影響されやすいこと」を指すステレオタイプとなった．1980年の大統領候補の指名争いでは，未来志向で宇宙探検にも関心を寄せるカリフォルニアのブラウン知事を新聞が「月光知事」と呼び始めると，彼はまともな候補から引きずり下ろされてしまった．リップマンは言う．「その時々のみんなの感覚が（public feeling）込められているようなシンボルを表現した者が，その表現の適切さに応じて公共政策の取り上げ方を規定するのである」(1965, 133)．

嵐の黒雲のように，ステレオタイプは世論を見渡す空の上を通り過ぎ，完璧に消え去って二度と出現しはしない．この嵐の雲の中に巻き込まれた一般人や政治家の行動は，後になって見ると不可解なものに見える．しかも巻き込まれた体験者でさえ，後になっても何がその時起こったのか，どんな圧力がそこでかかっていたのかを語ることができず，それに代わる説明を考えねばならないのである．

リップマンの本から学べるのは，ステレオタイプを通じて世論がどんなものにも浸透していくさまである．イェーリングもまた「どこにでもある空気のように，人家の内奥から王座の踏み段まで」，世論は浸透していると，表現している（1883, 180）．

さらにリップマンからは，世論の創造物が時間とともにいかにして消滅するかも学ぶことができる．それは第一次大戦後の彼自身の経験に基づいている．まず，彼は正負のステレオタイプがどのように形作られるかを語る．「ヒーロー崇拝の傍らには悪魔ばらいの儀式がある．ヒーローが生まれるのとまさに同じ仕組みによって悪魔も作られる．全て善事がジョッフル，フォッシュ，ウィルソン，ルーズベルトに由来するのであれば，全ての悪事はドイツ皇帝ヴィルヘルム二世，レーニン，トロツキーに由来しているのだ」(Lippmann, 1965, 8)．しかし，そのすぐ後で彼はこう続ける．「休戦が成立してから，連合国がうまく作り出せなかった不安定なシンボルが，いかに急速に消え去っていったかを考えるとよい．国際公法の擁護者イギリス，自由の最前線の監視人フランス，十字軍アメリカなどといった友邦のシンボリックな心象がいかに速やかに崩れさっていった

かを思い起こすとよい．さらにまた，各国の中で戦争の間後回しになっていた諸問題が，党派的，階級的な紛争や個人的な野望によって再発したとき，自国のシンボリックな心象がどう擦り切れていったかを見つめてみるとよい．そしてまた，ウィルソンやクレマンソー，ロイド・ジョージといったそれぞれのリーダーのシンボリックな心象が一つ一つ崩れて民衆の希望を体現するものではなくなり，幻滅した世界の単なる交渉者，行政者と化していったかを想起するとよい」（Lippmann, 1965, 8）．

■我々の頭の中の心象――その現実性を我々が盲信している擬似世界

　リップマンが世論に関する20世紀の他の著作家よりも先んじていたのは，彼独得のリアリズム，および人間理解と人間の情緒に関する徹底した考え方によっている．彼がジャーナリストだったことが，ここでは大変な強みになっている．彼は人間の直接的な認知と，それとは別の，特にマスメディアを通じた認知との違いを痛切に感じていた．またこの違いが，人間の目に意識されていないために，そこからいかに覆い隠されてしまうかも知っていた．彼の見解によれば，人間はあまりにもまるごと間接的経験を採用し，それに対して自分の思考をあまりにもうまく調整してしまうため，間接経験と直接経験との区別がつかなくなってしまいやすいのである．その結果，マスメディアの影響はその大部分が無意識のままにとどまってしまうことになる．

　我々が政治的な関わりを持つ世界は我々の手の届かない，見えないところにあり，また注意の届かないところにある．だからその世界は探られ，伝えられなくてはならず，我々はそれについてイメージを持たなくてはならない．しかし人間は一瞥で全ての存在を熟視できるアリストテレスの神ではない．彼は進化の被造物であり，自分が生き延びるために現実の一部分だけを十分に見渡すことができるに過ぎない．壮大な時間のスケールから見ればほんの僅かの時間だけ，途切れ途切れに洞察力を持ち，幸福に浸れる存在に過ぎない．ところが，同じこの人間という生物が，裸眼でみることのできないものを見，耳で直接聞

くことのできないものを聞き，膨大な量と微少な量の重みづけをし，一人だけでは記憶しきれない量の項目を数え，識別する方法を発明したのである．彼は，自分が決して直接見たり，触ったり，におったり，聞いたり，記憶したりできない，世界の非常に大きな部分を心で視ることを学んでいる．次第に彼は，自分の届かないところにある世界の信頼するに足る心象を自分自身で自分の頭の中に築き上げるのである（Lippmann, 1965, 18）．

「我々のところにメディアを通じてもたらされる観察内容と比べれば，我々が直接観察できる部分の何と小さいことか」とリップマンは読者に反芻を促す．しかしこのことは単にものごとの連鎖の始まりに過ぎない．その連鎖の全てが何らかの形で，頭の中の世界の心象を歪めやすくする．現実についての心象を形成するのは絶望するような仕事である．「なぜなら，現実の環境は直接知っておくには余りにも巨大に過ぎ，複雑に過ぎて，変幻極まりないものだからである．我々はそんな無数のこまごましたことや，無限の多様性，数え切れないほどの変化や組合せに対応すべくできてはいない．こうした環境の中で我々は活動しなければならないのだが，それを何とか御していくためには，より単純なモデルの形でこの環境を再構成しなくてはならないのである」（Lippmann, 1965, 11）．50年後にルーマンが同じ対象を『複雑性の減少』という表題で扱うことになる．

■**ジャーナリストによる一様な選択ルール**
この再構成はいかにして生ずるのだろうか．厳しい選択がここに働く．「ゲートキーパー」という言葉を初めて用いた社会心理学者クルト・レビンによって1940年代末に導入されたイメージによれば，何が報道され，何が人々の認知に達するかは，川を塞いで水位を調節する水門のような階層的なステップ構造に基く選択に規定される．つまりゲートキーパーが，何が公衆に伝達されるかを許容したり，差し控えたりする選択を行なうのである．リップマンが言うように「読者に届いたどんな新聞も何段階かにわたる選択を経た結果として届いているのである」（1965, 223）．厳しい時間的制約や注目できる事象の制約など，新聞を巡る

種々の事情がこうした選択を必然化する (59)．

　リップマンは初期の新聞閲読調査研究から，読者は一日約15分しか新聞を読まないことを知っていた (37)．ジャーナリストの持つ未来への鋭い臭覚によって，彼はアメリカにギャラップ調査社が設立される10年以上も前から代表性サンプルに基づく調査の重要性をかぎわけていた (95-97)．

　50年代から70年代にかけてのコミュニケーション科学の主要な研究分野となることを予想して，彼はジャーナリストが「ニュース・ヴァリューあり」と考える選択基準を説明している (220; Schulz 1976も見よ)．それは，一貫した内容を持った明確な主題，紛争，最上のできごと，驚くべき事実，物理的心理的に身近な事件，感動的なできごと，読者にまで影響の及ぶ事件といった基準であった (Lippmann, 1965, 223, 224, 230)．そして全てのジャーナリストがだいたいにおいてこのような同じ記事選択ルールを用いる限り，諸報道は一致することになり，読者にはそれがまるで確定された事実のような印象を与えることになる．こうしてリップマンの呼ぶ擬似環境が出現する (16)．

　リップマンは聴衆を非難したり，ジャーナリストを叱ったりしなかった．彼は単に擬似的現実が必然的に生ずる確かな証拠を提示したに過ぎない．アーノルド・ゲーレン (1965, 190-91) は後にそれを Zwischenwelt, すなわち中間的世界と呼んだ．

■**同じことでも違う態度の持ち主が見れば違ってみえる**

　1940年代半ばに始まった社会心理学やコミュニケーションの研究は，選択的認知概念を発見した (Lazarsfeld et al., 1968; Heider, 1946; Festinger, 1957)．人間は，積極的に認知的不協和（訳注28）を回避しようと努め，世界が調和したものだという観念を維持したがる（これが選択的認知である）．だから選択的認知は，認知的複雑性軽減への欲求（訳注29）に次いで，現実の諸事象の認知とその伝達を不可避的に歪める原因となる．

　我々の言語や認知の解釈コードの中心をなすステレオタイプのパターンこそ，

どんな事実の集合を見，どんな光のもとでそれを見るかをだいたいにおいて決定する．それこそ，なぜ雑誌の報道方針がその編集方針を極めて熱心に支持するかを説明するのであり，また，資本家にはある種の事実の集合，つまりある側面からの人間性が目につき、一方敵対する社会主義者には別の集合，別の側面が目につくことも説明する．さらに，この両者が互いに相手を無分別でひねくれ者だと思うが，実際の差は実は彼らの認知の差にあること，なども説明する (Lippmann, 1965, 82；傍点ノエル-ノイマン)．

リップマンの洞察は全て新聞を通したものだった．それを考えれば，テレビの時代なら彼の洞察はどれだけ妥当性を増したことだろうと思われる．人間が現実事象に関する情報を得る場合，メディアを通じる率は，リップマンの頃から比べると今ではさらに途方もなく増大してしまった (Roegele, 1979, 187)．人間の直接経験とともに，メディアを通じて伝達される視聴覚量の増大によって，遠い遙かな複雑な世界がますます生活の中に充満している．そこでは，ことの良し悪しなどの情緒的内容は映像と音声によって直接的に把握される．またこうした情緒的印象は非常に堅固なので，リップマンの言うように，理性的な議論が忘却されてしまってからも長い間記憶され続けるのである（注18）．

1976年のドイツ連邦選挙の後，選挙戦の間テレビが意見風土に影響しえたかどうか，という時代錯誤の論争があった．ジャーナリストは単に目で見たことを報道しただけだったから，情報操作が問題なのではなかった．問題は実は，メディアが揃って同じ観点から一面的に現実を提示し，それによって見かけ上の意見の合意が生まれた点にあった．それは，さまざまな政治的信念を持った報道人が公衆に自分の意見を提示してのみ回避しうるものである（ところが実際の報道にはそんなバラエティはなかった）．時代錯誤の論争といったのは，この論争がリップマンの本の出る前ならおかしくはなかったが，現実には50年以上も後の論争だったからである．こんなことが起こりえたのは，論争の当事者がリップマンと彼を支持するコミュニケーション研究の成果に無知だったからである．「我々は単にあるがままを報道しているだけだ」という語句は，今日でさえジャーナリスト

が自分の活動を表現して用いる言葉であるが，リップマンの著書の50年後にまでこんな言葉を容認してはならない．同様に，ニューヨーク・タイムズの有名なスローガン『紙面掲載にふさわしいニュースを全て』は，その歴史的経緯に鑑みてのみ名声に値するものであろう．分かりきったジャーナリストの結論はさておき，知覚の心理学でよく知られた図地反転現象で中心の図柄と背景が入れ替わるように，報道された事実や意見を背景に後退させ，代わりに報道されなかった事実や意見を時々中心において思いをめぐらせるとよい．こうした視点の移動は少なくとも時折必要であり，練習しておかなくてはならない．そうすることによってはじめて，ジャーナリストが「でも私が報道したのは本当に本当のことなのですよ」とか「公衆が面白がったからですよ」などと言って，自分の職業の与える影響を誤解することがなくなるのではないだろうか．

　通常何がメディアの報道から見落とされているのだろうか．それに注意を向けなくてはならない．リップマンは，公衆が受け取る心象の中で，複雑な現実のどの部分が省略されているかによって全く違う影響がでてくると結論づけた．彼はそれについて何も「だめだ」という道徳的判断を宣告したのではない．そのようなことを言おうとしたのではない．実際，彼はステレオタイプの生成にプラスの評価を下していた．その思想の追随者たちはほとんど即座にこうした細かい点を見失ってしまったが，リップマンがなぜプラスの評価を下したかを忘却してはならない．彼は人間が，ステレオタイプ生成による大きな単純化を行なってのみ，多くのことがらに注意を向けることが可能となり，極めて狭い範囲のことがらだけで満足しようとしなくなることを知っていたのである．

■報道されないものは何も存在しない

　リップマンはうまずたゆまず，ステレオタイプによる選択プロセスの影響を明らかにしようと努力した．現実の単純化された心象から生ずるのは，人が実際に経験している現実そのものである．「我々の頭の中の心象」は確かに現実なのである（1965，3）．真の現実が何であるにせよ，それが問題なのではない．というのも，我々が現実に対して抱いているもろもろの仮定のみが重要だからである．

漫画
「パパ，森の中で木が倒れたとき，マスコミがそれを報道しなかったら，この木は本当に倒れたといえるのかなあ」．
Robert Mankoff による（Saturday Review 誌より）

またその想定こそが我々の期待や希望，努力，感情を決定するからである．そしてその想定のみが我々の行為を規定するからである．しかしながらその想定のもとに実行される行為は，それ自身真の現実の中で行なわれるものであり，真の現実の中に影響をもたらし，新しい真の現実を創り出していく．その創造の一つの可能性は，予言の自己成就である．現実に対する我々の期待が，我々の行為を通じて実現してしまうのである．第二の可能性は，現実との衝突である．誤った想定に基づいた行為が予期しない結果にぶつかるのである．しかもこの結果はまごうことなき現実の事象である．これは現実がやっとのことで自己主張を取り戻す場合だが，それが遅ければ遅いほどリスクも大きくなる．衝突の結果，最後には我々は頭の中の心象を修正せざるをえなくなるからである．

　リップマンの言う「擬似環境」はどんな内容から成り立っているのだろうか．現実の結晶化という強力なプロセスから生ずる擬似環境の構成要素は何だろうか．「ステレオタイプ」「シンボル」「イメージ」「フィクション」「標準版」「ものの見方・考え方」……リップマンはこうした構成要素を分からせようと読者を言葉の洪水に巻き込む．たとえば「フィクションという言葉はウソを意味するのではない」（云々）と彼は書く（1965, 10）．またマルクス主義的な「意識」概念

(16)に熱狂的に飛びついたりもする．

　ジャーナリストは意識の上で認知できたことしか報道できない．また読者はマスメディアが大部分創出した意識によってのみ世界を完結させ説明することができるに過ぎない．1976年の選挙でテレビが意見風土に影響したことを知って，ある人々はテレビの報道が嘘をついて「我々を操作した」と結論した．しかしそれは，メディアの効果の理解に関しては20世紀初頭から何も進歩していない人物の言明でしかない．もちろんリップマンがかくもたやすく達した結論に，コミュニケーション研究者はまだ一歩一歩やっとのことで接近している段階にあることは認めておかねばなるまいが．

　前ページの漫画を見ていただきたい．「パパ，森の中で木が倒れたとき，マスコミがそれを報道しなかったら，この木は本当に倒れたといえるのかなあ」．ソファで読書中の父親に，子供がよけいなことを尋ねて邪魔しているこの漫画は，コミュニケーション研究と一般公衆が徐々にリップマンに追いつきつつあることを示している．

　報道されなかったことは存在しなかったに等しい，あるいはさらに注意深く言えば，現在認知されている現実の中へと報道されなかったことが入り込む可能性は最小になるのである．

　ドイツのコミュニケーション研究者ハンス・マシアス・ケップリンガーは，意識の外にある客観的現実と，リップマンの言う認知され，イメージされた「擬似現実」とを相補的な概念として彼の本のタイトルに使っている．1975年に出されたその本は『現実の文化とメディアの文化』と題されているのである．メディアの文化はメディアが世界から選択してきて我々に提供するものである．現実の世界は我々の手に届かず，眼に見えないところにあるのだから，メディアの文化だけが通常我々の視野に入る世界となる．

■ステレオタイプは世論を伝達する

　なぜリップマンはこの本のタイトルを『世論』などと題したのであろうか．彼は明言してはいないが，他のジャーナリストと同様，おそらく無意識のうちに

published opinion（印刷物を通じた意見の表明）と *public* opinion（世論）が基本的には同じものだと考えていたからである．少なくとも，両者に関する彼の記述はしばしば混じり合っている．しかし彼はそこにとどまっていなかった．本を書き進めていくうちに，ある時点で，世論の語の原義が頭の中に浮かんできて，最初の章（18）に現れた陳腐な世論の定義に第二の定義を付加することとなる．「正統派の定義は，世論とはある一群の事実の集合に基づいて下される道徳的判断だと考える．が，今の段階で私が示唆したいのは，世論とは本来的に道徳的な解釈を帯びた事実認識であり，一定の解釈コードに従った事実解釈なのである，という論点である」(81-82)．この定義でも世論の持つ，是認や非難という道徳的性質が中心的な位置を占めてはいる．しかし彼は伝統的な視点を変え，自身の大変魅力的な発見を適用して世論を見すえ続けた．かくして事実の観察が，道徳的な意味においても，いかにステレオタイプや解釈コードに基づく選択的な視点を通してフィルターされているか，という議論が生まれる．人は期待したものを見るが，それは道徳的な評価，情緒的な意味を帯びたステレオタイプ，シンボル，フィクションによって方向づけられているのである．人間は限定された視野の中で暮らしている，というのがリップマンのテーマであった．しかし本書の観点からすれば，彼の最大の功績は，世論がいかに伝達され，いかに我々の上にのしかかるかを示した点にある．かくも普遍的なステレオタイプは大変簡明で明確であるがゆえに，それが正のものでも負のものでも，いつ声を高らかにし，いつ沈黙すべきかを誰に対しても明白にするのである．ステレオタイプこそは同調過程が作動するために欠かせない要素なのである．

19. 世論が争点を選択する
―― ニクラス・ルーマン

　ルーマンがリップマンに言及していたことがないのはほとんど信じがたい．二人は多かれ少なかれ同じ問題に取り組んだからである．ともに社会レベルでの合意形成メカニズムを論じ，またコミュニケーションや行動を可能にする，現実の複雑性の軽減のあり方について論じている．内容が大変似ているので，言葉の選択だけが違い，言っている内容は同じであることもしばしばである．たとえばルーマンは「ステレオタイプ」と言わずに，「決まり文句」の発見が世論過程始動のために必要だと論ずるのである（1971,9）．また彼が言うように，争点や人物への注目は長続きしないものであり（15），しかもそれらは注目されようと強く競合する他の争点や他の人物に競り勝ってはじめて公的に認知（public awareness）される．このように，競合する話題を閾外へはじきだすために，メディアは「擬似的危機」や「擬似的新奇性」を創り出す（25）．それがタイムリーに行なわれなくてはならないのは，機会(とき)というものが大いに関係しているからである．ファッションと関連させれば（18），争点は袖の最新流行スタイルと同じように創り出されるものであり，それについて語られ尽くすと，「時代遅れさん（old hat）」という表現にみられるように古くさく陳腐で廃れたものとなってしまう（24）．それを後々まで身につけている人は「遅れている（not "in"）」と言われる．こうしたファッション用語は的確だが，現実をごく控え目に表現しているに過ぎない．

■議論に値する争点を創り出す

　マキャベリ，モンテーニュ，ロック，ヒュームやルソーといった先人，あるいはリップマンからさえも，ルーマンは超然としている．彼らが問題とした是認否認に基づく世論の道徳性はルーマンの論題ではなかった．彼の言う「決まり文

句」はことの善し悪しを明確にするラベルとして用いられたのではない．そうではなくて，それは当のトピックが議論や交渉の俎上に乗るために必要なものなのであった（Luhmann, 1971, 9）．彼にとって世論の機能は，それが当の争点を交渉のテーブル上に持ち込んだときに成就する．社会システムは多くの問題を一度に扱うことはできない．しかし同時に，喫緊の論題を優先的に取り上げることは死活問題である．したがって，世論過程が公衆の注目の焦点を制御しなくてはならない．短い時間の間だけ，一般の注目が喫緊の論題に向けられるようにするのがその役割である．そしてこの限られた時間の中で，解決策が見つけられねばならない．マスコミュニケーションの支配下では受け手の関心がすぐに変化してしまうことを考慮する必要があるからである（12）．

　ルーマンが考えだした世論の役割は，争点の選択にある．この選択過程は「注目のルール」に従って進行する．第一に，争点が育まれ，それを議論するのに適した決まり文句が見いだされる．そうしてはじめて，さまざまな「選択肢」（オプション：それは近代的なプランナーの好きな言葉である）に対する賛成反対の立場をとることが可能となる．さらに障害なく選択過程が進行すれば，遂には決定の時がきたと受け止められる（12）．「政治システムはそれが世論に基づいている限り，決定を支配するルールではなく，注目を支配するルールによって統合される」とルーマンは考える（16）．つまり，何がテーブルに乗せられ，何が乗せられないかを定めるルールによって政治システムは統合されるのである．

　こうした世論観は，テンニースが流動的な集合状況と呼んだ，短命の出来事にのみ当てはまるに過ぎない．何十年もかかって起こる，あるいはトックビルを信用すれば何百年もかかってじりじりと進むような，歴史的過程，たとえば平等への抗争や死刑に対する態度などの変遷過程には，ルーマンはほとんど言及しておらず，また「政界天気模様」の影響も考慮していない．「全てが語られ尽くされた後では，当の争点は陳腐なものとなる」とルーマンは書いている（24）．同様にジャーナリストはこの争点は死んだという言い方をするだろう．こうしたルーマン流の大変ジャーナリスティックな表現に従えば，「全てが語られ尽くされた後では」，世論の衰微を世論過程に疲れはてた公衆の関心の欠如のせいに帰する

わけにはいかなくなる．

　したがってルーマンは世論過程の通常の継起順序を次のように想定する．まず，喫緊の争点が一般の注目を浴びる．そしてそれに対して賛成反対の立場が明確化する，と考えるのである．しかし，世論調査データを見れば明らかなように，この順序で世論が形成されることはほとんどない．通常は，まるで社会というフィールドの中でサッカーをするように，ある党派が争点をフィールドへと蹴り出すのである．ルーマンはこの進行過程を否定的に「操縦」と呼び，一方的なコミュニケーションの結果生ずるもの，特にマス・コミュニケーション技術という背景を持った一方向的コミュニケーションによる世論操縦だとみなした（13-14）．このように特定の争点に関し，一つの意見しか提示されず，いわば争点と党派的意見の区別がつかなくなったとき，ルーマンの言う「道徳性を帯びた公的意見（public morality）」（14）が成立する．それは，自分が孤立したくなければそれについて賛成だと公言しなければならない意見である．

　いずれにせよルーマンはシステム論的思考を通じて，新しく，これまでと異なった内容を我々のいう「世論」に与えたのである．

■マスメディアの議題設定機能

　ウォルター・リップマンのステレオタイプ概念が本書でいう世論の媒介物として重要であることはすぐに分かったが，同様に我々は世論理解に関するルーマンの貢献を高く評価できる．しかも，社会システム内での世論の機能というルーマン的思考を採用することなしに，である．彼の貢献は，注目の構造化や争点の選択を世論過程の一様相として強調し，この点でマスメディアの重要性に疑いを差しはさまなかったことにある．マスメディアはどんな法廷よりも，進んで争点を選択するからである．

　アメリカのコミュニケーション研究者たちは，ルーマンとは独立に，また全く異なる筋道をたどって類似の結論に到達した（注19）．マスメディアの効果研究を目的として，彼らは，ある一定期間，喫緊の政治争点に関するマスメディアの重点のおき方と，調査で統計的に得られる結果，すなわち住民の考える喫緊の政

治課題の内容とを比較した．そうすることによって，彼らはマスメディアが後者のトレンドを通常先取りしていることを見いだしたのである．だからマスメディアが，争点を育て，それを議論のテーブルに乗せるように見えよう．この過程を記述するために，アメリカの研究者たちは「議題設定機能」なる言葉を発明している．

20. 公衆の注目を左右する
　　ジャーナリストの特権

　「そういえば，私はクラブで沈黙の螺旋を経験したわ」「僕のバレーボール・チームでもあったよ」「我々の仕事の世界ではまさにそうしてことが運ぶみたいだ」．このように沈黙の螺旋の存在はしばしば確認されることになる．そうに違いない．こうしたあまりにも人間的な同調行動を観察する機会はいくらでもあるからだ．小さな集団の中で我々に見える沈黙の過程は全体の沈黙過程の一部分でもある．世論の形成期にはさまざまな集団の中で同一の，または類似の経験が生ずるので，注意深い人々は「みんな」が同じ考えを持つようになるだろうと推測することになる．だがこの沈黙の螺旋が公然と展開し始めるとすぐ，さらに独得の現象が生ずる．つまり，沈黙の螺旋過程に独得の抗がいがたい力を付与する公共性（publicity）という要素が添加されるのである．そこに見られる公衆の注目という要素自体はマスメディアを通じて最も効果的に螺旋過程に持ち込まれる．実際，マスメディアは匿名で形もなく，手を伸ばしても届かない，不動の公衆の注目を集めることによって，公共性を客体化し，客観的に存在するものとするのである．

■マスメディアに対して無力と感ずる

　コミュニケーションには，一方向的と双方向的という分類が可能である．たとえば会話は双方向的なものである．また，間接的・直接的という分類も可能である．会話は直接的なコミュニケーションである．さらに公的・私的という分類もできる．会話は一般に私的なコミュニケーションであると考えられる．これに対し，マスメディアは一方向的，間接的，公的なコミュニケーション形態をとるから，人間のもっとも自然なコミュニケーション形態である会話とは三つの点で対照的だということがわかる．マスメディアに対する人間の無力感はこれに由来し

ている．どんな調査の中でも「今の社会で権力を持ち過ぎているのは誰でしょうか」と尋ねるたびにマスメディアがトップにランクされる（注20）．それに対する我々の無力感は二つの表現形態をとる．その第一は，ルーマン的な意味で公衆の注目を集めようとするときに生ずる．集めようとしても，マスメディアの選択過程の中で注目されない場合である．同じことは，ある見解，一片の情報，一つの視点を伝えるために公衆の注目を浴びようとして失敗するときにも起こる．無力な気持ちに陥った結果，公衆の注目を集める障害となる監視者の目前で自暴自棄に暴れ回ることにもなる．ミュンヘン美術館のルーベンスの作品にインクのびんを投げつけたり，アムステルダムの美術館でレンブラントの作品に酸性の液体のびんを投げつけたり，あるメッセージや主義主張の唱導のためにハイジャックを敢行するなどはその例である．

　無力感の第二は，メディアがさらし台となる場合に生ずる．スケープゴートとして「見せ物にする」よう，匿名の公衆に引き渡され，その注目を浴びて感ずる無力感である．もはや自らを防御する手だてはない．投石や槍をそらす手だてもない．メディアの洗練された客観性に比したときの自分の弱さ，ぶざまさを思えば，抗弁の手だてはグロテスクなものでしかない．だから，メディアのゲートキーパーになっている内輪の仲間がいるわけでもないのにテレビのトークショーに出演したり，インタビューを気軽に引き受けるのは，トラのあごに自分の頭を突っ込んでいるようなものである．

■マスメディアの効果を研究する新しい出発点

　公衆の注目は二つの視点から論ずることができる．第一はいま述べたような，公衆の注目にさらされたり，あるいは逆に無視されるという個人の視点である．第二は，集合的な事象の観点からのもので，何十万，何百万という人が自分の社会環境を観察し，沈黙したり声を高めたりすることによって世論を形成するという視点である．

　また，自分のまわりの社会環境を観察する場合，それには二つの源泉がある．世論はこの二つの源泉から育つのである．その源泉とは，自分のまわりの社会環

境の直接的観察と，マスメディアを通しての環境情報の入手とを指す．もっとも今日ではテレビの音声とカラー画像によって，自分自身の直接観察とテレビを通しての観察とが混同されてうまく区別できなくなることがあまりにもしばしば起こっている．テレビの天気予報でキャスターが「今晩は」というのと，休暇で滞在中のホテルの客が「今晩は」と声をかけてくるのに差があるだろうか．

　長い間，マスメディアの影響力が問題にされてきた．原因と結果との間に大変単純な直接的関係を期待して，それが存在するかどうかを問題としてきた（訳注30）．あるメディアに乗った言明がその効果として直接受け手の意見を変えたり，逆に受け手の意見を強化したりする，と仮定してきた．マスメディアと受け手の関係は，私的な二人の会話の中で，一人が何か言うと相手の意見が補強されたり変えられたりする，そういう会話になぞらえて考えられてきた．しかし，メディアのおよぼす効果の実情はもっと複雑なものである．二者間会話のモデルとはかなり異なっている．メディアが無数の繰り返しによってステレオタイプをいかに植えつけているか，そしてメディアが客観的な外的世界と受け手との間に介入する「中間的世界」として，いかにその擬似的現実を供給する構成要素となっているかを示すことを通じて，リップマンが教えたのはまさにこの辺りの事情である．またそれはメディアが公衆に対して，何を注目すべきか選択し，何が緊要のものか，どんな問題に関心を持つべきかを示すというルーマンの議題設定機能の含意でもある．

　さらにメディアは，孤立の危険を冒すことなく言えること，できることについての認知に影響する．こうして最後に，我々はマスメディアの世論分節化機能（articulation function）ともいうべきものに到達する（訳注31）．このことは沈黙の螺旋の分析の初期に行なった列車テストにまで我々を引き戻すことになる．それは，発言と沈黙の過程を通じて，小さな集団から世論が形成されていく典型的状況であった．だがとりあえず，今のところはマスメディアを通じてどのように意見風土が体験されるかという話題にとどまろう．

■衆知は正当化を意味する

　1977年に連邦検察官ブバックがテロによって殺害された際，ある学生のグループが『追悼演説』と題された本を再版した．これを読んだ人はみな，単にそれが追悼である以上の何かを含んでいることに気がついただろうと思われる．「幻覚者」というペンネームによるこの本は，広い範囲の人に読んで判断してもらうという名目で再版され，広く周知されたため，その影響力を強めることとなった．編者は否定的なコメントを寄せているが，その底流に肯定的な見方が隠れていることはほとんど覆いようがなかった．否定的な装いにも関わらず，広く公表されたがために，連邦検察官殺害を聞いて秘かにうれしく思ったり，そう思ったことを孤立の恐怖を抱かずに公言してもいいかのような印象を与えることになったのである．同様のことは，どんな理由であれ，タブーが悪として受け取られず，また避けるべき，あるいはさらしものにすべきものと受け取られずに衆知された場合にはいつも生ずる．規範を破る行動を公然と明るみに出し，しかもそれに対して何ら否定的に対応しなければ，その行動はより洗練された層にも受容されやすくなってしまう．もはやその行動を実行したからといって孤立の恐怖を感じなくてもすむことが衆人の目に明らかとなる．だから社会規範を破る人は，少しでも好意的な公表のされ方を望むのである．好意的な公表それ自体によってそれを規制するルールや規範が弱まってしまうのである．

21. 世論には二つの源泉がある
―― その一つがマスメディアである

　沈黙の螺旋理論に基いて意見風土の生成とその結果生ずる投票意図の形成を追跡する調査手段・測定道具は，1976年初めに全部出揃った．それは連邦選挙の半年前だった．そこで用いた主たる手法はパネル調査と呼ばれるもので，代表性のある同じ有権者サンプルに対し，繰り返しインタビューを行なう方法である．これに加えて，世論の生成の進路を見失わないために，一回限りのインタビューで構成される通常の代表性サンプル調査も行なった（訳注32）．さらにジャーナリストに対する調査を二つ行ない，また二つの公共テレビ放送の政治報道をビデオに録画した（注21）．沈黙の螺旋理論に沿って調査をどう進行させたか，ここではその一部だけを述べるにとどめる（Noelle-Neumann, 1977b;1978；Kepplinger, 1979；1980a）．

　振り返れば，1965年の連邦選挙の時から我々は関連質問を開発してきたことになる．この質問群の中には，回答者の投票意図，勝利政党予想，自分の政治的選択を公然と表明しようとする積極度，政治に対する一般的関心，政治報道に重点をおいたメディアへの接触度（新聞・雑誌の購読，テレビ視聴）などの質問が含まれていた．

■1976年の投票前，意見風土は突然変化した

　夏の行楽シーズンさ中の7月，アレンスバッハ研究所にはパネル調査の第二回目の回答結果が届いた．それは，西ドイツ全土から1,000人の投票者の代表性サンプルを抽出して調査したものであった．私はこの時，スイスのテッシンに滞在中で，雲のない夏の天気を楽しんでいた．葡萄畑の緑の広葉と御影石のテーブルの上に拡げたコンピューター・アウトプットとのコントラストはいまも鮮明に印象に残っている．それは選挙の数ヵ月前だったから，仕事のことを全て忘れて楽

表21　1976年の選挙年，CDU 支持の意見風土は後退した

質問はこうだった．「もちろん前もってどちらが勝つかは誰にも分かりませんが，あなたご自身は今回の連邦選挙でどちらの党が勝って最大の得票を得ると思いますか．CDU ですか，SPD／FDP ですか．あなたの考えをお答え下さい」．

	18歳以上の全有権者 1976年		
	3月（％）	7月（％）	9月（％）
CDU だと思う	47	40	36
SPD だと思う	27	33	39
どちらとも言えない	26	27	25
	100	100	100
	N＝1052	925	1005

出典　Allensbach Archives, surveys 2178, 2185, 2189

しむというにはあまり適当な時期ではなかった．現にアウトプットは，明確に一つのことが発生しつつあることを示していた．意見風土に関する質問は最も重要な質問だったが，「もちろん前もってどちらが勝つかは誰にも分かりませんが，あなたご自身はどちらが勝つと思いますか．CDU ですか，SPD／FDP ですか．あなたの考えをお答え下さい」と尋ねると，CDU だとの回答が劇的に減少していたのである．この年の3月には CDU の勝利を予想する回答は20％のリードを奪っていたのに，今や意見のムードは変化して CDU と相手の SPD／FDP との差は7％に縮まっていた．そしてそれからわずか後には SPD／FDP の勝利を予想する率が CDU のそれを上回ってしまった（表21）．

最初に私が考えたのは，CDU 支持者が1972年の際と同じように振舞い，公的場面では沈黙してしまい，選挙キャンペーン前から自分の意見を言わなくなってしまったのではないか，ということであった．CDU も含めて各政党のキャンペーン戦略では，支持者に対し，自党の支持を人前で断言することが重要だと分からせようとしていたが，人々は用心深く，なかなか表だって意見を言わないようだった．私はアレンスバッハに電話すると「公然と政党支持を表明するかどうか」に対する回答結果を尋ねた．その結果は謎めいたものだった．沈黙の螺旋理

論にはうまく合わなかった．3月の結果と比べると，7月にはSPD支持者はCDU支持者より怠け者になっていた．また，支持政党のために積極的に行なう行動項目を尋ね（第2章参照），「何もしたくない」を含む回答リストを提示すると，3月と7月の間でSPD支持者で「何もしない」が34%から43%に増大していたのに対し，CDU支持者ではほとんど一定だった（「何もしない」人は3月では38%，7月では39%）．理論的に考えられた原因は，CDU支持の積極性の低下であったが，それでは意見風土の変化を説明できなかったのである（表22）．

■テレビの目で

次に私は，社会環境の意見分布情報を得るには現実の直接観察と，メディアの目を通した観察がある，ということを想いうかべた．そこでアレンスバッハ研究所に，どんな人が新聞をよく読み，テレビをよく視聴したかがわかる二重集計表を出すように指示した．その結果はまるでやさしい入門書のようだった．テレビの目を通して社会環境を頻繁に観察していた人に限って，意見風土の変化を認知していたのである．テレビの目を通さないで社会環境を観察していた人は，意見風土が変化したとは全く思っていなかった（表23）．

テレビを通じた現実のフィルタリングが1976年の選挙年の意見風土を実際に変えたかどうかを巡って行なったいくつかの分析については，ここで詳しくは述べない（Noelle-Neumann, 1977b; 1978）．しかし，意見風土が変化したというこの印象がどう生じたかには興味が持たれるところである．そこで再び研究の未開拓領域に入り込み，それを明らかにしていきたい．

■報道内容は操作しなかった．見たことを報道した

この謎を少しでも解明するため，我々はこの年のジャーナリスト調査と録画された政治報道の分析を進めた．その結果をリップマン的に解釈すれば，テレビ視聴者がCDUの勝つチャンスがなくなっていくと認識していても不思議ではないことが判明した．ジャーナリスト自身がCDU勝利のチャンスはないと考えていたのである．現実に世論調査を行なうと，二つの党派はほとんど同数の支持を

表22 1976年の春から夏にかけてCDU支持者が「公然と支持を表明する」ことを怠っていたわけではなさそうだ．したがって，CDU支持者の公然たる表明が少ないからCDUに勝機ありという予想が減少していったのではなかった．

質問文はこうだった．「さて，あなたご自身の立場に最も近い政党についてお尋ねすることにします．誰かが，あなたの支持政党を何らかの形で応援してほしいと依頼してきたと想像して下さい．たとえば，この調査リストに挙げるようなことがらを依頼してきたと考えて下さい．あなたは支持する政党のために，このうちのどれならしてあげたいとお考えですか．いくつでも当てはまるカードを引き出して下さい」（回答者にカードを渡す）．

	CDU 支持者		SPD 支持者	
	1976年3月 (%)	7月 (%)	3月 (%)	7月 (%)
私は党大会に出席したい	53	47	52	43
私は重要と思えば，党の会合で立ち上がって意見を述べ，議論に貢献したい	28	25	31	23
私は自分の車に党のステッカーを貼りたい	18	25	26	24
私は敵の政党の会合で自党の見解を弁護したい	22	20	24	16
私はキャンペーン用の応援バッジをつけて歩きたい	17	17	23	22
私はキャンペーン用印刷物の配布を手伝いたい	17	16	22	14
私は金銭的な寄付をしたい	12	12	10	11
私は路上で議論に加わり，党を弁護したい	14	11	19	15
私は党のポスターを貼りたい	11	9	13	10
私は自宅の窓に，党のポスターを貼りたい	10	9	8	6
私は見知らぬ人の家を一軒一軒回って，党の政策を説きたい	4	4	5	3
このうちのどれもしたくない	38	39	34	43
	244*	234	267	230
	N=468	444	470	389

出典 Allensbach Archives, surveys 2178, 2185
＊ （訳注）複数回答を許容しているので，トータルの％が100％を超えている

得，10月3日の選挙で3,800万人の有権者のうち，もし35万人（0.9％）がSPDからCDU／FDPに投票先を変えたならCDUが勝ったほど力は接近していた．だから「選挙でどちらが勝つと思いますか」と尋ね，選挙情勢を第三者の立場で評定させたならば，ジャーナリストは「それは全く海のものとも山のものとも分かりません」と答えてしかるべきだった．しかし，彼らはそうは答えなかった．70％以上がSPD／FDPの勝利を予想し，CDUだと答えた人は10％に過ぎなかった．ジャーナリストと一般有権者では世界の見え方が全く違うのである．リップマンが正しいとすれば，ジャーナリストは自分の見たままの世界を提示することしかできない．言い替えれば，視聴者には現実に対する二つの見え方，二つの意見風土の印象があったことになる．自分自身の直接的な観察による印象と，ジャーナリストを通じたテレビの目からみた印象の二つである．ここに「二重の意見風土」という興味深い現象を見て取ることができる（表24）．

　一般有権者とジャーナリストでは，なぜこんなに政治状況を違って認識していたのだろうか．1976年の夏にはCDUの勝利の可能性はSPD／FDPよりまだ少し大きいと有権者は考えていたのに．

　一つの理由は，一般有権者とジャーナリストとでは政治的信念や支持政党がかなり違うことによる．しかもリップマンが言うように，信念がものの見方をガイドするから，SPDとFDPの支持者たちはより多くSPD／FDPが勝利するという証拠を見，CDU支持者はCDUが勝つと考えがちになる．このことは当然一般サンプルにも当てはまるし，ジャーナリストにも当てはまる．しかも，国民全体のサンプルではSPD／FDP支持とCDUの支持に等しく二分されていたのに，ジャーナリストではその比が3対1でSPD支持に傾いていた．だから，現実に対する見え方が両者で違ってしまったのもごく当然のことだった．

■視覚信号言語を解読する

　こうして，ジャーナリストが自分の認知した内容を視聴覚手段を通じてどう受け手に伝えるのか，という未研究領域を探求することとなった．初めは，この問題はどこかの国で既に解明済みではないかと考え，アメリカ，イギリス，スウェ

表23 世論の第二の源泉，すなわちテレビの目を通した意見風土の印象に関する集計表を作成すると，テレビの継続的視聴者だけがCDUに関する意見風土の悪化を認知しており，春から夏にかけてほとんどテレビを視聴しなかった人々はこの間に何らCDUに対する意見風土の悪化を感知してはいなかった．

質問はこうだった．「もちろん前もってどちらが勝つかは誰にも分かりませんが，あなたご自身は今回の連邦選挙でどちらの党が勝って最大の得票を得ると思いますか．CDUですか，SPD／FDPですか．あなたの考えをお答え下さい」．

	テレビの政治報道の継続的視聴者		テレビの政治報道を殆どまたは全く視聴しない人	
	1976年3月 (%)	7月 (%)	3月 (%)	7月 (%)
全サンプルに関して				
CDUだと思う	47	34	36	38
SPDだと思う	32	42	24	25
どちらとも言えない	21	24	40	37
	100	100	100	100
	N=	175	118	
政治的関心の高い層				
CDUだと思う	49	35	26	44
SPDだと思う	32	41	26	17
どちらとも言えない	19	24	48	39
	100	100	100	100
	N=	144	23	
政治的無関心層				
CDUだと思う	39	26	39	37
SPDだと思う	32	45	23	26
どちらとも言えない	29	29	38	37
	100	100	100	100
	N=	31	95	

出典 Allensbach Archives, surveys 2178, 2185

表24 ジャーナリストと一般有権者では政治的状況の見え方が違うが，それがそのままテレビ視聴者に伝達されているだろうか．

質問はこうだった．「もちろん前もってどちらが勝つかは誰にも分かりませんが，あなたご自身は今回の連邦選挙でどちらの党が勝って最大の得票を得ると思いますか．CDU ですか，SPD／FDP ですか．あなたの考えをお答え下さい」．

	1976年7月 18歳以上の 一般サンプル (%)	アレンスバッハの ジャーナリスト調査 (%)
予想		
CDU だと思う	40	10
SPD だと思う	33	76
どちらとも言えない	27	14
	100	100
	N=1265	1235

	1976年8月の 一般サンプル (%)	1976年7月の ジャーナリスト (%)
投票意図		
CDU	49	21
SPD	42 ⎱ 50	55 ⎱ 79
FDP	8 ⎰	24 ⎰
他の政党	1	X
	100	100
	N=1590	87

出典 Allensbach Archives，この表の上部は surveys 2185，2187に基づく．本調査に並行して行なわれた，マインツ大学新聞研究所のジャーナリストに対する調査は，SPD／FDP の勝利予想が73％，CDU が15％，「どちらとも言えない」が12％だった（N=81）．この表の下部のデータは surveys 3032，2187に基づく．特定の党に言及した回答のみを記載した（X は0.5％以下を指す）．

ーデン，フランスのコミュニケーション研究を探してみたが，どこの国でも行なわれていなかった．次に我々はゼミの中で，教授，助手，学生を交えて自分たち自身が実験台になってみた．何も議論せず，ひたすら政治集会や政治家へのインタビューの録画を見てすぐに，画面での人物提示のあり方によって我々自身どう影響されたか，用意した質問項目に答えていった．我々の間でビデオの視覚的メッセージのとらえ方が一致した点については，どんな手掛りがそうした特定の印象を形成したかも捜し出そうとした．ついに我々はカリフォルニア大学バークレー校からパーシー・タンネンバウム，ニューヨーク州立大学ストーニーブルック校からラング夫妻等，著名なコミュニケーション研究者をマインツ大学新聞研究所に招き，政治報道のビデオを見せ，彼らのアドバイスを求めた．

　タンネンバウムのアドバイスは，テレビカメラマンの調査をして，受け手に特定の印象を与えたい場合，どんな視覚的テクニックを用いるか尋ねてみたらどうか，というものであった．それは言い方を変えれば，特定のショットやテクニックが視聴者にどんな効果を与えると考えているかを尋ねることを意味していた．この示唆は1979年に実行に移された（Kepplinger, 1983；Kepplinger & Donsbach, 1982）．テレビカメラマンの51％が我々の質問に回答したので151票が集まった．「テレビカメラマンは視覚的な手段だけを用いて，ある人物を特にプラスまたはマイナスの印象を与えるよう画面に映し出すことができますか」という問いに対し，「全くその通り」という回答が78％，「十分にありうることだ」が22％だった．一体どんなテクニックがこれほどの効果を持つのだろうか．

　調査したテレビカメラマンの大多数が一点について意見の一致をみていた．自分の好きな政治家に対しては，目の高さで斜め方向から正面像を3分の2見せるショットを使うというのである．なぜなら，彼らの意見では，このショットは思いやりがあるように見え，静かで自然な印象を与えやすいのである．他方，誰一人として好きな政治家には鳥瞰的な高いショットやカエルの目から見たような低いショットは使わないと答えた．なぜならそれらは思いやりがあるようにはみえず，ひ弱な印象や，頭がからっぽだという印象を与えるからである．

　これに次いでケップリンガー教授を中心としたグループは，ドイツの二つの公

21. 世論には二つの源泉がある　*193*

共放送ARDとZDFで1976年の4月1日から選挙日の10月3日までにテレビで放送された選挙キャンペーンの録画を検討し，おおよそ次のような知見を得た．

　二つの公共放送の分析の結果，連合側（SPD／FDP）の政治家は実際，対立側（CDU）の政治家よりいくぶん多めに画面に登場したが，使われたショットはほとんど全ての政治家で同じだった．主として前面からのショットが撮られていた．だが，二人の主たる候補者，SPDのヘルムート・シュミットとCDUのヘルムート・コールにショットの分析を限ると，少し違った結果が出る．二人は4回に1回のショットに出ていたが，シュミットの場合は31回だけ上からあるいは下から撮ったショットになっていた．しかしコールの場合は55回だった．また，CDUのメンバーが演説をするときには連合側と比べると，カメラと演者との間にマイクが入って顔の写る邪魔になる傾向があった．

　さらに，カメラアングルとショットの位置を決めるのは誰か，カメラマンに尋ねたところ，その46%が自分だけで決めると答え，52%は放送の責任者であるジャーナリストと一緒になって決めると答えた（Mreschar, 1979, 26）．

　ドイツの両公共放送で，CDUに非好意的な聴衆のショットの方が，政権党である連合側の政治家に対する抗議のショットより多いという知見も得られた．

　聴衆の反応の視覚的な描写は，また特定のカメラアングルによって決定的に影響される．テレビカメラマンが主張するように，聴衆の反応の強度の印象を強めたり弱めたりできるのである．たとえば拍手喝采のシーンにも，その全体を写すのか，半分にするのか，もっと小さな部分ショットにするのか，数人のグループや個々人をクローズアップするのかの選択が可能である．そして，多くの聴衆を見せるほどロングショットになるが，逆に短いショットで見せる聴衆が少ないほどそれが創り出す印象は強くなる．

　ケップリンガーによれば，マインツ大学の知見は，二つの公共放送はともにクローズアップあるいはややクローズアップ（medium-close）を用いて，反対党より連合側の候補を好意的に提示していたことを示している．

　ジャーナリストが画像と音声によって自分の認知を視聴者にどのように伝えているか，研究は10年後の1989年にも進行中であった．しかし当初存在したカメラ

マンや画像のカットに対する怒りはかなり和らいだものとなっていた（注22）．

　また，1976年の時ほど接戦の選挙はしばらく行われていない．接戦でなければ決定的な影響が生じるような条件は揃わないので，マスメディアが意見風土に影響したという厳しい批判は出てこない．こうした中でミカエル・オスタータグは修士論文（注23）・博士論文を書いた．彼は，ジャーナリストの政治選好がテレビに出演する政治家の描かれ方にどのように影響し，それが公衆に与える政治家の印象をどう形成するかを検討した．80年の選挙でシュミット，コール，シュトラウス，ゲンシャーへのインタビューを報道した40のテレビ番組を分析する際に，音声を消去して分析し，そのことによって論議の内容や使われる言葉，あるいは言葉のピッチやイントネーション，間の置き方などの「パラ言語」と呼ばれる部分の影響を受けずに分析しようと試みた．

　まず，表情，ジェスチャーなどボディランゲージを記録するために，コード対照表が開発されなくてはならなかった．ラーシュの研究（注24），モルチョの身振りの研究（注25），フライらの研究（注26）などに基づいて検討が進められた．オスタータグは，政治家の表情とジェスチャーについて，政治的立場の近いジャーナリストがインタビューした場合と，やや敵対色のある場合とを比較した．

　基本的には，政治家の表情やジェスチャーはどちらの場合にもほとんど変化しないことが判明した．しかし，程度の変化はあった．自らが語るときにリズミカルな頷き方はより強調的になり，相手を見続ける長さ，相手を見ないままでいる長さがともに長くなった．このことは視聴者にマイナスの影響を及ぼしていた．また，自分と信の異なるジャーナリストと話すときに悪い印象を作り出していた．信が異なるために，論争した場合にはマイナスの評価を受けたのである（注27）．

　さらに，同じ立場のジャーナリストと会話する政治家の全体的印象は，対立側の場合よりも，よい印象を与えていた(注28)．対立側と話すときは，距離をとって座り，ひじを両側に開き，身体は横向き，足は組んで相手に膝を防護としていた(注29)．このように，視覚的シグナルがテレビに映った政治家の意見にどのように影響するか，検討可能な段階まで我々は来ているが，意見風土が正確にどのようにしてテレビに伝達されるかつきつめるまではまだ遠い道のりである．

22. 二重の意見風土

『ドイツ人の投票——1976年の連邦議会選挙』という著書の中でアメリカの政治学者デビッド・P・コンラットは，政治的関心のあるアメリカ人に向け，次のように書いている．

1976年の選挙で，CDUの作戦家は同党に有利な方向に沈黙の螺旋を働かせようとした……．1973年12月にハンブルクで開催された党大会で沈黙の螺旋の知見が党のリーダーたちに紹介された．翌年には沈黙の螺旋概念の単純なサマリーが党の活動家たちに配られた．……そして，CDU側の広告やポスターによるキャンペーンをSPDより先に始めようと決定したのも，沈黙の螺旋テーゼに基づくものだった．このテーゼは作戦的には，SPDのキャンペーンが大々的に始まる前に自党が目につくようにすることを意味していた（Conradt, 1978, 41）．

■**沈黙の螺旋との戦い**

しかし，この年の一般大衆の行動は1972年とは違っていた．沈黙の螺旋は働かなかった．CDU支持者たちはSPDの支持者たちに劣らず，公然と自分の支持を明らかにし，支持バッジをつけ，支持のサインを車に貼った．どこでも人に聞こえるところでは政治主張を前面に出し，自分の主義主張を説いて回った．選挙後5，6週間経ってから，どちらの党の支持者がキャンペーンに熱心でしたかと尋ねたところ，30％がCDU支持者だと答えたのに対し，SPDとの答えは18％に過ぎなかった．

選挙キャンペーンの最後の段階で，CDU／CSUの支持者が目に見える形で公衆の中で見せた熱心さは，関心の弱い未決定の有権者がメディアに支配的な意見風

図22　1976年の総選挙：予想される勝者の方向に勝ち馬効果は働かず
沈黙の螺旋に対して意識的に戦いを挑んだ意識的な草の根の運動が実ったことを
意味するのだろうか。

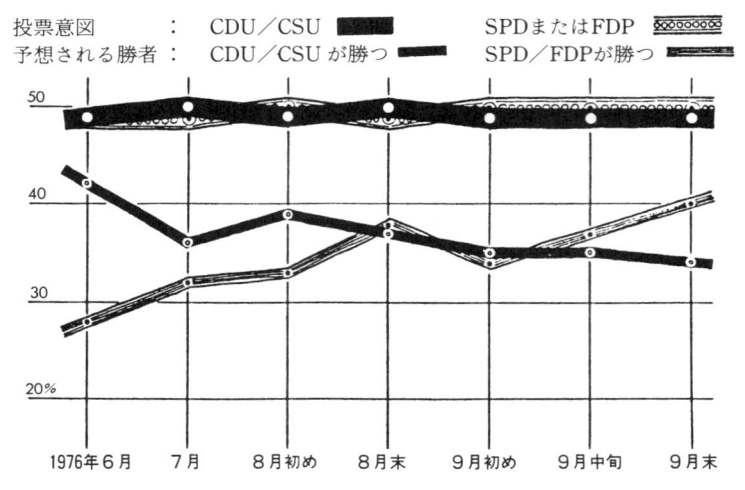

```
投票意図        ： CDU／CSU ■■■    SPDまたはFDP ▓▓▓▓
予想される勝者： CDU／CSUが勝つ ■■■  SPD／FDPが勝つ ▓▓▓▓
```

（グラフ：縦軸 20%～50%、横軸 1976年6月～9月末）

出典　Allensbach Archives, surveys 3030, 3031, 3032, 3033／1, 3033／11, 3034／1, 3035／1

土の側に回るのを防げた．近代の選挙キャンペーンで沈黙の螺旋と意識的に戦ったのは，おそらくこれが初めてだった．二つの対立する陣営はその強さの点において何ヵ月も肩を並べていた（図22）．そして同年10月3日の夜，選挙結果の集計中も接戦が続き，最後にSPD／FDPが僅差で勝利を握ったのである．メディアの意見風土がCDUに非好意的でなかったなら結果が逆になったかどうかを言うほどには，我々は十分経験を積んでいない．しかしそれにしても，二重の意見風土現象は大変興味深いものである．それは異常な天候や美しい景色の遠望のようにエキサイティングであり，しかも年に一度の春風や二重の虹，あるいはオーロラのように，非常に特定の条件のもとでしか起こらない．それは一般有権者の意見風土とジャーナリストに支配的な意見風土とが食い違っているときにのみ生ずるものなのである．1976年にこの現象は春と夏の間に生じており（表23），その秋には二段階のコミュニケーションの流れに変じた（二重の風土ではなくなった；訳注33）．「二重の意見風土」とは，メディアを利用することで人々が異なる意見風土

を認知することである．ここから価値ある測定用具を開発することもできよう．メディアを利用することによって意見風土の認知がずれるときには，常にそれはメディアの影響の一例ではないかと検討してみる値打ちがある（注31）．

■意見分布の無知――他者についての誤った判断

　この問題を研究すればするほど，マスメディアの効果推定の難しさがますますはっきりしてくる．マスメディアの効果は単に一つの刺激によってもたらされたものではない．その効果は概ね累積的なものである．「雨垂れ石を穿つ」と同じ原理である．人々の間で議論する機会が多いほど，メディアのメッセージは広まる．そして遠からぬうちに，メディアのメッセージを受けた点とそれから遙かに離れた点との間に何の差異も見いだせなくなるほどメッセージは浸透する．メディアの効果は主として無意識的なので，効果があったとしても受け手は何が起こったか説明できない．むしろ受け手は，リップマンが予言したように，自分の直接経験とメディアの眼を通して選択された知覚とをミックスして，全てが自分の考えと経験に由来するかのような不可分の全体像を形作ってしまうのである．こうしたメディアの効果の大部分は，間接的に，いわばこだまのように生じ，ついには受け手はメディアの眼を採用してそれに従って行動するまでになるのである．これら全ての条件は，メディアの効果研究に当たっては，特に体系的な手続きが必要であることを示すように思われる．たとえばアメリカの社会学者が意見分布の無知と呼ぶ状態（注30），つまり大半の人がどう思っているかに関する誤判断状態は，メディアの効果を追跡して捕らえる一つのガイドになるのではないだろうか．

　本書3章で紹介したある知見に戻ってみよう．それは，何人かが仲よく一緒に座っているのに，一人だけ孤立して座っている絵をどう見るかというテストで，意図した通りの結果が得られなかったものである．（本書45-47ページ）．我々は，少数派意見を持つことと孤立することとの関連を回答者が意識して，暗黙の内に孤立者が少数派意見の持ち主だとみなすかどうか検討した．

　このテストで用いた少数派意見はドイツ共産党員判事の任官問題だった．テス

トを行なった1976年4月には，任官すべきだと答えた人は僅かに18％で，反対意見は60％だった．また2％だけが大部分の人がこの処置に賛成だろうと答えたのに対し，80％は大半の人が反対だろうと回答した．既に言及したように，孤立した人が共産党員判事賛成派だろうという人，反対だろうという人はほとんど同率で，テストはうまくいかなかった．だがこれは二重の意見風土の兆候だったという疑いもある．回答者の何人かは，我々が想定したように，孤立者に少数派意見を帰したが，他の回答者はメディアの眼で見て，メディアが保守的で救いようのないほど反リベラルだと軽蔑している，実際には大多数の意見を，孤立者の意見だと考えたのではなかったか．

23. 分節化機能
―― メディアに乗らない意見の持ち主は
　　　　事実上沈黙させられる

　研究者は大変ひ弱な人種である．共産党員判事任官に関する列車テストの結果を初めて見たとき，私は自分の眼をこすった．その結果は沈黙の螺旋の明白な反証のように見えたからである．多数意見の支持者は，自分が多数派だということを十分知りながら沈黙したがり，逆に少数派意見の支持者たちの50％以上もが喜んで多数派と任官問題を論じるというからである（表25）．

■ハードコア（固い核）

　1972年に行なわれた沈黙の螺旋の初期のテストでさえ，ルールには例外ありということが分かっていた．そもそも理論の検証の重要な部分は，どこにその理論の限界があり，どういう条件のもとで理論が検証されず，変更されねばならないかを見いだす作業に当てられるものであろう．我々の研究でも最初のテストの時から，70年代初期に社会民主党左派のフランツ・ヨーゼフ・シュトラウスの追随者だった少数派は，大多数のシュトラウス反対派より積極的に列車テストの会話に加わることが知られていた，つまりはじめから例外ありということがわかっていた（表26）（Noelle-Neumann, 1974／1979, 189-90）．

　その時点で我々は既に，ハードコアに遭遇していたのである．ハードコアとは，沈黙の螺旋過程がその最終段階を迎えて大多数を呑み込んでしまってすら，孤立の脅威をものともしない少数派のことである．彼らは孤立を支払うべき代価だと考えている点では，前衛と類似している．しかし前衛メンバーと違って，公衆に背を向けることもあれば，公衆の中で赤の他人に囲まれていると知って完全に口を閉ざしてしまうこともありうる．セクトのように自ら閉じて過去や遠い未来に志向することもありうる．もう一つの可能性として，ハードコア自身前衛であると考えている可能性もある．それは，彼らが少なくとも前衛と同じくらいに

表25 多数派は自らが多数派であることをよく知っているが,沈黙する傾向があり,少数派は自らが少数派だということを知っていながら,すすんで意見を述べたがる.多数派は,メディアが自派にふさわしい議論を十分に表現し,語ることばを用意していないために,議論ができないのだろうか.

	多数派（反対派）：共産党員判事任官に反対の人が列車の中で次の意見の人に出会う	
	違う意見の人 （賛成派）(%)	同意見の人 （反対派）(%)
列車の中で,共産党員判事任官についての会話に		
すすんで加わる	27	25
加わりたくない	57	67
意見なし	16	8
	100	100
	N=169	217

	少数派（賛成派）：共産党員判事任官に賛成の人が列車の中で次の意見の人に出会う	
	同じ意見の人 （賛成派）(%)	違う意見の人 （反対派）(%)
列車の中で,共産党員判事任官についての会話に		
すすんで加わる	52	52
加わりたくない	40	42
意見なし	8	6
	100	100
	N= 48	54

出典　Allensbach Archives, survey 3028（1976.4）

声を高め，自己主張したがる場合のあることから明らかである．未来を当てにしているハードコアは，アメリカの社会心理学者ゲリー・シュルマン（1968）が示したある条件によって勇気づけられよう．その条件とは，多数派が十分に多数であるという条件である．この条件の下では時間とともに，多数派は自派の意見をうまく論じられなくなってしまうのである．多数派であるためにもはや異論に出会わなくなってしまうからである．シュルマンは，毎日歯をみがかなくてはならないという意見の持ち主が，それに反対する意見に突然出会うと，自分の意見に自信をなくしてしまうことを見いだしたのであった．

少なくとも，シュトラウスの支持者たちは，決して自分の背を公衆に向けるような傾向は持たなかった．また穴の中に入り込んだり，セクトの中にうずくまったりはしなかった．あるいは近い将来再び力を増す可能性を放棄したりしなかった．彼らは自ら前衛だと信じているハードコアであり，そのために少数意見の持ち主でありながらいつでも直接会話に加わりたがったのである．

■マスメディアが用意しなければ，適切な表現は与えられなかったであろうに

共産党員判事任官問題では，やや違ったことが起こっていた．判事任官賛成派はハードコアではなかった．また大部分の反対派が手をこまねいていたわけではなかった．実際，共産主義が地歩を得るのではないかという恐怖感は依然として強かった．もし反対派が列車テストで，その同乗者が賛成派であっても反対派であっても沈黙を守るのなら，それは未知の理由によるものに違いない．その未知の理由とは，共産主義判事反対についてマスメディア，なかんずくテレビがほとんど明確に表現しなかった，つまり意見を分節化しなかったために，彼らが表現手段を持ちえなかったということではなかろうか．

この仮説を受け入れるならば，メディアの機能にもう一項付け加えねばなるまい．それはメディアの分節化機能である．メディアは，ある意見や立場を守る表現を提供するのである．だから，自分の意見を言うのに適した表現がメディアによって流布され頻繁に繰り返されなければ，その人は沈黙に向かうしかなく，事実上沈黙させられることになる．

表26　沈黙の螺旋が最終段階になって大多数を呑込んでしまってからも，ハードコアは孤立したままで自らすすんで声を大にし続ける．

質問はこうだった．「あなたは列車に乗って5時間の旅をしていると想像して下さい．あなたのコンパートメントの同乗者が，フランツ・ヨーゼフ・シュトラウスの政治的影響力がより強くなることに賛成だと（次の回答者には「反対だと」に変えて尋ねた）強い口調で話し始めたとします．あなたはこの人とよろこんで話をしますか，それともそれには値しないと思いますか」．

	1972年	
	多数派： シュトラウス反対派（％）	少数派： シュトラウス賛成派（％）
すすんで会話に加わる	35	49
会話に加わるに値するとは思われない	56	42
意見なし	9	9
	100	100
	N＝1136	536

出典　Allensbach Archives, surveys 2087／Ⅰ＋Ⅱ（1972.10-11）

1898年にガブリエル・タルドは，『公衆と群衆』と題したエッセーを書いている．その結論部分から引用して，世論とマスメディアの効果に関する議論の締めくくりとすることとしよう．

編集長に宛てた私的電報は凄まじい速さでセンセーショナルなニュースとなり，大陸の全ての大都市ですぐさま群衆を出現させる．地理的には分散した群衆はニュースによって，同時性の意識を得，共同歩調を可能とし，互いに離れながらも親しく接触するようになる．つまり新聞は，この群衆を巨大で抽象的，かつ独立独歩の群衆に作り上げるのである．新聞はそれを意見と呼ぶ．こうして，新聞はかつては長期にわたった作業を一気に成し遂げる．かつては，まず会話のレベルから始まり，その輪が拡大してもいつまでも散在分散したかたちにとどまっていた個人的な意見が，いつしか融合して地方のローカルな意見となり，それがさらに国家的な，国際的な意見となっていった，そうした公

衆の心の雄大な統一というものがあった．それを今や新聞は一気に成し遂げるのである．……それは，大変な力である．自分もその一員である公衆と同意見でありたいという欲求，またその意見と一致するように考え，行動したいという欲求は，（新聞によって）公衆がより巨大なものとなり，意見がより強制的なものとなり，一方で欲求自体がよりしばしば満たされるほど，これまでにも増して強くなり，抵抗しがたいものとなっているから，意見の力はますます増大するばかりである．だから現代人が眼前を通り過ぎる意見の風のなすがままになるのを見ても，驚くには当たらないのである．またこれを指して，気骨がなくなったに違いないなどと言ってはならないのである．ポプラやオークが嵐によって倒されたとしても，それは木がひょろひょろと育ったからではなく，風が強くなっただけのことなのである（Tarde, 1969, 318）．

このテレビの時代にタルドがいたならなんと書いたであろうか．

24. 民の声は天の声

　私の友人はその場にいた他の客にむかって，冷やかし半分に言い放った．「エリザベートはこれから一軒一軒回って『あなたはアデナウアーに賛成ですか，反対ですか』と聞きに行くんですって」．

　それは，1951年から翌年にかけての冬のミュンヘンでのことだった．私はこの知識人たちのパーティからたまたま抜け出さなくてはならなかった．電話で私に「パーティへお寄りなさいよ」と言ったのは学校時代の友人だった．彼女にその前会ったのはいつのことだったか．おそらくそれは1943年か4年のことで，ベルリン＝ダーレムのリモーネンシュトラーセにある植物園の傍でのことだった．そこは市の南西側に位置し，西側からの爆撃隊の接近路の下になっていた．家は壊れかけ，壁にはひびが入っていた．住民は半ば疎開し，家具や絨毯や絵画は保存すべくどこかに持ち去られていた．

　その時以来初めて会ったパーティで，彼女が口真似してみせたインタビューが私を世論調査の問題へと引き戻した．いったいそんな形で意見を尋ねることに価値があるのだろうか．それを説明するのは，彼女の言動があんなに夜更けてからでなかったとしても，客たちがあんなに酔眼になり，部屋があれほど薄暗く紫煙で充満していなかったとしても，あの文人や，芸術家，学者のサークルには不可能だっただろう．

　確かに1951年，まさにあの「あなたは，概してアデナウアーの政策に賛成ですか，反対ですか」という質問を通じて，私はあの力に出会ったのだった．私が公共性や世論概念として次第に理解していったあの力にである．当時私は，ドイツ全域の何百人もの面接調査員にアレンスバッハの調査票を送付する前に，定期的なプリテストを行なっていた．実際，私はしばしば鉄道信号員の若い主婦に再三インタビューを行なって同じ質問を繰り返し，彼女の答えまで記憶していた．少

なくとも私は，彼女がアデナウアーに賛成しないと言うのを8回は聞いていた．しかし，調査のルールに良心的かつ厳密に従えば，質問文は前もって全部テストしなければならず，またそれにどれだけ時間を要するかも測定しなければならなかった．だから私は再び，同じ質問を彼女にぶつけた．「アデナウアーに賛成ですか……反対ですか……」．ところが今回は，「賛成です」という答えが返ってきたのである．私は自分の驚きを隠そうとした．面接調査員たるもの，自分の驚きを表出してはならないからである．

その後，4週間ほど経って最新の調査結果が私の机の上に並べられた．結果は明らかだった．11月から12月の間の一ヵ月間に，アデナウアーに対する賛成派が8％も増大して全体で31％に達したことが判明した．長い間，その率は23〜24％に留まっていたにもかかわらずである．その後，賛成率は増大し続け，ロスが「圧倒的な大勝利」と呼んだように（1969, 104），1953年の議会選挙期間中の57％にまで達したのである（注32）．この圧力の波を鉄道信号員の妻にまでもたらしたものは何であろうか．またそのような公衆の意見は何に値するのだろうか．

■理性というよりも，神意であり宿命である

「民の声は天の声」というが，それは本当だろうか．その由来を辿ってみると，まず1329年には既に格言として使われていたことが分かった（Boas, 1969, 21；Gallacher, 1945）．また798年には博識なアングロサクソン人アルクインがシャルルマーニュ王に宛てた手紙の中で，この言葉をよく知られた一般的表現であるかのように使ったことが判明した．さらに遡ると，紀元前8世紀の預言者イザヤの言葉にまで達することとなる．彼は言う「聞け．街から起こる騒ぎの声を，宮から聞こえる声を．それは主が敵に報復される声である」（注33）．

何世紀ものあいだ，この言葉を想い起こした人は，何かしら崇敬に似た心情と軽蔑の念との間を揺れてきた．ホフシュテッターは『世論の心理学』の中で「民の声を神の声と等置するなどとはもっての外．瀆神だ」（1949, 96）と述べた．ドイツ帝国の宰相フォン・ベートマン・ホルウェーク（1856-1921）は「民の声は

畜生の声」と言う方が正確ではないかと感じていたが，それはモンテーニュの弟子ピエール・シャロンの表現「民の声は愚者の声」(1601) の単なる剽窃であった．シャロンはその着想をモンテーニュの『風聞に関する随想』から得ている．この随想は，群衆には偉大な人間の人格とその高くそびえる偉業を評価する能力がないと論じていた．

> 賢人の一生を愚人の判断に委ねるのは分別ある行ないだろうか．……一人一人なら無視されるゼロの人間がみんな寄り集まって考える以上に愚かなことがあろうか．誰も彼らに取り入ろうとして，できたためしはない……どんな芸術も，どんな温厚な魂も，かくも無秩序で道に迷うガイドに頼れと命じはしないだろう．この野蛮人の気息の混じる混乱と噂，その俗悪な意見の空虚な混沌の中で，我々は未だに急かされはするが，どんな望ましい方向にも向かうことはできない．だから，そんなはかなく，ぐらついたもくろみはやめてしまおう．そして理性に従おうではないか．俗悪な連中も理性の道に従わせようではないか．もし連中がそうしたいと思うなら (Boas (1969, 31-32) による引用)．

アルクインは同じ考え方で，シャルルマーニュへの手紙を書いた．「『民の声は天の声』などとばかり言う者の言葉に耳を傾けてはなりません．群衆の叫び声は狂気と紙一重だからです」(同書, 9)．

「神の声」を「理性の声」とみなし，この理性を民の声すなわち世論の中に求めても無駄に終わるという，何百年何千年にもわたった先人の主張はこのようなものであった．

しかし，民の声を低くみるこの旋律に並んで，全く違う第二の旋律も生き延びてきた．預言者イザヤは「聞け．街から起こる騒ぎの声を，宮から聞こえる声を．それは主が敵に報復される声である」と言った．紀元前約700年には，ヘシオドスが「世論」を道徳の法廷，社会統制手段と呼び，それは運命であり神意になりうるものだと述べた（もっともその後に続いたはずの文章は残っていない）．「そうしなさい．そして人の風説を努めて避けなさい．それは有害で，軽薄で，

すぐに人の口にのぼるものでありながら，耐えがたく，また逃れがたいものだからです．多くの人が口にすれば，それは完全に死に絶えることはありません．ある点においてはそれは神聖ですらあります」（Hesiod, 1959, 59）．

ローマの哲学者セネカは敬虔の念に満ちて「私を信じなさい．民の口舌は神聖ですぞ」と語った（対話編 1.1.10）．そのおよそ千五百年後，マキャベリは言った．「民の声が神の声と呼ばれるのは理由なしとはしない．なぜなら普遍的な意見（una opinione universale）には預言者の力が隠されているのではないかと思えるほど，ものごとの成行きを素晴らしく予知するからである」（Bucher の引用による（1887, 77））．

世論が注目に値するのはそこに理性があるからではなく，全くその反対の要素，すなわち世論の非合理的な要素，未来や運命を予見する要素があるからである．再度マキャベリは言う．「民を市民への道に導くのはどんな世評であり，どんな声であり，どんな意見の動きだろうか」（同書）．

アレンスバッハの調査では毎年暮れに，翌年の GNP の増減を予想させる質問を組み込むが，その結果を並べてみて，「民の声は，運命の声である」と解釈したのはカール・スタインブックであった．この質問は「あなたは来年に夢を持っていますか，それとも恐い気持ちでいますか」と尋ねるものであるが，年の瀬に回答された希望の高さは，その年の経済成長指数とはうまく対応しない．しかし翌年のそれとはうまく対応するのである（図23）．

ヘーゲルは世論について反芻しながら，こうした「民の声は畜生の声」と「人の口舌は神聖である」という二つの立場の間を行きつ戻りつしていた．

従って世論とは，尊敬に値するのと同程度に，軽蔑にも値する．それはその具体的な意識と表現において軽蔑すべきなのであり，この具体的な表現の中で微かに輝きをおびているその本質的な根拠において尊敬に値するものなのである．世論とはそれ自身，事象識別の基準を持たず，またその本質的な要素を正確な知識に変換する能力も持たないのだから，世論からの独立性が人生や科学において偉大で道理の通った何らかの成果を挙げる第一の形式条件である．し

図23
新しい年の始まりを夢を持って迎えるかどうかは，翌年の経済成長を予測する

A： 実質 GNP の成長率
B： 前年の12月に「あなたは来年に夢を持っていますか，それとも恐い気持ちでいますか」と尋ねて，「夢を持って」と答えた人の率．
(Allensbach Archives)

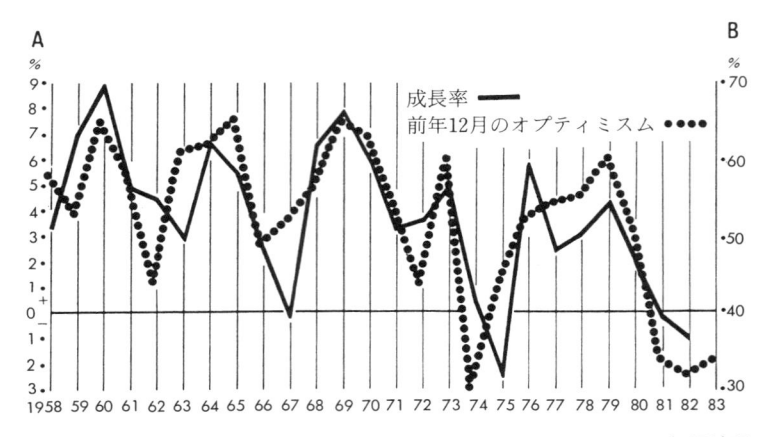

成長率 ——
前年12月のオプティミスム ●●●●

出典　Karl Steinbuch, "Concerning the Robustness of Predictions"（1979年7月14日ハンブルクで開催された交通運輸科学会の年次大会発表論文）

かし偉業は，世論がやがてそれを受容し，認知し，それを自分の偏見の一つに取り込んでしまうことによって確立される．

系： 世論には真実であるもの，虚偽であるもの全てが含まれる．その中に真実を見いだせるのは偉大なる人間のみである．自分の時代の言わんとするところを表現しえ，また時代の欲することがらを実行しうる人物が，その時代の偉人である．彼はその時代に固有で本質的な偉業を達成する．彼は時代を体現するのである．ただし，世論をいかに軽蔑すべきかを知らない者は，それをどこで耳にしようとも，偉大さに到達しはしない（Hegel, 1970, 485-86, 318節）．

18世紀の終わり近く，ウィーランドは「世論」という表現をドイツで一般的な言葉にした．彼はその著『密談』の中の第九番目に『世論について』（1794）を二人の会話に託して論じている．その結論部分に言う．

エグベルト ： 理性にのっとった意見，すなわち理性の言明には，法としての強さがある．だから理性の言明がまず世論として受け入れられる必要などないのだ．

ジニバルト ： むしろこう言おうではないか．理性の言明は法の力を持つはずだ，そしてそれが多数の意見となった途端に，その力を実際にも獲得するのだと．

エグベルト ： それは来る19世紀の問題として残しておこう．

　ローサー・ビューチャーはこのウィーランドの会話を引用して，次のようにそのエッセーを締めくくっている．「ジニバルトとエグベルトはついに理性と世論とが互いに働きかけるところまで考え及んだが，それをどう考えるかは19世紀まで持ち越す問題だとした．我々はこれに対する結論を20世紀まで持ち越すとしよう」(Bucher, 1887, 80)．我々は今や，この問題を21世紀まで持ち越すのだろうか．

■社会調査を通じた世論研究のための操作的定義

　世論を定義するため，どれだけの努力が払われ，どれだけの時間が割かれたかを考えれば，本書ではなぜ意図的に世論の定義を不十分なままに放置しておいたかを説明しなくてはなるまい．ハワード・チャイルズは50以上もの世論の定義を示したが，その中には世論の特徴，形態，起源，機能や世論の内容に関する膨大なカテゴリー区分の記述に混乱を来しているところもあった．彼の定義のあまりの豊富さと濃密さとを考えると，私は新しい定義を試みたくなる．我々のやる気をそぐほどのチャイルズの定義の兵器庫の代わりに，社会調査データによる分析を可能にするだけの経済的な定義を試みようというのである．そうした操作的定義を私は考えた．それは，その定義を用いて社会調査とその知見に基づいた分析が可能な定義である．そうした目標に沿えば，世論は次のように定義できる．「世論とは，自分が孤立したくないと思えば，公然と表明しなくてはならない態度や行動である．論争や変化の起きている領域では，世論とは自ら孤立の危険を

冒すことなく表明できる態度を指す」．この定義は，代表性サンプルを用いた調査とその知見によってテスト可能な定義である．我々の時代の社会的な強制力や道徳，伝統はあまりに揺らいでしまっているので，いま述べた意味での世論はもはや存在しないのではないか，孤立せずに人々は何ごとでも言ったり行なったりできるのではないだろうか．我々はこうしたことを，マインツ大学のあるゼミで議論しあった．ゼミに参加した一人は，赤いスーツを着て葬儀に参列すればこの意味での世論は今でも存在することがわかるだろう，と言った．また面接調査でいくつか意見や行動のリストを提示し，そのどれを言ったり行なったりする人と一緒に住みたくないか，パーティで顔を合わせたくないか，同じ職場で働きたくないか，と尋ねることもできる．そしてそれを実際やってみてわかるように，今でも大変多くの人を孤立させる意見や行動がある．

テスト可能な命題を導きうる，世論の定義をもう一つ提出しよう．「世論とは，ある社会の中で感情的，価値的負荷のかかった問題に関する人々の了解であり，しかも自分の立場を失ったり社会的に排除される脅威のもとで，個人や政府が少なくとも行動面で妥協することによって尊重すべき了解である」．この第二の定義は，孤立の恐怖と相関する社会的な合意を強調するものである．

二つの定義のどちらからも，発言したり沈黙することの重要性，また他人を観察する直観的な統計能力とそれに付随する統計的手掛りの解読言語（我々が直観的に把握しているが，まだ体系的に解読してない言語）に関する命題を導出できる．この準統計的な無意識的感覚が，いかにして安定した時代には衰え，不安定な変化の時代にはたいへん敏感となるか，その理論化も可能である．また社会が危機的な状態となるほど，この社会は自らを維持するために孤立の脅威をいかに増大させるかを理論化することも可能である．マスメディアの効果に関する命題も可能である．マスメディアによる公共化がいかに行なわれたり，行なわれなかったりするのか，争点の種がどのように言葉を与えられるか，あるいは言葉を与えられず，そのために争点を広く知らせ，公的な論題とするに足る表現が欠落してしまうか，に関する命題がそれである．また世論の二つの源泉に由来する命題の作成，およびそれら源泉から生成する二重の意見風土の生成様態の命題化も可

能である．さらに以上の命題に基づいて，ある立場や行動に関連した孤立度，それに対して感ずる感情の多寡，同意度と拒絶度，また当の意見の公然たる支持の指標や逆の沈黙の指標，意見の成極化の程度，などを測定する用具，なかんずく調査質問を開発することも可能である．

■王様の新しい衣装——世論は時と所に限定されている

　世論概念が煩瑣で明確さを失ってしまった今世紀前半，有用性を失ったにもかかわらず生き延びているという理由で，この概念を放棄せよとの声が高まったが，ことはそう運ばなかった．全く明確さを欠きながらも，世論概念の使用頻度は減るどころか，かえって増大している．これが1968年『国際社会科学百科事典』で『世論』の項を書いたフィリップ・デービソンが驚きの念をこめて書いた結論だった．

　さて1965年12月，私はマインツ大学での最初の講義を次のように始めた．

　世論．この概念は不思議にも何か興奮させるものを内に秘めています．と同時に，あえて世論を主題に選んだ学者や文筆家が読者を落胆させるのも避けがたい宿命でした．彼らが「世論」と呼ばれるような実体は存在せず，世論というある架空の構成概念を扱っているのだと論じても，確信があったわけではありません．「世論概念は単に死を拒絶しているだけだ」とドビファットは嘆きました．……

　このように見るも無惨な姿でも残っている世論概念の，この頑強さは何を意味するのでしょうか．なぜ世論の定義を分析しようとすればこんな失望感を味わうのでしょうか．それは，これまでの世論に関する概念化の努力によってもまだ十分に捕捉しえなかった，ある種の現実を世論概念が反映しているからに他ならないのではないでしょうか（Noelle, 1966, 3）．

　「現実を反映する」……そういっただけでは何の役にも立たない．その現実はどんな現実かを確定しなくてはならない．そして突如として，この現実の痕跡

が，実は日常の言語の中に，単純な言葉の中に散りばめられていることに気がつくのである．もっともそれは，我々の社会的な皮膚の感受性を考慮していなくては意味のないものであり，また一時的にせよ我々の自我理想を，つまりは我々自身がそうであると思い込んでいる「道理を弁えた人間」というものを抑圧してはじめて意味をなす言葉である．では，どんな言葉が散りばめられているのだろうか．「面目まるつぶれ」，「面目にかかわる公表ざた」，「物笑いの種」，「大きなへま」などの表現はその表われではないだろうか．「当惑することが起こった」という表現もある．また「他人の悪口を言う」，「人に汚名を着せる」というのもこの種の言いまわしである．こうした現実に直面しない限り，詩人のマックス・フリッシュが述べたフランクフルトのブックフェアの開会の辞は，理解できないだろう．彼は「著作を公の目にさらす公表という行為（publicity）は，孤立の裏返しである（公表には孤立の恐怖が伴っている）」と言ったのである．それはまたこうも言えるだろう．ここに一人の人がいる．見えない匿名のマントを着て彼を取り囲み，彼に判決を下す多数者がいる．これこそルソーが世論と名づけてこと細かに述べた現象である．

　我々は世論の現実の姿，この時間と空間に限定された創造物を捕捉しなくてはならない．そうでなくては，「裸の王様」同様，新しい衣装をまとった王様に対し，自分は彼を取り巻く群衆のようにはおとなしくしてはいないだろうと思い込み，自らを欺くことになる．アンデルセンの童話は，ある場所に君臨し，ある場面を支配する世論についての寓話だったのである．よそ者がその場に居合わせたなら，彼は自分の驚きを禁じ得ないだろう（世論というのは，そうした場所に限定され，その文脈の理解なしには理解しがたいものなのである）．

　この「時間の限定」の要素は重要である．中世人の病気の原因判断を不条理で無知のたまものだと言うのなら，後世に生まれた我々の判断も彼らにとっては同様に不条理で，無知なものだということになる．我々は過去の言葉や行為を，それが今の時代の事件や言葉として判断しがちである．しかしそうすることによって我々は，当代の熱情や熱意に無知な人間になりさがってしまう．時代の熱意に乗った一つの言葉の例として，スウェーデン文化省の報道官の言葉を挙げよう．

「我々は学校教育体系を，手入れの行き届いた芝生のようにしたい．あちこちにポツンポツンと花がつき出ているのではなく，全てが芝刈機でよく整えられた芝生でなくてはならない」(Die Welt, 12 October 1979, 6)．こういう言明がリップマンがかつて述べた信条の形にまで洗練された時代精神なのである．リップマンはまた，こうした信条がいずれ粉々に砕かれて，後の人には理解しがたいものになってしまうことにも言及した．この「よく手入れされた芝生」の文もいつか不可解な言葉になってしまうのかもしれない．

　時代に対する感覚をみがき，それと同時に世論への理解を深めることは，達成すべき目標に値するし，またそのための訓練を積むに値する．「同時代的」であることは何を意味するのか．「時間を超越した」という表現は何を意味するのか．「時代の言わんとするところを表現でき，また時代が欲することを実行しうる人物はその時代の偉人である」と述べたヘーゲルは，なぜ時間の原理に急迫したのだろうか．「自分の時代とあからさまにぶつかり，『ノー』と声高に言うほど難しく，気骨を必要とすることはない」(1975, 67)といったドイツの作家クルト・ツコルスキーの真意も理解しなくてはならない．またジョナサン・スウィフトが1706年に書いたこんな風刺も示唆的ではないか．「戦争や交渉ごとや内紛など，過去のできごとを見返してみてごらんなさい．我々はまずその当事者ではないから，人々がなぜあれほど忙しい思いをし，あれほど移ろいやすいものに関わりを持ったのか不思議に感ずる．しかし同じおかしみは現代にも見いだせる．しかも不思議に感ずることもなく．……誰も伝導師には耳を傾けなくとも，時や時代には耳を傾ける．それは，我々を同じ乗り物に乗せ，我々に同じ思想傾向を作り出す．その思想は，我々の祖父たちが伝えようとしてもどうしても同時代人には受け入れてもらえなかったものであるのに」(Swift, 1965, 241)．

　1979年10月，ノーベル賞を授賞したマザー・テレサの言葉が一気に世界を駆け巡ったとき，私は自問した．我々の時代も人間の敏感な社会的天性に気づき，それを尊重し始めたのではないか，と．彼女の言葉はこうだった．「最悪の病はライ病や結核ではない．そうではない．誰にも大事にされず，誰にも愛されず，みんなから見捨てられ孤立していると感じることこそ最悪の病である」．おそらく

近いうちに，どうしてそんな自明の理を言っただけの言葉があれほどまで世の関心を引いたのか理解できなくなってしまうだろう．

■「社会的な皮膚」の二つの意味

かつてライ患者は呪われた運命を背負っていた．蔑まれ，拒絶されて追い払われるという運命である．だがどんな人でも，身体的にも，他者との感情的な関係においても，また社会的にもそうしたつまはじきの運命を背負うことがありうる．世論というものを理解すればするほど，ますます人間の持つ社会的天性が納得できるようになる．社会のつまはじきになることを恐れる人に，群衆とともに進む誘惑をはねのけよ，つまり同調圧力に全て抵抗せよ，と言い張ることができようか．逆におそらく，社会心理学者マリー・ヤホダ（1959）の言うように，人間はどれほど独立独歩でなくてはならぬのか，と問いかけることができるのではないだろうか．実際，良き市民がどれだけの独立性を保つべきだと，我々は望むのだろうか．個々人が他者の判断を全く気にかけないのが社会にとって最良のことなのだろうか．ヤホダは完全に独立独歩で行動するラディカルな非同調者をそもそも正常とみなすことができるだろうか，と問う．では，彼は精神的に変調を来していると受け止めるべきだろうか．ヤホダは，彼にも同調の能力があることを示して初めて，その独立独歩の非同調行動にも市民的美徳を見いだすことができる，とまで論を進めた．共有の信念を守るために，逸脱者を孤立させるぞと威嚇したとしても，不寛容な社会だ，偏狭な社会だなどと単純に非難すべきではない．

『世論とは社会の皮膚である』という本書（原著）の副題はこの二面性を特徴づけた言葉である．それは一方では，社会を念頭においている．世論は社会を皮膚のように守り，それを一つに結びつけるからである．他方，それは一人一人の個人をも思い浮かべている．なぜなら世論によって苦しめられる者は，自分の社会的皮膚の感受性によって苦しんでいるからである．近代語に世論概念を持ち込んだルソーが，世論は個人の敵であると同時に社会の守護者でもあると看破したとき，実際，彼は世論の最も重要な側面を指摘していたのではなかったか．

25. 新たなる知見

　ロッテルダムで暮らしたエラスムスはマキャベリを知っていたのだろうか。1980年の「沈黙の螺旋」ドイツ語初版の目次にはエラスムスの名は出ていない。しかし1989年の春、シカゴ大学での講義の準備に当たって、私はエラスムスがマキャベリを知っていたかどうかを調べ始めた。

■歴史的視点
　新たな洞察を得るためには、研究者は賢明であると同時に幸運でもなければならないものである。「沈黙の螺旋」理論の研究に着手したとき、私は確かに幸運だった。テンニース(Tönnies,1922,394)による沈黙の螺旋の記述は、まるで植物学者が植物を記述するように正確だが、その中に、トクヴィルからの引用を見いだしたのは全くの幸運という他はない。また、当時アレンスバッハの研究助手であったクルト・ロイマンのおかげで、ジョン・ロックの『人間知性論』第2巻の第28章、「その他の関連について」に私が関心を持ったのも、幸運であったといえよう。専門家には気づかれていなかったが、その章には、意見の、評判の、そして風潮の法についての記述が含まれていた。それから私たちは、偶然に頼らずに重要な文献を体系的に探すことにし、マインツ大学の新聞研究所で書物に対する調査票を作成した(本書72ページ)。世論に関する記述を全て見つけようと、私たちは数年間にわたってこの大学の演習で調査票を使い、およそ400人の著作を検討した（注34：この調査票はAppendixに収録されている）。こうして、例えば1958年のブックフェア開会式での演説のなかで、マックス・フリッシュが次のように発言しているのを見いだしたのである。「公衆に向かうこと、大勢(multitude)に向かうということは、外に向かう孤独である」(Frisch,1979,63)。この言葉は、人前で(in public)人々を支配する孤立への恐怖の鍵となった。何年も後に、ミカエル・ハレ

マン(Michael Hallemann, 1990, 133ページ以下)が当惑(embarrassment)について研究を始め、当惑の感情は周囲の人の数に比例して強くなるということを示したとき、私はマックス・フリッシュの定義を思い出し、作家とは研究者に先回りしうるものだと実感した。

　エラスムスに話を戻そう。1988年の夏学期、世論に関する調査票を用いて、ウルスラ・キールマイヤーは、エラスムスの3つの著作を分析した。その中には、後にシャルル5世となる当時17歳のブルゴーニュ公シャルルへの助言として書かれた『キリスト教徒の王子教育』(1516年)が含まれていた。エラスムスに関するキールマイヤーの論評を読み、私はマキャベリの記述との類似性に驚いた。同じ調査票を用いて、かつてウェルナー・エッカート(1985)が、修士論文でマキャベリの著作を分析したが、そこから、マキャベリもエラスムスもともに世論に抗って統治することは不可能であると王子たちに助言していたことがわかったのである。第4章で私はシェークスピアの『ヘンリー4世』の一句を引用した。「わしを王位にまで盛り上げたあの衆望」。このようにシェークスピアが世論を重視したことを、私はマキャベリの影響とばかり考えていた（本書70-71ページ）。しかし今や為政者の権力というものが本質的に民の合意（consensus populi）に基づいているという指摘はエラスムスにも見られるということが判明した。王座に就かせるものは人々の承認なのである。「私の言うことを信じなさい。人々の好意を失うということは、大切な仲間を失うということなのだ」(Erasmus,［1516］1968, 149)。マキャベリとエラスムスの文章は、細部までも似通っている。為政者への脅威として挙げられているものの順序も同じで、まず被統治者（国民）に憎悪されること、次に軽蔑されることが挙げられている。

　為政者にとっては偉大かつ有徳であるように「見える」ことが重要だと強調している点も共通しているが、彼らは重要な点で相違を示している。マキャベリは王子がこういった美徳を本当に備えている必要はないと考えていた。そう見えるだけで十分であるというのである。しかし、敬虔なキリスト教徒のエラスムスは、その反対の立場をとった。王子はこれらの美徳を全て備え、いかなる罪をも犯してはならないだけでなく、同時に美徳を備えているように見えなければならない、

というのである (Erasmus [1516] 1968, 149ff.; Machiavelle [1532] 1971, chaps. 18, 19)

　マキャベリとエラスムスはお互いを知っていたのだろうか、あるいはお互いの著作に親しんでいたのだろうか。エラスムスは1466年か69年にロッテルダムに生まれ、マキャベリは1469年フィレンツェ近郊に生まれており、2人はほぼ同世代である。しかし彼らの立場はそれぞれ全く異なっていた。エラスムスは司祭と医師の娘との間の非嫡出子として生まれ、そのことで生涯苦しんだ。幼くして両親を亡くした後、彼は若いうちから修道院に入った。すぐに彼は司教の秘書として、さらに後にはソルボンヌ大学で学者としての実績を積んだ。しかし、非嫡出子であるとの理由で多くの大学で博士号を拒否され、ついに彼が学位を授与された北イタリアのチューリン大学は、マキャベリのいたフィレンツェからそう遠くないところにあった。

　世論の脅威を論じた学者はみな社会的孤立を経験している。世論の圧力に気づくにはおそらくそのような経験が必要なのだ。「人文主義者の王」たるエラスムスはヨーロッパ全土に通じていたが、社会的には常に孤立していた。当時出まわったパンフレットでも、エラスムスは他者を必要としない自己充足的な人間、"homo pro se" として批判されている。一方マキャベリは反逆罪に問われ拷問された後、フィレンツェ共和国の書記官という有力な座を追われ、フィレンツェ郊外の小さな屋敷に引きこもってしまう。

　マキャベリの『君主論』およびエラスムスの『キリスト教徒の王子教育』はそれぞれほぼ同時期に書かれている。先に書かれたのはマキャベリの著作の方だが（1513/14）、それは1532年まで出版されなかった。エラスムスは1516年に『教育』を執筆し、それはブルゴーニュ公シャルル（後のシャルル5世）に献じられた後直ちに出版された。マキャベリとエラスムスの著作は、共にアリストテレスの『政治学』を共通の基盤としている（注35）。エラスムスとマキャベリの奇妙な類似性はすでに幾人かの研究者によって指摘されているが、彼らによれば2人は個人的に面識はなかったということである。世論の文献の研究途上、私はこの指摘に遭遇したのだが、それはまるでへんぴな土地で意外にもそこを訪れた過去の他人の

足跡を見出したような気がしたものである（注36）。

　こんな経験があったために、イギリスのスコラ哲学者ソールズベリ公ジョンが1159（[1927] 1963, 39, 130）年に著書『ポリクラティクス』の中で二度、"publica opinio""opinio publica"というラテン語の表現を用いているのを知ったときにも、私は驚かなかった。『ポリクラティクス』のイギリス人編者は12世紀の記述にそのような表現が見られることは注目すべきであると指摘しているが(ibid., 39, 130)、不思議なことではないだろう。ソールズベリ公ジョンもまた初期の人文主義者の時代に古代の古典を読み、世論(opinio publica)の力、という概念に出会っていたからである。

■偉大な政治家は世論に通じているものである

　世論という概念そのものは旧約聖書に明示されているわけではないが、ダビデ王は世論の扱い方を心得ていた。有力な敵対者が殺されて、自分が殺人を鼓吹煽動したと疑われて当然というような場合、彼は自分の衣を引き裂き、日没まで断食して自らの悲嘆の意を表明した。このような象徴的な行動はどんな言葉よりも世論を味方につけるのに効果的だった。

　ダビデ王は自ら統治する2つの国、イスラエルとユダが、ともにエルサレムを都としていることを強調するため、「喜びの叫びと角笛の音をもって」聖なる約櫃（注：聖書では「神の箱」）をエルサレムへと運ぶ行進を企てたが、これも両国の統合を示す巧妙な行為であった。しかし、彼が世論への道のりに通じていたことをどんな念入りな儀式よりも示しているのは、彼自らが行列に参加し、腰布だけを身につけて飛び跳ねて踊り、主の前に自らを卑しめたことであった。これを見て彼の妻である先代サウル王の娘ミカルは嘲った。「今日イスラエルの王はなんたる威厳を示したことでしょう。いたずら者が恥も知らずその身を現すように、家来のはしためらの前に自らの裸身を踊らせたことか。」ダビデは彼女にこう答えた、「私はこれよりももっと軽んじられるようにしよう。そしてあなたの目には卑しめられるであろう。しかし私は、あなたがさきに言った、はしためたちに誉れを得るであろう」（サムエル記下、6：15, 20, 22, 日本聖書協会『聖書』口語訳）。現代の政治家

もまた、その方法は異なっていても、「群集の中でもみくちゃにされる」のである。

ダビデ王がその妻に返した言葉は、彼が自分の行いと目的を理解していたことを示している。アモン人の王の弔問にダビデ王が遣した二人の使者の話も、世論の文脈から考察しうるであろう。新しく王となったハヌンは、二人の使者がスパイではないかと疑い、「ダビデのしもべたちを捕らえ、おのおの、ひげの半ばをそり落とし、その着物を中ほどから断ち切り腰のところまでにして、彼らを帰らせた」。話はこう続く。「人々がこれをダビデに告げたので、ダビデは人をつかわして彼らを迎えさせた。その人々はひじょうに恥じたからである。そこで王は言った、『ひげがのびるまでエリコにとどまって、その後、帰りなさい』（サムエル記下、10:4,5）。使者が辱めを受けたままで故郷に帰れば、嘲笑を浴び、愚かな者たちよと民の間で孤立することになる。そうともなれば使者だけでなく王自身の評判が傷つけられることを、ダビデは知っていたのである。

旧約聖書における世間の目と世論現象との関連を分析したエーリッヒ・ランプは、聖書に書かれたいくつかの出来事の意味について文献の解釈は一致していないと指摘している（Lamp, 1988）。しかし、世論に関する明確な理論を適用できるとなれば、それらの出来事に新たな光をあて、理解を深めうるものと思われる。ダビデ王が先王サウル王よりも、また後継者ソロモン王よりも、ましてやソロモンの不運な後継者、その治世にイスラエルがユダから撤退したレハブアムよりも、世論の扱いをいかに熟知していたかは驚くべきものがある。成功した政治家を、いかに正確に世論を判断していたかという観点から研究するのも有意義ではなかろうか。

ソールズベリ公ジョンの記述に、アレキサンダー大王に関する興味深い批評がある。アレキサンダーの真の政治家としての資質を示すものは、軍法会議が彼の意に反する決議を下した時の王の行動であるというのである。原告たる大王の権力よりも法の判決が重視されたことを、彼は裁判官たちに感謝したのであった（John of Salisbury ［1927］ 1963, 130）。ソールズベリ公はまた、非キリスト教徒のローマ皇帝の中でなぜトラヤヌス帝を最も偉大と考えるのか、その理由を説明している。トラヤヌス帝が市民から十分な距離を保っていないと非難された

き、彼はこう答えたのだ。私は自分が被統治者だとしてもこういう王を持ちたい、と。このように、偉大な統治者と世論との関連は二つの対照的な要素－カリスマ性と親密さ－が混然としているようなのだ。

イスラエルの歴史学者ズヴィ・ヤヴェツは、ユリウス・カエサルと世論の研究で、元老院議員には気むずかしいカエサルが、大衆にはいかに気安く接していたか描写している。ヤヴェツは現代の歴史研究がexistimatioという単語の意味を無視してきたと指摘している。ヤヴェツによれば、existimatio－辞書的定義は「名声」「評判」－とは、今日われわれが世論と呼ぶものを指すのにローマ人が主に用いた概念であるという(Yavetz 1979, 186ページ以降)。existimatioはまた統計的な推定をも示唆する用語であり、従って沈黙の螺旋理論における準統計的能力とも少し関連している。

私は職業上の経験から、成功する政治家は調査をしなくとも世論を判断しうる卓越した能力を持っていると信じるようになった。マインツ大学の演習でわれわれは書物に関する調査票を用いて政治家の著作を分析し始めていたが、そのときのリシュリュー(1585-1642)を例に取ろう。彼はルイ13世に対する「政治的誓約(Political Testament)」の中で、統治者の権力を4つの枝－軍隊、歳入、資産、名声－を持つ木になぞらえている。このうち第4の枝である名声が最も重要だと彼は考える。評判の高い統治者はその名だけで、尊敬されない統治者が軍事力を以てする以上のことを成し遂げられるからである。リシュリューは彼の関心が公衆から良い評判を得ることだと示す。統治者の権力の源、木の根幹となるのは、非統治者という「心の宝」だと言っているのである。しかしリシュリューはまた、「世間の物笑い」を避けるべきだとも警告している。政治上の決定－たとえば決闘の禁止や公職の売買の廃止－に関しては、彼は世論を考慮して、それらの政策がどの程度支持されているのかを考量した。リシュリューは、道徳的問題が絡むときには、「世間の物笑い」の方が合理的判断よりも重要であることを示している(注37)。ジャーナリズムの当時最新の武器、すなわち1609年に初めて発行された新聞にリシュリューはすぐに飛びつき、メルクール・フランセ紙や、後に創刊されたリシュリュー自身の新聞ラ・ガゼット・ド・フランス紙上で反対者と闘っている。

ベルント・ニーダーマンが大学の演習でリシュリューについて発表したとき、最後をこう熱く締めくくった。「この調査票で、ナポレオンやメッテルニヒ、ビスマルクも研究しなくてはならない！」

■民心を失った者はもはや王ではない（アリストテレス）

　もしカエサルが世論の感知能力を失っていなかったら、暗殺されることはなかったかもしれない。ズヴィ・ヤヴェッツは、なぜカエサルがスペイン人の護衛に彼の許を去らせたのかと問うている。もし彼が護衛に護られて元老院に現れていたなら、おそらく暗殺者たちも彼を襲うようなことはなかっただろう。カエサルは国外に長く滞在しすぎたのだろうか。その結果彼は世論を関知し得なくなってしまったのだろうか。カエサルは、暗殺された3月15日のわずか3日後にパルティア遠征を計画していた。ここでエラスムスの言葉が思い起こされる。エラスムスは王子に対し、世論との接点を失わないために外国に長くいすぎるべきではないと警告していた。彼はまた、長く国を離れると国民との距離が開きすぎるとも言っている。巧みな統治者は、被統治者との親近性に頼るものである。エラスムスは当時よく行われた王室間の結婚にさえ警告を発している。他国の王室から妻を迎えれば国民との間に溝ができてしまう。もしルイ16世がオーストリアのマリー・アントワネットと結婚していなかったら、フランス革命はまた違った道をたどっていたとは考えられないだろうか。はじめアントワネットを路上で熱狂して迎えたフランス国民は、後には彼女の馬車に背を向けるようになったのである。

■ホメロスの高笑い

　さらに古い時代、西洋最古の古典である『イリアス』と『オデュッセイア』まで遡ってみよう。この2つは、ホメロスが紀元前8世紀に書き著す以前に、何世代にもわたって語り継がれていた神話である。マインツの調査票によって『イリアス』を調査した結果は、タシロ・ツィンマーマンによって修士論文にまとめられた。

　問題の箇所はトロイに近い海辺の描写から始まる。『イリアス』の第2巻で、ア

ガメムノンはアカイアの軍法会議を開き、軍隊の士気を試したのである。彼は9年に渡ったトロイの包囲を解き、故国に撤退するようなありとあらゆる論法を繰り出して、兵士をけしかけた。すると兵士たちは飛び上がり、さながらコンラート・ローレンツ描くところのコクマルガラスの群のなわばり争いのような混乱の極みを生み出した。「森へ行こう」「野へ出よう」という叫喚が交錯し、群が騒然とする中でついには一方が打ち勝ち、皆が同一方向に羽ばたき始める、あの様子である(Uexküll,1964,p74)。ある者は「故郷へ帰ろう！」と呼びかけ、またある者、とりわけ司令官たちは「止まれ！座るんだ！」とそれを阻止しようとした。混乱が続き、ついには最初の兵士の群が船を海に浮かべようとした。このときオデュッセウスが最も騒ぎの大きな兵士たちの前に立ちはだかり、彼らの行く手をさえぎった。彼は帰還派のリーダーの一人、テルシテスをうまく隔離して兵士たちの怒り全てが彼に向かうようにしむけたのである。彼は完全にスケープゴートだった。イリアスに言う、「彼は最も醜い男だった。がに股で片足は不自由、猫背は胸まで曲がり、その上にまばらな縮れ毛の頭が乗っているだけだ」（Homer 1651, 2:216ページ以降；Zimmermann 1988, 72-83ページ）。多数の兵士はテルシテスの叫びと同じことを考えていた。しかし今や、オデュッセウスが彼を嘲り始めると、兵士たちは大笑いしてどよめき、彼は取り残された。こうしてアカイア軍は落ちつきを取り戻し、トロイの包囲は続けられることになった。

　ホメロスは世論について述べているわけではないが、そこに描かれているのはまさに、孤立の脅威を生み、世論のゆくえを定める笑いの役割である。フランスの中世史研究家であるジャック・ル・ゴフは、ヘブライ語にもギリシア語にも、笑いの単語が二通りあることを指摘している。一つは肯定的で友好的であり、人の絆を作り出す笑いである。もう一方は否定的で軽蔑的であり、人を孤立させる笑いである。もっとも、語彙の貧弱なローマ人は笑いを一つの単語にまとめてしまったのだが（Le Goff, 1989, N3）。

　このようにしてわれわれは、孤立の恐怖がどのようにして感じとられるのかを探し始めた。人は自分が世論の合意からずれていることにどのようにして気づくのだろうか。また、暖かいコミュニティを追われ孤立したくなければ世論の側に

戻るべきだとどのようにして気づくのだろうか。もちろんそれを知らせるシグナルはいくつもあるが、笑いはその中でも特別である。この点は26章でふたたび論じることにしよう。

■慣習の法(unwritten laws)

ギリシア人が世論の影響を自明の理とみなしていたことは、「慣習の法」に対する彼らの心の広さからも明らかである。以下の議論はアンネ・ジャッケルの修士論文第2章「世論の社会心理学的理論による慣習法の検討」に基づくものである。

これまでのところ、慣習法に言及した最古の文献はトゥキディデス(460-400 B.C.)の『ペロポネソス戦記』である。この本は、後にアテネの敗北に終わる戦争(431-430 B.C.)の始まる年にペリクレスが行った演説を書き記したものである。アテネの権力の大きさを表現するために、トゥキディデスはペリクレスに次のように言わせている。

「このようにわれわれの私的な交友は自由であっても、公的な行動には崇敬の精神が満ちあふれている。われわれが権威と法を尊重すれば、過ちを犯すことはない。傷ついた者を守るべく定められた人々を尊重し、全体の雰囲気で違反者を罰する慣習の法を尊ぶことによってそれが可能なのである。」(Thucydides,1881，118)

他にも多くのギリシア人の著作の中で「慣習の法」が言及されている（注38）。しかし、必要なことはペリクレスの言葉に全て言い表されている。慣習の法は、ジョン・ロックが法を3つに分類したときに指摘したように、成文法よりも強制力が弱いということはなく、むしろ強くなる傾向さえある。慣習の法は単なる習慣の法ではない。単に習慣というだけでは行動の強制力は持たないからである。ジョン・ロックが述べているように、逸脱が厳しい処罰を招くということを知っていればこそ、影響力を持つのである。その法が処罰について規定していないからといってそれほど効果はないなどと考えるのは、人間の天性を知らない者だと

ロックは言うのである。ペリクレスの言う恥辱とは、同胞市民の名声や評判を失うことである。彼らは意見の一致の力を持って処罰に当たるので、それは当事者にとって最悪の事態となる(Thucydides,1881)。

市民の軽蔑は慣習の法に含まれる道徳規範に反した結果として生じる。プラトンは慣習の法と成文法との関係は、肉体と魂との関係にあたると述べている。慣習の法は成文法を補うだけではなく、まさにその礎となっているのである。

■「ニーベルンゲンの歌」における世論

演習に参加した学生たちは、世論とは過去数世紀において少数のエリートのものであり、従って上流階級にのみ関わるものだと信じていた。しかし彼らは1588年に出版されたモンテーニュの『随想録』で、それが誤りであることは読んでいたのである。既に述べたように(本書73ページ)、モンテーニュは男色についての世論を変える方略を練ったプラトンを引用し、この方略が女性や子ども、奴隷を含む全ての人の意見を変えうることを特に指摘している。

マインツの演習で発見された世論に関する文献は、ギリシャ古典だけではない。ホメロスから二千年後に書きとめられることとなった古代チュートン人の歌集『ニーベルンゲンの歌』にも記述が見られる。この叙事詩の中には"public"という単語は一度しか出てこないが、それは全体の悲劇の引き金となる場面にある(Nibelungenlied,1965,138)。クリームヒルト妃とブリュンヒルト妃が、教会の門の前でどちらが先に入るかともめている「14番目の冒険(第14歌章)」がそれである。二人の王妃が出会うようなことがあれば今日でもそうであろうが、教会の広場には人だかりができていた。そうした「公衆の面前で」クリームヒルト妃は、ブリュンヒルト妃が初夜の床を共にしたのは夫のグンテルではない、ジークフリートだった、となじったのである。かつては名声や世論を決めるのは上流階級に限られていたといえるだろうか？

■1641年からの風刺画

デビッド・ヒュームが「世論(意見)を基礎においてのみ政府は成り立つ」(Hume

THE WORLD IS RVLED & GOVERNED by OPINION.

Viator	Who art thou Ladie that aloft art set	Viator	Cannot OPINION remedie the same
	In state Maiestique this faire spredding	Opinio	Ah no then should I perish in the throng
	Vpon thine head a Towre-like Coronet.		Oth giddie Vulgar, without feare-shame
	The Worldes whole Compasse ...		Who censure all thinges, bee they right ...
Opinio	I am OPINION who the world do swaie	Viator	But Ladie deare whence came at first ...
	Wherefore I beare it on my head that ...		Or why doth WISEDOME suffer it to grow
	LABELS meaning my confused waie		And what's the reason its farre reaching
	The Tree so shaken, my unsetled Bowre		Is water'd by a sillie Foole below
Viator	What meaneth that Chameleon on thy Fist	Opinio	Because that FOLLIE giveth life to these
	That can assume all Cullors saving white		I but retaile the fruites of idle Aire
Opinio	OPINION thus can everie waie shee list		Sith now all Humors utter what they ...
	Transforme her self save into TRVTH ...		Toth loathing loading of each Mart and ...
Viator	And Ladie what's the Fruite, which from a ...	Viator	And why these saplings from the roote that ...
	Is shaken of with everie little wind		In such abundance of OPINIONS tree
	Like Bookes and papers their amuseth me	Opinio	Cause one Opinion many doth devise
	Beside thou seemest (veiled) to bee blind		And propagate, till infinite they bee
Opinio	Tis true I cannot see cleare IVDGMENTS ...	Viator	Adieu sweete Ladie till againe wee meete
	Through self CONCEIT and haughtie PRIDE	Opinio	But when shall that againe bee / ... Ladie ...
	The fruite those idle bookes and libells bee	Opinio	Opinions found in everie house and streete
	In everie streete, on everie stall you find		And going over never in her waie

VIRO CLA D. FRANCISCO PRVLEANO D: MEDICO. OMNIVM BONARVM AR
hum et elegantiarum Fautori et Admiratori summo. D.D.D. Henricus Peacianus.

風刺画
世界は意見によって統治される
(THE WORLD IS RULED AND GOVERNED BY OPINION)
Wenceslas Hollar, 1641 による版画。
British Museum Catalogue of Satirical Prints, 272.

[1739/1740] 1963, 29)と述べたのは、その二千年前にアリストテレスが言ったことの繰り返しにすぎない。アリストテレスの『政治学』を学んだマキャベリやエラスムスらも後に同じことを言っている。17世紀イギリスで起こった二つの革命を経て、ヒュームは世論による統治という思想(idea)をきわめて当然のことと考

えていたに違いない。1641年には「世界は意見(opinion) によって統治される」という標題の付いたイギリスの風刺画が見られるが、これはチャールズ1世の絞首刑より8年前に遡る(Haller 1965)（注39）。この風刺画は、当時の人が世論の性質にどれだけ気づいていたかを示す見取り図を与える。「あなたの手の上の、そのカメレオンは何を意味しているのだろう。白以外なら何色にでも染まることができるようだが」と、若い貴族が木の上の世論に問いかけている。「意見（opinion）とはこのように思うままどんな色にも変容するのです。真実、つまり正しさ以外の色ならば」と世論は答える。「ではなぜかくも多くの若木を生み出しているのか。（意見の木の）根元から旺盛に生えているが」貴族は問い直す。「それは一つの意見が多数の意見を生み出すからです。一つの意見は無数になるまで無限に増え続けるのです」。このように答えが返ってきた。さらにそれは続く。「では貴婦人よ、少しでも風が吹けば木から落ちてくるその果実は何だろう。本や時事風刺のようにこれが私を楽しませる。ところであなたはヴェールで顔を覆い、目が見えないようだが。」

　この答えは、世論とは全ての人間——奴隷や自由市民、女性に子ども、そして全ての市民を含むものである、というプラトンの指摘を裏付けるものである。たしかにこれらの世論の果実、新聞や書物は上流階級だけのものではない。それはどの通りや店頭にもある。実際会話の最後の2行でも、それらがいたるところで、全ての家や通りで見られることが強調されている。

　ではなぜ世論のような広範囲な事象が「愚かな道化」に水を与えられるのか。いやなに、愚か者こそが世論に生命を吹き込むのだ。世論に「水をやる」道化が何者なのか、その今日の姿は私たちの想像に任されている。

■政治に無関心なドイツに世論という概念はない

　ドイツの政治文化はこれまで世論という概念に注意を払ってきたためしがない。世論の概念がドイツ語に初出するのは英語やフランス語、イタリア語よりもずっと後のことであり、出現したときもそれはフランス語のopinion publiqueの直訳としてに過ぎなかった。

　ドイツ語での世論概念への最初の言及は、1798年のクロップシュトックの叙情詩『世論に向けて(To public opinion; An die öffentliche Meinung)』の一節だと私たちはしばらく考えていた。1980年の「沈黙の螺旋」ドイツ語初版が完成するまでに私たちが探し当てていた最古の文献は、ウィーランドの『密談』の一つ、1798年の『世論について』であった。スイス人のヨハネス・フォン・ミューラーが1777年にドイツ語で初めて「世論」という表現を用いていたことがわかったのは、その後のことである(Müller [1777] 1819, 41)。彼は歴史の専門家であったが（今日であれば政治学者やジャーナリストと呼ぶだろうが）、ドイツ中を講演してまわり、政治コンサルタントとして招かれた経歴を持つ。彼が世論概念を広めるのに一役買ったことは想像に難くない。

■みんなの見える前で、みんなの聞こえる中で

　1980年当時と同様、今日でも世論概念を言語を超えて伝えるには問題がある。まず挙げられるのは、"public"という社会心理的次元をとらえることの難しさである。"public"とは個人が皆の視線にさらされ評価されるという状態であり、彼の評判や人気が問題化した状態である。その社会心理的な意味は、言語的な用法からは間接的にしかくみ取ることはできない。「しかしスポットライトの中で」何かが起こった状態だと言えば、意味は伝わるだろう。「スポットライトの中で」コンサートが行われたという意味ではもちろんない。ラテン語の"coram publico"にも同じような意味合いがある。

　フランスの人文主義者であり小説家でもあるフランソワ・ラブレーは、エラスムスの同時代人だが、「みんなの前で」「全世界の前で」また「公然と」というような言葉をためらいもなく用いている(Rabelais 1955, 206, 260, 267)。20世紀の現

代でさえも、in aller Öffentlichkeit あるいは publiquement といった単語を英語に翻訳しづらいというのは驚くべきことであった。シカゴ大学の学生や同僚と数週間にわたって話し合ってみたが、良い訳語は思いつかなかった。そしてある日、ニューヨークのタクシーの中で、運転手が聞いていたラジオに耳を傾けたとき、キャスターがあるニュースを次の言葉で締めくくったのを偶然耳にしたのである。私は思わずぴんとなった。「公衆の目は犠牲を伴う」("The public eye has its price.")。「公衆の目の前で（in the public eye）」。それが適訳に違いなかった。この言葉がドイツ語の「みんなの面前で」、つまり"Öffentlichkeit"という概念の持つ社会心理的な意味をとらえているのである。

　マインツ大学の演習の学生の一人、ギュンナー・シャンノは、この表現が1791年にエドマンド・バークによって初めて用いられたことを発見した。バークは「公衆の目」だけではなく、「公衆の耳」についても言及しているが、それはドイツ語の"vor aller Ohren"にあたるものである。どちらの表現もまさに的を得ていると言えよう。バークがこれらの表現を用いている文脈も興味深いものである。何が生まれながらの貴族を創り出すのかという議論の中で例としてあげられているのが、いついかなるときも公衆の批判にさらされることに慣れること、すなわち「公衆の面前にいること」なのである。バークはさらに、「世論をすばやく感知すべきこと」と続けている。(Burke,217)。エラスムスとマキャベリもまた王子たちに対して、「公衆の目からは逃れられないのだから、むしろ目立つことを身につけなくてはならない」と諭していたのであった。

■ウォルター・リップマンはニーチェからひらめいた

　19世紀のドイツ人著作家の手になる、世論や人間の社会的性質に関する文献は、まだその多くが未発見であるように思われる。クルト・ブラーツがハーウッド・チャイルズの引用の中に、ドイツではすっかり忘れ去られた19世紀中葉のドイツ人著作家を見つけたのも、偶然のことであった。20世紀前半の代表的な世論理論家であるフェルディナント・テンニースも、代表的な歴史家であるヴィルヘルム・バウアーも言及していない人物である。チャイルズが引用しているカール・エル

ンスト・オーギュスト・フライヘール・フォン・ゲルスドルフはプロシアの終生上院議員であり哲学博士でもあって、1846年には『世論という概念とその本質について：試論』を出版した。チャイルズはおそらく1930年代のドイツ留学中にこれを読んだのであろうが、60年代中期の『世論』で初めて言及している。

　その名がニーチェの友人であり秘書であるカール・フォン・ゲルスドルフの名と似ていることにブラーツが気づいたのは、彼がニーチェに特に関心を持っていたために過ぎなかった。ブラーツは、特に『反時代的考察』執筆の際にニーチェを手伝った若者が、世論について書いた人物の息子であることを突き止めた。さらに、ニーチェがこれらの著作や父の名前には触れていないものの、まさにその数年間に世論に関心を寄せはじめ、しばしば言及もしているという事実は印象的である。ニーチェが世論現象に特に関心を持っていたことを立証するため、ブラーツはワイマールのニーチェ資料館に手紙を書いた。資料館にはニーチェの私文書が保存されているので、その蔵書のどこかの世論に関する重要な一節に印がつけられていないか、または余白に書き込みがないか、調べてもらったのである。父フォン・ゲルスドルフの著作と、世論に関するニーチェの叙述を比べる体系的な研究によって、ブラーツは、フォン・ゲルスドルフの思想の社会心理学的な部分がニーチェに多く取り入れられていることを示している(Braatz,1988)。フォン・ゲルスドルフは今日われわれがとらえるように世論を描写している。「世論とは知的な生活には必ず存在するものである・・・人々が社会生活を営むかぎり・・・世論は必ずどこにでも存在し、失われることはない。どこでも、またいついかなるときも。」(Gersdorff, 1846, 10, 12, 5)。

　ゲルスドルフは、世論が力を持つのは、それを恐れて多くの人が沈黙するからではと考えていた。彼は「価値判断を離れて、人々がなぜ沈黙を守るのか、その理由を調べること」を提案している。フォン・ゲルスドルフはまた、世論の形成過程は合理的判断の結果というよりもむしろ心理人類学的な起源を持つと明記している。彼は当時知られ始めた「精神電気反射の電流」について書いている。現代の世論研究家にとってその語は、すべての地域、年代、社会階層にわたる人間集団がたった数週間のうちに態度を変える、その様態を思い起こさせるであろう。

世論に関するニーチェの思想を調べる間に、ブラーツは、私が『沈黙の螺旋』初版が出版されたその頃にはまだ知らなかった様々な関連性を発見した。「社会統制」という概念は、1879年ハーバート・スペンサー(Spencer [1879] 1966, 383) によって最初に用いられたこともわかったが、この用語は後にエドワード・ロスによって社会科学に取り入れられている。

ウォルター・リップマンが1922年に著した『世論』は偉大な著作である。その思想の多くが子細に検討してみるとニーチェの中に予感として含まれていたものだとしても、価値が損なわれることはないだろう。このことは、「観察者の視点の位置が、何が観察されるかを規定する」というリップマンの主要な原則とともに、世論の乗物としてのステレオタイプの役割にも応用されている。ニーチェは次のように記している。「ある視点からのみものごとを見るのであれば、ある視点からのみ理解がなされるにすぎない」(Nietzsche, 1967, 383)。大文字の「世論(Public Opinion)」と小文字の「世論(public opinion)」という奇妙な区別さえも、リップマン自身が考えたというよりニーチェの分析に遡るのである。

26. 世論の理論をめざして

　1936年、代表性サンプルに基づく選挙世論調査がアメリカ大統領選の結果を正確に予測したことから、世論研究の領域への期待が高まった。その数カ月後には、"*Public Opinion Quarterly*"(『季刊 世論』)誌が創刊されている。第1号の巻頭論文はオルポート, F.H.の「世論の科学に向けて」であった。そしてその20年後に同じ『季刊 世論』誌にハーバート・ハイマンの論文「世論の理論に向けて」が掲載されたが、ここにも30年代と同様の自信を見てとることができる。

　『季刊 世論』誌上で次に理論というキーワードが見られるのは、1970年のレビュー論文であるが、そこには焦りの色がある。同じころ、アメリカ世論調査協会の第25回大会の記録には、「世論の理論に向けて」と銘打たれたセッションの報告が載っている。そこでの主な発表者は、シカゴ大学の心理学者ブリュスター・スミスと、政治学者シドニー・ヴァーバであった。心理学者は次のように発言している。「心理学的観点からの研究は、個々人の意見がいかにして社会的あるいは政治的影響をもたらすまでに分節化され生長するのか、という問題に取り組んでいない。社会的事実としての世論概念に含まれる意見表明の問題は、政治学や社会学では主要な問いであるにも関わらず、である」(Smith, 1970, 454)。それに対して政治学者はこう続けた。「政治事象に関わる多くの世論研究は、大衆の態度や行動が政治全体に及ぼす影響との関連を扱いうるマクロな政治学理論とは無関係になってしまっている。なぜそうなるかと言えば、大部分の世論研究が分析の単位として個人に焦点を当てているからである」(Verba, 1970, 455)。

　この二人の研究者は、基本的に同じ問題に取り組もうとしている。世論研究で知られているような個人の意見の集合は、どのようにして「世論」として知られる恐るべき政治的勢力になりうるのか？

■世論という感覚が分かっていない

　その答えはなかなか見つからなかった。誰も恐るべき政治的勢力を探してなどいなかったからである。ハーウッド・チャイルズが彼の著書『世論』の有名な第2章に集めた、世論の50の定義のうち一つとして、世論の持つ力に明らかな焦点を当てたものはない(Childs,1965,12-41)。代わりに見出されるいくつかの定義は、言わば晴雨計と天候そのものを混同しているような具合である。「世論とは、面接調査の質問に対する人々の反応から構成される」(Werner,1939,377)。あるいは、「世論とはある何か(something)の名称ではなく、数多くの何か(a number of somethings)に対する分類である。それは統計的度数分布計算に基づいて頻度や最頻値を示すものであって、この統計が興味や関心を引くに値するのである」(Beyle,1931,183)。

　統計的な度数分布が、一体どうやって政府を覆したり、個人に恐れを抱かせたりしうるだろうか。

■沈黙の螺旋は民主主義の理念とは両立しない

　沈黙の螺旋理論が初めて発表されたのは1972年に東京で開催された国際心理学会であり、1980年にはドイツ語版、1984年には英語版の単行本として出版された。そのいずれにおいても、この理論が世論理論の進歩として歓迎されなかったのは、予想されてしかるべきだった。私の理論には、民主主義理論の礎となるような、「知的で責任感のある市民」という理想像を否定するものがあったからである。政府も個人も世論に恐怖感を抱くという観点は、古典的な民主主義理論からは導出されないものである。人間の社会的な天性や社会性の心理、あるいは社会の凝集性を高めるものは何か、といったトピックは、民主主義理論の対象ではなかった。

　マインツ大学のウォルフガング・ドンスバッハと、ノースキャロライナ大学チャペル・ヒル校のロバート・L・スティーブンソンから成るドイツ・アメリカの研究チームは、チャペル・ヒルのコミュニケーション研究所で行った投票調査を用いて、沈黙の螺旋仮説を検証した。その結果、人工妊娠中絶の合法化という対

立争点においては、一方が沈黙を守る傾向にあることが確認された。しかし同時に、彼らは沈黙の螺旋の検証には悲観的でもあった。沈黙の螺旋理論はいくつもの命題の長い連鎖、因果関係の連鎖から成り立っている、と彼らは述べている。「この理論は、マイクロ社会学的な言い方をすれば孤立への恐怖という社会心理的変数や、意見表明や沈黙の傾向から連鎖を始め、マクロ社会学的な言い方をすれば社会への統合という観点から連鎖を始めている」(Donsbach & Stevenson, 1986, 14; 7も参照)。

そして彼らは連鎖のどのリンクも批判の対象としていった。沈黙の螺旋理論は、伝統的に異なる領域にある社会科学のさまざまな論点、つまりは行動や態度の諸仮説を関連づけ、社会理論からコミュニケーション理論までをも関連づけていたから（同論文.8ページ以後）、こうした異なる研究方法の境界線の無視が理論の不利となっているという批判は当たっているかもしれない。研究者たちは関連領域間との交流にはそれほど関心を払っていなかったからである。

■世論を分析するのに必要な道具立て

世論理論の進歩のためには、概念そのものを明確にし、なおかつ実証研究に必要な条件について知っておく必要がある。沈黙の螺旋理論を検証するために最低限必要な情報は次の基本的な条件や問いを満たすことではじめて入手できる(Noelle-Neumann,1989a,20)。

1. 代表性のある適切な調査方法に基づき、ある争点に対する世論の分布が測定されなくてはならない。
2. 「大部分の人はどう考えているのか」についての個人の意見、すなわち意見風土認知を測定しなくてはならない。これはしばしば予想外の知見をもたらす。
3. 論争中の争点について公衆(public)がどうなると予想しているか。どちらの意見が支持を得、どちらがそれを失うとみなしているのか。
4. 特定の争点について意見表明したいのか沈黙を守りたいのか、特に公的な

場面ではどうなのか、測定する必要がある。
5．その争点は情緒的もしくは倫理的な要素を強く含むものか。そのような要素がなければ、世論の圧力は発生せず沈黙の螺旋も作用しない。
6．その争点におけるメディアの立場はどのようなものか。影響力のあるメディアはどちらの立場を支持しているのか。人々が意見風土を感知する二つの情報源のうち、一方がメディアである。影響力あるメディアはジャーナリストや同じ意見の支持者に語るべき言葉と議論を提供し、そのことによって世論過程と意見表明や沈黙の傾向に影響するのである。

■声なき多数派が沈黙の螺旋を打ち破ることはない

　沈黙の螺旋を検証した研究者は、研究を単純化するために、少なくとも初期にはメディアの要因を軽視してきた(Glynn & McLeod,1985,p.44)。しかしそうしてしまうと、メディアの論調が世論とずれているときには沈黙の螺旋は検証されないことになる。沈黙の螺旋過程がメディアの論調と反対に作用した例は一つもない。自分の意見がメディアによって支持されていると意識しているかどうかが意見表明の意図を決める重要な要因なのである。一例を紹介しておこう。ドイツでは共産党員を裁判所の判事として認めるかどうかという議論があった(本書197ページ)。容認派は明らかに少数派であり、彼ら自身少数派を自覚していたにも拘わらず、意見表明の意図は多数派よりはるかに積極的だったのである。多数派はメディアに支持されていないことを察知して「声なき多数派」となっていた。1641年、イギリスの風刺画家（前章参照）が描いて見せた世論の木に風刺冊子や本がぶらさがっていたのも道理であった。他の多くの争点と同じように、20年後になってみると共産党員判事任用問題はなぜそれが争点だったのかわからなくなってしまった。まるで雷雲が消え散るように、世論が持っていた圧力は完全に消え去ったのである。今や古びて黄ばんだ当時の新聞を穴のあくほど眺めても、共産党員（と自認する人）の公職排除を命じたいわゆる「過激主義者訓令」にメディアが否定的だった論調を思いだせはしない。

■ **理論の前提**

　前述の6項目により、ケーススタディをデザインすることができるし、そこでの予測も可能となる。原子力発電所問題のようにメディアの立場がはっきりしていて、次世代の安全に関する倫理的な要素を強く含む争点では、原発反対という意見の方が公的に表明されやすいであろうし、賛成意見よりも意見風土に強く現れると考えられる(Kepplinger,1988,1989a)。この仮説はザビーネ・マテスによるマインツ大学修士論文で検証された(Mathes,1989)。賛成者が反対者よりも活発に公的な意見表明をするのは、ハードコア層に限られていたのである（本章後尾にある「ハードコア」の議論を参照のこと）。

　この事例の分析の理論的背景について、要点を簡単にまとめておこう。沈黙の螺旋理論は、顔見知りの集団を超えた社会というところでも、合意から逸脱する個人を排除し孤立させる脅威が作用することを前提としている。他方、個人は多分に知るや知らずのうちに孤立への恐怖を抱いているが、これは天性のものである。この孤立への恐怖から人々は、どの意見や行動のあり方が周囲で受け入れられるのか、また勢力を増しつつあるのはどの意見や行動様式なのかを常にチェックしているのである。この理論ではそのような評価を可能にするものとして準統計的能力の存在を仮定している。優勢意見の評価は意見表明の意図や行動そのものにまで影響する。自分の意見が合意の側に立っていると確信すれば、私的にも公的にも発言する勇気が出るだろう。たとえば、バッジやステッカーをつけたり、服を着たりといった目に見えるシンボルでその信念を表明するだろう。反対に、自分が少数派であると感じたときには慎重になって沈黙を守るようになる。こうしてついには、劣勢側の意見の支持者はハードコア層だけになってしまうか、あるいはやがてタブーと化すのである。

　この理論は互いに独立した4つの仮説と、それら相互の関係に関する第5の仮説の上になり立っており、このことが理論の検証を複雑にしている。

　4つの仮説は以下の通りである。

1．逸脱者を孤立にさらすことで社会は彼/彼女に脅威を与える。

2．人は孤立への恐怖を絶えず感じている。
3．孤立への恐怖により、人は常に意見風土を感知しようとする。
4．この感知の結果が公的な場面での行動、特に意見の表明や沈黙に影響する。

　第5の仮説はこれら4つの仮説が関連しあって、世論の形成、維持、変化がおこるというものである。

　これらの仮説を検証するためには、面接調査の中で回答として記録できるような指標に仮説を翻訳する必要がある。

■孤立の脅威の検証

　世論は孤立の脅威を引き出すのであろうか。孤立の脅威を与えることによって世論はそれと異なる意見を抱く人々から自衛するのだろうか。世論が受け入れられるのは孤立の脅威を通じてなのであろうか。我々の社会は自らをリベラルな社会だと思っている。ドイツ人の52％によれば「リベラル」という言葉は良い響きを持っており、「寛容」の美徳を子どもに教えたいという親はドイツでは64％にのぼる（原注40、41）。

　一方、みんなが支持する世論からの逸脱者を脅かすというのは全く不寛容なことである。このため、この問題を面接で尋ねるのは難しい。それでもなお、我々は1984年版の『沈黙の螺旋理論』において、孤立への脅威のいくつかの形態を調べ記述することに成功した。回答者が反感をもつ政党のステッカーを貼った車のタイヤをパンクさせる行動を扱った質問項目がその一例である（本書57ページ）。また、投票行動調査の一部としてわれわれは、町中で通行人に道を教えてもらえなかったドライバーの質問項目を用意した。この質問の最後の文は次のとおりである：「このドライバーが着ていたジャケットには、ある政党のバッジがついていました。どの政党のバッジだったと思いますか」。われわれはさらに「汚されたり破かれたりすることの最も多かったポスターはどの政党のものだったと思いますか」という質問によっても、その政党の支持者に対する孤立の脅威を測定している（本書59ページ）。

表27 ドイツとイギリスにおける孤立の脅威の検証：原子力問題
質問：「原発問題に関する大きな公開会議での最近の出来事です。主な演説者には賛成派と反対派の2人がいましたが、一方は聴衆にヤジをとばされました。どちらがヤジを飛ばされたと思いますか、原発推進派でしょうか、原発反対派でしょうか？」

	1989年2月 西ドイツ (%)	1989年3月 イギリス (%)
原発推進派	72	62
原発反対派	11	25
わからない	17	13
	100	100

出典：ドイツ：アレンスバッハ世論研究所、IfD調査5016、回答者2,213名。
　　　イギリス：ギャラップ世論調査、回答者約1,000名。

マインツでわれわれは、孤立の脅威がどのように作用するのかという問題を真剣に検討し始めた。サビーネ・ホーリッキ(1984)は『孤立する脅威：コミュニケーション理論におけるこの概念の社会心理学的側面』というタイトルで修士論文を書いている。別の修士論文として、アンジェリカ・アルブレヒトは『嘲笑と微笑：孤立かあるいは統合か』をまとめた。スタンレー・ミルグラムが孤立の脅威の巧妙なサインとして用いたのも、口笛、ブーイング、嘲笑といった音声信号であったことをわれわれは思い出した(本書43ページ)。そして1989年になってやっと、われわれは長い間探していた検証法を考案することができた。世論と無関係の研究であっても、社会心理学で描写されてきた同調行動のシグナルや笑いのシグナルを思い起こしさえすれば良かったのである(Nosanchuk & Lightstone, 1974; Berlyne, 1969)。

われわれは原発問題を題材として、ブーイングと嘲笑を指標にした新たなテストを考案した。その質問文は以下の通りである：「原発問題に関する大きな会議での最近の出来事です。主な演説者には賛成派と反対派の2人がいましたが一方は聴衆にヤジを飛ばされました。どちらがヤジを飛ばされたと思いますか、原発推進派でしょうか、反対派でしょうか？」(表27)ドイツの回答者のうち72％は推

進派がヤジを飛ばされたと答えた。反対派と答えたのは11％であり、わからないと答えたのは17％に過ぎなかった（注42）。

　孤立の脅威というものが存在すること、また、公的な場面で表明したときに孤立の脅威を引き出すおそれのあるのがどちらの意見なのか人々は知っているのである。これは疑いようがない。この調査の数週間後、われわれはイギリスでも同じ調査を行った。われわれの同僚のロバート・ワイブローが1,000人の面接を行なってその結果を公表した。イギリスでも意見風土は原発支持者に否定的だったが、その程度はドイツほどではなかった。

　このような敵意ある意見風土が、意見を表明したがるか沈黙したがるかに影響することは疑いの余地がない。ここで重要なのは、イギリスの回答者もこのテスト質問に違和感を覚えなかったということである。世論理論とは国際的に適用できるものでなくてはならない。ある国に特有の側面というのもありうることだろうが、研究の本質的な部分はどの国でも検証できるものでなくてはならない。

　従って、このテストもさまざまな文化に適用できる必要がある。私は日本の洗練された社会的相互作用のあり方を思いだし、この新しいテストが日本文化に適用可能かどうか疑問を持った。アメリカの学生でさえ、少数派政党のステッカーを貼った車のパンクのテストを見て、侮辱されたと感じたからである。

　シカゴ大学で私のゼミに出席していた日本人学生ミナト・ヒロアキは、日本ではこのヤジのテストはうまく行かないと断言した。あれこれ議論した上に彼は言った、「日本ではこうすれば自然でしょう」。彼が日本向けに改訂した質問文はこうだった。「近所の集まりで原発の話題が出ました。一人が原発容認意見を言い、もう一人が反対意見を唱えました。その後、二人のうち一人がこのことで陰口をたたかれたようですが、それはどちらの方だったと思いますか。」

■孤立への恐怖の検証

　アッシュやミルグラムによる孤立恐怖の実験では、多くのアメリカ人がうろたえた（本書40ページ以下参照）。ミルグラムは同調行動がアメリカと同様ヨーロッパでも普遍的なものかどうかを調べるため、この実験を修正してフランスとノル

ウェーでも実施している。アメリカ人が孤立への恐怖を経験しうると言う発想はシカゴ大学で私の講義を聴いていた学生たちの気分を害したようで、途中で教室から出ていった学生も多かった。インタビューで「孤立への恐怖を感じますか」といった質問をするのは、たとえ同じ尋ね方をしたとしても、アメリカではそれを沈黙の螺旋の検証に用いるのは不可能であった。沈黙の螺旋理論は同調への非合理的で情緒的な動機を強調しすぎているという批判をしばしば耳にする。同調への合理的で妥当な側面を過小評価しているというのである。これはもちろん、ヨーロッパやアメリカの社会科学者の伝統的な主張に含まれるもので、アメリカ人は人間行動の合理的な説明を好む。

　孤立への恐怖を測定する一つの方法はすでに第3章で述べた。「脅威状況テスト」では、ある人物が怒っている絵を喫煙者に見せる。絵の中の人物は次のように言っている、「煙草を吸う人は全く無分別だと思います。健康の害になる自分の煙をまわりの人に無理やり吸い込ませているのですから。」しかしこれはアメリカ人の孤立の恐怖を測定する方法として満足のいくものではなかった(Glynn & McLeod,1985,47ページ以下および60ページ参照)。一皮むけた新しい案を思いついたのは、19世紀のチャールズ・ダーウィンまでさかのぼって文献に当たっていたときであった。彼の進化論は1940〜50年代にグループ・ダイナミックス（注43）として知られる研究領域を刺激したものだが、今回の焦点は集団凝集性に関するものだった。集団の安定性は何を基礎にしているのか。成員がルールを破り、集団の存在を脅かしたとき、集団はどのように対処するのか。こうしたことに関わる領域である。ザビーネ・ホーリッキ(1984)は、孤立の脅威と恐怖に関して研究を進めていくうちに、この問題に突き当たった。彼女はグループ・ダイナミックスの実験では3段階のプロセスが記録されていることを指摘した。第1段階では、集団は友好的な説得によって逸脱したメンバーを引き戻そうとする。説得が失敗すると、逸脱者は集団から排除されるぞと脅かされる。それでも逸脱者が態度を変えなければ、（グループ・ダイナミックスの用語を用いるなら）「集団はその境界を再定義する」、すなわち逸脱者を集団から実際に排除するようになる(Cartwright & Zander, [1953] 1965,145)。

このことはエドワード・ロスが「社会という集団から死者として抜け落ちるまで」と表現したことを想起させる（本書109ページ）。ここで奇妙に思うのは、グループ・ダイナミックスの研究者は凝集性の維持について研究していたはずなのに、なぜもう一歩進めて何が社会を一つにまとめているのか明らかにしようとはしなかったのかという点である。もしそのような研究をしていたなら、社会統制の道具としての世論現象を研究対象とし得たであろう。

しかし「世論」という用語がグループ・ダイナミックスとの関連で言及されたことは一度もない。モンテーニュが350年前に放置した現象を、1950年代から60年代にかけてアーヴィング・ゴフマンが体系化したが、彼もこの点については触れていない。ゴフマンは言う、目の前に他者が存在するだけで、それが一人でも、そしてそれ以上なら一層のこと、自分が他者にどう思われているか意識してしまうようになり、それによって人は変えられてしまうのだ。ゴフマンは人々を社会心理学的観点から見ることによって、それまで無視されてきた領域に光を当てた。『公的場面の人間(Behavior in Public Places；邦訳名は「集まりの構造」)』という簡潔なタイトルの著作は、彼の先駆的な業績の一つである(Goffman,1963)。1955年から1971年の間に出版されたゴフマンの著作(e.g.,1956,1963b)は全て、人間の社会的な天性と、それが生み出す軋轢が彼の最大の関心事だったことを示している。

ゴフマンはパーソナリティの研究を進めるうちに、人間の社会的天性を示す身体的な兆候をダーウィンが記述していることを発見した。われわれもまた、人間の孤立への恐怖の証拠を探すに当たって、ダーウィンの『人間および動物の表出(The Expression of the Emotions in Man and Animals)』を参照したい。この本の第13章で扱われているのは、困惑・気まずさとその身体的兆候である。頬の紅潮、血の気が失せること、発汗、どもり、神経質な身振り、手のふるえ、緊張してつぶれた、あるいは異常に高低のある声、不自然に歯をむき出すこと、遠くを眺めること、これらを挙げた上でダーウィンは、人間はアイコンタクト（視線の交錯）を減少させることによって見られていることから注意をそむけ、そして気まずさを回避しようとするのだ、と解説している（Darwin, 1873, 330）。

26. 世論の理論をめざして 241

　ダーウィンは人間の特質として、内向的な側面と外向的な側面の2つを区別している。外的に方向付けられているときには、人間は社会的天性に従う。これは頬の紅潮といった動物には見られない客観的なサインによって裏付けられる。ダーウィンは罪、恥、気まずさの3つの感情を区別した。小さな嘘をついて恥ずかしく思っても、人は必ずしも顔色を変えないかもしれないが、ひとたびその嘘がばれれば、顔を赤くする。ダーウィンによれば、はにかみ（shyness）は頬の紅潮をもたらす。しかし、はにかむことは、他者が自分をどう思っているかに対して敏感であるということを示すに過ぎない。

　ダーウィンは「世論」という用語は一度も用いていない。彼は孤立への恐怖については言及していないが、その観察は人間がその社会的天性により、他者の意見に対して反応するということを示唆している。自分がどう見られているかを考え、表だって、あるいは陰で後ろ指を指されることがないように、良い印象を作りだそうとするのである。善行によって注目されることさえ、多くの人にとってはかえって気まずいことなのである。

　これに対してゴフマンは、気まずさとは公の場での行いに関して規則に従わせる穏便な懲罰であると考えた（Goffmen, 1956, 265, 270ページ以下）。しかしこの仮説はミカエル・ハレマンのマインツ大学博士論文で論駁されている。彼は気まずさを感じるのは孤立を感じるときであることを示した。たとえそれがおぼれた子どもを助けて称賛を浴びるような場合であっても、気まずく感じられるのである（表28を参照されたい）。

　ヴァン・ズーレン（Van Zurren, 1983）は、オランダの社会科学者グループが気まずさに関わるような状況について、自らを被験者として行った実験を報告している。まず彼らは混雑した歩行者通路の真ん中で立ち止まってしゃべったりすることで、怒りと反感を買ってみた。また、喫茶店で半分は空席なのに相席しようとすると、暗黙のルールを侵害するという反応が確認できた。さらに、間を置かずに同じ店に二度入り同じものを買ってみるというのも一つの実験状況だった。別の課題は、初めて訪れたアパートのエレベーターで最上階まで上がり、ただ周りを見渡してみることだった。この実験に参加した一人は、何をしている

のかと聞かれたらどう答えればいいか分からないので不安だったと言っている。「ピンクのスラックスとピンクのブラウスを着た自分がどれほどグロテスクに見えるか、突然気づいたのです。」

　こうした一連の実験は、行動が社会的にコントロールされる以前に、孤立の恐怖を予期することで内面からコントロールされていることを示すものである。その状況がいかに不快なものでありうるか、そう思うだけで、集団のコンセンサスから逸脱しないよう、外界から社会的な制裁が加えられる前に、あるいは集団がその違反に気づいてすらいないうちに、進んで人は行動を修正するのである。実際にオランダの実験では、計画した行動を実行しない参加者も多かった。これはシカゴ大学のジョージ・ハーバート・ミードが唱えた「シンボリック相互作用論」で説明がつく。「シンボリック相互作用論」とは、他の人がどう考えるか、また彼らがどう反応するか、それを考えること自体があたかも現実にそうであったかのように人々に影響する、という議論である。しかし、個人の心の中で行われているこの無言の対話は、それが人間の社会的天性が生み出した孤立への恐怖を伴うために、同時代の社会科学者には受け入れられず、ミードは2冊目を世に出すことはなかった。そもそも彼の主要な業績の一つである『1927年社会心理学講義』(Mead 1982)は彼自身が書いたものではない。それは今日世論関係のゼミで講読されているが、ミードの学生がまとめたノートに基づいたものでしかない。

表28　気まずい状況の異文化間比較：ドイツ、スペイン、韓国
質問：今からお見せするカードには私たちが出会う可能性のあるいろいろな状況が書かれています。それぞれのカードを気まずい状況とそうでない状況とに分けて、このシートの上に置いていただけませんか。どちらにもあてはまらないカードは脇に置いて下さい。(一組のカードとリストを、「気まずい」「気まずくない」というカテゴリーと一緒に提示)

「気まずい」(%)	西ドイツ	スペイン	韓国
人前で平手打ちされる	79	83	92
お店で店員に万引きのぬれぎぬを着せられる	78	89	88
デパートで高価なクリスタルのグラスにうっかり手を当てて割ってしまう	76	84	92
レストランでズボンにスープをこぼす	70	73	74

表28（続き）

「気まずい」(%)	西ドイツ	スペイン	韓国
スーパーでかごいっぱいに買い物を入れた後、レジでお金を持っていないことに気づく	69	65	84
劇場で、風邪を引いているのにハンカチを持っていない	68	66	41
友人とコンサートに行ったとき、友人が居眠りしていびきをかき始める	63	59	63
あなたがいるグループで、話題になっていた人物が話を聞いて入ってくるとき	56	51	64
人前で笑いものにされたとき	56	68	76
混雑した道の真ん中で、突然転んで顔を打ったとき	56	76	75
電車のトイレのドアを開けたら、鍵を閉め忘れたまま人が用を足していたとき	55	71	88
人の名前を間違えて呼んだとき	52	37	65
友人の家で部屋に入ったら、誰かが服を脱いでいたとき	50	73	94
たまたま旧友と同じ部屋にいるのに気がついたので喜んで声をかけようとしたら、彼が一目もくれずに部屋をでてしまったとき	49	46	64
旧友に会って、名前が思い出せなかったとき	45	41	66
仕事で汗びっしょりになったのに、シャワーを浴びる前に買い物に行かなくてはならないとき	44	44	22
友人と休暇を過ごす計画を立て、目的地に着いたら、ヌーディスト・ビーチがあることに気づいたとき	43	59	—
電車に乗っていて車掌が検札に来たのに、切符が見つからなかったとき	—	—	92
友達に冗談を言っても誰も笑わなかったとき	40	41	46
あなたの部屋が散らかっているときに配管工が来たとき	36	43	36
洗濯をするタイミングを誤って、イースター（韓国では「元旦」）の日まで、洗濯物を干していたとき	33	17	28
公衆電話で大事な話をしていて少し長くなったら、後ろに2、3人並んで待っていたとき	31	49	69

表28（続き）

「気まずい」	西ドイツ	スペイン	韓国
カメラを持ったテレビリポーターが寄ってきたとき	28	39	74
溺れかけた子供をたまたま助けただけなのに、地方紙の記者があなたの写真を撮りたいと言い張ったとき	27	37	62
週末にバターもマーガリンも切らしてしまい、近所の人に借りに行かなくてはならなくなったとき	27	27	40
自分の靴が汚れていることに昼になって気付いたとき	26	25	11
ホテルの部屋の壁が薄くて、隣の部屋の物音が聞こえるとき	24	33	35
通りで誰かに出くわして、挨拶すべきかどうかわからないとき	23	37	48
空いた電車の客室で、乗客の一人が突然ひとりごとを言い始めたとき	15	31	23
間違い電話をしてしまったとき	12	16	26
名前を間違えて呼ばれたとき	12	18	28
	N＝2009	1499	352

－：質問せず

■人間の社会的天性の現れとしての気まずさ

　孤立の脅威はどのようにして感じられるのであろうか。そのシグナルはどんなものか。どのようにして人は孤立への恐怖を経験するのか、それはどのように測定できるのか。マインツ大学のゼミの学生が実験を試みた。マインツのカーニバルはドイツでは重要な行事であり、世論がこぞってそれを支持していると考えてよい。そのカーニバルで学生たちは混み合った道路の中に立ち、旗を掲げて、ある新しい組織への勧誘を行った。その組織はマインツで毎年無駄なお金をつぎ込むことに反対するものであった。用意したリーフレットでは、そのお金を第三世界の救済に使った方がいいと主張していた。学生たちはスタンドの上に山と積んだリーフレットを通行人に配布し、署名を集めようと試みた。人々の反応や行動を分析するため、学生の一人が近くの建物から実験の様子をビデオに収めた(Ewen et al., 1981-82)。これを見ると、近くの通りの店主たちまで実験に参加して

26. 世論の理論をめざして 245

いたことがわかる。彼らははっきりと「あの学生たちはおかしい」という身振りをして、通行人たちにそのスタンドを避けて回り道させようとしていた。

近づこうとすると背を向けられ、避けられるという経験はミカエル・ハレマンに強烈な印象を残した。彼は修士論文でも博士論文でもこれを題材としている (Hallemann,1984;1989;1986も見よ)。

アレンスバッハ研究所は、代表性のある標本を対象とした社会調査で、ある絵を見せた。男性には2人の男性が描かれている絵、女性には2人の女性の絵を提示した。どちらの絵でも一方がもう一方に向かってこう言っている。「昨日私がどんな目にあったと思いますか。本当に気まずい目にあいました…。」そこで調査員が次のように説明する。「これは2人の人が会話している様子です。あいにくこの男性/女性の言葉は途中でとぎれてしまっていますが、何を言おうとしていたと思いますか。この人に何が起きたのでしょうか」。約2,000人の回答者の反応を分析した後、ハレマンは30の状況を設定した。次のアレンスバッハ調査では、調査員はこれらの状況を1枚1枚別々に書いたカードを提示し、回答者にこう依頼した。「カードには私たちが出会う可能性のあるいろいろな状況が書かれています。これを気まずい状況とそうでないものとに分けて下さい。」(注44)

西ドイツ、スペイン、韓国での調査で気まずい状況として挙げられたもののリストが（既に見た）表28である。1989年6月にも同様の調査を行ったが、結果にはほとんど変化が見られなかった（注45）。この調査を行うまでわれわれは、気まずさは文化的な伝統に大きく依存しており、国によって大きく異なるであろうと予測していた。しかし、少なくともドイツ、スペイン、韓国において気まずいと見なされる状況は驚くほど似通ったものであった。

ゴフマン（1956, 270）は、人間の社会的天性についてより深く知るためには気まずさの感情がどんな状況で起きるのか明らかにするべきだと述べている。社会的天性について人々に直接尋ねることはできない。多くの人はそれを無視しようとするからである。たとえば、ドイツ人の多くが「他人が自分をどう思うかなど気にはしない」と言い張っているように。従って、エミール・デュルケームが『社会学的方法の基準』で述べているように、指標となるものを探さなくてはならな

い。指標(indicators)とは、測定しようとしているものそのものではないが、研究対象について洞察を与えてくれるものである。

■孤立への恐怖の測定

『沈黙の螺旋』の出版は多くの難しい課題を喚起した。1930年代以来、社会調査研究はグループ・ダイナミックス研究に焦点を当ててきたが、その観点からすると、実際に所属している集団の方が公衆よりも影響力を持つ、という批判が可能である。人にとって重要なのは、沈黙の螺旋理論が焦点を当てている輪郭の不明瞭な匿名の大衆の中の見知らぬ人よりも、隣人や同僚、クラブの仲間や準拠集団の成員の言葉や考え方の方だというのである。

ドンスバッハとスティーブンソンはこの批判に再反論を試みている(1986, 10ページ以下)。沈黙の螺旋はある特定の要因、たとえば孤立への恐怖、が全ての人に同じように影響し人間行動を規定するというような決定論的な理論ではない、と彼らは述べている。孤立への恐怖は世論過程を決定づける多様な要因の中の一つなのである。準拠集団も当然影響していておかしくはない。彼らはオランダの研究者ハーム・トゥハートの研究を引用し、準拠集団の意見が世論の圧力によって強められるか反対されるか、またその集団が少数派となっても自らの見解を曲げないのかどうか、といったことが論争中の争点で意見表明するか沈黙するかの選択に重要であることを示している(t'Hart, 1981)。

数十年にわたるグループ・ダイナミックス研究の成果から、集団が世論過程に及ぼす影響は自明のこととなった。しかしグループ・ダイナミックスの分野の研究者たちは集団の境界を広げることはしなかった。彼らは公的な要素(public element)については何も考え得ていない。だからこそこの分野に直接関心を寄せることが喫緊の重要性を持つのである。それこそが「世論」という語の理解の鍵となる。人間の社会的天性の陪審員となる公的なものの含意を明快に理解せずには、世論現象を解明することはできない。

ハレマンが気まずさの測定に開発した指標を用いて、匿名の公衆というものが持つ重要さを例示してみよう。気まずい状況というものを回答者に自由に回答させる

図24
気まずい状況について。下の図は面接調査で用いられた文章テスト用の絵である。自分が絵に描かれた人物だったとして、文章を完成させることで、回答者は気まずい状況についてより答えやすくなる。

> 昨日私がどんな目にあったと思いますか。本当に気まずい目にあいました…。

Ⓦ

図25
気まずい状況について。下の図は面接調査で用いられた文章テスト用の絵である。自分が絵に描かれた人物だったとして、文章を完成させることで、回答者は気まずい状況についてより答えやすくなる。

> 昨日私がどんな目にあったと思いますか。本当に気まずい目にあいました…。

Ⓜ

と、なじみのある小集団に言及する人は少ない。比較的小さな集団の中での状況を記述したものは21%にすぎず、一方、大きな匿名集団を含むものが46%であった(Hallemann,1989,135;Table 14)。ハレマンは彼のテスト場面を再編成し、個人条件、小集団条件、大集団条件をもうけた。その結果、集団が大きくなるほど気まずく感じる人の割合も大きくなったのである（同論文, 137; Table 15)。

顔見知りの前で不愉快なことが起きることの方が、二度と会うこともないような匿名の公衆の前で不愉快なことが起きるよりも気まずい状況だというのは、理屈としては通るかに見える。しかし、結果はそれとは反対であった。知人の前で汚名を着せられてもそれは決定的ではない。いつでも挽回の機会があるからである。しかし、匿名の公衆にはやり直しやいいわけはできない。汚名をすすぐ機会がないのである。

ハレマンはまた、孤立への恐怖を正確に測定するという点においてもこれまでに最良の測定の道具を作成した。彼は回答者が気まずいと答えた状況の数から、社会的天性への感度を算出した。それは「非常に高い」「高い」「平均的」「低い」「非常に低い」の5段階に分かれ、孤立への恐怖の得点と対応していると考えられる。彼は回答者の発言あるいは沈黙の意図を検討したが、その結果、気まずさの感情を強く持つ人ほど、つまり孤立への恐怖が強い人ほど（と付け加えたいが）、決着のついていない争点では沈黙を守る傾向があったのである。これはシャイであるとか無口であるとかいった性格によるものではない。議論にならないような争点では他の人と同様に意見を表明していたからである（同上, 178ページ以下)。

■準統計的能力の検証

それでは私の世論の理論で述べられているような準統計的な能力は本当に存在するのであろうか。人々は意見風土を感知(determine)できるのだろうか。答えは肯定的である。われわれが調査した全ての国で、回答者たちは次のような質問に容易に答えることができたからである。「大多数の人はどのように考えているでしょうか」「大多数の人はこの意見に賛成でしょうか、反対でしょうか」回答者はこう答えても良さそうなものである。「なぜそんなことを私に聞くのですか。あなた

は世論調査をしているんでしょう！」しかし実際にはそんなことを言う人はいなかった。たやすく意見分布を推定できるということは、人々がその争点への反対意見の強さを常に推定しようとしていることを示している。

しかしながら、この推定はしばしば誤ちをおかす。影響力のあるメディアに支持される意見は過大評価されやすいからである。この現象は今日一般に「意見分布の無知」と呼ばれている（注46）。「公衆が公衆を誤って判断している」のである。フロイド・オルポートはその著書『社会心理学』のなかでこの現象について述べているが、それはR．L．シャンクが彼のコミュニティ研究で行った分析によるものである(1932; cf.,Merton,1949; Newcomb,1950)。オルポートは、多数派の意見やものの見方を個人が推論するには、報道、噂、「社会的投影」の3つの方法しかないと指摘している。「社会的投影」の概念は「鏡映認知」の概念と同一のものであり、後者は意見分布の無知の説明原理として(O'Gorman ＆ Garry,1976; Fields ＆ Schuman,1976)、あるいは準統計的能力という過程に反論しようとして(Glynn ＆ McLeod,1985; Salmon ＆ Kline,1985)後に導入された概念である。鏡映認知は実際にかなり実証されている。しかしそれと同時に個人の意見の賛否には左右されずに母集団全体としてはどちらの意見が勢力を増しつつあるか感知しているという結果が得られている。それはちょうど暖かくなりつつあるか、寒くなりつつあるかを感じうるのに似ている(Noelle-Neumann,1985,1991)。これは人々に意見の分布を感知する能力があると考えなければ説明がつかない。このような認知に影響を及ぼそうとする努力はとうの昔からなされており、社会調査がこの現象を取り上げた近年に始まったことではない。だから、オルポートがコミュニティ全体の多数派意見を知るための付加的情報源として挙げたメディア、すなわち報道が1980年代までそれほど重要と考えられてこなかったのは注目に値する。もちろん今日では、個人が自分の環境を知るための恒常的な情報源としてメディアを最重要視することはよく知られている。だから、ある争点に対する多数派意見の現実の頻度分布（調査結果）と、「たいていの人はどう考えているか」という問に対して人々が推定している分布とがずれている場合には、メディアの影響が関係していると疑ってもよいのではないか。つまり、意見分布の印象がメデ

ィアによって伝達されると疑ってもよいのではないだろうか(Noelle-Neumann, 1989)。

■ **意見表明あるいは沈黙の意図の検証**

　残念なことに鉄道が発達している国はきわめて少ない。『沈黙の螺旋』初版以来、意見を表明するか、沈黙を守るかの意図を測定するために「列車テスト」を用いてきた(本書18ページ以下)。しかし、沈黙の螺旋理論が世界的に広がるにつれて、5時間も列車に乗ることはまずないような他の国では、列車テストが使えないという問題が増えてきた。そこでわれわれは次のような代案を用意した。「あなたが5時間かけてバス旅行をしているとします。途中で休憩所に停車し、全員が一旦バスを降りました。そこで外に出て乗客グループの一人が…を支持すべきかどうかについて話し始めました。あなたはこの人と話してもっとよく意見を知りたいと思いますか、それとも話したくありませんか」ドンスバッハとスティーブンソンはさらに、テレビレポーターが問題の争点について道でインタビューするという質問項目も考案した。だが、この質問では公衆(public)の範囲が広くなりすぎてしまったように思われる。ハレマンが明らかにしたのは周囲の人の数が多くなるほど孤立への恐怖も大きくなるという点だった。テレビの視聴者というのは、その点で今日の最も巨大な公衆であり、テストの対象としては大きすぎるようだ。

　自分が持っている信念を公に表明する方法としては他にも様々なものがある。たとえば、髪型、髭、車のバンパーに張るステッカー(これはアメリカでもヨーロッパでもシンボルとされている)といったものがあげられよう。また、ドイツで紫のスカーフは教会の大会議や集会に参加するというシンボルである。信念を表明するか隠すかを見分けるテストには、こういったものも応用できるであろう。

■ **ハードコア層：『ドン・キホーテ』にみる答え**

　本書の初版の後、沈黙の螺旋理論の検証を試みたのはいいが誤解したまま検討されたこともある。初版では第17章(異端と前衛の章)と第23章(ハードコアの章)が短すぎたことも一因であろう。今日でもわれわれは、前衛(アヴァンギャ

ルド）に関して、詩人たちに価値観の変化を起こさせようとしたときのプラトン以上のことは知らないのである（第25章参照。cf., 4章、13章）。

　ハードコアとは単にある意見を特に確信している人々、あるいは投票行動が特に一定した人々を指すと考えている研究者も多い。そのような立場から、私が理論に適合しない結果が出たときの言い訳としてハードコア層という概念をわざわざ持ち出してきたのだという批判もある。

　しかし、マリア・エリザ・チュリア・ロドリーゴのマインツ大学修士論文ではハードコア層をより適切に定義して研究を進めている。彼女はセルバンテスの『ドン・キホーテ』にみる世論について研究しているが、世論理論を念頭にセルバンテスを読むと、この作品の悲劇性が際だって見える。ドン・キホーテは騎士道のロマンスを読み過ぎて中世社会の価値体系を頭の中に吹き込まれる。そしてついに彼は「名誉と尊敬をもって世間に迎えられるために」戦って死に瀕するのである。しかし彼の衣裳も武器も、彼がした全ての行いは彼の時代よりさらに200年前のものであった。彼は孤立し、嘲りの的となり、打ちのめされて、しかしなお物語のほぼ最後まで、騎士道の理想に忠実であり続けたのである(Chulia-Rodligo, 1989)。

　前衛（アヴァンギャルド）に属する人は未来に専心し、従って必然的に孤立する。自分は時代に先んじていると確信することで彼らは耐えていける。しかし過去に専心する「ハードコア層」は、現在の孤立に苦しみながらも古い価値を維持し続けることになる。

■個人の意見の集合がどのようにして世論になるのか

　アメリカ世論調査協会の1970年度大会で、政治学者のシドニー・ヴァーバは政治的意見の研究は「個人を分析の単位としているために」世論理論にまで進歩しないのだと指摘した(Verba, 1970, 455)。しかし私はこれに異を唱えたい。理論の進歩を妨げていたのは個人を分析の単位としていたからではない。調査研究が個人の社会的天性を看過していたからである。調査では個人の意見、行動、知識が対象とされる。「**あなたは…に賛成ですか**」「**あなたは…に興味がありますか**」「**あな**

たは…に関心がありますか」「**あなたは**…が好きですか」といったように。

　特に投票行動研究で欠落しているのは、意見風土に関する質問である。「**多くの人**はどう考えているでしょうか」「誰が勝ちそうだと思いますか」「何が流行で、何が流行遅れでしょうか」「親友とさえ議論になるのはどのようなことでしょうか」「やじられるのは誰でしょうか」「無視されるのは誰でしょうか」。こうした社会的場面に向けた、すなわち個人の社会的天性に焦点を絞った質問が欠けているのである。

　ただし、社会調査でも人間の社会的天性が完全に無視されてきたわけではない。1949年の『世論の社会心理学』では、ペーター・R・ホフスタッターは次のように述べている。「ある意見が公のものとなるためには、一見して奇妙な次の特性を持っていなければならない。つまり他の意見については不明確でときには誤ってさえいるような理解しかないということである。個人の意見分布を世論とする現在の定義は不完全なものである。公のものとしての側面を考慮すると、周りの意見分布を推測させた上で、それをもとにして一人一人の個人の意見が位置づけられるべきである」(Hofstatter, 1949, 53)。しかし世論研究は、この主張にとりあってこなかった。そういうわけで、世論調査でパーセンテージとして表される個人の意見の総和が、いかにして世論という巨大な構造になるのか、という重大な疑問にはまだ答えが出されていないのである。政府におそれを抱かせ、揺るがせ、そして何らかの対策を余儀なくさせ、そして1970年の会議で心理学者のブリュスター・スミスが言ったように「社会的・政治的帰結を生じさせる」ものとしての世論、それは看過されたままである。ジェームズ・ブライスが指摘したような「世論と異なる意見を持つ個人を沈黙させる」力についても同様に無視されたままである（注47）。

　われわれが知る限り、個人の意見の総和から世論への変化を説明するものは、人間の社会的天性によって人々がつねに相互作用を営んでいるところにある。孤立の脅威、孤立への恐怖、意見風土の不断の観察で相対的に強い立場を推定していることが、意見を表明するか沈黙するかを決めさせるのである。

27. 世論の潜在機能・顕在機能：まとめにかえて (注48)

> そこに世論理論という複雑にからみあった領域がある。そこにはかつて強力だった理論の排他主義が切り株のように散らばり、混沌とした用語論争がいばらの茂みとなって心理学的記述の無限の藪とともに生い茂っているのである。
>
> （ウィリアム・オルビッグ, 1939）

　本書を終えるにあたってもう一度最初に戻って問い直したい。世論とは何であろうか。

　ハーウッド・チャイルズがその著書『世論：性質、形成とその役割』第2章で挙げている世論の50の定義を考えてみよう。あるいはW．フィリップス・デーヴィソン(1968)が『国際社会科学百科事典』誌に載せた世論に関する論文の最初の一文を思い出してみよう。『「世論」について一般に受け入れられている定義はない。』チャイルズが引用している50の定義は全て、2つの異なる世論概念に起源すると考えられる。さらに、いくつかの定義は世論を世論調査の結果と同一視するような本質的に操作的なもので、「調査員が個人の態度の総和として集計したもの」となっている(Beniger,1987;S54; cf.,Gollin,1980,448)。さて、チャイルズが集めた定義の大部分は次の2つの概念と関わっている。

1. 理性(rationality)としての世論。世論とは民主主義における意見形成過程や意思決定過程の道具である。
2. 社会を統制するものとしての世論。世論の役割は社会の統合を促進し、行動や決定の基盤となる合意を十分な水準に保つことにある。

これら2つの概念を比較すると、ロバート・マートンが『社会理論と社会構造』(1949,［1957］)で行っている次のような区別が思い起こされる。
- 顕在機能は、システムの参加者によって意図され、意識された、システムの適応と調整に寄与する客観的諸帰結である。
- 潜在機能はこれに関連して、意図も意識もされていないものである。(ibid.51)

世論の第1の概念は意図され、意識されているものであり、顕在機能と考えられる。一方、第2の概念は意図も意識もされていないもので、潜在機能といえよう。

世論の概念がきわめて多様であることから、「世論」の語を少なくとも科学用語として用いるべきでないと主張する研究者も多い(Palmer［1936］1950,12; Habermas,1962,13; Moscovici,1991,299)。しかしこの用語は、古くから何世紀にもわたって使用されてきたものであり、社会的統制の一形態という概念の意味を表現するのにより適切でかつ同様に包括的な用語が見つからない限り、捨て去るべきものではない。もし「世論」という用語を捨て去るのであれば、それによって社会、あるいは世界全体の合意を保つという世論の潜在機能に関する古来の知識をも失うことになる(B.Niedermann,1991; Rusciano & Fiske-Ruciano,1990)。そうすればわれわれは意見風土、時代精神、世評、流行、タブーといった異なる現象が互いに関連しあっていることを認識できなくなり、われわれの知識はジョン・ロックの「意見の法、評判と風潮」以前まで逆戻りすることになってしまう。

以下ではまず「理性としての世論」の概念に焦点を当て、次に「社会統制としての世論」の概念に目を向ける。最後に、沈黙の螺旋概念に見るように、世論概念は潜在機能の観点から論じた方が有効であるという議論を紹介する。

■世論の顕在的な機能：民主主義における意見の形成

20世紀後半の思潮は今なお18世紀後期に始まった世論概念に支配されている。この見方にたてば、世論は合理性(rationality)によって特徴づけられる。ここでいう合理性とは、理性による知識の注意深い獲得と、その知識に基づいた論理的に

正しい判断の遂行とを意味している。知識の獲得と判断には、論理的な変換と演繹とが含まれる。合理性が扱うものは明確に定義された概念であり、それはより大きな枠組みに含まれる。従って、論理的な推論が可能であれば、異なる領域についても理解できることになる。そこでは論理性、因果性、一貫性に注目が集まる。合理的思考の産物は説得力があり、道理にかなって、相互主観的で互いに理解可能である。

　ハンス・スパイアーは合理性に基づいた世論概念を次のように簡潔に定義している。「(世論とは)国家に関わることがらについての意見であり、自分の意見が政府の行為、人事、構造に影響を及ぼす権利を持つと主張する政府外の人物によって自由に、公に表明されたものである」(Speier,1950,376; see also p.93,above)。ここでは世論と合理性の関係は直接的である。両者は等しいのである。実際のところ、報道メディアに言論の自由があるならば、メディアで支配的な意見は、世論そのものに近づくはずである。ハンス・スパイアーの定義には世論の顕在的な機能も組み込まれている。世論とは政治に関わるものである。世論は政治上の意見形成や決定の過程で政府を支えるのである。

　このように政府と関連させて公共領域における政治的な一種の論法として世論をみなすような見方は（Habermas, 1962)、18世紀の啓蒙主義の時代に初めて世論概念が誕生したという広く流布された信念に基づけばまことにもっともらしく見える。世論に関するこうした記述は今日でもなお世界中の事典や辞書に広くみられる。しばしば世論の語は、フランス革命直前の混乱期に政府の財政安定に尽力したフランスの財務総監ジャック・ネッケルが作ったものとされている（注49）。

　「世論」の語を説明しようとする最初の試みがなされたのは19世紀のことである。ジェームズ・ブライス(1888,1889)は、『民主国家としてのアメリカ』の第4部でイギリスとアメリカにおける世論の役割の違いについて論じ、世論という概念を「民主主義における、論争中の政治的争点に関する合理的な議論」に限定している。20世紀初頭にドイツに留学していたロバート・エズラ・パークは、ベルリン大学で師事した2人の教授、テンニースとオズワルト・シュペングラーの間

で悩んでいた。テンニースは彼の指導教授であり、世論概念を理論的に明確化しようと試みているところであった。一方、シュペングラーは彼が師事した教授の一人であったが、『西洋の没落(Decline of the West)』の著者でもあり、彼を大衆心理学の分野に導いた人物であった。当時の大衆心理学は、19世紀後期にイタリアの犯罪学者スキピオ・シゲーレ(Scipio Sighele)や、ギュスターヴ・ル・ボン、ガブリエル・タルドらによって始められたばかりの比較的新しい分野であった。パークは博士論文『大衆と公衆（Masse und Publikum)』(1904)（英語では1972年に『群衆と公衆（The Crowd and the Public)』として刊行）の中で、感情を群衆に、理性を世論に結びつけることによって解決を試みている。世論とは議論（raisonnement）の産物である。そこではさまざまな意見が出された後についにそのうちの一つが勝ち、他の意見は納得させられるというより制圧されるのである。

　ある論文によれば(Frazier & Gaziano,1979)、パークは自分の博士論文で憔悴し落胆したという。気落ちした彼は、アメリカに帰国後も、シカゴ大学での教職の申し出を断ってしまった。世論と合理性を同一視しようとすれば、今日でも同じような目に遭うのではなかろうか。

　さて、世論概念の調査に一般に用いられている方法の一例は、1933年の『アメリカ政治学評論』誌に掲載されたフランシス・G・ウィルソンの論文『世論という概念』(Wilson,1933,371-91)にみられる。その論文では、世論の語を"public"と"opinion"の2つの要素に分け、「意見(opinion)と公衆(public)との関係、公衆と政府との関係、意見と政府との関係」をそれぞれ分析している(前掲382)。これら3つの関係を特徴づけるものは「参加」の概念である。"public"の意味は「政府に参加する権利を持つ人々の集合」に限定されている。この公衆の圧力が政府への重荷となるのである。

　約30年後には、チャイルズが本書でも紹介した『世論』の定義の章でこれに似たアプローチをとっている。その章は「公衆(Publics)」「意見(Opinions)」「均質性の程度(Degree of uniformity)」の3つの節に分けられ、さらに「意見形成過程」「意見の質」「意見を持つのは誰か？」「意見の主体問題」と続く。次に歴史的背

景が述べられ、20世紀を10年ごとに区切って世論に関するトピックと世論に働きかける方法の技術的特徴が挙げられる。最後にチャイルズは、30年代以降の世論調査の発展によって、定期的に世論を測定することがいかに容易になったかを指摘し、論文の結びとしている。

チャイルズが集めた50もの世論の定義のうち、約半数が合理的な世論概念に基づくものである。たとえばジェームズ・T・ヤング（1923,577-78）は世論を「重要な問題に関して、自覚を持った共同体が合理的な公的議論の後に下す社会的判断」としている(Young,1923.577-78)。また、A．W．ハーカム(A.W.Halcombe,1923,36)による定義は「合理的な決定に必要とされる重要な事実（に基づく意見）」というものである。さらにJ．A．ザウアーヴァイン(J.A.Sauerwein,1933,29)は、次のように指摘する。「現代では世論というものが、知性という観点から見るとエリート階級の外に存在しているかのように誇張されているきらいがある」。しかし同時に次のようなあきらめの声も聞かれる。「厳密すぎるように聞こえるかもしれないが、世論というようなものは存在しない。人間というものを少し考えてみれば、知的な世論など不可能だということがわかるはずである」(Jordan,1930,339)。

それでも合理性としての世論概念が存続してきたのは、西洋文明で合理性が尊ばれてきたためである。世論概念を機械のように分解して、各部分やその相互関係を定義することで、世論の本質を理解できるかもしれないなどという発想もここから生じている。

基本的に世論概念は従来、そして今なお、独断的に扱われてきており、この概念を保持すべきか捨て去るべきか、将来の民主政治において世論にどんな役割を与えるべきか恣意的に決められるかのようである。この傾向は世論に関する最初の体系的な論文である『世論と支持される政府(Public Opinion and Popular Government, 1913)』（A．ローレンス・ローウェル（A. Lawrence Lawell））の中にすでに見られる。ローウェルは、彼の考える世論——「徹底した議論によって到達した意見」こそが「真の」世論であると主張し、この意見が政府によって注目されるべきだとした。この定義に従うと、考えていることを表明した個人の意見のみが意味を持つことになる。さらにローウェルは、この定義が適用される範囲

を、政府の公的な権限が及ぶ範囲の問題に限定した。たとえば宗教は含まれないのである。

　恣意性のもう一方の極は世論調査にみられる。1930年代初期、代表性サンプルに基づく世論調査法の発達に伴い「世論」という用語が広く用いられるようになった。人々は「世論調査」について何の疑念もなく語り、1937年、『季刊　世論(*Public Opinion Quarterly*)』という名の新しい雑誌を創刊するときにもためらいはしなかった。しかし調査結果が本当に「世論」とよばれるものなのであろうか。当時も今も、研究者はしばしば世論と世論調査の結果を同一のものと見なしている。たしかにそれは調査という道具とそれから得られた素データに基づいて、世論の操作的定義を定めることによって可能になった方略だった。たとえば、「世論とは、意味の明確な質問や言明に対する面接場面での人々の反応のことである」(Warner, 1937, 377)。「世論とはある何かの名称ではなく、あるものの集合の分類である。それは統計処理によって、最頻値、頻度といった興味深いものを提供してくれる」(Beyle, 1931, 183)。「世論調査が現実のものとなったことによって、今やわれわれは態度の分布の分析結果を世論と信じることになる」(Lazarsfeld, 1957, 43)。『季刊　世論』の50周年記念号の中で、ジェームズ・ベニジャーは「世論調査によって測られた個人の態度の総和と世論と見なす、今や普遍的となった定義」というアルバート・ゴリンの言葉に言及している(Beniger, 1987, 54; Gollin, 1980, 448)。

　こうした状況を最初に批判した研究者はハーバート・ブルーマー(Herbert Blumer)であった。彼は1948年の論文「世論と世論調査」で次のように鋭い批判を行っている。「世論の調査研究は非常に多く行われているにも関わらず、世論そのものを総合的に議論した例は皆無とは言わないまでも実に少ない。」

> 印象深いのは、世論調査を用いる研究者が、自分が研究し、記録し、測定しようとしているはずの対象が何であるのかを明らかにすることにそれほど努力も関心も示していないという点である。彼らには自分たちの手法が世論の本質を適切にとらえているのかどうか検討するために、世論の本質について

独立の研究を進めようとする気はない。

　ここで、世論調査が測定しているものを世論と呼ぶのだ、という狭義の操作主義に立った弁明がなされるかもしれない。しかし奇妙なのはこの点である。操作的定義やその測定手段の使用によってもたらされた結果が、研究対象に関する知見になるのではなく、研究対象そのものを構成することになるのである。もはや操作は対象を研究するための手続きではなく、操作自体が本質的に研究対象を決めてしまうのだ…私が指摘しておきたいのは、狭義の操作主義はこのように、その結果が何を意味しているのかという問題の答えにはなっておらず、むしろその問いをかきたてるということである(Blumer [1948] 1953)。

　この強烈な反駁に続いて、ブルーマーは民主主義における世論の内容、形成、機能に目を向けた。彼は合理的世論の概念を巧みに概説し、世論の顕在機能とは民主主義社会の政治家に社会のさまざまな機能集団の態度に関する情報を与えることだと述べている。彼の関心は主に労働組合、企業、農業団体、民族集団といった利益集団にあった。ブルーマーはこれらの利益集団や、その政治家への圧力がなぜ「世論」と名付けうるのかについては言及していない。しかし、彼はこれらの集団が政治家の意見形成に果たす役割については明確に述べている。同時にブルーマーは、こうした集団の圧力に対して政治家がいかに注意を払うべきかということを示している。もちろんのことだが、すべての個人が同じような影響力を持つわけではない。地位と名声、高度の専門知識を持つ人々は政治にも関心が強く深く関わろうとする。そして、多くの人々に影響力を持つ。他方ではこうした資質を何も持たない人々もいる。しかし代表性サンプルに基づく調査はこうした影響力の大小に関らず、すべての人を同等に扱ってしまうのである。この議論から、世論を見極めるものとして世論調査は適切な手法ではないとブルーマーが考えていたことは明らかである。

　30年後には、ピエール・ブルデューが論文『世論など存在しない』(Bourdieu, 1979, Herbst,1992)の中で、本質的に同じ議論を進めている。シカゴで行われたア

メリカ中西部世論調査協会(MAPOR)の1991年大会で、ヨーロッパの世論概念というトピックのセッションが開かれた。そこでのいくつかの発表論文は後に『国際世論調査研究』誌に掲載された（Beniger, 1992)。これらはフーコー、ハバーマス、ブルデューの展開した世論理論を扱っていたが、全て意見形成を合理的過程としてとらえる立場に基づいたものであった。

　20世紀末になって政治学の分野で合理的選択理論が隆盛し、心理学では感情よりも認知プロセスがもてはやされるようになるに従って、世論を合理的なものと見なす発想はますます確立されたかに見える。たとえばベニジャー(1987,58-59)は、新しいパラダイムがこの線で浮上するものと見ている。「しかしながら、態度が感情と同様に認知（知識、スキーマ）に依存すると見なせるならば（おそらくは行動的先有傾向にも依存するであろうが)、認知「だけ」を変えるコミュニケーションも、感情的要素を変えるコミュニケーションと同じく態度変容に重要な役割を担うということになる。実際に世論調査では、信憑性のある情報は単なる説得的アピールよりも世論に長期的な影響を及ぼすという信頼できる研究結果も報告されている。残る今世紀の間には、この種の世論形成と変化への理解を深めるため、さらに洗練されたプロセスのパラダイムが『季刊　世論』で中心的な役割を果たすであろう。」

■世論の潜在機能：社会統制

　1970年に開催されたアメリカ世論調査協会の第２５回大会では、「世論の理論を目ざして」という題目のセッションが開かれた。その中でシカゴ大学の心理学者ブリュスター・スミスは世論研究について次のように指摘している。「個人の意見の集合がどのようにして社会的・政治的帰結をもたらすのか、世論研究はいまだにその問題に取り組んでいない」(Smith,1970,454)。

　この問題が解決されなかったのは、圧力を生じさせるものとしての世論に関心が持たれていなかったからである。世論が政府や市民に影響を及ぼすとすれば必然的に圧力を生みだしていることになるが、合理的な世論概念ではこれを説明することができなかった。合理性とは啓蒙的、刺激的で興味深いものではあるが、

27. 世論の潜在機能・顕在機能：まとめにかえて　261

ジョン・ロックが述べていたように、それは誰しもが影響を免れないような圧力にはなり得ないのである。あるいはアリストテレスが書いていたように、民衆の支持を失ってしまった王はもはや王ではないのである。また、デビッド・ヒュームはこう言っている。「政府は世論（意見）によってのみ成立する（既出）；この原理は、最も自由で民主的な政府から、最も独裁的で軍事的な政府まで全てに当てはまる」（[1741/1742] 1963, 29）。世論を社会統制の観点から見れば、その影響力は容易に説明しうる。紀元前50年に書かれたキケロの手紙には、友人のアティクスに対して、世論(publicam opinionem)のせいで間違った意見を支持してしまったと書いている。「世論」の語が最初に用いられたときにすら、この語は合理的な正しい判断を示すものではなく、むしろその反対の意味を持っていたのである。

　世論が合理的に形成されるという考え方は、分別のある議論を進め、良識的な判断ができるという知識ある市民像に基づくものである。この考え方は「政治的」生活や「政治的」論争に主眼をおいている。この考え方を用いる研究者の多くは、現実にそういった議論や判断を行うのは、知識と関心を持つごく一部の市民であることを認めている。それでもなお、「社会統制としての世論」概念は社会の「全」成員に影響するのである。孤立への恐怖を刺激する過程への参加は自発的に行われるのではないため、社会統制は孤立を恐れる個人にも、世論の支持なくしては孤立し倒れる政府にも、圧力を及ぼしうる。南アフリカの例は、今日では国際世論によって孤立させられた国は譲歩せざるを得なくなるということを示している。

　社会統制としての世論は議論の質とは無関係である。ここで決定的なのは、論争中の両陣営のうち、他方に孤立、拒否、追放といった脅威を与えうるほどまでに強いのはどちらかということである。人々が反対陣営の強さをどのように認識しているのか、それがどれほど重要であるかは、本書の冒頭でみた通りである。1965年にも1972年にもドイツ連邦選挙で生じたどたん場のなだれ現象の例がそれである。ラザスフェルトは1940年のアメリカ大統領選でよく似た現象を観察し、個人心理学の用語である勝ち馬効果——勝者側につきたがる一般的な傾向——を適用して、社会心理学的な世論解釈をしている。誰も孤立したくはないのである。

勝ち馬効果のメカニズムも沈黙の螺旋も、人間が環境の中で周囲のさまざまな立場の強さ弱さを示すシグナルを監視しているという前提に立っている。両者の違いはその動機である。さらに、沈黙の螺旋理論は徐々に変化が増していく過程を強調しているのに対し、勝ち馬効果ではどちらが優勢かという新しい情報によって突然立場を乗り換えることを示唆している。この両者は同時に起こりうるものである(Davison,1958)。

世論過程で見られる勝敗は、どちらが正しいかということとは無関係であると、多くの研究者は直観的に認識してきた。従って、どちらの逸脱行動が罰せられるべきかという点についての不承認は、ドイツの法学者イェーリングが指摘しているように「誤った論理的推論に基づく結論、代数の問題の誤答、あるいは失敗した芸術作品」への不承認と違って合理的な性質のものではない。むしろ、「コミュニティの利益を損なうものに対する意識的、または無意識的な実利的な反応として、すなわち公共的安全保障の確保を目的として」表明されるものなのである(Ihering, 1883, 242, cf.325)。言い換えれば、社会的価値に関する結束とコンセンサスの問題である。これに含まれるのは、善悪の道徳的価値あるいは美醜の美学的価値のみである。この両者だけが孤立への脅威や恐怖を引き起こすような感情的要素を持っているからである。

■ 2つの世論概念の比較

2つの異なる世論概念を比較するに当たって、両者が前提としている世論の機能がかなり異なったものであることを強調しておく必要がある。合理的過程としての世論は民主的政治参加に注目し、公衆の中での異なる立場の意見交換の重要性を強調する。政府はこうした諸意見を考慮すべきだと主張し、世論形成過程が国家や資本、マスメディアや現代技術によって操作されうるということに関心を持っている(Habermas,1962)。

社会統制としての世論は、コミュニティの価値や目標に従って社会内のコンセンサスを保つことを重視している。この概念に従えば、世論の力は個人も政府もそれを無視できないほど大きい。世論の力は社会が逸脱した人や政府に向ける

孤立への脅威と、人間の社会的天性である孤立の恐怖から生じるものである。

　人間は、自分の周囲の環境と、意見を表明するか沈黙を守るかといった他者の反応を常時監視することによって、社会とのつながりを作り出している。こうした交互作用により世論の力は共通の意識、価値、目標を付与され、その価値や目標から逸脱した者には脅威を与えることになる。逸脱者が経験する孤立への恐怖とは、集団で分かち合う経験による高揚感の派生物である。こうした反応は、人類の進化の過程で社会の凝集性を保つために生じてきたと考えられている。この仮説を支持する実証データは「経験サンプル法(experience sampling method; ESM)」によって得られている。孤立すると多くの人は抑鬱や気力の低下を示したのである(Csikszentmihalyi, 1992)。

　合理的な世論概念と社会統制としての世論概念との大きな違いの一つは、"public"の語の解釈である。世論を合理性の産物と見なす民主主義理論的な世論概念に従えば、"public"は政治的な内容のあるテーマという視点から解釈される。一方、社会統制の側からは"public"とは「公の目」(Burke,1791)、「みんなの目前で」「全ての者に見える」、coram publico (25章)として解釈されている。公の目は、政府や個人の判断を裁く法廷の役割を果たすのである。

　2つの世論概念は、"opinion"という語の解釈においても異なっている。民主主義理論的概念に従えば、意見は主に個人の見解や主張を指すが、社会統制としての世論概念はこれをさらに広い範囲に適用し、価値に関連した意見を公的に表明するもの全て、信念の直接的な表明からバッジ、旗、身振り、髪型、髭などの間接的な表現まで目に見えるシンボル、道徳的倫理的意味あいのある行動(morally loaded behavior)全てが含まれる。この世論概念は当惑の領域まで広げうる(Goffman,1956; Hallemann,1989)。この関連性は道徳的なもの(「政治的正しさ」)からタブーまで全ての規則にあてはまる。社会の凝集性が脅威にさらされないかぎりは、深刻で未解決の葛藤も、公的には発言されないものだが。

　民主主義理論的な世論概念の視点にたてば、ハーバート・ブルーマーやブルデューをはじめとするこの概念の支持者と同様、代表性サンプルに基づく調査を「世論調査」と呼ぶことに批判的にならざるを得ない。そうした調査は知識のある人

の意見のない人の意見も同じ重みで測定してしまう。これでは現実は反映されない。

社会統制としての世論の視点からは、世論は伝統的価値を強化する方向と、それを棄てて新しい価値や目標に置き換えようとする方向との葛藤の中で生じる。そこでは社会の全ての成員が世論過程に参加することになる。この過程は代表性サンプルに基づく調査で観察することが可能である。しかし大部分は、伝統的な世論調査に含まれる質問とは異なる質問が必要であろう。回答者の意見を測るための質問とともに、意見風土を測定する質問が望まれる。多数派は何を考えているのか。優勢になりつつあるのはどちらか。回答者には、こうした周囲の意見をどのように認知しているのかを尋ねるべきである。さらに孤立への脅威――どのような意見や行動様式が受け入れられないのか――、および発言するか沈黙を守るかという意見表明の意図も測定する必要がある。

この世論概念に従えば、今日の世論調査に含まれる質問の多くが「世論」を測定しているのではないと考えられる。質問は、それによって人間が孤立し得るような、価値的判断を伴う意見や行動様式に言及していなくてはならない。

1960年代中期以来、社会統制としての世論概念を復活させようとする試みはほとんど成功しなかった(Noelle,1966)。これについてはメアリー・ダグラスがその著書『制度的なるものの考え方』(1986,76)の中で次のような説明を試みている。「まず認知的一貫性の原則から、ある理論が既知のものとして公のレパートリーに永続的な場を得るには、他の理論の成り立ちを保証する手続きと緊密に結びついている必要がある」。この点で、合理性としての世論概念に問題はない。合理性としての世論概念は、民主主義の理論、流行している合理的選択理論、集合行動論、心理学の認知的モデルなどと結びつけることができる。一方、世論の社会心理学的な動的概念はこの点不利である。ダグラス（ibid, 82）が指摘しているように、「統制モデルは（社会学者には）好まれない」のである。

科学哲学の理論家は、競合する概念の質をテストする基準を開発している。例えば次のようなものである。

1．実証的に適用可能であること

2．その概念によってどのような現象が説明できるのか。それでどれほど明確化できるのか。
3．複雑さの程度、すなわち含まれる領域の広さと含まれる変数の数。
4．他の理論との両立可能性

　社会統制としての世論理論は、これらの基準のうち少なくとも3つで優れていると考えられる。まず、実証が可能である。理論の必要条件——たとえば時事的な話題、倫理的・美学的要素、マスメディアの立場——を満たせば、個人の行動（たとえば発言するか沈黙するかの傾向）や社会における意見分布を予測することは可能である(Noelle-Neumann,1991)。
　第二に、この概念には説明力がある。沈黙の螺旋理論は「もし…ならばこうなる(if-then)」という言明に帰結される。すなわち、ある種の社会的ルールの存在を確証することによって、観察可能な現象を他の現象に関連づける。世論の合理的概念を用いてしまうと、1965年に最初に観察された現象を説明することは難しくなる。それは個人の意見の安定した分布がそれとは完全に独立した意見風土の発達と投票意図のどたん場の変化を伴う現象だった（本書2〜3ページ）。さらに、合理的な世論の概念では、母集団のさまざまな下位集団（年齢、社会階層など）における意見分布の差異が、さまざまな集団が認知した意見風土（の分散/差異）（「大部分の人はどう考えているか」）よりもなぜ大きいのか説明することは難しい。最後に、ある争点について最も多くの知識を持ついわば専門家層がしばしば孤立して、世論の代表者、ジャーナリスト、社会全体が専門家と全く反対の意見を持つようになるのか、ということも合理的な世論概念では説明できない。この状況に関する実証データはスタンリー・ロスマン他の研究者によって報告されている(例えば Snyderman & Rothman,1988)。
　第三に、社会統制としての世論概念はより複雑なものである。この概念は個人レベルと社会レベルをリンクさせ、政治以外にも様々な領域と関連している。
　この概念の問題は、先に指摘したように、他の理論と両立しにくいということである。しかし、グループ・ダイナミックスの社会心理学的知見(Sherif,1936,1965;

Asch,1951,1952)や、アーヴィン・ゴフマンによる困惑やスティグマの社会心理学的理論と関連づけられるであろう。

　本稿では2つの世論概念の可能性について比較したが、これはどちらか片方を選択しなくてはいけないという意味ではない。意見の合理的な交換あるいは議論は、実証研究はほとんどないものの、明らかに世論過程において重要な役割を果たしている。倫理的意味を帯びた価値でさえも、世論として主張されるには認知的な支持を必要とするのである。

　公的場面での議論と社会統制としての世論との関連を説明するには、こう考える必要があろう。公の議論とはダイナミックな社会心理的プロセスに埋め込まれ、それを導き分節化する（明確化する）ものであるが、知的なレベルにとどまって、世論の圧力を生じさせる倫理的感情には影響しないことが多い。マートンが定義しているように、公的場面での議論の顕在機能——公に議論を示すことによって決定をもたらすこと——は意識され、意図され、承認されている。しかし、感情的なレベルでは——興奮もしておらず——人々は確信していないことも多い。従って、必要な社会的コンセンサスを維持し、作り出すほどには決定機能は強くない。社会の団結の維持という潜在機能を満たす唯一の意見とは、感情的に受け入れられ、認められる意見なのである。この観点では、公の議論が世論過程に果たす役割は全体ではなく一部分に過ぎない。

　顕在機能は見かけの機能と、また潜在機能は真の機能といえるかもしれない。マートンはホピ族の雨乞いの踊りという有名な例を用いてこれを説明している。ホピ族が干ばつの時に踊るダンスは雨乞いのためとされているが、隠れた、そして真の役割は、必要時に部族の団結を強めることにあるのである。

　社会統制という世論の潜在機能には、社会を統合しコンセンサスを維持するという目的がある。しかしそれは意図的なものでも認識されているものでもないために、誤解も多い。世論が同調圧力を生じさせるという考えについては、おそらくはいずれ知識層にも理解を得られるであろう。そうすると世論の潜在機能は顕在機能となる。つまり、社会に必要不可欠な力と考えられるようになるであろう。

本書の第一版では合理的な世論概念には言及せず、準拠集団やグループ・ダイナミックスの研究にも触れなかった。私の目的は主に、いまやっと気づくに至った社会統制としての世論の再発見による新しい見解を記述することにあった。この第二版では世論に関する重要な論客、ロバート・パークやハーバート・ブルーマー、ピエール・ブルデューらの議論を紹介してきた。さらに社会統制としての、社会心理的なダイナミックな世論概念と、公的場面での議論という民主主義理論的な世論概念との関連を明確化することをも試みた。今後は準拠集団、グループ・ダイナミックス、大衆心理学といったものと、社会統制としての世論との交互作用とを検討していく必要があろう。

資料
世論に関する文献研究：テクスト分析へのガイド

　世論についての文献研究では、次の点を検討すべきである。
1．その出版物（文献）には世論の定義が1つ以上含まれているか。それが定義集でない場合、どのような世論の定義を前提としているか。
2．その文献が同時代あるいは過去の他の著作者との間に継続性を持っているか。そうだとすればそれはたまたまそうなのか、明確に意識してそうなされているのか。その著作者は誰か。
3．明示的にせよ偶然にせよ、世論に関して引用されている古典的な著作家は誰か。
4．その文献は全体として、あるいは部分的に世論の内容を扱っているか。どんな時代のどんな争点に関する世論なのか、どういった集団や組織に支持あるいは反対されていたのか。あるいは、世論の作用の例として何らかの内容が挙げられているだけなのか。
5a．その文献は全体として、あるいは部分的に世論の作用に焦点を当てているか。また、それは社会心理的観点に基づいているのか、政治的・文化的、あるいは他の観点に基づいているのか。
5b．世論の作用について、それが中心的な問題ではないとしても、文脈の許す限り概述されているか。
6．そこで扱われている世論は、批判的で知的な価値ある判断の勢力（エリート的概念）とされているか、それとも統合や同調の圧力としての社会統制の手段（統合概念）とされているのか。
7．著者は世論を賢明なものとしているか、それとも愚かなものとして扱っているのか、あるいは賢明でも愚かにもなりうるして扱っているのか。世論にはどのような性格づけがなされているのか。それとも著者は価値判断を行っていないか。
8．世論との関連で、同調について言及されているか。同調の原因として孤立への恐怖は言及されているか。その文献は、同調に関連して「社会的恐怖（social fearあるいは同様の語）」の概念について言及があるか。
9．世論過程の要因として、個人の孤立への恐怖が特に強調されているか。
10．個人はどのようにして注意の容認あるいは否認という周囲からのシグナルを感じ取るとされているか。
11．「世論によってのみ政府は成立する」というデヴィッド・ヒュームの原則が扱われているか。あるいは「全ての政府は世論を考慮に入れなければならない」といったような、より一般的な立場を扱っているのか。
12．世論／意見風土が倫理的な意味を帯び、倫理的判断に関連しているということが明示的に指摘、あるいは少なくとも示唆されているか。
13．合理的な局面と倫理的な局面の違いについて、著者は明示的あるいは暗示的に区別しているか。この両者の関連はどのように記述されているか。倫理的局面が優勢な段階と、合理的局面が優勢な段階とが区別されているか。
14．その文献では、世論（ある特定の争点に関する、短期的なもの）と意見風土（拡散的で、長期的なもの）とが区別されているか。意見風土を具体化するものとしての世論概念を採用する可能性がその文献の根底にあるか。

15. その文献には"public"という語の議論が含まれているか。"public"の解釈は、法的、政治的あるいは心理的な（判決を下す公衆の目としての）ものか。
16. 世論の表出として挙げられているものは何か。メディアの報道内容、選挙結果、シンボル、儀礼、慣行、流行、噂、ゴシップ、行動に対する人々の反応、話し方、あるいは他のものか。
17. ジャーナリズム、メディアと世論との関連についてどのような見解が述べられているか。
    a) 報道された世論を世論に等しいものとみなしているか、あるいは両者が区別されているか。
    b) マスメディアは世論形成に大きな影響を及ぼすと考えられているか、あるいは限られた影響力しか持たないとされているか。それともそのような問題は扱われていないか。
    c) 世論に影響する他の要因が挙げられているか。それは何か。
18. その文献では世論が他の領域、たとえば法律、宗教、経済、科学、芸術・美学（ポップカルチャー）に及ぼす影響に言及しているか。
19. その文献は個人の世論認知と孤立の恐怖との区別を、家族、友人、知人、近隣の人、同僚、そして匿名の公衆において行っているか。
20. その著者が生きた時代の時代精神や、社会的・文化的背景を考慮して、世論という現象、あるいは"public"や「公衆の目」の概念に関する著者個人の見解について結論を導くことが可能か。
21. この質問項目で不足があったのはどの部分か。その文献にみられる世論や"public"の語に関する明示的もしくは暗黙の指摘の中で、この質問項目では問題があったのはどこか。

結びにかえて謝意を

　本書を通読された読者に，私は喜んで「さようなら」を言う心境にはなれない．世論と政治，世論と経済，世論と芸術，世論と宗教との関係が明らかになり，また本書で展開した世論の論理が以前にもまして世論理解の一助となり，世論の診断と予測に役立つようになったとき，再びお会いしたいものだと思っている．

　永らく私とともに寄り添ってきたものの多くは，もはや私だけに属するものではない．自分の研究主題に関して，私は公園の孤独な散歩者だと思い込みがちだった．しかし，本当は孤独などではなかった．私に手を差しのべて下さった多くの方の中でも，なかんずくアレンスバッハ研究所のヘルムトルード・シートン女史にまずお礼を申し上げたい．彼女は，秘書と科学的研究の助手という二つの仕事を同時に果してくれた．彼女がいなければ私にこの本が書けたとは思えない．

　研究所の多くの同僚も私に手を貸して下さった．契約によって受託した調査の最中にも，たとえば，列車テストのような滑稽とも思える質問や表の作成を依頼してさえ，しばしば本当に熱心に手を差しのべてくれた．私の仕事に特に関わりをもった中で，研究所の調査記録担当のヴェルナー・シュッセンと，フランス語担当でアイデアに富んだコメントをくれたゲルトルート・ヴァロンの名前を挙げておきたい．

　私は，マインツのヨハネス・グーテンベルク大学新聞研究所でも援助を受けた．ルソーに関する修士論文を書いたクリスティーヌ・ゲルバー，トックビルに関する修士論文を書いたアンジェリカ・ティッシャー・ネー・バルベン，ルターに関する重要な一節を含む論文『公衆の眼の意識』を書いたディーター・ペツウォルトに助けられた．またシカゴ大学では，マキャベリに関するフランク・ルスキアーノの修士論文が役に立った．

パリ第5大学のジャン・ストッツェル教授にもお礼を申し上げたい．彼は非出版物である世論の講義用ノートを貸して下さり，またルソーの世論概念に関する論文を書いていた博士号取得候補者コレット・ガノショーに紹介して下さった．

　また，マインツでの同僚ハンス・マシアス・ケップリンガーにも感謝したい．彼は私の論題を冷静に論じ，いつも刺激を与えてくれた．さらにイモゲン・セガークールボーンにも謝意を表したい．彼女は各章の手書きの原稿を一章一章読んでくれたただ一人の人間であり，その鋭いコメントは私にとって大変貴重なものだった．彼女は自分の社会科学の研究の傍らで，私が世論に関心を傾けていることを長きにわたって念頭におき，何度もこの問題に関してコメントしてくれた．こう書きだすと，ほかにも資料の出所について指摘してくれた多数の同僚，友人にも思いが至る．みんなに感謝したい．

　最後に，イモゲンのノートはしばしば短いものだったが，資料についての言及は詳細なものだった．たとえば23歳だった，かのヘンリー・デビッド・ソローが自分の携わった雑誌上にこう書いていると彼女は指摘してくれた．「法を犯すことはいつでもたやすいことだ．しかし，まわりに人のいない砂漠の民ベドウィンにさえ，世論に抗するのはおよそ不可能である」(1840)．

　1979年から1980年にかけて

E. N. N.

第二版の結びとして

　本書第二版で加えられた箇所の英訳については、アレンスバッハ世論研究所英語部門のスタッフであるマリア・マルツァールとパティ・マクガーティに感謝したい。翻訳の改訂に当たっては、1991年夏に同研究所に在籍していたマシュウ・リーヴィ（ハーヴァード大学）にお世話になった。また、ジェイミー・カルヴェンは私の原稿を推敲し、ドイツ語的な癖を訂正して下さった。そしてシカゴ大学の心理学科教授ミハイル・チクゼントミハイは研究と著作に忙しい中、貴重な時間を割いて、初版のときと同様に翻訳とドイツ語の原書とを読み比べてチェックして下さった。25章から27章までの執筆では、エーリッヒ・ランプとアンネ・ニーダーマン（旧姓ジャッケル）が賢明で忍耐強く仕事をこなしてくれた。最後になるが、長年私の助手をつとめてくれているヘルムトルート・シートンに謝意を表したい。私がアレンスバッハ研究所とマインツ大学での仕事をしながらこの第2版を書き上げることができたのも、彼女のおかげである。

　もちろん、われわれは今なお研究を続けている。最新の研究成果を少し報告しておこう。

　それほど前のことではないが、マインツ大学のゼミで驚くべき発見をした。サー・ウィリアム・テンプル（1628-99）が世論について言及していたのである(Frentiu,1990)。テンプルはちょうどモンテーニュが1世紀前にそうであったように、政治や外交に携わった後、領地の図書館に隠遁して哲学の文献研究を進めていた。40歳ほども年下であったジョナサン・スウィフトに感銘を受けたテンプルは、この22歳の若者を秘書として雇った。彼らの共同研究は20年にわたり、スウィフトは4巻からなるテンプルの著作集を出版することとなった。

　サー・ウィリアム・テンプルはデヴィッド・ヒュームより50年前にヒュームの主題を発見していた。テンプルによれば、権威や民衆の信頼を失った政府は崩壊

したも同然なのである。また、マディソンより100年も前にあたるテンプルの著作には、沈黙の螺旋の中心的な主張と同じ指摘が見られる。人間は「自分がほとんど何も知らず、他者は既得権を護ろうとするだけだと考えるときには、新しい意見をとりいれようとはしないものだ」(Temple［1672］1964, 58-59)。

かつてある学生に、私が自分の考えの歴史的起源を探すことばかりに熱心で、研究をおろそかにしている、とやんわりとたしなめられたことがある。私が他の著作家を引用することに科学者としてこんなにも熱意を傾けている理由は、全く別の世界、別の時間の中で出会った著作家たちは全て真実を探す同志と思えるからである。ザビーネ・マテスをはじめとする大学院生に感謝するのも同じ理由である。原発問題を題材にマスメディアと世論との関連を熱心に研究して明らかになったのは、時間的な位置づけが異なると世論過程に異なる要素が含まれることである。つまり、メディアの論調の流れ、そしてその変化は意見風土の認知の変化に先だって現れる。そして意見風土の認知の変化は個人の態度変容を招くのである。意見表明の積極さという行動は、意見風土の認知に影響されるが、反対に、螺旋過程が始まるフィードバックの過程では意見風土にも影響するようになるのである。

ハンス・ゼターバーグが、プラトンの『ピタゴラス』への興味を呼び起こしてくれたのも、天が授けてくれた幸運であった。神話を論じたこの対話篇で、ゼウスは、全ての民に異なる才能が分け与えられる——たとえば、ある者には工芸の、ある者には音楽の、またある者には癒しの才能といったように——と宣言した。最後にヘルメスが分け与えられることを命じられたのは、政治的才能、判断力(dike)と恥の感覚(aidos)であった。ヘルメスは尋ねた、「これらを他の才能と同じように分け与えましょうか、それとも全ての民に与えるべきでしょうか」「全ての民に」とゼウスは答えた。「これらは全ての民が分かち合うべきものである。他の才能のように、一部の者しかこれらを持たないとなると、都市は興隆しないのだから」。

「アイドスというのは…難しい概念である」と『ピタゴラス』の英語版編者は述べている。「共同体の成員がそれを守らないのであれば、行動の規約で同意して

も無意味である。そういった因習が力を持つ一つの方法は、世論によるものである。共同体の成員は他の成員からどう思われているか、非常に気にするものだ。アイドスというのは、われわれを社会の因習に従わせる、世間の非難への恐怖を表しているのである(Hubbard & Karnofsky,1982,96)。これはプロタゴラスの次のような疑問への答えになるであろう。「仮にも国家というものが存在するのだとしたら、全市民が分かち合うべきものはないのだろうか？」

◆原注

(*) 西ドイツの大政党のうち,キリスト教民主同盟は保守政党であり,キリスト教社会同盟はバーバリア地方におけるその兄弟政党である.またドイツ社会民主党は左派を代表する政党であり,自由民主党(あるいはリベラル派)は二大政党に比べて中道派である.

(1) Tocqueville 1952, 207 (英語版 1955, 155). 但し部分的に筆者 (Noelle-Neumann) 訳による.

(2) アレンスバッハ調査記録 3010, 3006, 3011

(3) Tocqueville 1952, 207 (英語版 1955, 155). 但し,筆者が部分的に英訳した.

(4) その後の研究との関連については,Eckstein (1966) を参照のこと.

(5) アレンスバッハ調査記録 3037

(6) 第一版では本文であったが後に脚注となった(傍点ノエル-ノイマン).

(7) ロックが公衆の判断の正の側面だけでなく,負の側面をも考察していたことは,彼の『教育に関する考察』に示されている (1824, 8: 1-210).

(8) ケルン大学のエルンスト・ヴォラース教授は,この点に関して何度も手紙を交換して刺激的なコメントをして下さった.記して感謝する.

(9) 1969年レイク・ジョージで開催されたアメリカ世論調査協会第24回年次大会でのレオ・レスピの口頭報告による.

(10) さらし台の罰に関する詳細な紹介は次の文献を見よ:Nagler, 1970; Bader-Weiss & Bader 1935; Hentig 1954-55.

(11) Fehr, *Folter und Strafe im alten Bern,* 198 (Bader-Weiss & Bader (1935, ·130) による引用).

(12) Brian Stross, "Gossip in Ethnography", *Reviews in Anthropology,* 1978, 181-88; Stross discusses Haviland 1977

(13) Allensbach Archives, survey 1299 (August 1979); N =843

(14) Allensbach Archives, survey 3062 (November/December 1978); N =2033. 四つの法改正の内容は次の通り.マイスター制度における職業訓練の改善,1979年の税改正,大会社における従業員と投資家の対等な意思決定への参加,離婚法改正(相手の行為の善悪を問題にするより,性格や意見,生活時間などの不一致を問題にする改正である).

(15) ここで用いるルターとミュンツァーに関する引用はペトツォルト (1979) からのものである.

(16) デュルメンに関するマルティン・ブレヒトの紹介も参照のこと(フランクフルター・アルゲマイネ紙1977年8月3日21面).

(17) 本書のドイツ語版ではドイツ政界における同種の例を紹介している.

(18) その正しさは,Sturm ら (1972, 42-44) によって証明されている.

(19) McCombs & Shaw 1972; Funkhouser 1973; McLeod et al. 1974; Beniger 1978; Kepplinger & Roth 1979; Kepplinger & Hachenberg 1979; Kepplinger

1980b

(20) アレンスバッハ調査記録　2137(1976年1月)，2196(1977年2月)．「このリスト(18項目)をごらん下さい。この中で，今のドイツで権力を持ち過ぎているのは誰でしょう」と尋ねると，両調査とも「テレビ」が第3位を占め，それぞれ31%，29%の人に挙げられた。「新聞」はそれぞれ21%（9位），22%（10位）だった．

(21) この研究は，アレンスバッハ調査研究所と，マインツ大学新聞研究所との緊密な協同作業によって可能となった．

(22) Hans Mathias Kepplinger, 1987, *Darstellungseffekte. Experimentelle Untersuchungen zur Wirkung von Pressefotos und Fernsehfilmen*. Freiburg and Munich: Karl Alber. Hans Mathias Kepplinger, 1989, "Nonverbale Kommunikation: Darstellungseffekte." *Fischer Lexikon Publizistik - Massenkommunikation*, ed, by Elisabeth Noelle-Neumann, Winfried Schulz and Jürgen Wilke. Frankfurt am Main: Fischer Taschenbuch Verlag, pp. 241-255.

(23) Michael Ostertag, 1986, Nonverbales Verhalten im Fernsehinterview. Entwicklung eines Instruments zur Erfassung und Bewertung nichtsprachlicher Äuβerungen von Politikern und Journalisten. Master's thesis. Mainz: Johannes Gutenberg-Universität.

(24) Philipp Lersch, 1951, *Gesicht und Seele. Grundlinien einer mimischen Diagnostik*. Munich and Basel: Reinhardt.

(25) Samy Molcho, 1983, *Körpersprache*. Munich: Mosaik-Verlag.

(26) Siegfried Frey, H.-P. Hirsbrunner, J. Pool and W. Daw, 1981, "Das Berner System zur Untersuchung nonverbaler Interaktion" in Peter Winkler (Ed.), *Methoden der Analyse von Face-to-Face-Situationen*. Stuttgart: Metzler.

(27) Michael Ostertag, 1986, op. cit., p. 72 f.

(28) ibid, p. 121

(29) ibid, p. 126

(30) Merton 1968; Fields & Schuman 1976; O'Gorman & Garry 1976; Taylor & Katz 1981

(31) Noelle-Neumann Elisabeth, 1977: Der doppelre Meinungsklima. Der Einfluβ des Fernsehens im Wahlkampf 1976. Politische Vierteljahresschrift, 18. Jg, Heft 2-3, S-408-451; wiederabgedruckt in: Elisabeth Noelle-Neumann, 1980: Wahlenscheidung in der Fernsehdemokratie Freiburg/Würzburg:Ploetz S, 77-115

(32) Neumann & Noelle 1961，44-45；またアレンスバッハ研究所(1952)「Die Stimmung im Bundesgebiet」（図）も見よ．

(33) ラテン語訳聖書，イザヤ書66：6（ラテン語訳は4世紀のヒエロニムスによる）．英訳はキング・ジェームズ版．

(34) 質問紙はAppendixに再録．

(35) マキャベリとエラスムスの文章は、1312b18020; 1313a14-16; 1314a38-40; 1314b1 4-

19; 1314b38-39を参照。
(36) Geldner (1930)を参照。エラスムスがマキャベリの著作を知っていたかどうかについては、Renaudet1954,178; Weiland et al. 1988, 71を参照。
(37) Richelieu［1688］1947, 220, 236ff., 373-74, 450.「世界の公衆(world public)」という概念は、「世間の評判」(p.104) あるいは「世間一般の意見」(p.112) ということばから思いついた。Albertini, 1951, 1:185も参照。
(38) 本文136ページ参照。Noelle-Neumann 1981, 883-88も参照のこと。
(39) この風刺画を紹介してくれたアレンスバッハ研究所のDieter Reigberに感謝する。
(40) Allensbach Archives, IfD Survey 4005, question 21, February 1982.
(41) Allensbach Archives, IfD Survey 5013, question 20B, November 1988.
(42) Allensbach Archives, IfD Survey 5016, question 38, February1989.
(43) 1930年代、この分野の初期の研究例として、Moreno［1934］,1953; Lewin［1935-1946］,1948; Sherif［1936］,1965.
(44) Allensbach Archives, IfD Survey 4031, August 1983.
(45) Allensbach Archives, IfD Survey 5021, June 1989.
(46) Noelle-Neumann 1989b; Katz 1981,28-38
(47) 本書105～106ページ参照。Tönnies, 1922, 138も参照のこと。
(48) 本章の執筆に際して貴重な助言を下さったWolfgang DonsbachとW.P.Davisonに感謝する。
(49) 例としてInternational Encyclopedia of the Social Sciences, 1968, vol.13, 192; International Journal Encyclopedia of Communications 1989, vol.3, 387; Staatslexikon Recht, Wirtschaft, Gesellschaft 1988, vol.4, 98; Cf., Bucher 1887, 77; Bauer 1930, 234f

◆訳注
(1) 西ドイツでは，各党への議席配分はほぼ比例代表で決まる．したがって，得票率の予想は議席数の予想につながる．これは統一後のドイツでも同じである．
(2) 1966年末のキージンガー・ブラント連立政権が掲げ，ブラントが主導した東欧接近政策である．曲折を経ながらも東欧との国交正常化や通商協定の締結などを果たし，1972年の東西ドイツ間基本条約の仮調印(総選挙勝利後に本調印)，東西ドイツの国連加盟，73年のブレジネフ・ソ連共産党書記長の西独訪問をもってほぼ完結した．
(3) 母集団（本書では西ドイツ国民全体であることが多い）と同じ構成のサンプルを調査できるよう，ランダムサンプリングという統計手法によって抽出した調査対象者の集合を代表性サンプルという．
(4) 投票意図の変化→全体の意見分布変化の認知，という因果関係を単純には想定できないはずである．ここでは，同種の単純集計データでありながら，「どたん場のなだれ現象」の場合とは因果の方向が逆の解釈を提示しており，解釈のあり方に問題を残すものと思われる．あくまで解釈仮説として受け止めたい．

(5) 沈黙の螺旋仮説では一次集団はあまり問題にならないことを述べているが，この点は，マスコミュニケーション研究や投票行動研究で一次集団を重視してきた文脈との関連で，常に論争の的となる問題点である．
(6) 政治的な発言をしない大多数の市民を指す．
(7) 1970年代に先進工業国に共通の政治的傾向の一つの表れとして，左寄り傾向から右寄り傾向（保守化傾向）が強まったが，この政治的潮流の転回を指すドイツ語のジャーナリズム用語がTendenzwendeである．
(8) ノエル-ノイマン女史は，家族などの一次集団と沈黙の螺旋現象との関連については否定的でありながら，デモグラフィックな属性と呼ばれる社会的カテゴリーについては，その影響力をここで認めているように思われる．それが社会心理学でいう準拠集団的な発想とどれだけ関連しているかは，今後検討の必要な点である．第2版ではそれに関する考察が26章に表われる．予想された通りである．
(9) 分析の単位が個人ではなく，グロスあるいはアグリゲート・レベルのものであることに注意が必要である．ノエル-ノイマン女史の提出するデータでしばしば問題になる点である．
(10) 面接調査では通常，回答のリスト（選択肢）を記したカードを調査票とは別に持ち歩き，面接の際には回答者にそれを提示して答えてもらう形式をとる．
(11) バンデューラは著名な「社会的学習理論」の提唱者．その模倣の位置づけは彼の学習理論の中にあり，ノエル-ノイマン女史のいうように孤立への恐怖を無視したというのは当たらない．包括的には模倣現象を論じきっていない，あるいは学習理論の研究者に「模倣」概念の全体像を執筆するように依頼したのがふさわしくなかったとはいえるかもしれないが．
(12) 集団凝集性とは社会心理学用語で，当の集団にその成員を引きつけておくべく彼に対して働く集団の力や魅力の程度を指す．それは，集団全体のまとまりのよさや集団に対する成員の一体感情という形で現れる．
(13) サンプル全体として（アグリゲートに）正確な反応をしていることと，一人一人の個人が正確な反応をしていることとは別であり，この点で心理的なモデル，あるいは論点としては割り切れなさを感ずる．理論を心理学的なモデルにまで持ち込むのなら，確率モデルあるいは閾値モデルを考える必要が出てくる．それを調査手法上の問題としてみるのなら，「どちらの政党が勝つか」という質問に対する選択肢は，①A党，②B党……という形ではなく，「A党が勝つ確率は〜％」という形式性を備えるべきである．この点で，ノエル-ノイマン女史の調査データとその理論とは切り離して考えるべきだという議論も成り立つ．
(14) 原書にあった表11に関する説明文は著者と相談の上，削除した（今後に続く各国語版にも同じ修正が加えられる予定である）．本文の論旨は変わらない．
(15) 西ドイツの共産党は，1956年に政治活動を禁止されている．
(16) "public"の訳語について，ここで読者の注意を喚起することが適当と思われる．"public opinion"との関連で考えるとき，"public"の訳語は二通り可能である．一つは「公共

的」という訳であり，いま一つは「公的」という訳である．本文からも推察されるように，「公共的」とは公に共有されたという意味を持っている．また「公的」とは，単に公の場で可視的だ（次節の「公の目」という言葉に典型的に表現される），という意味を持っている．したがって，後者の点から"public"を論じている場合には，「公的（な）」，「公の」という訳を，前者の場合には主として「公共的（な）」という訳を当てはめた．

現代では「世論」として通常観念されているのは（たとえばハバーマス），前者，すなわち「公共的意見」であるが，ノエル-ノイマン女史が本書を通じて強調しようとしているのは「公的意見」としての「世論」が，それが「公的」であることによって，それ独得の社会心理的なプロセスをたどり，いつのまにか「公共性」を獲得していくように人々が認知する，あるいは「公共的な意見」に転化していくように人々が認知することである（特に本書20章以降）．だから女史は，英仏語の「共有感覚」としての「意見」をも重視したのである．この独得の社会心理プロセスこそが，沈黙の螺旋現象と関連している．ただし，女史自身がこの区別をどこまで意識しているか，あるいは峻別しているかについては，曖昧な点も多い．だからここで訳者が述べているのは，あくまで女史の理論に対する訳者なりの解釈である．

(17) これが「公的意見」としての世論である．
(18) 過激主義者訓令は1972年1月，ブラント首相が，政治的急進団体所属の人物の公職排除の問題に関して，連邦各州の間で統一性を保とうとして打ち出したものである．
(19) これは「公共的意見」として固まった世論を指しているように思われる．
(20) コーヒーハウスは17世紀中ごろにでき始め，コーヒーを求めて人々が集まるだけではなく，政治・経済・文化に関する議論の場，あるいは話題の交換の場として当時の社会に大きな影響を与えた．そこにはおよそ一世紀にわたってさまざまな階層の人間が集まり，店の数も18世紀始めの最盛期にはロンドンだけで2,000軒あったといわれている．ジャーナリズムの発生とも関連が深く，新聞はここで回し読みされ，議論されることによって発達した．
(21) この時代はフランス絶対王政の全盛期に当たる．
(22) この「公共化」はpublicityの訳語である．訳者はここに「公共」という語を部分的に含めて用いたが，これはpublicityが「公共的にすること」，すなわち「公的かつ共有されるようになること」を必ずしも意味しない．「公的にすること」だけを意味する場合もある（「公的」と「公共的」の区別については，訳注16参照）．ルソーに関する論述では後者の方が用いられている．ただし「公的にすること」自体が，「公共的にする」ことを結果として高い確率で含意するために，しばしば本書の中でも両者が区別されずに用いられる．また一般に「公共化」の語が「公的にすること」の意で用いられることがあるため，ここでの訳はそのまま「公共化」とした．しかしはっきりと「公的にすること」のニュアンスが強く，言葉としてもなじみやすい文脈であれば，「公表」または「公開」という訳を当てはめた場合も以下にある．
(23) フランスの元帥法廷は，決闘の慣習をなくすよう，1651年に設立された．それは決

闘の原因となる名誉に関する問題についての最高裁判所であり，フランス大革命まで存続した．

(24) 「集合体」とは，社会形態の中で，互いに直接的な相互作用を持たない人々の集まりを一般に指すが，本書の文脈では，個人の属する社会そのものを指すものと考えられる．社会の中の個々人もまた，自分やそのまわり以外の大部分の成員と互いに直接的な相互作用を持たないという点で，社会そのものが一般的な意味での「集合体」ともみなせることを念頭においておきたい．

(25) 紀元前400年頃を境に古代ギリシアでは音楽の様式が大きく変化した．前400年はソクラテスが毒杯をあおる前年であり，このときプラトンは20代後半であった．

(26) しばしば「多元的無知」という訳語が当てはめられているが，本訳者はその訳を不適切と考えた．何が「多元的」なのか直観的に見えてこないからである．

(27) 日本語の翻訳は1987年に掛川トミ子訳で岩波文庫から出された．

(28) 認知された二つの事柄が矛盾していたり，両立していないと認知される際に生ずる，心理的な葛藤をいう．

(29) 人間が複雑な現実の認知を単純化したがる欲求を有することを指す．

(30) 1940年代半ばからおよそ30年間マスコミュニケーション研究の支配的な仮説であったマスメディアの「限定効果仮説」，すなわちマスメディアの影響力は受け手の周囲の社会関係という変数・受け手自身の心理変数によって大きく減殺されるとする仮説，を指している．この仮説に対し，最初の大きな打撃を与えた一人がノエル-ノイマン女史自身であった．

(31) 23章参照のこと．

(32) パネルサンプルでは何回か調査を重ねるので，サンプル数が減少する．その減少の様態は，社会階層や社会的属性によって一様とは限らない．たとえば男性や若年層は自宅にいないことが多いので，何度もパネル調査を繰り返すとサンプルから落ちていく可能性が特に高くなる．それによるずれをチェックするために，通常の代表性サンプル調査も並行して行なったものと思われる．

(33) 二段階のコミュニケーションの流れ仮説は，マスメディアの限定効果仮説の中でも代表的なものである．ラザスフェルドによって提出された(1944)．マスメディアの効果は直接個々の人々に届くのではなく，集団のオピニオンリーダーが間を媒介し，当の集団にとって有用なものは個々の人々に説得的な情報として伝えるとする仮説．マスメディア→オピニオンリーダー（第一段）→個々の集団メンバー（第二段）というコミュニケーションの流れが想定される．今日でも新しいパソコンを購入するとき，マスメディアの情報よりは詳しい友人の意見に頼るのは，この仮説が通用しうる条件が現存することを示している．

◆訳者解題

　本書を著わしたエリザベート・ノエル＝ノイマンのキャリアは、時折本文中にも顔を見せていた通り、2重の側面を持っていた。その1つは、西ドイツ・マインツのグーテンベルク大学（通称マインツ大学）の新聞研究所で20年あまり教鞭をとっていたことにもあらわれている通り、学者としての側面である。一方で彼女は、西ドイツで最大級の世論調査機関・アレンスバッハ世論調査研究所の設立者であり、またその主宰者として現在にいたるまで50年近くの長きにわたって指揮をふるっていた、という実務家としての側面も持っている。この長年の世論調査活動・研究活動によって、彼女は1979年度から1980年度にかけて世界世論調査協会の会長もつとめた。

　この両者の側面があって初めて、本書は成立した。実務家としての側面を持ち、世論調査に精通し、しかも自らの仮説を検討する質問項目を自由に調査に乗せる機会に恵まれていなかったなら、西ドイツ世論史の側面すら見せる本書の多くの貴重なデータは得ることができなかったであろう。また一方、学者としての側面によって、絶えず世論の動向の心理学的な意味に敏感であり続けたことが、「世論」概念成立の由来を求めての過去への探求を動機づけ、また「沈黙の螺旋」仮説を成立させる原動力となったものと思われる。この2つの側面が合流したことによって、本書は豊かな内容にあふれることになった。

　本書初版が原著 *Die Schweigespirale : Öffentliche Meinung—unsere soziale Haut* (1980, R. Piper & Co. Verlag, München)からの英訳版である *The Spiral of Silence: Public Opinion—Our Social Skin* (1984, The University of Chicago Press)からの訳であることは、既に「序」の部分にみるとおりである。日本語訳と時を前後して出版された各国語初版も、多くはこの英訳版からの翻訳である。英訳自体著者自身が関与して成ったことが「序」に見えているように、これは英訳版を「国際標準版」としたいとする彼女の意向を反映したものである。訳文は英文のハードカバー第1版(1984)に従ったが、いくつかの表でペーパーバック版（1986、出版社は同じ）の修正に従った。さらに疑義のあった部分については、彼女に直接問い合わせ、修正してもらった箇所がある。また第2版(1993)を訳出するにあたって、

第2版以後の修正箇所を著書から連絡を受けて文中に組み込んだ。このため日本語第2版は各国語版に先駆けて最も充実したものとなった。

I

さて、本書の成立を促した学問的な経緯は、世論研究そのものよりも戦後のマスコミュニケーション研究史と多く対応する。

マスメディア研究の初期に優勢であった「強力効果論」に代わり、1940年代から20年以上にわたってマスコミュニケーション研究を支配していた理論は、「限定効果論」と呼ばれる。それは、「マスメディアがその受け手に対して与える影響力は一見強力に見えるものの、実は弱いものに過ぎない。何らかの社会的な判断を行なう際にも、例えば、争点に関してなんらかの意見を持ったり、選挙に際して特定の候補を意中の候補とする際にも、人々はマスメディアからの情報を自分なりに積極的に解釈し、また自分のまわりの人々の意見に大きく左右されながら判断するのであって、マスメディアの役割はせいぜい彼らが既に有している意見を補強するにとどまる」とする主張であった。常識的なマスメディア観と矛盾するかにみえるこの主張は、1940年代のアメリカ大統領選挙に関するラザースフェルドらの詳細な調査やマスメディアの「利用と満足」研究といった実証的な裏付けを持っており、その後の多数の追加調査によっても追認されて、以後のマスコミュニケーション研究の理論的な柱となった。

しかし1970年代になると、この支配的理論に挑戦する理論が現れた。その唱道者の一人がノエル＝ノイマンその人であった。彼女は、1972年夏に東京で開催された国際心理学会において、および翌年のＮＨＫの海外向け研究雑誌 *Studies of Broadcasting* 上の "Return to the Powerful Concept of Mass Media" という論文上において、力強い問題提起を行なった。彼女の主張は、「マスメディアが我々を取り巻く社会環境に関する情報の提供を一手に引き受け、また多数のチャンネルを通じてほとんど同様の内容を報道し、日々これを累積し続けるならば、それが人々の意見形成、ひいては世論の形成に影響を及ぼさないはずはない」とするもので、それを世論調査およびマスメディアの内容分析という実証的方法によって明らかに

しようとしたのである。この問題意識はその後の研究にも一貫して流れ、1984年に初版出版の本書『世論形成過程の社会心理学——沈黙の螺旋理論』はその総決算とでもいうべき内容となった。社会の中の個々人が「自分の持つ意見が果たして世間の『多数意見』と同じ意見なのかどうか」と気をもみ、自分だけが孤立することを恐れ、自分の意見に対する世間の反応、または世間から予想される反応を強く意識することが、世論形成に極めて大きな役割を果たすことを力説し、またマスメディアが何よりこうした世間の「意見風土」認知の点に関連して大きな影響を及ぼす、と彼女は論じたのである。

　この説は、こうしたマスメディアの「強力効果」仮説復活の認知論的アプローチの1つとして登場したものでありながら、さらに「多数意見の考慮」という変数を組み込むことによって、それをはみ出していく側面も合わせ持っている。すなわち、社会システムの状態の認知＝マクロな状態の認知をマイクロレベルの個人の判断や行動にどう組み込むか、という点で社会心理学的な問題提起を行なうものでもあった（このため訳書の題名に「社会心理学」の語を入れた）。

II

　本書は「理論は評価するが文章はわかりにくい」と書評されるほど(Ferree, 1985)、ある意味で読みにくい側面も持っているので、次にそのあらましを簡単に再録したい。それは概ね4つの部分で構成されていた。

　本書のはじめの部分は、「沈黙の螺旋」現象の説明に当てられていた。著者がこの現象に気づいたきっかけは、1965年の西ドイツ総選挙であった。ここで彼女は、「他の大多数の人はどう考えるか」あるいは「世論のムードをどう見るか」ということが、選挙戦終盤における支持の「なだれ現象」に影響するのではないか、という仮説を立てた。すなわち公的な場面で、自分の支持する意見が支配的な意見だ、あるいは支持が増大中の意見だと感じている意見の主張者は、それを口に出してまわりの人々の支持を得たがるのに対し、少数派だと感じている人々は、公の立場では沈黙を保ちたがることになる。こうして「知覚された多数派」の「声」が増大する結果、意見の事実上の分布、また「意見の風土」についての印象は、ます

ます支配的な意見、増大中の意見を多く見積る方向へと歪められることになる。このことがさらに多数派の声の増大と、少数派の沈黙を促す。こうして多数派意見支持の方向への「沈黙の螺旋」現象が生じ、ついには支持の「なだれ現象」を引き起こすことになるのである。

　この仮説を証明するために、彼女は過去の事例や世論調査の結果を積み重ね、世論の見えない圧力の存在を明らかにしていった。たとえば、長距離列車の中で隣合わせた人が、西ドイツの対東独政策に関して自分と反対の意見を主張する場面を仮想させ、この時、あなたも自分の意見を主張するか、と尋ねるなど、「公の状況」つまり「匿名の他者の目にさらされている状況」に見立てられる場面で自分の「声」を上げるのはどのような条件かを調査によって確定しようとした。

　ところで、ここで問題となっていた「世論」(public opinion)とは一体何であろうか。自らが属する国や地方自治体の政策決定に関して、自由に、かつ公然と表明された意見を指すだけであろうか。彼女の定義はもっと広い。彼女は、世論の1つの定義として「論争的な問題に関する意見であって、自らを孤立させることなく、公に表明できる意見である」と定義する（訳者はこのpublic opinionを「公的意見」と訳す）。「公の目」を意識しながら、しかも「自らを孤立させることなく、公に表明で・き・る・」という点が重要なのである。また第2に、「孤立したくなければ口にして表明したり、行動として採用し・な・け・れ・ば・な・ら・な・い・意見」を、伝統や道徳、なかんずく規範の領域における世論であると論ずる（これを「公共的意見」と訳す）。

　こうした定義が当てはまるのは、今世紀の世論概念がそう規定するような政治的な意見だけには限られない。公に観察できる立場や行動について賛成や反対が問題になる場合には全て世論が存在しうる。しつけにしてしかり、ファッションといった流行にしてしかりである。どれも公然とあるいは公の場で、自分の意見なり立場なりを主張「できる」かどうか、主張「しなければならない」かどうか、という社会心理的な側面をもつからである。また、ことを政治的な事象に限ってみても、世論というのは政府に対して働くだけの影響力ではないのである。世論をおよぼす当・の・個・人・に対してもはねかえる「公の目」の持つ影響力なのであり、現代の世論理論では、これを看過したことが世論のプロセスをダイナミックにと

らえることをむつかしくしたと論じられる。こうして世論が、意見を表明するかしないかの決断のプロセスでもあるという、きわめて社会心理的な側面が強調される。

さて、この定義の基礎となるものを検討してみると、次の３つの点に注意すべきことがわかる。①世論が強まっているかそうでないかにが気づく直感的な統計能力を人々が持っていること、②その実感に対して人々が何らかの形で反応すること、③多くの人々が他者の意見に注意しようとしたがり、自分の意見が孤立することへの恐怖感をもっていること、つまり、人は世論の持つ制裁力に配慮しようとする傾向のあること、この３点である。こうした直感的な統計能力という認知的な要因と、それに基づく多数派への配慮という社会心理的な要因こそが、沈黙の螺旋を生ぜしめる原動力となるのである。

以上の論述に続く本書の中盤部分では、ロック、ルソー、トックヴィルらによる思想史上の名著の中に世論概念の原義が探し求められる。そして、これらの著作に連綿とみられる、公の場面での孤立の恐怖を中心とした社会心理的な世論観は、今世紀初めロスの社会統制理論によって崩れさり、この時点で初めて「政治に関する公共的な意見」という狭い意味での「世論」概念が形成されたと指摘される。こうした20世紀の世論概念は、しばしば合理的な討論や議論に基づくと想定されるが、著者はそれに疑問を呈し続け、数章にわたって動物行動学、文化人類学や群衆心理学の知見を検討して、新しい世論概念が十分に視野に入れてこなかった社会心理的な「孤立への恐怖」の重要性を説くのである。

本書の第３コーナー部分（初版の終盤部分）はこの展開を受けて、世論とマスメディアとの関連に焦点が当てられる。著者はたとえば、リップマンの擬似環境論を論じ、世論が争点形成機能を持つことに論述を進める。現代におけるマスメディアの議題設定機能概念は、この議論と対応するものであった。

こうした議論を通じて、「世論」の認知には、①自分の直接観察、すなわち人々自身の直接的な観察に基づく世論の認知と、②テレビなどのマスメディアを通して認知した世論、という２つの源泉があるという結論が得られる。後者において、マスメディアが世論形成に影響を及ぼしうるのは、それが単に環境に関する情報

の提供にとどまらず、人々の一定の反応、つまり社会的行動への圧力となる点においてである。それは、マスメディアによる「多数意見」の報道が単なる事実の伝達ではなくて、少数意見を沈黙させ、多数派に力をかすという、沈黙の螺旋を進行させる影響力を含んでいることによって果たされる。すなわち、マスメディアは「世論」についてのいかなる情報を「公共化する」かを判断するが、この「公共化」自体が世論の分布や動向に関する認知に影響し、これが特定の意見の方向への同調圧力を生み出すために、まさにそのことによって世論を創り出す力を有するのである。

　初版の締めくくりの章24章では、世論の形成や変容を論ずるには、人々の内的な心的プロセスに働きかける社会心理的な圧力をさらに詳しく分析し、検討する必要のあることが強調される。原著の副題にある『世論は我々の社会的な皮膚である(Public opinion—Our social skin)』ということばは、この点に言及しているのであった。つまり、人間は社会的動物であるから、同調への圧力を全てはねかえせるものではない。世論はその圧力と我々との間の境界を形成する皮膚のようなものである。我々はこの皮膚を通して社会と分かちがたく結びつき、その感受性を通して社会の空気を呼吸しているのである。しかも世論は、皮膚のように一つの容れものとして社会を統合し、それを解体から守り、我々を互いに結び合わせている。この意味で、世論は二重に我々の「社会的な皮膚」なのである。またこれこそが世論に特有のダイナミクスを形作っていたのである。

　さて、第2版では初版最終章を受けた上で、その後の新たな知見と調査方法、理論的な考察が3つの章にわたって展開されており、これらが改めて本書のファイナル・パートを構成する。

　世論にかかわる古典は、初版当時判明していた以上に広範で、かつ人類の歴史の中に脈打っていることが25章で生き生きと描かれる。古くはギリシャ古典や旧約聖書にまでその記述は遡るのである。

　第26章は、いかにして世論調査という文脈の中で沈黙の螺旋を測定するのか、その後の発展を交えた議論が展開される。データによる実証に対して強い関心を持つ社会心理学に慣れ親しんだ人には実に興味をそそられる章である。

世論の潜在機能・顕在機能と題された新しい最終章は社会学者マートンの著名な2つの機能論を援用しながら、世論の潜在機能の側面、すなわち孤立への恐怖がもたらす側面を強調し、顕在機能の側面と併せながら世論の全体像を引き出していこうという方向性を示している。それは9章末で「世論」と「社会統制」の概念的分離の問題を指摘した部分にみごとに対応する。世論概念がダイナミズムを失ったのは、孤立への恐怖の側面を「社会統制」概念として分離したためであったが、今や「社会統制」は世論の潜在機能として再び総合的に概念化されることとなった。世論の全体像をとらえる機会が再び巡ってきたのである。

III

ノエル＝ノイマン自身が1985年の論文で振り返って述べているように、本書はモデルの提示を試みたもの、すなわち問題の提起であり、古い問題を解決する以上に多くの新しい問題を提示したものとなっている。このため、本書は世論理論に関する、またコミュニケーション理論に関するポレミックな書物になっている。そこで以下では本書のはらむ問題性を概観し、それらについて幾分検討してみたい。

沈黙の螺旋理論としてまとめられた彼女の議論の功績は、次の2点であろう。①世論調査の隆盛に伴い、単なる調査結果の数値として扱われることも多かった「世論」を、社会的圧力としての側面からとらえ直している点、さらに②世論過程という社会現象を意見風土の認知や孤立への恐怖といった個人レベルのメカニズムによって説明すると同時に、そのメカニズムが社会全体の世論の変化と呼応している点に焦点を当て、マイクロ＝マクロのリンクを考慮したダイナミックな理論としている点である。世論過程はすぐれて社会心理学的な現象であるにも関わらず、現実の社会現象の記述に主眼を置いた世論研究と、主に小集団における個人心理を扱った伝統的な社会心理学研究との間には乖離があった。この両者を結びつけた点において、彼女の理論は高く評価されている。

しかしながら、沈黙の螺旋理論は多くの批判の対象ともなってきた。第一の批判は、実証研究で必ずしも仮説を支持する結果が得られていないという点である。理論に整合的な結果を示す研究もあるものの(e. g.,Eveland, McLeod, & Signorielli, 1995)、否定的な結果も多く報告されており(e. g.,Glynn & McLeod, 1983; Taylor, 1982)、必ずしも一貫した知見は得られていない。意見表明の相手を誰と設定するかによって結果が異なるという研究もあり(Salmon & Neuwirth, 1990)、指標の妥当性も問題となっている。そのため、ノエル−ノイマン自身、近年は沈黙の螺旋を測定するための指標を詳細に検討するようになっている(Noelle-Neumann, 1994)。

　第二の批判は、理論の前提に関するものである。特に「準統計的能力」および「孤立への恐怖」という、理論の核となる概念の妥当性が論争の対象となっている。第二版となる本書では、こうした批判に対して歴史的事例による反駁がなされているが、本稿では理論の前提を再検討しておきたい。

(1)

　沈黙の螺旋の第1の仮定は、人々の意見風土認知の「正確さ」や意見風土変化認知の「敏感さ」についてのものである。これは既に本書でみた通り、人間の「準統計的能力」として著者が強調している点である。ただ彼女が強調したのが「正確さ」だったのか、「敏感さ」だったのかが本書の論述では必ずしも明快ではなかったために(p.12, p83)、論争が生じている。ここではまず「正確さ」について論ずる。

　意見風土の認知が「正確だ」といった場合、そうした準統計的能力に反映されるはずの「匿名の他者」の意見の情報がいったいどこからくるのかが、まず問題となる。またそれと同時に、そうした「意見風土」を伝える「匿名の他者」として我々は「誰」をイメージしたらよいのかが問題となる。果して「列車テスト」の他者はそうした「匿名の他者」であろうか。そうした他者から我々は「意見の風土」を感じているのだろうか。

　これは彼女に対する多くの批判者たちから寄せられている点であるが（たとえばSalmon & Kline, 1985)、そうした「匿名の他者」は通常、我々自身の準拠集団からくるのではないか、という論点がある。すなわち我々は、我々が普段の生活のモデルとしたり、判断の根拠としたり、あるいは心の支えを求める家族、友人関係などの準拠集団を持っている。「匿名の判断の法廷」を構成する「匿名の他

者」というのは実はこの準拠集団にいる、あるいは彼女はこの準拠集団を無視しているので、理論的な問題を引き起こしているのだ（かつての「大衆社会論」と同じ陥穽に陥っているのだ）、という批判が寄せられているのである。そしてもし、「匿名の他者」が実はこうした準拠集団からきているのならば、それゆえの「準統計的能力」へのバイアス効果が生じることになる。準拠集団の意見の分布は全体社会におけるそれとしばしば異なるからである。すなわち、本書でも触れている「意見分布の無知(pluralistic ignorance)」現象が生じる。著者は、この現象が準拠集団レベルで生ずるという解釈も許容するような記述もしているが、むしろ彼女が暗黙に想定している状況は、社会全体の中で対立する派と派の間のコミュニケーションが欠如してしまう状況であるように思われる(p.92)。それがどういう具体的な状況をイメージすべきかはいま１つ明確ではない。そこで次に、準拠集団の問題が残ることを念頭に置きながら、「意見分布の無知」のメカニズムそのものに論を進めよう。

「意見分布の無知」とは、意見分布が誤って認知されている状態を広く指す用語である。現実には少数派である意見が多数派と誤認知されたり、あるいは逆に現実には多数派である意見が少数派と誤認知されたりする現象は、古くから世論研究でたびたび報告されてきた。特に本書でも指摘されている「鏡像知覚」(looking-glass perception)現象は、実験的社会心理学の分野でもフォールス・コンセンサス（合意性の過大推測；ＦＣ）効果(false consensus effect、Ross, Greene,& Lepper, 1977)の名称で広く研究され、広範囲に見られる頑健な現象であることが確認されている。

典型的な研究例は、村田(1986)の報告にみられる。彼は夏休み直前の大学の授業で、休暇中の読書課題として数冊の図書の中から１冊を読ませ、その概要と感想を書かせたが、このとき、各々の学生に自分と同じ本を選んだ他の学生はどれほどいるかを推定させた。結果は、自分の選んだ本が過大に選択されているだろうと推定する傾向をきわめて明瞭に示した。これがＦＣ効果である。それが成立するのは次の４つの内１つが存在する条件下だと、マークスらは指摘している(Marks & Miller, 1987)。

①選択的接触：
　　自己に類似した他者への選択的接触は、意見の真の分布からは自己の意見方向にバイアスのかかった類似意見情報を得させ、この情報に対する認知的接触可能性(availability)を増大させる。（つまり、自分と他者との類似性の例は、記憶から取り出しやすくなる）

②認知的な目だちやすさ(salience)：
　　自分の選好する立場への注意の集中は、それについてのコンセンサス評定をも増大させる。すなわち、同意見の持ち主を過大に見積る傾向を示す

③論理的情報処理：
　　自分の意見選好の原因を自分の個人的傾向性よりもまわりの状況に帰属する特性を人はもつ。この状況帰属の論理では、(1)自分の置かれた状況と類似の状況下では他者も自分と同じように行動するだろう、(2)類似の状況は普遍的または広範に存在している、(3)だから自分と同意見の持ち主は多いだろうと、推測するのである

④動機づけプロセス：
　　人は自分の立場が十分に根拠付けられたものではないと感じた時に、他者と自分との間に類似性を仮定しようとする動機づけを抱くに至る。このことが類似他者を過大に見積る傾向を生み出す

　　（なお以上の①〜④の条件が欠如する場合、または各条件が逆の値をとる場合、ＦＣ効果ではなく、正確な知覚や、反対方向への歪み(false uniqueness effect)が生ずる）

このうち、①選択的接触による解釈については、ノエル－ノイマンは否定的である。彼女は、全ての社会的な層で風土の評定は同時的に変化するがゆえに、あらゆる社会的な層を越えた非選択的な「風土情報」への接触が生じていると主張しているからである。この主張は、彼女が公共化（公開）された争点に関してのみ語っていることから理解可能であろう。すなわち条件①は、「公的」で論争的な状況が成立したときに消滅し、そうでないプライベートなことがらについて成立すると考えるのである。もっとも彼女自身この点で、いささか曖昧な点を残している。

15章(p.92)では、意見の成極化現象の原因を条件①に求めているかのような言明もしているからである。

　次に、意見風土の認知が問題となるのは「いつか」ということにも、「意見分布の正確さ」に関する問題の鍵が隠されている。すなわち、意見風土が気になるのは、いつでもというわけではない。社会心理学的にいえば、「社会的比較」の起こるときにのみ(Festinger, 1954)、意見風土が問題となるのである。すなわち、自分の立場をどう評定していいか確信がなく、自分の意見を確定するために、他者のそれと比較してみようと動機づけが高まるときである。ＦＣ効果理論との関連でいえば条件④のプロセスである。このことは本書では、歴史的な背景を論ずることによってしか組み込まれていない（大変動の時代と平和な時代の印象的な比較という形になっている）。つまり自分の意見に関する心理的な「確信度」が、時代的な背景を持ちながらも実は個人的な変数であることが明白には指摘されていないのである。ただそれが変数であることは、ハードコアに関する論述の中にも暗黙の内には含まれていた。確信度が問題だからこそ、ハードコアという層が生じるのである。このハードコアは自分の意見を「社会的比較」をしようという動機づけを持たず、またそれゆえＦＣ効果も受けない（表25）。彼らは自分たちの意見に確信があるからである。これに対して多くの人々は、世論の成立するような、しばしば先行き不透明な状況では自分たちの意見になかなか確信が持てず、それゆえ周りの他者の意見をうかがい知ろうとし、場合によってはＦＣ効果も受けると解釈することもできる。問題となる争点の意見分布に関する情報が不足しているときには、社会規範に基づいて推測するなど既知の知識で代替的に推測されて意見分布の無知が生じるが、自分の立場や位置から社会の分布を推測することはストラテジーとして有効であるという指摘もなされている(Nisbett & Kunda, 1985)。

　ＦＣ効果に見るように、人々の意見分布認知は必ずしも正確ではない。アグリゲートなレベルではほぼ正確な認知がされていたとしても、多数派と少数派がそれぞれ自分と同じ意見の人を過大推測している傾向が見られる（本書第15章）。意見風土は正確に認知されているという理論の前提に反するこれらの結果に対し、本書では合意性推測の非対称性という観点から、正確な意見風土認知の妥当性が主張

されている。

　さらに彼女は1985年の反論で、問題は意見風土分布の「正確さ」ではなく、認知された意見風土の「変化の方向」であり、それに対する認知の敏感さである、と明言する方向に一歩踏み出した。実際本書でも、論点としての記述はともかく、実質的には「変化」の認知を扱っているものが多い。たとえば、「どちらの党が勝つか」という期待の変化がそれである。こうした変化の方向の認知が選挙における勝敗予測を規定する要因となる点(池田, 1988b)、また他者との「議論しやすさ」を規定する要因となる点(Glynn & McLeod, 1984)には支持的データもある。

　最近の研究では、現在の意見分布の推測と変化の方向の推測とでは用いられる情報源が異なるという知見がある(Shamir, 1995)。現在の意見分布の推測では身近な集団の意見分布が参考にされる一方、将来の変化の方向は選挙結果などのより社会的な情勢から判断される、という指摘は、メディアによる社会的な情報を重視する本書の議論と整合するものであろう。

　ここではこの反論は、本書の「準統計的能力」の基準を少し緩めたものと受けとめることとする。いずれにせよ「未来において」「結果として」多数派となる方向に人々はつきやすいという議論の論点は変わらないが、それでいながら意見風土認知の「正確さ」という厳しい基準を回避したものだからである。そしてこのように、意見風土の「方向」の認知、すなわちプロスペクティブな認知＝予期こそが世論の決定的な要因であると論ずることは、著者が第24章で世論は「運命」を示す、と論じたこととも符合する。

　このように、「正確さ」に関する「準統計的能力」は著者も疑問とするところのものである。しかし、かなりの程度の「正確さ」を認める研究も存在している(Nisbett & Kunda, 1985; Glynn & McLeod, 1984)。特にニスベットらの研究では、公的な争点だけが検討されているのではなく、プライベートな信念等についてもかなりの正確さがみられる場合のあることが指摘されている。

(2)

　こうしてみると、人々は何らかの形で匿名の他者の意見分布の変化のみならず、

分布そのものも感じ取ることができるのだ、と想定する著者のオリジナルの論点も支持しうる場合のあることがわかる。そうだとすると再び、社会におけるそうした「一般的他者」としての「匿名の他者」はどこにおり、またその意見の変化や分布をときにはどうして感じうるのかが問題になる。

　たとえば「みんながそういっている」などと我々がいうときの「みんな」は一般的な他者ではなく、準拠集団の他者であろう。しかし、我々が「世間様」というときの他者はややそれより広く、「匿名の他者」に近くなる。そうした「世間」の動向をどうやって感じ取ることが可能なのか。これまでは「意見風土」情報が外界からのみ来ると想定して議論や批判が展開されてきたが、筆者はここで新しい仮説を出したい。

　筆者は、「匿名の他者」の意見の推定には、「一般的他者」に関するメンタルモデルが強く関与していると考える。つまり人々は一般的他者が平均的に持つ「社会的現実」(Festinger, 1950)、すなわち一般にどんなことがらや行為が許容的でありうるか、したがってどれくらいの人が当該意見や行為に賛成であったり許容的であったりするか、に関する知識ベース、言い替えれば常識や慣習の束を持っている、と想定する。それによって、新奇な世論も常識的にはどんな分布になるかがある程度推測がつくのである。そうした常識に基づく内的な推論が「正確」な量的・方向的な推定を可能にするのであって、ノエル-ノイマンが述べるように、人々がつねに数百の争点に関する世論をモニターしているから、時に応じて「正確な推定」ができるというのでは必ずしもないだろう。例えば先述のニスベットらは、未知の分布は既知の分布から推測されると指摘した。そうした推定には、もちろんＦＣ効果で想定するような条件その他のバイアス要因の介入する余地がおおいにあるものの（特に争点が十分に「公的」でないような場合）、いずれにせよ、人間が自分の持つ膨大な「常識」を背景にしながら、新たに得た外界の情報を手掛りに「世論分布の状態や変化」に関する推論を行なうことに基づいている、と考える方が理にかなっているのではないか。人間をこうした「常識」に関するエキスパートと想定するところに、実はこの20年の間に大いに発展した認知心理学の中心思想がある（この発想が決して特異ではないことは、類似の発想で

しかも論点の異なる議論がニスベットらの前掲論文でも述べられていることからも推測できよう)。そして、沈黙の螺旋理論も「認知論的アプローチ」と呼称されるほどであるから、こうした発想との適合性は高い。またこれこそ「受け手」を単に受動的とはみなさない、マスコミュニケーション理論へ通じる発想だといえるかもしれない。人々は外界の情報に左右されるだけなのではなく、自らの常識を交えて判断するからである。この点で我々は、単なる「強力効果」モデルから離れ、限定効果理論にも見られたような、受け手の「能動性」をも同時に仮定するモデルへと進む可能性を持つのである（池田(1988a)参照)。

　こうした「匿名の他者」のメンタルモデルに依拠して人々は判断しうると想定してこそ、「匿名の他者」が沈黙の螺旋理論で独特の重要性を占めることが理解できる。「準拠集団」からの意見の認知はおそらくそれとは別の要因である。

(3)

　次に、本書の世論理論に対するもうひとつの大きな貢献は、「公共化」の効果を明らかにした点、およびそれに果たすマスメディアの役割を強調した点にあると思われる(平林, 1987)。

　世論状況は、ある争点が公然化して、公的な注目を浴びることによって成立する。このとき公然と声に出して言うことが「できる」意見が世論の第1の定義、すなわち公的な意見としての世論であった。この状況が進展すると、多数意見や増加意見の認知と相まって、沈黙の螺旋が転回し、「公的な」意見は「公共的な」意見へと転化を遂げ、「固定した」世論として成立するのである。また、まさにこの過程でマスメディアが大きな役割を果たす。その一部はＦＣ効果で論じた②の条件による。すなわち、マスメディアは特定の争点に論点を集中させる議題設定効果を持つことによって、その争点についてのＦＣ効果を持ちうるからである。ただし、マスメディアがどこまで特定の立場に肩入れしうるかは、議論が分かれるところである(Merton, 1985; Salmon & Kline, 1985)。また、メディア報道は視聴者の立場によってかなり偏向して認知される現象も指摘されている(hostile media phenomenon; Vallone, Ross, & Lepper, 1985：たとえば自民党支持者はメディ

アが新党方向に「偏向」していると感じ、新進党支持者ではメディアは自民党寄りだと感じがちになる)。

さて、ひとたび「公共的意見」となった世論は、「公的意見」にはない1つの属性を獲得する、すなわち世論の「モラル性」といわれるものの獲得である。すなわち「公共性」を獲得した意見は規範的な強制力を持ち、社会的同調圧力の源泉として機能するようになるのである。

実は、この「公的意見」から「公共的意見」への転化に沈黙の螺旋が関与していることは、本書の中ではかなり曖昧に議論されている。すなわち、流動的な条件下での世論＝公然と表明できる意見は「公的意見」を表わし、固化した条件下での世論の定義＝公然と表明しなければならない意見は「公共的意見」を表わすものの、両者の移行に沈黙の螺旋が関与することについては十分に語られておらず、両者は文面の上では並置されたままなのである。

確かに著者は、「公的意見」が同調圧力を生み出すことについては雄弁であったが、「モラル性」の獲得までは思うほどペンが届いていない。

まず同調圧力についてであるが、彼女はこれに「孤立への恐怖」という強い動機づけを仮定しており、それを支持する知見を多く動員して論理を展開していた。が、孤立への恐怖という動機づけの妥当性についてはしばしば疑問が呈されている。たとえばPrice & Allen (1995)は、実験室状況での同調傾向は必ずしも社会的現実場面には適用されないと指摘している。古典的なAsch (1951)の同調実験でも、圧力を生じさせうるのは全員一致の多数派のみであった。すなわち、一人でも異なる意見の持ち主がいれば、多数派は同調への圧力を持たなくなるのである。また、世論とは必ずしも「公的な」場面で白日の下にさらされるものではない。たとえば投票行動はその匿名性が保証されているのである。

したがって、むしろ次のような仮説も可能であろう。すなわち世論でポレミックな状況というのは、しばしば何を信頼すべきか、自分自身どういう立場に立つべきかという点で、はなはだ確信を持てない状況である。確信度の弱い一般の人々にはこのことは特に当てはまるだろう。そして、「社会的比較」の欲求が強まるのは、こうした曖昧な状況下であった。ここでは他者と自分の間に類似性を仮定し

たがるために、FC効果が見いだされる一方で、確信を与えてくれる社会的な支持を求め、自分の意見を意見情報を提供する他者（あるいはマスメディア）に合わせていこうとする傾向が生じることが想定できる。同調圧力のような「規範的影響」に対し、これは「情報的影響」による同調と呼ばれるものである。そうした同調傾向は、公開性の強い場面で特に強いであろう。

このことは、社会的支持が必要な、世論の流動的な状態で、支持が増大しつつあると認知される特定意見にコミットすることによって社会的支持＝確信を得るとともに、この意見へのFC効果を作りだし、認知された多数意見を現実がそうである以上に認知し、自らの意見の安定性を強める可能性のあることを意味する。これが沈黙の螺旋を始動させる一因となるという、仮説も成り立つのである。

だが、「公的意見」が「公共的意見」にどう転化していくかについては、依然として謎が残る。同調圧力はなぜ規範的な力を獲得するに至るのであろうか。訳者はここで、この「公共的意見」への転化の過程が規範形成過程に関する社会心理学的研究にかなり対応しており、それを参考にしながら理論を進展させうる点に注目しておきたい。規範形成過程においても、一般に同調による規則の受容だけではなく、規則の共有的受容が問題となるからである(Newcomb et al., 1965)。ただしこの研究は、社会の中でいったいいつ、こうした「公共性」が成立するのか、つまり同調圧力がどれだけ強まったときに、具体的にはどれだけ圧力が強くなった時に、あるいは意見増大の加速度がどれほどまで強まった時に、世論が規範的な力を具備するようになるのかを明らかにするものではない。このことは「流行」や「普及現象」と呼ばれる研究分野とも密接なつながりがあるが、未開拓なまま残されている。石井(1987)は普及現象に関する閾値モデルに基づいて、確信度の強い人の分布状態こそが沈黙の螺旋の展開のあり方を規定する重要な要因であるとする、数学的な指摘を行なっているが、今後こうした視点も必要であろう。

さらに、こうした規範が成立するには、規範の共有者たちが同一集団に属しているという意識をもたなくてはならない。この同一集団意識の点で、それを全体社会に求めるのか、あるいは個々の人々の属する一次集団や中間集団に求めるのかによって、想定しうる世論の動きは大きく違いうる。著者の論点は明らかに前

者である。原著の副題の「社会的な皮膚」という言葉はこの点を意識したものだからである。しかしこれについては、実証的な検討がさらに必要であろう。

(4)

　本書の議論はマスメディアの新強力効果論と呼ばれるものに類するが、最後に本書の議論に関連して、同様にマスメディアの効果を再評価している研究を紹介しておきたい。デーヴィソン(Davison, 1983)の「第三者効果仮説」である。

　デーヴィソンは、一般にマスコミュニケーションの効果が自分より他者（第三者）に対して大きく見積もられる傾向があることを指摘した（認知レベルの第三者効果）。さらに、予測される他者と自分とのずれに対処しようとして結果的には自分の行動が変わる（行動レベルの第三者効果）という仮説を提出した。つまり、他者がマスメディアに影響されて意見を変更しそうなので、それに応じて（同調して／対抗して……）自分も意見を変える、という仮説である。

　この仮説はメディア報道から世論の動向が予期され、その結果予期された方向に現実の世論が傾いていくというプロセスを想定している点で沈黙の螺旋理論と共通している。しかしながら第三者効果仮説は公共化の持つ「規範性」を考慮しない理論化である点で本書の議論とはかなり違っている。また第三者効果仮説はメディアの影響による多数派の変化への対処、という形で世論が変化していくという議論であり、「準統計的能力」や「孤立への恐怖」といった概念を用いない点で、沈黙の螺旋のプロセスをより合理的に説明するものといえるかもしれない。ただし第三者効果も行動レベルの実証データは乏しく、第三者効果が沈黙の螺旋を媒介するという仮説は支持されていない(Mutz, 1989)。むしろ第三者効果では視聴者の能動性が強調されることから、単なる同調だけでなく積極的な行動を媒介する可能性があることをここでは指摘しておきたい。たとえば安野(1996)では、認知レベルの第三者効果を示す大学生ほど、より積極的な意見表明の意図を示すという結果が得られている。

このように本書の提出している問題はつきないが、著者のノエル-ノイマン自身も指摘しているとおり、理論化すべき点として残された最大の問題は、世論の変化はいったいいつ生ずるのか、という点である。彼女は社会的な革新者や逸脱者の役割がこれに関与していることをほのめかす以上にはこの問題を論じていないので（17章）、ここでも小集団における逸脱の研究にその展開の糸口を見いだしうる可能性を示唆するにとどめたい。これを組織的に研究しているのは、フランスのモスコビチであり、彼はまさに本書が着目したような、ある意味での集団の中の逸脱者が集団全体の意見や規範・行動を変容していくプロセスを研究しているのである(小関, 1988; Moscovici, 1985)。そこには世論に対して「受身」に同調していくだけではない、人間像を見いだしうる可能性がある。つまり本書が大衆社会論的立場から書かれたとする批判への反論は、ここに見いだしうるかもしれない。

やや長くなってしまったが、この解題では本書が提起している多くの問題の一端を、通常の世論理論とはやや違った角度から批判的に、しかし好意をもって検討してみた。これが本書の意義をより明らかにするものであれば幸いである。

なお、本解題の末尾に、本書に言及している論文を筆者の知る限りで、しかも彼女の論文以外は活字になったものに限り、掲載しておく。その一部は彼女から受け取ったリストに負っている。

IV　謝辞

本書は当初、ノエル-ノイマンと親交を持つ元統計数理研究所・上智大学の西平重喜教授を通して翻訳の話が具体化した。初版を翻訳した当時は竹内郁郎教授（現東洋大学）、児島和人教授（現専修大学）をはじめ、「世論研究会」のメンバーに有益な示唆をしばしばいただいた。さらに同研究会メンバーでノエル-ノイマンの理論を詳しく検討した平林紀子氏（現埼玉大学）には、本書の翻訳原稿を概念的なレベルに至るまで、逐一検討していただいた。また浜田純一教授（現東京大学社会情報研究所）には、ドイツの法制等に関する教示を多くいただいた。記し

て感謝の言葉としたい。

　もちろんではあるが、筆者の疑問に丁寧に回答し、また改訂事項を熱心に送り続けてくださった著者のノエル-ノイマンその人にも感謝しておきたい。彼女には、日本世論調査協会の招きで1986年に訪日の際に歓談する機会を持ち、また第2版出版の年には東京の世界世論調査協会シンポジウムでお会いできる喜びがある。高齢にしてなお洞察鋭い彼女の今後の活躍を祈りたい。

　1996年7月　　　　　　　　　　　　　　　　　　　　　　池田謙一・安野智子

[引用文献]

Asch, S. E. (1951). Effects of group pressure upon the modification and distortion of judgment. In H. Guetzkow (Ed.), *Groups, Leadership, and Men*. Pittsburgh: Carnegie Press. pp.177-190.

Davison, P. (1983). The third-person effect in communication. *Public Opinion Quarterly*, 47, 1-15.

Eveland, W. P., McLeod, D. M., & Signorielli, N. (1995). Actual and perceived U.S. public opinion: The spiral of silence during the Persian Gulf War. *International Journal of Public Opinion Research*, 7, 91-109.

Ferree, M. M. (1985). Zeitgeist as an empirical phenomenon. *Contemporary Sociology*, 14, 434-436.

Festinger, L. (1950). Informal social communication. *Psychological Review*, 7, 271-282.

Festinger, L. (1954). A theory of social comparison processes. *Human Relations*, 7, 117-140.

Glynn, C. J., & McLeod, J. M. (1984). Public opinion du jour: An examination of the spiral of silence. *Public Opinion Quarterly*, 48, 731-740.

Glynn, C. J., & McLeod, J. M. (1985). Implications of the spiral of silence: Theory for communication and public opinion research. In K. R. Sanders, L. L. Kaid, & D. Nimmo (Eds.), *Political Communication Yearbook, 1984*. Carbondale: Southern Illinois University Press. pp.43-65.

池田謙一 (1988a). 情報と社会的コミュニケーション 大坊郁夫・安藤清志・池田謙一 (編) 社会心理学・パースペクティブ3 集団から社会へ 誠信書房 pp.135-169.

池田謙一 (1988b). 「沈黙の螺旋」仮説の検討 選挙報道研究会 (編) 選挙報道と投票行動 東京大学出版会 pp.289-299.

石井健一 (1987). 世論過程の閾値モデル：「沈黙の螺旋状過程」仮説のフォーマライゼーション 理論と方法, 2, 15-28.

小関八重子 (1988). 少数派の影響過程 大坊郁夫・安藤清志・池田謙一 (編) 社会心理学・パースペクティブ3 集団から社会へ 誠信書房 pp.36-61.

Marks, G., & Miller, N. (1987). Ten years of research on the false-consensus effect: An empirical & theoretical review. *Psychological Bulletin*, 102, 72-90.

Merton, K. (1985). Some silence in the spiral of silence. In K. R. Sanders, L. L. Kaid, & D. Nimmo (Eds.), *Political Communication Yearbook, 1984*. Carbondale: Southern Ill. Univ. pp.31-42.

Moscovici, S. (1985). Social influence and conformity. In G. Lindzey & E. Aronson

(Eds.), *The handbook of social psychology,* (*3rd ed.*). New York: Randomhouse. 2, 347-412.

村田光二（1986）. False Consensus 効果について　社会心理学評論, 5, 71-84.

Mutz, D. C.（1989）. The influence of perceptions of media influence: Third person effects and the public expression of opinions. *International Journal of Public Opinion Research*, 1, 3-23.

Newcomb, T., Turner, R., & Converse, P.（1965）. *Social Psychology: The Study of Human Interaction*. NY: Holt, Rinehart and Winston.

Nisbett, R. E., & Kunda, Z.（1985）. Perception of social distribution. *Journal of Personality and Social Psychology*, 48, 297-311.

Noelle-Neumann, E.（1994）. Are we asking the right question? Developing measurement from theory: The influence of the spiral of the silence on media effect research. In C. J. Hamelink & O. Linne（Eds.）, *Mass communication research: On problems and policies. The art of asking the right questions: In honor of James D. Halloran*. Norwood, NJ: Ablex. pp.97-120.

Price, V., & Allen, S.（1990）. Opinion spirals, silent and otherwise: Applying small-group research to public opinion phenomena. *Communication Research*, 17, 369-392.

Ross, L., Greene, D., & House, P.（1977）. The "false consensus effect": An egocentric bias in social perception and attribution processes. *Journal of Experimental Social Psychology*, 13, 279-301.

Salmon, C. T., & Kline, F. G.（1985）. The spiral of silence ten years later: A examination and evaluation. In K. R. Sanders, L. L. Kaid, & D. Nimmo（Eds.）, *Political Communication Yearbook, 1984*. Carbondale: Southern Ill.University Press. pp.3-30.

Salmon, C. T., & Neuwirth, K.（1990）. Perceptions of opinion "climates" and willingness to discuss the issue of abortion. *Journalism Quarterly*, 67, 567-577.

Shamir, J.（1995）. Information cues and indicators of the climate of opinion: The spiral of silence theory in the Intifada. *Communication Research*, 22, 24-53.

Taylor, D. G.（1986）. *Public Opinion, Collective Action and Anti-busing Protest*. Chicago: University of Chicago Press.

Toch, H., & Klofas, J.（1984）. Pluralistic ignorance, revisited. In G. M. Stepenson & J. H. Davis（Eds.）, *Progress in Applied Social Psychology*. New York: Wiley. 2, pp.129-159.

Vallone, R. P., Ross, L. and Lepper, M.R.（1985）. The hostile media phenomenon: Biased perception and perceptions of media bias in coverage of the Beirut massacre. *Journal of Personality and Social Psychology*, 49, 577-585.

[本書との関連文献]

飽戸　弘（1987）．新しい消費者のパラダイム　中央経済社

Binder, A. R., Dalrymple, K. E., Brossard, D., & Scheufele, D. A. (2009). The soul of a polarized democracy: Testing theoretical linkages between talk and attitude extremity during the 2004 Presidential election. *Communication Research*, 36, 315-340.

Brosius, H.-B., & Bathelt, A. (1994). The utility of exemplars in persuasive communications. *Communication Research*, 21, 48-78.

Csikszentmihalyi, M. (1991). Reflections on the "Spiral of Silence". In J. A. Anderson (Ed.), *Communication Yearbook*, 14. Newbury Park, CA: Sage. pp.288-297.

Davis, D. K., & Robinson, J. P. (1989). Newsflow and democratic society in an age of electronic media. In G. Comstock (Ed.), *Public Communication and Behavior*, 2. Academic Press. pp.59-102.

Edelstein, A. S. (1981). Continuing the search for validity in public opinion: About social problems & social decision-making. In H. Baier, H. M. Kepplinger, & K. Reumann (Eds.), *Public Opinion and Social Change*. Opladen: Westdeutscher Verlag. pp.50-63.

Eveland, Jr. W. P. (2002). The impact of news and entertainment media on perceptions of social reality. In J. P. Dillard & M. Pfau (Eds.), *The Persuasion Handbook: Developments in Theory and Practice*. Thousand Oaks, CA: Sage. pp.691-727.

Eveland, Jr. W. P., McLead, D. M., & Signorielli, N. (1995). Actual and perceived U.S. public opinion: The spiral of silence during the Persian Gulf war. *International Journal of Public Opinion Research*, 7, 91-109.

Fejes, F. (1984). Critical mass communications research & media effects: The problem of the disappearing audience. *Media, Culture and Society*, 6, 219-232.

Glynn, C. F., & Park, E. (1997). Reference groups, opinion intensity, and public opinion expression. *International Journal of Public Opinion Research*, 9, 213-232.

Glynn, C. J., Hayes, A. F., & Shanahan, J. (1997). Perceived support for one's opinions and willingness to speak out: A meta-analysis of survey studies on the "spiral of silence". *Public Opinion Quarterly*, 61, 452-463.

Gonzalez, H. (1988). Mass media & the spiral of silence: The Phillippines from Marcos to Aquino. *Journal of Communication*, 38, 4, 33-48.

Gonzenbach, W. J. (1992). The conformity hypothesis: Empirical considerations for the spiral of silence's first link. *Journalism Quarterly*, 69, 633-645.

後藤将之（1986）．認知論的マスコミ研究の検討－共志向，多元的無知，＜沈黙の

スパイラル＞をめぐって　東京大学新聞研究所紀要，34, 211-249.

後藤将之（1988）．世論　大坊郁夫・安藤清志・池田謙一（編）社会心理学・パースペクティブ3・集団から社会へ　誠信書房　pp.135-169.

Hayes, A. F., Glynn, C. F., & Shanahan, J. (2005). Willingness to self-censor: A construct and measurement tool for public opinion research. *International Journal of Public Opinion Research*, 17, 298-323.

Hayes, A. F., Glynn, C. F., & Shanahan, J. (2005). Validating the willingness to self-censor scale: Individual differences in the effect of the climate of opinion on opinion expression. *International Journal of Public Opinion Research*, 17, 443-455.

Hayes, A. F., Scheufele, D. A., & Huge, M. E. (2006). Nonparticipation as self-censorship: Publicly observable political activity opinion climate. *Political Behavior*, 28, 259-283.

平林紀子（1987）．「沈黙の螺旋状過程」仮説の理論的検討－世論過程とマス・メディア効果の連繋のために　放送学研究，37, 97-134.

Ho, S. S., & McLeod, D. M. (2008). Social-psychological influences on opinion expression in face-to-face and computer-mediated communication. *Communication Research*, 35, 190-207.

Huang, H. (2005). A cross-cultural test of the spiral of silence. *International Journal of Public Opinion Research*, 17, 324-345.

Ikeda, K. (1988). A test on the "spiral of silence" in the Japanese general election in 1986. *Keio Communication Review*, 9, 51-62.

蒲島郁夫（1990）．自民大勝も争点希薄化による一時現象：野党は政権交代の受け皿作りを急げ　エコノミスト，90.3.20, 79-83.

Katz, C., & Baldassare, M. (1992). Using the "L-word" in public: A test of the spiral of silence in conservative orange county, California. *Public Opinion Quarterly*, 56, 232-235.

Katz, C., & Baldassare, M. (1994). Popularity in a freefall: Measuring a spiral of silence at the end of the Bush presidency. *International Journal of Public Opinion Research*, 6, 1-12.

Katz, E. (1981). Publicity & pluralistic ignorance: Notes on "The spiral of silence". In H. Baier, H. M. Kepplinger, & K. Reumann (Eds.), *Public Opinion & Social Change: For Elisabeth Noelle-Neumann*. Wiesbaden: Westdeutscher Verlag. pp.28-38.

Kennamer, J. D. (1990). Self-serving biases in perceiving the opinions of others. *Communication Research*, 17, 393-404.

小林良彰（1990）．マスメディアと政治意識　レヴァイアサン，7, 97-114.

児島和人（1984）．マス・コミュニケーションの新たな効果モデルの生成　放送学

研究．**34**, 117-143.

　　Krassa, M. A.（1988）. Social groups, selective perception and behavioral contagion in public opinion. *Social Networks*, **10**, 109-136.

　　Lang, K., & Lang, G. E.（1984）. The impact of polls on public opinion. *The Annals of the American Academy of Political & Social Science*, **472**, 129-142.

　　Matthes, J., Morrison, K. R., & Schemer, C.（2010）. A spiral of silence for some: Attitude certainty and the expression of political minority opinions. *Communication Research*, **37**, 774-800.

　　McCombs, M. E., & Weaver, D. H.（1985）. Toward a merger of gratifications and agenda-setting research. In K. E. Rosengren, L. A. Wenner, & P. Palmgreen（Eds.）, *Media Gratification Research: Current Perspectives*. Beverly Hills: Sage. pp.95-108.

　　McDevitt, M., Kiousis, S., & Wahl-Jorgensen, K.（2003）. Spiral of moderation: Opinion exression in computer-mediated discussion. *International Journal of Public Opinion Research*, **15**, 454-470.

　　McDonald, D. G., Glynn, C. J., Kim, S.-H., & Ostman, R. E.（2001）. The spiral of silence in the 1948 Presidential election. *Communication Research*, **28**, 139-155.

　　McQuail, D., & Windahl, S.（1981）. *Communication Models: For the Study of Mass Communication*. Longman.

　　三上俊治（1994）． 1993年7月衆議院選挙におけるマスメディアの役割　東洋大学社会学部紀要．31-2, 143-204.

　　Miller, D. T., & Prentice, B. A.（1996）. The construction of social norms and standards. In E. T. Higgins & A. W. Kruglanski（Eds.）, *Social Psychology: Handbook of Basic Principles*. New York: The Guilford Press. pp.799-829.

　　三宅一郎（1989）． 投票行動（現代政治学叢書5）　東京大学出版会

　　Moscovici, S.（1991）. Silent majorities and loud minorities. In J.A. Anderson（Ed.）, *Communication Yearbook*, 14. Newbury Park, CA: Sage. pp.298-308.

　　Moy, P., Domke, D., & Stamm, K.（2001）. The spiral of silence and public opinion on affirmative action. *Journalism and Mass Communication Quarterly*, **78**, 7-25.

　　Mutz, D. C.（1989）. The influence of perceptions of media influence: Third person effects & the public expression of opinions. *International Journal of Public Opinion Research*, **1**, 3-23.

　　Mutz, D. C.（1994）. The political effects of perceptions of mass opinion. In M.X.D. Carpini, L. Huddy, & R. Y. Shapiro（Eds.）, *Research in Micropolitics*. Greenwich, Connecticut: JAI Press. Vol.4, pp.143-167.

Mutz, D. C. (1998). *Impersonal Influence: How Perceptions of Mass Collectives Affect Political Attitudes*. Cambridge, MA: Cambridge University Press.

Mutz, D. C. (2006). *Hearing the Other Side: Deliberative versus Participatory Democracy*. Cambridge, MA: Cambridge University Press.

Neuwirth, K. (2000). Testing the spiral of silence model: The case of Mexico. *International Journal of Public Opinion Research*, 12, 138-159.

Neuwirth, K., Frederick, E., & Mayo, C. (2007). The spiral of silence and fear of isolation. *Journal of Communication*, 57, 450-468.

Noelle-Neumann, E. (1973). Return to the concept of powerful mass media. *Studies of Broadcasting*, 9, 67-112.

Noelle-Neumann, E. (1974). The spiral of silence: A theory of public opinion. *Journal of Communication*, 24, 43-51.

Noelle-Neumann, E. (1977). Turbulances in the climate of opinion: Methodological application of the spiral of silence theory. *Public Opinion Quarterly*, 41, 143-158.

Noelle-Neumann, E. (1978). The dual climate of opinion: The influence of television in the West German Federal election. In M. Kaase & K. von Beyme (Eds.), *German Political Studies, Vol.3 Election & Parties*. Beverly Hills: Sage. pp.137-169.

Noelle-Neumann, E. (1979). Public opinion & the classical tradition: A re-evaluation. *Public Opinion Quarterly*, 43, 143-156.

Noelle-Neumann, E. (1983). The effect of media on media effects research. *Journal of Communication*, 33, 157-165.

Noelle-Neumann, E. (1984). The spiral of silence: Methodological applications in election research. Paper presented at the conference of the American Association of Public Opinion Research in Delavan, Wisconsin.

Noelle-Neumann, E. (1985). The spiral of silence: A response. In K. R. Sanders, L. L. Kaid, & D. Nimmo (Eds.), *Political Communication Yearbook, 1984*. Carbondale: Southern Illinois University Press. pp.66-94.

Noelle-Neumann, E. (1986). Election research & the climate of opinion. Paper presented at the Seminar on Opinion Polls, ESOMOR Seminar.

Noelle-Neumann, E. (1986). 沈黙の螺旋について　上智大学における日本世論調査協会・世界世論調査協会合同シンポジウム講演　日本世論調査協会調査報, 58, 1-11.

Noelle-Neumann, E. (1991). The theory of public opinion: The concept of the spiral of silence. In J. A. Anderson (Ed.), *Communication Yearbook*, 14. Newbury Park, CA:

Sage. pp.256-287.

大里巌（1985）．マスコミ効果の再評価と「沈黙の螺旋的進展」仮説　広島女学院大学論集，35, 255-272.

Oshagan, H. (1996). Reference group influence on opinion expression. *International Journal of Public Opinion Research*, 8, 335-354.

Pan, Z., & McLeod J. M. (1991). Multilevel analysis in mass communication research. *Communication Research*, 18, 140-173.

Pattie, C. J., & Johnson, R. J. (2009). Conversation, disagreement and political participation. *Political Behavior*, 31, 261-285.

Petric, G., & Pinter, A. (2002). From social perception to public expression of opinion: A structural equation modeling approach to the spiral of silence. *International Journal of Public Opinion Research*, 14, 37-53.

Prentice, D. A., & Miller, D. T. (1996). Pluralistic ignorance and the perpetuation of social norms by unwitting actors. In M. Zanna (Ed.), *Advances in Experimental Social Psychology*. San Diego, CA: Academic Press. Vol.28, pp.161-209.

Price, V., & Allen, S. (1990). Opinion spirals, silent & otherwise: Applying small-group research to public opinion phenomenon. *Communication Research*, 17, 369-392.

Price, V., & Roberts, D. F. (1987). Public opinion process. In C. R. Berger & S. H. Chaffee (Eds.), *Handbook of Communication Science*. Newbury Park, CA: Sage. pp.781-816.

Price, V., Nir, L., & Cappella, J. N. (2006). Normative and informational influences in online political discussions. *Communication Theory*, 16, 47-74.

Rimmer, T., & Howard, M. (1990). Pluralistic ignorance and the spiral of silence: A test of the role of the mass media in the spiral of silence hypothesis. *Mass Communication Review*, 17, 47-56.

Roberts, D. F., & Maccoby, N. (1985). Effects of mass communication. In G. Lindzey & E. Aronson (Eds.), *The Handbook of Social Psychology (3rd Ed.)*. New York: Randomhouse. 2, pp.539-598.

Salmon, C. T., & Oshagan, H. (1990). Community size, perceptions of majority opinion, and opinion expression. In L. A. Grunig & J. E. Grunig (Eds.), *Public Relation Research Annual*. Hillsdale, NJ: Lawrence Earlbaum. 2, pp.157-171.

Scheufele, D. A., & Moy, P. (2000). Twenty-five years of the spiral of silence: A conceptual review and empirical outlook. *International Journal of Public Opinion Research*, 12, 3-28.

Scheufele, D. A., Shanahan, J., & Lee, E. (2001). Real talk: Manipulating the dependent variable in spiral of silence research. *Communication Research*, **28**, 304-324.

Schmitt-Beck, R. (1997). Mass media, the electorate, and the bandwagon: A study of communication effects on vote choice in Germany. *International Journal of Public Opinion Research*, **8**, 266-291.

Shamir, J., & Shamir, M. (2000). *The Anatomy of Public Opinion*. University of Michigan Press.

Shen, F., Wang, N., Guo, Z., & Guo, L. (2009). Online network size, Efficacy, and opinion expression: Assessing the impacts of internet use in China. *Intenational Journal of Public Opinion Research*, **21**, 451-476.

柴内康文(2003). 私論と輿論の変換装置:「ネット世論」の行方 佐藤卓己(編)戦後世論のメディア社会学 柏書房 pp.243-265.

志村 誠・小林哲郎(2005). 分散して残存する社会的少数派 池田謙一(編) インターネット・コミュニティと日常世界 誠信書房 pp.185-203.

竹下俊郎(1986). ジャーナリズムの政治的影響:研究ノート 新聞学評論, **35**, 102-119.

竹下俊郎(1998). メディアの議題設定機能:マスコミ効果研究における理論と実証 学文社

竹下俊郎(2008). 増補版 メディアの議題設定機能:マスコミ効果研究における理論と実証 学文社

Taylor, D. G. (1982). Pluralistic ignorance & the spiral of silence: A formal analysis. *Public Opinion Quarterly*, **46**, 311-355.

Ulbig, S. G., & Funk, C. L. (1999). Conflict avoidance and political participation. *Political Behavior*, **21**, 265-282.

Weimann, G. (2000). *Communicating Unreality: Modern Media and the Reconstruction of Reality*. Thousand Oaks, CA: Sage.

Willnat, L. (1996). Mass media and political outspokenness in Hong Kong: Linking the third-person effect and the spiral of silence. *International Journal of Public Opinion Research*, **8**, 187-212.

Willnat, L., Lee, W., & Detenber, B. H. (2002). Individual-level predictors of public outspokenness: A test of the spiral of silence theory in Singapore. *International Journal of Public Opinion Research*, **14**, 391-412.

安野智子(1996). メディアの影響力の認知は世論形成を媒介するか:第三者効果による世論形成過程モデルの試み 選挙研究, **11**, 46-60.

Albig, William. 1939. *Public Opinion*. New York: McGraw-Hill Book Co.
Altschuler, Bruce E. 1990. "Review of 'Political Culture and Public Opinion. Edited by Arthur Asa Berger.'" *American Political Science Review* 84:1369–70.
Albertini, Rudolf von. 1951. *Das politische Denken in Frankreich zur Zeit Richelieus*. Beihefte zum Archiv für Kulturgeschichte, no. 1. Marburg: Simons Verlag.
Albrecht, Angelika. 1983. "Lachen und Lächeln—Isolation oder Integration?" Master's thesis, Johannes Gutenberg-Universität, Mainz.
Allport, Floyd H. 1937. "Toward a Science of Public Opinion." *Public Opinion Quarterly* 1, no. 1:7–23.
Alverdes, Friedrich Wilhelm. 1925. *Tiersoziologie; Forschungen zur Völkerpsychologie und -soziologie*. Ed. Richard Thurn. Vol. 1. Leipzig: Hirschfeld.
Aristotle. 1986. *Politik*. Ed. and trans. Olof Gigon. Munich: Deutscher Taschenbuch Verlag. English: 1959. *Politics*. Trans. H. Rackham. London: Heinemann.
Asch, Solomon E. 1951. "Effects of Group Pressure upon the Modification and Distortion of Judgments." In *Groups, Leadership, and Men*, ed. H. Guetzkow. Pittsburgh: Carnegie. Reprinted 1953 in *Group Dynamics: Research and Theory*, ed. Dorwin Cartwright and Alvin Zander, 151–62. Evanston, Ill., and New York: Row, Peterson and Co.
———. 1952. "Group Forces in the Modification and Distortion of Judgments." In *Social Psychology*, 450–73. New York: Prentice Hall, Inc.
Bader-Weiss, G., and K. S. Bader. 1935. *Der Pranger: Ein Strafwerkzeug und Rechtswahrzeichen des Mittelalters*. Freiburg: Jos. Waibel'sche Verlagsbuchhandlung.
Bandura, Albert. 1968. "Imitation." In *International Encyclopedia of the Social Sciences*, ed. David L. Sills, 7:96–101. New York: Macmillan Co. & Free Press.
Barber, Bernard, and Lyle S. Lobel. 1953. "Fashion in Women's Clothes and the American Social System." In *Class, Status, and Power: A Reader in Social Stratification*, ed. Reinhard Bendix and Seymour Martin Lipset, 323–32. Glencoe, Ill.: Free Press.
Bauer, Wilhelm. 1914. *Die öffentliche Meinung und ihre geschichtlichen Grundlagen*. Tübingen: J. C. B. Mohr (Paul Siebeck).
———. 1920. "Das Schlagwort als sozialpsychische und geistesgeschichtliche Erscheinung." *Historische Zeitschrift* 122:189–240.
———. 1930. *Die öffentliche Meinung in der Weltgeschichte*. Wildpark-Potsdam: Akademische Verlagsgesellschaft Athenaion.
Beniger, James R. 1978. "Media Content as Social Indicators: The Green-

field Index of Agenda-Setting." *Communication Research* 5:437–53.

———. (1987). "Toward an Old New Paradigm. The Half-Century Flirtation with Mass Society." In *Public Opinion Quarterly* 51:46–66.

———. 1992. "The Impact of Polling on Public Opinion: Reconciling Foucault, Habermas and Bourdieu." *International Journal of Public Opinion Research* 4, no. 3.

Bentham, Jeremy. [1838–43] 1962. "The Constitutional Code." In *The Works of Jeremy Bentham,* ed. J. Bowring, vol. 9, bk. 1, chap. 8, "Public Opinion Tribunal," pp. 41–46. New York: Russell & Russell.

Berger, Arthur Asa. 1989. *Political Culture and Public Opinion.* New Brunswick and Oxford: Transaction Publishers.

Berlyne, D. E. 1969. "Laughter, Humor, and Play." In *Handbook of Social Psychology,* 2d ed., ed. Gardner Lindzey and Elliot Aronson, vol. 3, 795–852. Reading, Mass.: Addison-Wesley Publishing Company.

Beyle, Herman C. 1931. *Identification and Analysis of Attribute-Cluster-Blocs.* Chicago: University of Chicago Press.

Blake, Robert R., and Jane Suygley Mouton. 1954. "Present and Future Implications of Social Psychology for Law and Lawyers." *Journal of Public Law* 3:352–69.

Blumer, Herbert. 1948. "Public Opinion and Public Opinion Polling." *American Sociological Review* 13:542–47.

Boas, George. 1969. *Vox Populi: Essays in the History of an Idea.* Baltimore: The Johns Hopkins Press.

Bourdieu, Pierre. 1979. "Public Opinion Does Not Exist." In *Communication and Class Struggle,* ed. A. Mattelart and S. Siegelaub. New York: International General.

Braatz, Kurt. 1988. *Friedrich Nietzsche—Eine Studie zur Theorie der öffentlichen Meinung.* Monographien und Texte zur Nietzsche Forschung, no. 18. Berlin and New York: de Gruyter.

Bryce, James. 1888–89. *The American Commonwealth.* 2 vols. London: Macmillan.

Bucher, Lothar. 1887. "Über politische Kunstausdrücke." *Deutsche Revue,* no. 12:67–80.

Burke, Edmund. [1791] 1826. "An Appeal From the New to the Old Whigs." In *The Works of the Right Honourable Edmund Burke,* a New Edition, vol. 6, 73–267. London: Printed for C. and J. Rivington.

Carson, Rachel. 1962. *Silent Spring.* Boston: Houghton Mifflin Co. Reprinted 1977, New York: Fawcett.

Cartwright, Dorwin, and Alvin Zander, eds. [1953] 1968. *Group Dynamics: Research and Theory.* 3d ed. New York: Evanston, and London: Harper & Row.

Cicero, 1980. *Atticus-Briefe.* Ed. H. Kasten. Munich and Zürich: Artemis.

Childs, Harwood L. 1965. *Public Opinion: Nature, Formation, and Role.* Princeton, N.J., Toronto, New York, and London: D. van Nostrand.

Choderlos de Laclos, Pierre A. [1782] 1926. *Les liaisons dangereuses.* 2 vols. Paris: Les Editions G. Crès.

Chuliá-Rodrigo, Maria Elisa. 1989. "Die öffentliche Meinung in Cervantes' Roman 'Don Quijote von der Mancha.'" Master's thesis, Johannes Gutenberg-Universität, Mainz.

Conradt, David P. 1978. "The 1976 Campaign and Election: An Overview." In *Germany at the Polls: The Bundestag Election of 1976,* ed. Karl H. Cerny, 29–56. Washington, D.C.: American Enterprise Institute for Public Policy Research.

Csikszentmihalyi, Mihaly. 1992. "Public Opinion and the Psychology of Solitude." Paper presented at the Johannes Gutenberg University of Mainz, January 22, 1992.

Darwin, Charles. 1873. *The Expression of the Emotions in Man and Animals.* London: Murray.

Davison, W. Phillips. 1958. "The Public Opinion Process." *Public Opinion Quarterly* 22:91–106.

———. 1968, "Public Opinion: Introduction." In *International Encyclopedia of the Social Sciences,* ed. David L. Sills, 13:188–97. New York: Macmillan Co. & Free Press.

Descartes, René. [1641] 1964. "Meditationes de Prima Philosophia." In *Oeuvres,* ed. Charles Adam and Paul Tannery, vol. 7. Paris: Librairie Philosophique J. Vrin, English: 1931. "Meditations on First Philosophy." In *The Philosophical Works,* trans. Elizabeth S. Haldane and G. R. T. Ross, 2d rev. ed. Cambridge: At the University Press.

Dicey, Albert V. 1905. *Lectures on the Relations Between Law and Public Opinion in England During the Nineteenth Century.* London: Macmillan.

———. [1905]. 1962. *Law and Public Opinion in England.* London: Macmillan.

Dietze, Jörn. 1992. "Symbolischer Interaktionismus und öffentliche Meinung." Forthcoming Master's thesis, Johannes Gutenberg-Universität, Mainz.

Donsbach, Wolfgang, and Robert L. Stevenson. 1986. "Herausforderungen, Probleme und empirische Evidenzen der Theorie der Schweigespirale." *Publizistik* 31:7–34.

Douglas, Mary. 1986. *How Institutions Think.* Syracuse, N.Y.: Syracuse University Press.

Dovifat, Emil. [1937] 1962. *Zeitungslehre.* Vol. 1. Berlin: Walter de Gruyter & Co. (Sammlung Göschen. no. 1039).

Draper, Theodore. 1982. "Hume and Madison: The Secrets of Federalist Paper No. 10." *Encounter* 58. no. 2 (February).

Dulmen, Richard van. 1977. *Reformation als Revolution: Soziale Be-*

wegung und religiöser Radikalismus. Munich: Deutscher Taschenbuchverlag (dtv-Wissensch. Reihe 4273).

Durkheim, Emile. [1895] 1958. *The Rules of Sociological Method.* Glencoe, Ill.: The Free Press.

Eckert, Werner. 1985. "Zur öffentlichen Meinung bei Machiavelli—Mensch, Masse und die Macht der Meinung." Master's thesis, Johannes Gutenberg-Universität, Mainz.

Eckstein, Harry. 1966. *Division and Cohesion in Democracy: A Study of Norway.* Princeton, N.J.: Princeton University Press.

Elder Seneca. 1974. *Controversae.* Trans. M. Winterbottom. Vol. 1. Cambridge, Mass.: Harvard University Press.

Erasmus of Rotterdam. [1516] 1968. *Fürstenerziehung. Institutio Principis Christiani. Die Erziehung eines christlichen Fürsten.* Ed. Anton J. Gail. Paderborn: Schöningh. English: 1986. "The Education of a Christian Prince. Institutio Principis Christiani." Trans. Neil M. Cheshire and Michael J. Heath. In *Collected Works of Erasmus,* ed. A. H. T. Levi, 199–288. Toronto and London: University of Toronto Press.

Ewen, Wolfgang, Wolfgang Heininger. Sabine Holicki, Axel Hopbach and Elmar Schlüter. 1981/82. "Selbstexperiment: Isolationsdrohung." Term paper, Johannes Gutenberg-Universität, Mainz.

Festinger, Leon. 1957. *A Theory of Cognitive Dissonance.* Evanston, Ill.: Row, Peterson.

Fields, James M., and Howard Schuman. 1976. "Public Beliefs about the Beliefs of the Public." *Public Opinion Quarterly* 40:427–48.

Frame, Donald M. 1965. *Montaigne: A Biography.* New York: Harcourt, Brace & World.

Frazier, Jean P., and Cecile Gaziano. 1979. *Robert Ezra Park's Theory of News, Public Opinion and Social Control.* Journalism Monographs 64.

Frentiu, Carmen. 1990. "Die öffentliche Meinung in den Essays 'Upon the Original and Nature of Government' (1672) and 'Of Popular Discontents' (1685) von Sir William Temple." Term paper, Johannes Gutenberg-Universität, Mainz.

Frey, Siegfried, H.-P. Hirsbrunner, J. Pool, and W. Daw. 1981. "Das Berner System zur Untersuchung nonverbaler Interaktion." In *Methoden der Analyse von Face-to-Face-Situationen,* ed. Peter Winkler. Stuttgart: Metzler.

Frisch, Max. [1967] 1979. *Öffentlichkeit als Partner.* 6th ed. Frankfurt/Main: Suhrkamp.

Fromm, Erich. 1980. *Greatness and Limitations of Freud's Thought.* New York: Harper & Row.

Funkhouser, G. R. 1973. "The Issues of the Sixties: An Exploratory Study in the Dynamics of Public Opinion." *Public Opinion Quarterly* 37:62–73.

Gallacher, S. A. 1945. "Vox Populi—Vox Dei." *Philological Quarterly* 24 (January).

Ganochaud, Colette. 1977–78. "L'opinion publique chez Jean-Jacques Rousseau." 2 vols. Doctoral diss. Université de Paris V, René Descartes. Sciences Humaines, Sorbonne.

Gehlen, Arnold. 1965. *Zeit-Bilder: Zur Soziologie und Ästhetik der modernen Malerei*. Frankfurt and Bonn: Athenäum.

Geldner, Ferdinand. 1930. "Die Staatsauffassung und Fürstenlehre des Erasmus von Rotterdam." *Historische Studien* (Berlin) 191.

Gerber, Christine. 1975. "Der Begriff der öffentlichen Meinung im Werk Rousseaus." Master's thesis. Johannes Gutenberg-Universität, Mainz.

Gersdorff, Carl Ernst August von. 1846. *Über den Begriff und das Wesen der oeffentlichen Meinung: Ein Versuch*. Jena: J. G. Schreiber.

Glanvill, Joseph. 1661. *The Vanity of Dogmatizing: or Confidence in Opinions: Manifested in a Discourse of the Shortness and Uncertainty of our Knowledge, And its Causes; With Some Reflexions on Peripateticism; and An Apology for Philosophy*. London: E. C. for Henry Eversden at the Grey-Hound in St. Pauls-Church-Yard.

Glynn, Carroll J., and Jack M. McLeod. 1985. "Implications of the Spiral of Silence Theory for Communication and Public Opinion Research." In *Political Communication Yearbook 1984*, ed. Keith R. Sanders, Linda Lee Kaid, and Dan Nimmo, 43–65. Carbondale, Edwardsville: Southern Illinois University Press.

Goethe, Johann Wolfgang von. 1964. *Werke, Briefe und Gespräche*. Commemorative edition, ed. Ernst Beutler. Vol. 14, *Schriften zur Literatur*, "Weltliteratur, Homer noch einmal." Zurich and Stuttgart: Artemis.

Goffman, Erving. 1956. "Embarrassment and Social Organization." *American Journal of Sociology* 62:264–71.

———. 1963a. *Behavior in Public Places: Notes on the Social Organization of Gatherings*. New York: The Free Press.

———. 1963b. *Stigma: Notes on the Management of Spoiled Identity*. Englewood Cliffs, N.J.: Prentice-Hall.

Gollin, Albert E. 1980. "Exploring the Liaison between Polling and the Press." *Public Opinion Quarterly* 44:445–61.

Goodnight, Thomas. 1992. "Habermas, The Public Sphere and Controversy." *International Journal of Public Opinion Research* 4, no. 3.

Habermas, Jürgen. 1962. *Strukturwandel der Öffentlichkeit: Untersuchungen zu einer Kategorie der bürgerlichen Gesellschaft*. Neuwied: Hermann Luchterhand.

Hallemann, Michael. 1984. "Peinlichkeit als Indikator. Theorie der Peinlichkeit—demoskopische Analyse—Bezüge zur Publizistikwissenschaft unter besonderer Berücksichtigung des Phänomens Öffentlichkeit." Master's thesis, Johannes Gutenberg-Universität, Mainz.

———. 1986. "Peinlichkeit und öffentliche Meinung." *Publizistik* 31:249–61.

———. 1989. "Peinlichkeit: Ein Ansatz zur Operationalisierung von Isola-

tionsfurcht im sozialpsychologischen Konzept öffentlicher Meinung." Dissertation, Johannes Gutenberg-Universität, Mainz.
Haller, William. 1965. *Tracts on Liberty in the Puritan Revolution 1638–1647.* Vol. 1, Commentary. New York: Octagon Books.
Harig, Ludwig. 1978. "Rousseau sieht das Weisse im Auge des Königs: Ein literaturhistorischer Rückblick." *Die Welt,* no. 71 (25 March).
Haviland, John Beard. 1977. *Gossip: Reputation, and Knowledge in Zinacantan.* Chicago: University of Chicago Press.
Hegel, Georg Wilhelm Friedrich. [1821] 1970. *Werke.* Vol. 7, *Grundlinien der Philosophie des Rechts.* Frankfurt/Main: Suhrkamp.
Heider, Fritz. 1946. "Attitudes and Cognitive Organization." *Journal of Psychology* 21:107–12.
Hennis, Wilhelm. 1957a. *Meinungsforschung und repräsentative Demokratie: Zur Kritik politischer Umfragen.* Recht und Staat in Geschichte und Gegenwart, no. 200/201. Tübingen: J. C. B. Mohr (Paul Siebeck).
———. 1957b. "Der Begriff der öffentlichen Meinung bei Rousseau." *Archiv für Rechts- und Sozialphilosophie* 43: 111–15.
Hentig, Hans von. 1954–55. *Die Strafe: Frühformen und kulturgeschichtliche Zusammenhänge.* Berlin, Göttingen, and Heidelberg: Springer.
Herbst, Susan. 1992. "Surveys in the Public Sphere: Applying Bourdieu's Critique of Opinion Polls." *International Journal of Public Opinion Research* 4, no. 3.
Hesiod. 1959. "Works and Days." In *The Homeric Hymns and Homerica,* trans. G. Evelyn-White, ed. T. E. Page et al. 2–65. Loeb Classical Library, 2d rev. ed. London: William Heinemann.
Hobbes, Thomas. [1650, 1889] 1969. *The Elements of Law: Natural and Politic.* London: Frank Cass & Co.
Hofstätter, Peter R. 1949. *Die Psychologie der öffentlichen Meinung.* Vienna: Wilhelm Braumüller.
Holcombe, A. W. 1923. *The Foundations of the Modern Commonwealth.* New York: Harpers.
Holicki, Sabine. 1984. "Isolationsdrohung—Sozialpsychologische Aspekte eines publizistikwissenschaftlichen Konzepts." Master's thesis, Johannes Gutenberg-Universität, Mainz.
Holtzendorff, Franz von. 1879, 1880. *Wesen und Werth der öffentlichen Meinung.* Munich: M. Rieger'sche Universitäts-Buchhandlung (Gustav Himmer).
Homer. 1951. *The Iliad of Homer.* Trans. with an Introduction by Richmond Lattimore. Chicago and London: The University of Chicago Press.
Hubbard, B. A. F., and E. S. Karnofsky. 1982. *Plato's Protagoras: A Socratic Commentary,* with a Foreword by M. F. Burnyeat. London: The Trinity Press.
Hume, David. [1739/1740] 1896. *A Treatise of Human Nature.* Reprinted

from the original edition in three volumes. Ed. L. A. Selby-Bigge. Oxford: At the Clarendon Press.

———. [1751] 1962. *Enquiries Concerning the Human Understanding and Concerning the Principles of Morals.* Ed. L. A. Selby-Bigge. 2d ed. Oxford: At the Clarendon Press.

———. [1741/1742] 1963. *Essays Moral, Political, and Literary.* London: Oxford University Press.

Hyman, Herbert. 1957. "Toward a Theory of Public Opinion." *Public Opinion Quarterly* 21:54–60.

Ihering, Rudolph von. 1883. *Der Zweck im Recht.* Vol. 2. Leipzig: Breitkopf and Härtel.

Institut für Demoskopie Allensbach. 1952. "Die Stimmung im Bundesgebiet." October. Graph.

International Encyclopedia of Communications. New York, Oxford: Oxford University Press, 1989.

International Encyclopedia of the Social Sciences, ed. David L. Sills. New York: Macmillan Co. & Free Press, 1968.

Jäckel, Anne. 1988. "Ungeschriebene Gesetze im Lichte der sozialpsychologischen Theorie öffentlicher Meinung." Master's thesis, Johannes Gutenberg-Universität, Mainz.

Jahoda, Marie. 1959. "Conformity and Independence: A Psychological Analysis." *Human Relations* 12:99–120.

John of Salisbury [1159] 1927. *The Statesman's Book of John of Salisbury. Being the Fourth, Fifth, and Sixth Books, and Selections from the Seventh and Eighth Books, of the Policraticus.* Trans. and with an Intro. by John Dickinson. New York: Russell & Russell.

Jordan, E. 1930. *Theory of Legislation.* Indianapolis: Progress Publishing Company.

Kaiser, Joseph H. 1975. "Sozialauffassung, Lebenserfahrung und Sachverstand in der Rechtsfindung." *Neue Juristische Wochenschrift,* no. 49.

Kant, Immanuel. 1893. *Critique of Pure Reason.* Trans. J. M. D. Meiklejohn. London: George Bell & Sons.

Katz, Elihu. 1981. "Publicity and Pluralistic Ignorance: Notes on 'The Spiral of Silence.'" In *Öffentliche Meinung und Sozialer Wandel/ Public Opinion and Social Change.* Festschrift for Elisabeth Noelle-Neumann, ed. Horst Baier, Hans Mathias Kepplinger, and Kurt Reumann, 28–38. Opladen: Westdeutscher Verlag.

Kepplinger, Hans Mathias. 1975. *Realkultur und Medienkultur: Literarische Karrieren in der Bundesrepublik.* Alber-Broschur Kommunikation, vol. 1. Freiburg and Munich: Karl Alber.

———. 1979. "Ausgewogen bis zur Selbstaufgabe? Die Fernsehberichterstattung über die Bundestagswahl 1976 als Fallstudie eines kommunikationspolitischen Problems." *Media Perspektiven,* no. 11:750–55.

———. 1980a. "Optische Kommentierung in der Fernsehberichterstattung über den Bundestagswahlkampf 1976." In *Politikfeld-Forschung 1979*, ed. Thomas Ellwein. Opladen: Westdeutscher Verlag.

———. 1980b. "Kommunikation im Konflikt. Gesellschaftliche Bedingungen kollektiver Gewalt." *Mainzer Universitätsgespräche*, Mainz.

———. 1983. "Visual Biases in Television Campaign Coverage." In *Mass Communication Review Yearbook*, ed. Ellen Wartella, D. Charles Whitney, and Sven Windahl, 3:391–405. Beverly Hills: Sage.

———. 1987. *Darstellungseffekte: Experimentelle Untersuchungen zur Wirkung von Pressefotos und Fernsehfilmen*. Alber-Broschur Kommunikation, vol. 15. Freiburg and Munich: Karl Alber.

———. 1988. "Die Kernenergie in der Presse: Eine Analyse zum Einfluß subjektiver Faktoren auf die Konstruktion von Realität." *Kölner Zeitschrift für Soziologie und Sozialpsychologie* 40:659–83.

———. 1989a. *Künstliche Horizonte. Folgen, Darstellung und Akzeptanz von Technik in der Bundesrepublik Deutschland*. Frankfurt/Main: Campus.

———. 1989b. "Nonverbale Kommunikation: Darstellungseffekte." In *Fischer Lexikon Publizistik—Massenkommunikation*, ed. Elisabeth Noelle-Neumann, Winfried Schulz, Jürgen Wilke, 241–255. Frankfurt/Main: Fischer Taschenbuch-Verlag.

Kepplinger, Hans Mathias, and W. Donsbach. 1982. "The Influence of Camera Angles and Political Consistency on the Perception of a Party Speaker." Paper presented to the 5th International Conference on Experimental Research in TV Instruction, St. Johns, Canada, 28–30 June.

Kepplinger, Hans Mathias, and Michael Hachenberg. 1979. "The Challenging Minority: A Study in Social Change." Lecture at the annual conference of the International Communication Association, Philadelphia, May 1979.

Kepplinger, Hans Mathias, and Herbert Roth. 1979. "Creating a Crisis: German Mass Media and Oil Supply in 1973/74. *Public Opinion Quarterly* 43:285–96.

Klapp, Orrin E. 1954. "Heroes, Villains, and Fools as Agents of Social Control." *American Sociological Review* 19, no. 1:56–62.

König, René. 1967. "Das Recht im Zusammenhang der sozialen Normensysteme." *Kölner Zeitschrift für Soziologie und Sozialpsychologie*, special issue 11, Studien und Materialien zur Rechtssoziologie, 36–53.

Lamp, Erich. 1988. "Öffentliche Meinung im Alten Testament: Eine Untersuchung der sozialpsychologischen Wirkungsmechanismen öffentlicher Meinung in Texten alttestamentlicher Überlieferung von den Anfängen bis in babylonische Zeit." Dissertation, Johannes Gutenberg-Universität, Mainz.

Landecker, Werner S. 1950. "Types of Integration and Their Measurement." *American Journal of Sociology* 56:332–40. Reprinted 1955 in Paul F. Lazarsfeld and Morris Rosenberg, eds., *The Language of So-*

cial Research: A Reader in the Methodology of Social Research, 19–27. New York and London: Free Press and Collier-Macmillan.

LaPiere, Richard T. 1954. *A Theory of Social Control.* New York, London, and Toronto: McGraw-Hill.

Lawick-Goodall, Jane van. 1971. *In the Shadow of Man.* Boston: Houghton Mifflin.

Lazarsfeld, Paul F. 1957. "Public Opinion and the Classical Tradition." *Public Opinion Quarterly* 21, no. 1:39–53.

Lazarsfeld, Paul, Bernard Berelson and Hazel Gaudet. [1944] 1948, 1968. *The People's Choice: How the Voter Makes Up His Mind in a Presidential Campaign.* 2d ed. 1948; 3d ed. 1968. New York: Columbia University Press.

LeGoff, Jacques. 1989. "Kann denn Lachen Sünde sein? Die mittelalterliche Geschichte einer sozialen Verhaltensweise." *Frankfurter Allgemeine Zeitung,* no. 102 (3 May 1989): N3.

Lenau, Nikolaus. 1954. *Stundenbuch für Letternfreunde: Besinnliches und Spitziges über Schreiber und Schrift, Leser und Buch.* Ed. Horst Kliemann. Berlin and Frankfurt.

Leonhardt. R. W. 1965. "Der Kampf der Meinungsforscher. Elisabeth Noelle-Neumann: 'Ich würde mich gar nicht wundern, wenn die SPD gewänne.'" *Die Zeit,* 17 September.

Lersch, Philipp. 1951. *Gesicht und Seele: Grundlinien einer mimischen Diagnostik.* Munich and Basel: Reinhardt.

Lewin, Kurt. 1947. "Group Decision and Social Change." In *Readings in Social Psychology,* ed. Theodore M. Newcomb and Eugene L. Hartley, 330–44. New York: Henry Holt and Company.

———. (1935–1946) 1948. *Resolving Social Conflicts: Selected Papers on Group Dynamics.* A Publication of the University of Michigan Research Center for Group Dynamics, ed. Gertrud W. Lewin. New York: Harper.

Limmer, Wolfgang. 1976. "Wem schrei ich um Hilfe?" *Der Spiegel,* no. 41:236–39.

Lippmann, Walter. [1922, 1954] 1965. *Public Opinion.* New York: Macmillan—Paperback edition 1965, New York: Free Press.

Locke, John. 1824. *The Works of John Locke.* Frederic Ives Carpenter Memorial Collection, 12th ed.

———. [1690] 1894. *An Essay Concerning Human Understanding.* Drafted in 1671. Historical-critical edition. Ed. Alexander Campbell Fraser. 2 vols. Oxford: At the Clarendon Press.

Lorenz, Konrad. 1966. *On Aggression.* Trans. Marjorie Kerr Wilson. New York: Harcourt, Brace & World.

Lowell, A. Lawrence. 1913. *Public Opinion and Popular Government.* New York.

Luhmann, Niklas. 1971. "Öffentliche Meinung." In *Politische Planung:*

Aufsätze zur Soziologie von Politik und Verwaltung, 9–34. Opladen: Westdeutscher Verlag. First published in 1970 in *Politische Vierteljahresschrift* 11, no. 1:2–28; reprinted 1974 in *Zur Theorie der politischen Kommunikation,* ed. Wolfgang R. Langenbucher, 27–54, 311–17; Munich: R. Piper & Co.; and 1979 in *Politik und Kommunikation: Über die öffentliche Meinungsbildung,* ed. Wolfgang R. Langenbucher, 29–61. Munich and Zurich: R. Piper & Co.

Machiavelli, Niccolò. [1532] 1971. "Il Principe." In *Tutte le Opere,* ed. Mario Martelli. Florence: Sansoni. English: 1950. *The Prince and the Discourses.* Trans.: Luigi Ricci, E. R. P. Vincent, and Christian Detmold. New York: Random House.

Madison, James. [1788] 1961. "The Federalist No. 49." In *The Federalist,* ed. Jacob E. Cooke, 338–47. Middletown, Conn.: Wesleyan University Press.

Malraux, André. 1972. *Felled Oaks: Conversation with DeGaulle,* Trans. Irene Clephane. New York: Holt Rinehart & Winston.

Mathes, Sabine. 1989. "Die Einschätzung des Meinungsklimas im Konflikt um die Kernenergie durch Personen mit viel und wenig Fernsehnutzung." Master's thesis, Johannes Gutenberg-Universität, Mainz.

McCombs, M. E., and D. L. Shaw. 1972. "The Agenda-Setting Function of Mass Media." *Public Opinion Quarterly* 36:176–87.

McDougall, William. 1920, 1921. *The Group Mind.* Cambridge: At the University Press.

McLeod, J. M., L. B. Becker and J. E. Byrnes. 1974. "Another Look at the Agenda-Setting Function of the Press." *Communication Research,* no. 1:131–66.

Mead, George Herbert. 1934. *Mind, Self, and Society: From the Standpoint of a Social Behaviorist.* Chicago: University of Chicago Press.

———. 1982. "1927 Class Lectures in Social Psychology." In *The Individual and the Social Self,* ed. David L. Miller. Chicago: University of Chicago Press.

Mead, Margaret. 1937. "Public Opinion Mechanisms among Primitive Peoples." *Public Opinion Quarterly* 1 (July): 5–16.

Merton, Robert K. [1949] 1957. *Social Theory and Social Structure: Toward the Codification of Theory and Research.* New York: Free Press.

Milgram, Stanley. 1961. "Nationality and Conformity." *Scientific American* 205:45–51.

Molcho, Samy. 1983. *Körpersprache.* Munich: Mosaik-Verlag.

Montaigne, Michel de. [1588] 1962. "Essais." In Oeuvres complètes, ed. Maurice Rat and Albert Thibaut. Paris: Gallimard. English, 1908. *The Essayes of Michael Lord of Montaigne.* Trans. John Florio. 3 vols. London: Grant Richards.

Moores, Kaaren Marita. 1990. "Die öffentliche Meinung im Werk Montesquieus." Master's thesis, Johannes Gutenberg-Universität, Mainz.

Moreno, Jacob L. [1934] 1953. *Who Shall Survive? Foundations of Sociometry, Group Psychotherapy and Sociodrama.* Rev. ed. Beacon, N.Y.: Beacon House.

Moscovici, Serge. 1991. "Silent Majorities and Loud Minorities. Commentary on Noelle-Neumann." In *Communication Yearbook* 14, ed. James A. Anderson. Newbury Park: Sage.

Mreschar, Renate I. 1979. "Schmidt war besser im Bild als Kohl: Universität analysierte Kameraarbeit bei der TV-Berichterstattung vor der Bundestagswahl 76." *Frankfurter Rundschau,* no. 255 (1 November 1979): 26.

Müller, Johannes von. [1777] 1819. "Zuschrift an alle Eidgenossen." In *Sämmtliche Werke,* ed. Johann Georg Müller, pt. 27, 24–50. Tübingen: J. G. Cotta'sche Buchhandlung.

Murie Adolph. 1944. *The Wolves of Mount McKinley.* Washington: U.S. National Park Service, Fauna Series, no. 5.

Nagler, Johannes [1918] 1970. *Die Strafe: Eine juristisch-empirische Untersuchung.* Aalen: Scientia. Reprint of the Leipzig edition of 1918.

Neumann, Erich Peter, and Elisabeth Noelle. 1961. *Umfragen über Adenauer: Ein Portät in Zahlen.* Allensbach and Bonn: Verlag für Demoskopie.

Neumann, Gerd-Heinrich. 1981. *Normatives Verhalten und aggressive Aussenseiterreaktionen bei geselliglebenden Vögeln und Säugern.* Opladen: Westdeutscher Verlag.

Newcomb, Theodore. 1950. *Social Psychology.* New York: Dryden.

Nibelungenlied, Das. 1965. Trans. Felix Genzmer. Stuttgart: Reclam.

Niedermann, Anne. 1991. "Ungeschriebene Gesetze: Ein sozialpsychologischer Ansatz zur Beschreibung des Spannungsfeldes zwischen öffentlicher Meinung und Recht." Dissertation, Johannes Gutenberg-Universität, Mainz.

Niedermann, Bernd. 1991. "Öffentliche Meinung und Herrschaft am Beispiel des erfolgreichen Politikers Kardinal Richelieu." Master's thesis. Johannes Gutenberg-Universität Mainz.

Nietzsche, Friedrich. 1967. "Zur Genealogie der Moral. Dritte Abhandlung: was bedeuten asketische Ideale?" In *Werke. Kritische Gesamtausgabe,* vol. 6, pt. 2, ed. Giorgio Colli and Mazzino Montinari. Berlin and New York: de Gruyter.

Noelle, Elisabeth. 1966. *Öffentliche Meinung und Soziale Kontrolle.* Recht und Staat, no. 329. Tübingen: J. C. B. Mohr (Paul Siebeck).

Noelle-Neumann, Elisabeth. 1971. "Öffentliche Meinung." In *Publizistik: Das Fischer Lexikon,* ed. Elisabeth Noelle-Neumann and Winfried Schulz. Frankfurt/Main: Fischer.

———. 1973. "Return to the Concept of Powerful Mass Media." *Studies of Broadcasting,* no. 9 (March 1973): 67–112.

———. 1974. "Die Schweigespirale: Über die Entstehung der öffentlichen Meinung." In *Standorte im Zeitstrom: Festschrift für Arnold Gehlen zum 70. Geburtstag am 29. Januar 1974,* ed. Ernst Forsthoff and Reinhard Hörstel, 229–30. Frankfurt/Main: Athenäum. Reprinted 1977, 1979, in Elisabeth Noelle-Neumann, *Öffentlichkeit als Bedrohung: Beiträge zur empirischen Kommunikationsforschung,* 169–203. Alber-Broschur Kommunikation, vol. 6. Freiburg and Munich: Karl Alber. English: 1974. "The Spiral of Silence: A Theory of Public Opinion." *Journal of Communication* 24:43–51.

———. 1977a. "Turbulences in the Climate of Opinion: Methodological Applications of the Spiral of Silence Theory." *Public Opinion Quarterly* 41:143–58.

———. 1977b. "Das doppelte Meinungsklima: Der Einfluss des Fernsehens im Wahlkampf 1976." *Politische Vierteljahresschrift* 18, nos. 2–3:408–51. English: 1978. "The Dual Climate of Opinion: The Influence of Television in the 1976 West German Federal Election." In *Elections and Parties,* ed. Max Kaase and Klaus von Beyme, 137–69. German Political Studies, vol. 3. Beverly Hills: Sage.

———. 1978. "Kampf um die öffentliche Meinung: Eine vergleichende sozialpsychologische Analyse der Bundestagswahlen 1972 und 1976." In *Entscheidung ohne Klarheit: Anmerkungen und Materialien zur Bundestagswahl 1976,* ed. Dieter Just and Peter Röhrig, 125–67. Bonn: Schriftenreihe der Bundeszentrale für politische Bildung, vol. 127.

———. 1979. "Die Führungskrise der CDU im Spiegel einer Wahl: Analyse eines dramatischen Meinungsumschwungs." *Frankfurter Allgemeine Zeitung,* no. 72 (26 March 1979): 10.

———. 1981. "Das Bundesverfassungsgericht und die ungeschriebenen Gesetze—Antwort an Ernst Benda." *Die Öffentliche Verwaltung* 35:883–88.

———. 1984. *The Spiral of Silence: Public Opinion—Our Social Skin.* Chicago/London: University of Chicago Press. German edition (1980): *Die Schweigespirale: Öffentliche Meinung—unsere soziale Haut.* Munich/Zurich: Piper. Revised and enlarged edition (1989): *Öffentliche Meinung: Die Entdeckung der Schweigespirale.* Frankfurt/Main/Wien/Berlin: Ullstein.

———. 1985. "The Spiral of Silence: A Response." In *Political Communication Yearbook 1984,* ed. Keith R. Sanders, Linda Lee Kaid, and Dan Nimmo, 66–94. Carbondale, Edwardsville: Southern Illinois University Press.

———. 1989a. "Advances in Spiral of Silence Research." *KEIO Communication Review* 10:3–34.

———. 1989b. "Die Theorie der Schweigespirale als Instrument der Medienwirkungsforschung." *Kölner Zeitschrift für Soziologie und Sozialpsychologie,* special issue 30, Massenkommunikation, 418–40.

———. 1991. "The Theory of Public Opinion: The Concept of the Spiral of Silence." In *Communication Yearbook 14,* ed. James A. Anderson, 256–87. Newbury Park: Sage.

Nosanchuk, T. A., and Jack Lightstone. 1974. "Canned Laughter and Public and Private Conformity." *Journal of Personality and Social Psychology* 29:153–56.

O'Gorman, Hubert, and Stephen L. Garry. 1976. "Pluralistic Ignorance—A Replication and Extension." *Public Opinion Quarterly* 40: 449–58.

Oncken, Hermann, 1914. "Politik, Geschichtsschreibung und öffentliche Meinung." In *Historisch-politische Aufsätze und Reden* 1:203–43. Munich and Berlin: R. Oldenbourg.

Osgood, Charles E., George J. Suci, and Percy H. Tannenbaum. [1957] 1964. *The Measurement of Meaning.* Urbana, Ill.: University of Illinois Press.

Ostertag, Michael. 1992. "Zum Wirkungspotential nichtsprachlicher Äußerungen in politischen Sendungen. Der Einfluß offensiver und defensiver Verhaltensstrategien auf das Erscheinungsbild von Politikern und Journalisten in Fernsehinterviews." Dissertation, Johannes Gutenberg-Universität, Mainz.

Palmer, Paul A. [1936] 1950. "The Concept of Public Opinion in Political Theory." In *Reader in Public Opinion and Communication,* ed. Bernard Berelson and Morris Janowitz, 3–13. Glencoe: Free Press.

Park, Robert E. [1972] 1975. *The Crowd and the Public and Other Essays.* ed. Henry Elsner, Jr., and trans. Charlotte Elsner. Heritage of Sociology series. Chicago: University of Chicago Press.

Peer, Limor. 1992. "The Practice of Opinion Polling as a Disciplinary Mechanism: A Foucauldian Perspective." *International Journal of Public Opinion Research* 4, no. 3.

Petzolt, Dieter. 1979. "Öffentlichkeit als Bewusstseinszustand: Versuch einer Klärung der psychologischen Bedeutung." Master's thesis, Johannes Gutenberg-Universität, Mainz.

Plato. 1900. "The Republic" In *Works,* vol. 2, trans. Henry Davis. London: George Bell & Sons.

Pound, Roscoe. 1930. "Public Opinion and Social Control." *Proceedings of the National Conference of Social Work.* 57th annual session held in Boston, Mass., June 8–14, 1930. Chicago: University of Chicago Press.

Pribram, Karl. 1979. "Sehen, Hören, Lesen—und die Folgen im Kopf: Informationsverarbeitung im Gehirn." Lecture given at the joint meeting of specialists of the German Society for Reading, the foundation In Medias Res, and the German Society for Communication Research: "The Ecology of the Media—a Future Problem of Our Society: On the Way Toward Cable-Connected Illiterates?" on 27 April 1979, in Mainz.

Priscillianus. 1889. *Opera. Priscilliani quae supersunt.* Maximem partem nuper detexit adiectisque commentariis criticis et indicibus primus edidit Georgius Schepss. Pragae, Vindobonae: F. Tempsky. Lipsiae: G. Freytag.

Rabelais, François. 1955. *Œuvres complètes.* Texte établi et annoté par Jacques Boulenger. Rev. ed., ed. Lucien Scheler. Paris: Gallimard.

Raffel, Michael. 1984. "Der Schöpfer des Begriffs *öffentliche Meinung*: Michel de Montaigne." *Publizistik* 29, no. 1.

———. 1985. "Michel de Montaigne und die Dimension Öffentlichkeit: Ein Beitrag zur Theorie der öffentlichen Meinung." Dissertation, Johannes Gutenberg-Universität, Mainz.

Reiwald, Paul. 1948. *Vom Geist der Massen: Handbuch der Massenpsychologie.* Internationale Bibliothek für Psychologie und Soziologie, vol. 1. Zurich: Pan Verlag.

Renaudet, Augustin. 1954. *Erasme et l'Italie.* Geneva: Librairie E. Droz.

Richelieu, Armand du Plessis Cardinal de. [1688] 1947. *Testament Politique.* Ed. Louis André; preface by Leon Noel. Paris: Robert Lafont.

Richter, Horst E. 1976. *Flüchten oder Standhalten.* Hamburg: Rowohlt.

Roegele, Otto, B. 1979. "Massenmedien und Regierbarkeit." In *Regierbarkeit: Studien zu ihrer Problematisierung,* vol. 2, ed. Wilhelm Hennis, Peter Graf Kielmansegg, and Ulrich Matz, 177–210. Stuttgart: Klett-Cotta.

Ross, Edward Alsworth. [1901, 1929] 1969. *Social Control: A Survey of the Foundations of Order.* With an introduction by Julius Weinberg, Gisela J. Hinkle, and Roscoe C. Hinkle. Cleveland and London: The Press of Case Western Reserve University. First published by Macmillan in 1901.

Rossow, Kenneth. "Sociodemographic Characteristics, Perceived Normative Threat, and Response Falsification for Survey Topics with High Social Desirability." Lecture presented at AAPOR annual meeting, May 1983.

Rousseau, Jean-Jacques. [1762] 1953. "The Social Contract." In *Political Writings,* ed. and trans. Frederick Watkins. London: Nelson.

———. [1762] 1962a. "Du Contrat Social." In *Du Contrat Social ou Principes du Droit Politique.* Paris: Garnier.

———. [1762] 1962b. "Lettre à M. D'Alembert." In *Du Contrat Social ou Principes du Droit Politique.* Paris: Garnier.

———. [1744] 1964a. "Depêches de Venise. XCI." In *Oeuvres complètes,* vol. 3. La Pléiade. Paris: Gallimard.

———. [1750/55] 1964b. "Discours sur l'origine et les foundements de l'inégalité parmi les hommes." In *Oeuvres complètes,* vol. 3. La Pléiade. Paris: Gallimard. English: 1964. *The First and Second Discourses.* Ed. Roger D. Masters, trans. Roger D. and Judith R. Masters. New York: St. Martin's Press.

———. [1761] 1964c. "La nouvelle Héloise." In *Oeuvres complètes,* vol. 2. La Pléiade. Paris: Gallimard.

———. [1762] 1964d. "Émile ou de l'éducation." In *Oeuvres complètes,* vol. 4. La Pléiade. Paris: Gallimard. English: 1957. *Émile.* Trans. Barbara Foxley. London: J. M. Dent & Sons.

———. [1762] 1967. *Lettre à d'Alembert sur les Spectacles.* Paris: Garnier-Flammariche. English: 1960. *Politics and the Arts.* Trans. Allan Bloom. Glencoe, Ill.: Free Press.

———. [1766–70] 1968. *Les Confessions.* Paris: Garnier-Flammarion. English: 1945. *The Confessions of Jean Jacques Rousseau.* New York: Random House.

Rusciano, Frank L. [n.d.] "Passing Brave: Elite Perspectives on the Machiavellian Tradition." Master's thesis, Department of Political Science, University of Chicago.

Rusciano, Frank L., and Roberta Fiske-Rusciano. 1990. "Towards a Notion of 'World Opinion.'" *International Journal of Public Opinion Research* 2, no. 4:305–22.

Salmon, Charles T., and F. Gerald Kline. 1985. "The Spiral of Silence Ten Years Later: An Examination and Evaluation." In *Political Communication Yearbook 1984,* ed. Keith R. Sanders, Linda Lee Kaid, and Dan Nimmo, 3–30. Carbondale, Edwardsville: Southern Illinois University Press.

Sauerwein, J. A. 1933. "The Moulders of Public Opinion." In: *Public Opinion and World Politics,* ed. Quincy Wright. Chicago: University of Chicago Press.

Schanck, R. L. 1932. "A Study of a Community and Its Groups and Institutions Conceived of as Behaviors of Individuals. *Psychological Monographs* 43.

Schlarb, Armin. 1984/85. "Die Beziehung zwischen öffentlicher Meinung und symbolischem Interaktionismus." Term paper, Johannes Gutenberg-Universität, Mainz.

Schlegel, Friedrich. 1799. *Lucinde.* Berlin: Heinrich Frölich.

Schöne, Walter, 1939. *Der Aviso des Jahres 1609.* Published in facsimile with an afterword. Leipzig: Otto Harrassowitz.

Schulman, Gary I. 1968. "The Popularity of Viewpoints and Resistance to Attitude Change." *Journalism Quarterly* 45:86–90.

Schulz, Winfried. 1976. *Die Konstruktion von Realität in den Nachrichtenmedien: Eine Analyse der aktuellen Berichterstattung.* Alber Broschur Kommunikation, vol. 4. Freiburg: Karl Alber.

Sherif, Muzafer. [1936] 1965. *The Psychology of Social Norms.* New York: Octagon Books.

Smend, Rudolf. 1928. *Verfassung und Verfassungsrecht.* Munich: Duncker & Humblot.

———. 1956. "Integrationslehre." In *Handwörterbuch der Sozialwissenschaften,* 5:299–302. Stuttgart, Tübingen, and Göttingen: Gustav Fischer, J. C. B. Mohr (Paul Siebeck), and Vandenhoeck & Ruprecht.

Smith, Brewster M. 1970. "Some Psychological Perspectives on the Theory of Public Opinion." *Public Opinion Quarterly* 34:454–55.

Snyderman, Mark, and Stanley Rothman. 1988. *The IQ Controversy: The Media and Public Policy.* New Brunswick: Transaction Books.

Speier, Hans. 1950. "Historical Development of Public Opinion." *American Journal of Sociology* 55, no. 4:376–88.
Spencer, Herbert. (1879) 1966. "The Data of Ethics.: In *The Works of Herbert Spencer*, vol. 9, *The Principles of Ethics*, part 1, 1–303. Osnabrück: Otto Zeller.
Staatslexikon. Recht—Wirtschaft—Gesellschaft. Freiburg, Basel, Vienna: Verlag Herder, 1988.
Streller, Siegfried, ed. 1978. *Hutten—Müntzer—Luther: Werke in zwei Bänden*. 3d ed. Vol. 1. Berlin and Weimar: Aufbau-Verlag.
Stross, Brian. 1978. "Gossip in Ethnography." *Reviews in Anthropology*, 181–88.
Sturm, Hertha, Ruth von Haebler and Reinhard Helmreich. 1972. *Medienspezifische Lerneffekte: Eine empirische Studie zu Wirkungen von Fernsehen und Rundfunk*. Schriftenreihe des Internationalen Zentralinstituts für das Jugend- und Bildungsfernsehen, no. 5. Munich: TR-Verlagsunion.
Swift, Jonathan. [1706] 1965. "Thoughts on Various Subjects." In *Prose Works*, vol. 1, *A Tale of a Tub*. Oxford: Basil Blackwell.
Taine, Hippolyte. [1877] 1916. *Les origines de la France contemporaine, III. La Révolution l'Anarchie*. Vol. 1. Paris: Hachette.
Tarde, Gabriel. 1890. *Les lois de l'imitation*. Paris. English: 1903. *The Laws of Imitation*. New York: Holt.
———. 1898. "Le public et la foule." *La Revue de Paris*, vol. 4.
———. 1969. *Gabriel Tarde on Communication and Social Influence: Selected Papers*. Ed. with intro. by Terry N. Clark. Chicago and London: University of Chicago Press.
Taylor, Garth. 1982. "Pluralistic Ignorance and the Spiral of Silence: A Formal Analysis." *Public Opinion Quarterly* 46:311–35.
Temple, Sir William. [1672] 1964. *An Essay Upon the Original and Nature of Government*. The Augustan Reprint Society, Publication no. 109. Los Angeles: University of California.
T'Hart, Harm. 1981. "People's Perceptions of Public Opinion." Paper presented to the International Society of Political Psychology. Mannheim.
Thucidides. 1981. *Geschichte des Peleponnesischen Krieges*. Ed. and trans. Georg Peter Landmann. Munich: Deutscher Taschenbuch Verlag. English: 1881. *The History of the Peleponnesian War*. Trans. B. Jowett. Oxford: At the Clarendon Press.
Tischer, Angelika. 1979. "Der Begriff 'Öffentliche Meinung' bei Tocqueville." Master's thesis, Johannes Gutenberg-Universität, Mainz.
Tocqueville, Alexis de. [1835/40] 1948. *Democracy in America*. Ed. Phillips Bradley, trans. Henry Reeve. 2 vols. New York: Alfred A. Knopf.
———. [1856] 1952. "L'Ancien régime et la révolution." In *Oeuvres complètes*, vol. 2. Paris: Gallimard, English: 1955. *The Old Régime and the*

French Revolution. Trans. Stuart Gilbert. New York: Doubleday, Anchor.

Tönnies, Ferdinand. 1922. *Kritik der öffentlichen Meinung.* Berlin: Julius Springer.

Trotter, Wilfred. 1916. *Instincts of the Herd in War and Peace.* London: T. Fisher Unwin.

Tucholsky, Kurt. 1975. *Schnipsel.* Ed. Mary Gerold-Tucholsky and Fritz J. Raddatz. Reinbek: Rowohlt.

Turnbull, Colin M. 1961. *The Forest People: A Study of the Pygmies of the Congo.* New York: Simon and Schuster.

Uexküll, Thure von. 1963, 1964. *Grundfragen der psychosomatischen Medizin.* Reinbek: Rowohlt.

Van Zuuren, Florence J. 1983. "The Experience of Breaking the Rules." Paper presented at the "Symposium on Qualitative Research in Psychology" in Perugia, Italy, August 1983. Department of Psychology, University of Amsterdam, Revesz Report no. 47.

Veblen, Thorstein, [1899] 1970. *The Theory of the Leisure Class: An Economic Study of Institutions.* London: Unwin Books.

Verba, Sidney. 1970. "The Impact of the Public on Policy." *Public Opinion Quarterly* 34:455.

Warner, Lucien. 1939. "The Reliability of Public Opinion Survey." *Public Opinion Quarterly* 3:376–90.

Weiland, Jan Sperna, et al., eds. 1988. *Erasmus von Rotterdam: Die Aktualität seines Denkens.* Hamburg: Wittig.

Wiese, Leopold von. [1924–28] 1955. *System der Allgemeinen Soziologie als Lehre von den sozialen Prozessen und den sozialen Gebilden der Menschen (Beziehungslehre).* Berlin: Duncker & Humblot.

Wilson, Francis. G. 1933. "Concepts of Public Opinion." *American Political Science Review* 27:371–91.

———. 1939. "James Bryce on Public Opinion: Fifty Years Later." *Public Opinion Quarterly* 3, no. 3:420–35.

Yavetz, Zvi. 1979. *Caesar in der öffentlichen Meinung.* Schriftenreihe des Instituts für Deutsche Geschichte, Unversität Tel Aviv, no. 3. Düsseldorf: Droste.

Young, James T. 1923. *The New American Government and Its Work.* New York: Macmilllan Co.

Zimen, Erik. 1981. *The Wolf: A Species in Danger.* Trans. Eric Mosbacher New York: Delacorte Press.

Zimmermann, Tassilo. 1988. "Das Bewußtsein von Öffentlichkeit bei Homer." Master's thesis, Johannes Gutenberg-Universität, Mainz.

Zippelius, Reinhold. 1978. "Verlust der Orientierungsgewissheit?" In *Recht und Gesellschaft: Festschrift für Helmut Schelsky zum 65. Geburtstag,* ed. Friedrich Kaulbach and Werner Krawietz. Berlin: Duncker & Humblot.

人 名 索 引

ア行

アッシュ（Asch,S.E.）　40,41,159,238,266,295
アリストテレス（Aristotle）　86,169,217,221,225,261
アルクイン（Alcuin）　205,206
イェーリング（von.Ihering,R.）　61,66,68,168,262
池田謙一　xiii, xiv, 292, 294
伊藤陽一　xiii, xvii
イザヤ（Isaiah）　205,206
ウィーゼ（von.Wiese,L.）　125,131
ウィーランド（Wieland,C.M.）　208,227
ヴァーバ（Verba,S.）　231,251
ヴェブレン（Veblen,T.）　100,136
ヴント（Wundt,W）　xxi
エラスムス（Erasmus）　215〜217,221,225,228
エスピナス（Espinas,A.）　116
オルポート（Allport,F.H.）　108,231,249
オンケン（Oncken,H.）　63

カ行

カエサル（Caesar）　221
カント（Kant,I.）　64
キケロ（Cicero）　xiv, 82, 139
クーリー（Cooley,C.）　xxi
グランビル（Glanvill,J.）　88
ゲーテ（von.Goethe,J.W.）　158
ケップリンガー（Kepplinger,H.M.）　216,235
ゲーレン（Gehlen,A.）　171
ゴフマン（Goffman,E）　xxi, 240, 241, 266
コント（Comte,A.）　155
コンラット（Conradt,D.P.）　195

サ行

シェークスピア（Shakespeare,W.）　70, 71
シェフ（Scheff,T.J.）　xix, xxi
ジーメン（Zimen,E.）　112, 113
シャロン（Charron,P.）　206

シュルマン（Schulman,G.I.）　201
シュレーゲル（Schlegel,F）　162
ジンメル（Simmel,G.）　xxi
スウィフト（Swift,J.）　213
スタインブック（Steinbuch,K.）　207
スパイアー（Speier,H.）　107,108,255
スペンサー（Spencer,H.）　155,230
スミス（Smith,B.）　231
スメンド（Smend,R.）　156,157
セネカ（Seneka）　207
ソクラテス（Socrates）　64,107,136,158
ソロー（Thoreau,H.D.）　216

タ行

ダーウィン（Darwin,C.）　xxi, 239, 240, 241
ダイシー（Dicey,A.V.）　152
ダビデ王（King David）　218,219
ダランベール（d'Alembert,J.L.R.）　95
タルド（Tarde,G.）　xxi, 42, 202, 256
ターンブル（Turnbull,C.M.）　117,118
チャイルズ（Childs,H.）　62,209,228,232,253,256,257
ツィッペリウス（Zippelius,R.）　147
ツコルスキー（Tucholsky,K.）　213
デカルト（Descartes,R.）　89
テーヌ（Taine,H.）　126
デービソン（Davison,W.P.）　xiv, xv, 3, 63, 253, 262, 297
デュルケーム（Durkheim,E.）　xxi, 157
テンニース（Tönnies,F.）　xvi, 66, 68, 105, 215, 228, 256
ドゴール（deGaulle,C.）　135
時野谷浩　xiii
トックビル（deTocqueville,A.）　8, 41, 42, 100〜105, 151, 215, 285
ドビファト（Dovifat,E.）　62, 211
トロッター（Trotter,W.）　135
ドンスバッハ（Donsbach,W.）　232

ナ行

ニスベット（Nisbett,R.E.）　232, 292〜294

ニーチェ（Nietzsche） 228〜230
ノエル - ノイマン（Noelle-Neumann,E.）
　xvi, 79, 83, 172, 233, 281, 287〜290, 293, 298, 299

ハ行

バウアー（Bauer,W.） xvi, 72, 105, 228
バーク（Burke,E.） 228, 263
パーク（Park,R.） 267
パーソンズ（Parsons,T.） 155
ハバーマス（Habermas,J.） 85, 220, 260, 262
ハビランド（Haviland,J.B.） 141
バンデューラ（Bandura,A.） 42
ビューチャー（Bucher,L.） 209
ヒューム（Hume,D.） xvi, 9, 65, 75, 83〜86, 98, 136, 154, 224, 225, 261, 268, 270
ファスビンダー（Fassbinder,R.W.） 163
フォレル（Forel,A.） 116
フス（Hus,J.） 9
ブライス（Bryce,J.） 105, 106, 108, 252, 255
プラトン（Plato） 64, 73, 136, 224, 251
フリッシュ（Frisch,M.） 212, 215, 216
プリブラム（Pribram,K.） 115
ブルーマー（Blumer,H.） 258, 259, 263, 267
ブルデュー（Bourdieu,P.） 259, 260, 263, 267
フロイト（Freud,S.） 44, 133, 134
フロム（Fromm,E.） 44
ヘーゲル（Hegel,G.W.F.） 156, 207, 213
ヘシオドス（Hesiod） 206
ベニジャー（Beniger,J.） 258, 260
ヘニス（Hennis,W.） 108
ベンサム（Bentham,J.） 108
ベンディクス（Bendix,R.） 137
ホフシュテッター（Hofstätter,P.R.） 205, 252
ホメロス（Homer） 221
ホルウェーク（Hollweg,B.） 205
ホルスト（vonHolst,E.） 115
ホルツェンドルフ（vonHoltzendorff,F.） 66, 68

マ行

マキャベリ（Machiavelli,N.） 9, 71, 72, 73, 207, 215〜217, 225, 228
マクドゥーガル（McDougall,W.） 133〜135
マザー・テレサ（MotherTeresa） 213
マディソン（Madison,J.） 86, 116, 271
マートン（Merton,R.K.） xv, 254
マルロー（Malraux,A.） 135
ミード（Mead,G.H.） xvi, 242
ミード（Mead,M.） 119, 121〜123
ミュンツアー（Müntzer,T.） 163, 217
ミルグラム（Milgram,S.） 43, 100, 159, 160, 238
モスコビチ（Moscovici,S.） 236, 298
モンテーニュ（deMontaigne,M.） 72〜75, 206, 224, 240

ヤ行

ヤホダ（Jahoda,M.） 214
ユクスキュル（vonUexküll,T.） 113

ラ行

ラクロ（deLaclos,P.A.C.） 69, 90
ラザスフェルド（Lazarsfeld,P.F.） 71, 258, 261, 282
ラピーア（LaPiere,R.T.） 110
ラブレー（Rabelais,F.） 227
ランデッカー（Landecker,W.S.） 154, 157
リップマン（Lippmann,W.） 167〜172, 183, 213, 228, 230, 285
リヒター（Richter,H.E.） 115
リプセット（Lipset,S.M.） 137
ルソー（Rousseau,J-J.） xix, 9, 75, 90〜98, 154, 285
ルター（Luther,M.） 9, 74, 163
ルーマン（Luhmann,N.） 111, 148, 165, 177〜179
レビン（Lewin,K.） 88, 170
ロス（Ross,E.A.） 66, 108〜110, 119, 157, 230, 240, 285
ロック（Locke,J.） xiv, 9, 75, 77〜81, 84, 138, 139, 144, 215, 223, 224, 254, 261, 285
ローレンツ（Lorenz,K.） 113〜115, 222

事 項 索 引

ア行

意見　31, 64, 65, 67, 73, 74, 76, 80, 81, 86, 91, 93, 94, 157, 179, 202, 220, 226, 234, 256, 263
意見と評判の法（意見の法）　77, 81, 84, 147, 151
意見の圧力　35, 83
意見の風土（意見風土）　xvii, 5, 12, 16, 33, 39, 88, 94, 185〜187, 233, 234, 236, 238, 248, 252, 254, 264, 265, 268, 271, 283, 288, 291〜293
意見風土の認知能力→準統計的感覚　14
意見分布の無知　145, 197, 249, 289
一次集団　xviii, 22, 219, 296
逸脱（者）　xix, 157, 161, 223, 235, 239, 262, 298
FC効果　229, 230, 231, 232, 233, 234
公共の法廷　87
公の目　67, 212, 220, 263, 284

カ行

学習　42, 135
勝ち馬効果　3, 7, 87, 196, 261
擬似環境（論）　171, 174, 175, 226, 285
議題設定機能　179, 180, 183, 226, 234, 285
議題設定効果　294
脅威状況テスト　46, 52, 239
強力効果　224, 233, 282, 283, 294, 297
群集　125, 128, 131, 202, 219
群集心理　144, 126
限定効果　221, 233, 282, 294
合意　65, 79, 80, 83, 119, 172
公開性　65
公共化　90, 91, 210, 221, 286, 290, 294, 297
公共性　65, 88, 181, 220, 295, 296
公共的　65, 220, 294
公共的意見　81, 284, 285, 295, 296
公衆　xviii, 69, 73, 75, 85, 91, 93, 134, 141, 162, 163, 181, 203, 215, 224, 228, 233, 249, 250, 256, 269
公衆の注目　39, 178, 181, 182
公衆の倫理性　92, 95
公人　93
公然（化）　36, 67
公的（さ）　65, 70, 72, 75, 121, 134, 181, 220, 221, 246, 294
公的意見　88, 179, 220, 235, 284, 295, 296
公的状況（公的場面）　22, 29, 87, 89, 234, 236, 238, 266, 283
公表　184
声なき大多数（声なき多数者）　27, 106, 234
コミュニケーション　114, 156, 158, 167, 175, 260, 287, 289
孤立　42, 87, 135
孤立の危険　209
孤立への恐怖（脅威）　xxii, 40, 42, 44, 45, 50, 100, 134, 138, 159, 161, 215, 235, 236, 239〜241, 246, 248, 252, 261, 262, 264, 268, 285, 288, 295, 297

サ行

視覚信号言語（視覚的な手段）　189, 190
私人　79, 93
時代精神　29, 129, 158, 213
自発的群集　126, 130
社会環境　123, 187, 193
社会的圧力　287
社会的孤立　39, 46, 53, 217
社会的天性　xx, xxi, 44, 56, 73, 116, 139, 213, 240〜242, 244〜246, 251, 252, 263
社会（的）統合　136, 155, 156, 157
社会的な皮膚　66, 67, 212, 214
社会統制　xv, xvi, xxi, 107, 109, 110, 140, 151, 206, 240, 254, 260〜267, 285, 287
社会道徳　147, 154
社会の統合　253
ジャーナリスト　66, 170, 181, 189, 194
ジャーナリズム　62, 220, 269
準拠集団　xviii, 246, 267, 288, 289, 293, 294
準統計的感覚（能力）（感情）　13, 123, 134, 210, 220, 235, 248, 249, 285, 288, 289, 292, 297

少数（派）（意見）　83, 197, 198, 235, 238, 283, 286, 291
勝利政党の手順　4, 12, 18
シンボル　73, 124, 157, 174
ステレオタイプ　167, 168, 173, 174, 176, 230
成極化　122, 145, 291
前衛　158, 162, 199, 250, 251
争点　18, 23, 29, 148, 177, 178, 179, 233, 234, 285, 290, 293, 294

タ行

多数（派）意見　34, 41, 43, 83, 103, 105, 134, 145, 152, 198, 249, 264, 283, 286, 291, 295
注目のルール　178
直観的な統計能力→準統計的感覚
沈黙　8, 26, 87, 199, 210, 229, 233, 236, 238, 248, 252, 263, 264
沈黙の螺旋仮説（または螺旋理論）　xiii, xiv, xvii〜xix, 8, 10, 18, 22, 27, 33, 39, 50, 63, 68, 69, 89, 161, 181, 193, 195, 215, 220, 227, 230, 232〜236, 239, 246, 250, 254, 262, 265, 281, 283, 284, 286〜288, 294〜297
沈黙の螺旋（現象）　8, 153
動機（づけ）　79, 135
同調　xiv〜xvi, xix〜xxii, 33, 43, 157, 159, 160, 239, 297
同調圧力　87, 100, 108, 160, 214, 266, 268, 295, 296
同調行動　237
道徳性（モラル性）　97
道徳的ルール　66
道徳の法廷　206
投票意図　4, 6, 7, 18, 185, 265
投票意図変化　3, 219
匿名性　295
匿名の公衆　246, 248
匿名（の他者）　115, 121, 125, 284, 288, 292〜294
どたん場のなだれ現象　3, 5, 22, 219

ナ行

二重の意見風土（現象）　195, 196, 198

ハ行

ハードコア（層）　39, 199, 235, 250, 251, 291
判断の法廷　70, 71
評判の法　78, 81, 147
風潮（の法）　78, 79, 81
分節化機能　199, 201
法と世論　144
本能　134, 135

マ行

マスメディア　142, 169, 179, 181, 182, 197, 201, 210, 262, 269, 271, 282, 285, 286, 294, 296, 297
名誉の法則　140
メディア　172, 173, 175, 182, 197, 201, 234, 249, 255, 269, 292
模倣　42, 44, 135, 219
モラル性　295

ヤ行

有形の群集（衆）　125, 130
世論　xiv〜xvii, xx, xxii, 3, 62, 63, 66, 68, 69, 70, 72, 73, 75, 90, 93, 95, 97, 98, 102, 103, 105, 107, 110, 119, 128, 142, 144, 145, 148, 152, 159, 165, 166, 176, 207, 208, 209, 210, 210, 211, 215〜220, 222〜224, 226〜233, 236〜238, 240, 241, 246, 248, 252〜266, 268, 269, 271, 272, 281〜287, 293〜295, 298
世論と法　144
世論の圧力　104, 160, 225
世論の顕在・潜在機能　xiv〜xvii, 253, 254, 259, 260, 266, 287
世論分節化機能　183

ラ行

螺旋状の自己増幅プロセス　6
流行　77, 135, 136, 137, 138, 147
リンチ・モップ　125, 129, 132
列車テスト　18, 29, 31, 199, 288

訳者紹介

池田謙一（いけだ　けんいち）
1955年生まれ
1982年　東京大学大学院社会学研究科博士課程単位取得退学
1990年　明治学院大学法学部政治学科助教授
1992年　東京大学大学院人文社会系研究科助教授
1995年　博士（社会心理学）（東京大学）
2000年　東京大学大学院人文社会系研究科教授
2013年　同志社大学社会学部教授

社会心理学・政治心理学・コミュニケーション理論専攻

主要著書：『日本とアジアの民主主義を測る』（編著，勁草書房，2021）
『統治の不安と日本政治のリアリティ』（木鐸社，2019）
『社会心理学　補訂版』（共著，有斐閣，2019）
『「日本人」は変化しているのか』（編著，勁草書房，日本社会心理学会第20回出版賞）
The International Encyclopedia of Political Communication, 3 Volumes. （共編著，Wiley-Blackwell，2015）
『新版　社会のイメージの心理学』（サイエンス社，2013）
Social Networks and Japanese Democracy. （共著，Routledge，2011）
Political Discussion in Modern Democracies: A Comparative Perspective. （共編著，Routledge，2010）
『政治のリアリティと社会心理：平成小泉政治のダイナミックス』（編著，木鐸社，2007）
『コミュニケーション』（社会科学の理論とモデル5）（東京大学出版会，2000）
『転変する政治のリアリティ』（木鐸社，1997）　　　　　　他多数。

安野智子（やすの　さとこ）
1970年生まれ
1993年　お茶の水女子大学文教育学部卒業
1998年　東京大学大学院人文社会系研究科博士課程単位取得退学
1999年　香川大学経済学部助教授
2001年　博士（社会心理学）（東京大学）
2002年　中央大学文学部助教授
2011年　中央大学文学部教授

社会心理学・政治心理学

主要著書：『重層的な世論形成過程：メディア・ネットワーク・公共性』（東京大学出版会，2006）

沈黙の螺旋理論 ［改訂復刻版］
―世論形成過程の社会心理学―

2013年3月20日　初版第1刷発行	定価はカバーに表示
2022年7月20日　初版第2刷発行	してあります。

　　　　著　　者　　E．ノエル＝ノイマン
　　　　訳　　者　　池　田　謙　一
　　　　　　　　　　安　野　智　子
　　　　発　行　所　㈱北大路書房
　　〒603-8303　京都市北区紫野十二坊町12-8
　　　　　　　　　電　話　（075）431-0361㈹
　　　　　　　　　ＦＡＸ　（075）431-9393
　　　　　　　　　振　替　01050-4-2083

　　　　Ⓒ2013　　　　　　　印刷・製本／亜細亜印刷㈱
　　　　　　　検印省略　落丁・乱丁本はお取り換えいたします。
　　　　　　　ISBN978-4-7628-2795-2　　　　Printed in Japan

・ JCOPY 〈㈳出版者著作権管理機構 委託出版物〉
本書の無断複写は著作権法上での例外を除き禁じられています。
複写される場合は，そのつど事前に，㈳出版者著作権管理機構
（電話 03-5244-5088，FAX 03-5244-5089, e-mail: info@jcopy.or.jp）
の許諾を得てください。